RAJASTHAN

Mit Delhi, Agra, Varanasi, Khajuraho und den Höhlen bei Aurangabad

Rainer Waterkamp

Trescher Verlag

1. Auflage 2014

Trescher Verlag Berlin
Reinhardtstr. 9
10117 Berlin
www.trescher-verlag.de

ISBN 978-3-89794-260-8

Herausgegeben von Detlev von Oppeln und
Bernd Schwenkros

Reihenentwurf und Gesamtgestaltung:
Bernd Chill
Gestaltung, Satz und Bildbearbeitung:
Ulla Nickl
Lektorat: Corinna Grulich
Stadtpläne und Karten: Johann Maria Just,
Martin Kapp, Ulla Nickl
Druck: Druckhaus Köthen

Gedruckt auf chlorfrei gebleichtem Papier

Printed in Germany

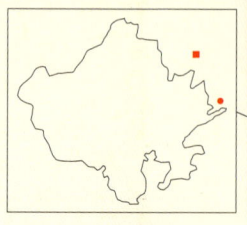

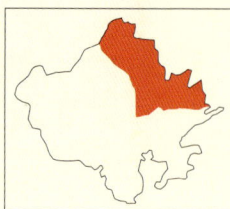

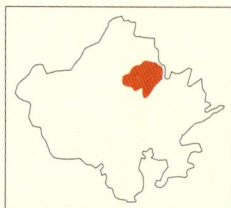

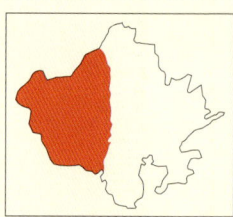

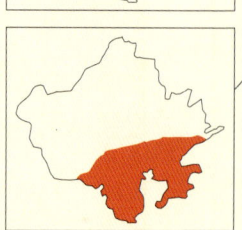

Alle Angaben in diesem Reiseführer wurden sorgfältig recherchiert und überprüft. Dennoch können
aktuelle Entwicklungen vor Ort dazu führen, dass
einzelne Informationen unvollständig oder nicht
mehr korrekt sind. Gerne nehmen wir dazu Ihre
Hinweise und Anregungen entgegen. Bitte schreiben Sie an: **post@trescher-verlag.de**

Der Palast Badal Mahal im Fort Kumbhalgarh

WEITERE ZIELE AUSSER-

ESSAYS

Das Denkmal Jaswant Thada in Jodhpur

Vorwort

Nirgendwo sonst zeigt sich Indien so exotisch und farbenfroh zeigt wie in Rajasthan. Mit seinen Palästen und Forts, den bunten Gewändern der Menschen und der raffinierten indo-islamischen Feudalkunst entspricht das ›Land der Könige‹ am meisten dem gängigen Indienbild. Und so ist das sogenannte ›goldene Dreieck‹ zwischen Delhi, Agra und Jaipur derzeit die beliebteste Region Indiens bei den Touristen, weil man hier in kurzer Zeit relativ viele Kultureindrücke sammeln kann.

Rajasthan gilt als Wüstenstaat und so denkt man nicht nur an weiß-gelb gewellte Sanddünen, sondern auch an romantische glutrote Sonnenuntergänge. In der Tat wird der Reisende dies erleben, doch gleichzeitig erwarten ihn üppiggrüne Berghänge im Aravalli-Gebirge, glitzernde blaue Spiegelflächen romantischer Seen, smaragdgrüne Felder und rot gestrichene Hausfassaden oder blaugetünchte Hausdächer ganzer Stadtteile.

Dazu kommen nicht nur Unterkünfte, in denen man sich wie ein indischer Fürst fühlen kann, sondern auch phantastische sandsteinfarbige Paläste und wehrhafte rostrote Forts, eindrucksvolle Skulpturen voller erotischer Sinnlichkeit sowie bunte Märkte mit exotischen Früchten und Gewürzen. Nicht zu vergessen die herrlichen Farbtupfer all der bunten Trachten und Gewänder sowie der glitzernde Schmuck der Frauen. Noch lange in Erinnerung bleiben werden auch die fremdartigen Klänge der Musikanten und der Sänger bei den zahlreichen Tanzdarbietungen.

Incredible India – Unglaubliches Indien, so lautet der Slogan des Indischen Fremdenverkehrsamtes. Dem wird man kaum widersprechen können; zumal ein Reiseführer ja für ein Land und seine Sehenswürdigkeiten werben will. Doch empfiehlt es sich gerade für Indien, auch die Schattenseiten zu beschreiben. Denn Indien ist eine Welt voller himmelschreiender Gegensätze und unerklärlicher Widersprüche, wo sich furchtbarste Armut, Schmutz und Elend dicht neben vollendeter Anmut, traumhaftem Glanz und ausgeklügelter erotischer Kultur finden. Neben hochgebildeten Forschern und Wissenschaftlern, die an der Nuklear- und Weitraumtechnik sowie den neuesten Informationstechnologie arbeiten, gibt es nackte Gurus, halbirre Fakire, die sich grässlichen Qualen unterwerfen oder seltsame Heilslehren ausbrüten.

Deshalb gilt gleich vorweg die Warnung, dass kein Reisender völlig unvorbereitet diesen Subkontinent bereisen sollte. Eine Reise nach Indien setzt die Fähigkeit voraussetzt, sich vielfältigsten Einflüssen auszusetzen, ohne immer gleich eine befriedigende Antwort zu erwarten oder gleich alles verstehen zu wollen. Nichts also für Besucher mit vorschnellen Urteilen.

Hinweise zur Benutzung

Im Kapitel **Das Wichtigste in Kürze** finden sich die grundlegenden Reiseinformationen. Unter **Land und Leute** werden vor allem Geographie, Bevölkerung, Geschichte, Politik und Wirtschaft, Kultur sowie die Glaubenswelten dargestellt, ohne die das moderne Indien nicht zu verstehen ist.

Der **Reiseteil** folgt den Routen, wie sie auch häufig von den Reiseunternehmen angeboten werden. Als Ausgangspunkt wurde die Metropole Delhi mit dem nicht weit entfernten touristischen Highlight Agra gewählt, da die Einreise nach Rajasthan mit dem Flugzeug fast immer über die indische Hauptstadt erfolgt.

Wichtige Informationen zur Anreise, zu Unterkünften und Restaurants stehen in den **Infokästen** am Ende der jeweiligen Kapitel. Jeder Region sowie allen größeren Ortschaften sind Karten oder Stadtpläne zugeordnet.

Die **Reisetipps von A bis Z**, ein **Glossar** sowie die **Literatur- und Internethinweise** beschließen den Reiseführer.

Schwierig ist es, einer einheitlichen **Schreibweise** zu folgen. Das beginnt bereits bei den Städtenamen und setzt sich bei Personenbezeichnungen fort. Deshalb wurde bei Ortsbezeichnungen der zweite verwendete Name in Klammern hinzugefügt.

Zeichenlegende

- 🛈 Informationen, Reisebüros, Post, Banken
- ◎ Öffnungszeiten und Eintrittspreise
- 📮 Postamt
- 🏦 Bank
- ✈ Flugverbindungen
- 🚆 Bahnverbindungen
- 🚌 Busverbindungen
- 🚗 Anreise mit dem Auto

- 🛏 Unterkünfte, Hotels
- 🍴 Restaurants
- ☕ Cafés
- 🍸 Bars, Discos, Clubs
- 🎵 Feste, kulturelle Veranstaltungen
- 🛍 Einkaufsmöglichkeiten, Souvenirs
- 🏛 Museen, Galerien
- 🐎 Reiterhöfe, Pferdetreks
- ➕ Medizinische Versorgung

Das Wichtigste in Kürze

Informationen vor Reisebeginn
Staatliches Indisches Fremdenverkehrsamt
Baseler Str. 48
60329 Frankfurt
Tel. +49/69/2429490
Fax +49/69/24294977
www.incredibleindia.org

Anreise

Nonstop-Verbindungen nach Delhi bieten derzeit nur **Air India** und **Lufthansa** von Frankfurt/Main an. Die Flugzeit beträgt 7 Stunden und 15 Minuten. Einen Direktflug von Frankfurt/Main nach Mumbai (Bombay) bietet Lufthansa an. Andere Airlines fliegen von verschiedenen Flughäfen (München, Düsseldorf, Berlin) nach Indien, sehen jedoch mindestens einen Zwischenaufenthalt vor (meist in ihrem Herkunftsland, beispielsweise Turkish Airlines in Istanbul).

Einreise

Für eine Einreise benötigt man einen noch mindestens sechs Monate gültigen **Reisepass** und ein **Visum** (Touristenvisum ca. 50 Euro). Visaanträge (in Englisch, Muster auf Deutsch als Hilfe) erhält man im Reisebüro, bei beauftragten Dienstleistern und im Internet zum Download. Den Antrag als zweifachen, unterschriebenen Ausdruck schickt man dann zusammen mit zwei identischen biometrischen Passfotos (5x5 Zentimeter, mit vollständigem Namen auf der Rückseite, Fotos dürfen nicht aufgeklebt werden), dem Pass, einem adressierten Rückumschlag und einer Kopie des Überweisungsformulars an den zuständigen Dienstleister (Adressen → S. 348). Anfang 2014 kündigte die indische Regierung die baldige Einführung einer Erleich-

terung des Verfahrens an; dann soll das Visum direkt bei der Einreise erhältlich sein. Ein genauer Termin ist noch nicht bekannt; aktuelle Informationen gibt es bei der indischen Botschaft, www.indianembassy.de.

Bei pauschalen Gruppenreisen übernimmt der Reiseveranstalter die Beschaffung des Visums.

Kinder benötigen einen **Kinderreisepass**, ob der alte deutsche Kinderausweis mit Lichtbild noch anerkannt wird, sollte zuvor bei der Auslandsvertretung erfragt werden.

Für **Sperrgebiete** (z.B. die Umgebung von Jaisalmer an der Grenze zu Pakistan) wird eine Sondererlaubnis benötigt. **Videokameras** und **Notebooks** müssen bei der Einreise deklariert werden.

Geld und Währung

1 Rupie (Rs)=100 Paise. Währungskürzel: Rs, INR (ISO-Code). Ein- und Ausfuhr der Landeswährung ist verboten. Beim Geldumtausch sollte man darauf achten, dass die Geldscheine nicht allzu

Fehlt in keinem Reiseprogramm: das Taj Mahal in Agra

verschmutzt und nicht beschädigt sind, da sonst die Annahme möglicherweise verweigert wird.

In fast allen größeren Hotels kann man mit **Euro** zahlen, auch **Kreditkarten** (Visa, Mastercard) werden in großen Hotels, Restaurants und Geschäften akzeptiert. Kreditkarten sollte man niemals aus der Hand geben, um Missbrauch zu verhindern. Geld sollte man nur bei **Banken** oder **anerkannten Geldwechslern** umtauschen. **Geldautomaten** (ATM) gibt es mittlerweile selbst in kleineren Städten.

1 Euro=84 Rs
1 US-Dollar=62 Rs
1 Schweizer Franken=68 Rs
100 Rs=1,18 Euro
100 Rs=1,60 US-Dollar
100 Rs=1,46 Schweizer Franken
Stand: Januar 2014

Gesundheit

Rajasthan zu bereisen ist gesundheitlich relativ ungefährlich. Nur Reisende, die aus Infektionsgebieten einreisen, benötigen eine Impfbescheinigung gegen Gelbfieber.

Das **Malariarisiko** ist relativ gering. Hier empfiehlt sich generell entsprechende Kleidung, die Arme, Beine und Nacken bedeckt. Wegen der **Tollwutgefahr** sollte man Hunde nicht anfassen.

Medikamente bringt man grundsätzlich in ausreichender Menge aus Deutschland mit, das gilt auch für Einmalspritzen für den Notfall.

Der Abschluss einer **Reisekrankenversicherung** ist dringend zu empfehlen, da gesetzliche Krankenkassen eine Behandlung in Indien in der Regel nicht erstatten.

Mit **Erkältungs- und Darmerkrankungen** muss bei Reisen in Indien gerechnet werden. Ungekochtes, ungefiltertes **Wasser** auf keinen Fall trinken, **Salate** meiden und **Obst** immer schälen (außer in den Restaurants der Luxushotels), **Fleisch- oder Fischgerichte** dürfen nicht halbroh oder gar roh gegessen werden.

Internet

Preiswerte, aber häufig leistungsschwache Internetcafés gibt es in den meisten größeren Orten. Große Hotels oder Reiseagenturen bieten komfortableres Surfen, allerdings zu hohen Preisen.

Reisezeit

Die Monate **Oktober/November** und **Februar/März** werden für Europäer als die beste und angenehmste Reisezeit betrachtet. Es ist die Trockenzeit mit wenig Regen und viel Sonnenschein, und es gibt kaum Mücken. Im Dezember und Januar kann es in Rajasthan abends abkühlen.

Sicherheit

Rajasthan ist ein relativ sicheres Reisegebiet. An stark besuchten Plätzen und auch beim Zugfahren besteht Gefahr durch **Taschendiebe**.

Frauen kann es passieren, dass sie bedrängt oder belästigt werden, deshalb bietet eine Gruppe Reisender, ein männlicher Begleiter oder die Anwesenheit indischer Frauen den besten Schutz.

Telefonieren

Vorwahl für Deutschland: +49 (0049)
Österreich: +43 (0043)
Schweiz: +41 (0041)
Indien: +91 (0091)

Telefonläden (Public Call Offices, PCO) gibt es auch in kleinen Ortschaften. Abkürzungen: Nationale Gespräche (STD); internationale Gespräche (ISD).

Die **Netzabdeckung** für Handys ist auf dem Land nicht flächendeckend, auch in den Städten gibt es mitunter Funklöcher. Die meisten deutschen Anbieter haben Roamingverträge mit Indien, man sollte sich vorab über die Kosten informieren.

Luxuszimmer im Fort Rajwada bei Jaisalmer

und 4-Sterne-Hotels mit Klimaanlagen, komfortable 3-Sterne-Hotels mit klimatisierten Räumen und einfache 1- und 2-Sterne-Hotels.

Überblick über die Hotelpreise (Doppelzimmer) in diesem Reiseführer:
***** Oberster Preisbereich (Luxushotels) über 10000 Rupies (Rs, ca. 120 Euro)
**** Oberer Preisbereich (First Class) 6000–10000 Rs (70–120 Euro)
*** Mittlerer Preisbereich 2000–6000 Rs (25–70 Euro)
**/* Unterer Preisbereich
** 1000 bis 2000 Rs (12–25 Euro)
* unter 1000 Rs (unter 12 Euro)
Hinweis: Diese Preis-Kategorien sind nicht identisch mit Hotelklassifizierungen wie ›Vier-Sterne-Hotel‹.

Strom

Mit **Stromausfällen** muss immer gerechnet werden. Auch auf eine stundenweise Abschaltung des Stroms in einzelnen Orten sollte man vorbereitet sein (z.B. Datensicherung). Es empfiehlt sich auf jeden Fall die Mitnahme einer **Taschenlampe**. Die **Stromspannung** beträgt 220 Volt. Es gibt 2-polige und 3-polige Steckdosen und Stecker.

Unterkünfte

Moderne Hotels von internationalem Rang gibt es in allen großen Städten und Urlaubsorten. Es gibt luxuriöse 5-

Verständigung

In Indien gibt es 16 offizielle Sprachen; **Hindi** und **Englisch** sind Amtssprachen.

Zeit

Indian Standard Time (IST): Die Zeitverschiebung zur Mitteleuropäische Zeit beträgt im Winter plus 4,5 Stunden, im Sommer plus 3,5 Stunden.

Ausführliche Informationen im Kapitel Reisen im Land, S. 86, und in den Reisetipps von A bis Z, S. 347.

Sehens- und Erlebenswertes

Bekannte Palastanlagen und Festungen: Rotes Fort in Delhi, → S. 96; Rotes Fort in Agra, → S. 136; Lohagarh Fort in Bharatpur, → S. 154; Palastbereich von Deeg, → S. 159; Stadtpalast von Alwar, → S. 162; Stadtpalast von Jaipur, → S. 171; Palast von Amber, → S. 184; Junagarh-Fort von Bikaner, → S. 231; Jaisalmer Fort, → S. 240; Fort Mehrangarh in Jodhpur, → S. 256; Steinbastei Kumbhalgarh, → S. 271; Stadtpalast von Udaipur, → S. 289; Festung Chittaurgarh, → S. 308; Bundi-Palast, → S. 317; Stadtpalast von Kota, → S. 322.

Herausragende Tempelanlagen: Tempelanlage von Fatehpur Sikri, → S. 146; Tempel von Osian, → S. 252; Tempel von Mandore, → S. 255; Tempel von Ranakpur, → S. 268; Dilwara-Tempel von Mount Abu, → S. 277; Tempel von Nagda, → S. 305; Tempel von Baroli, → S. 320; Tempel von Khajuraho, → S. 336.

Lohnender Bummel durch Altstädte: Delhi, → S. 94; Jaipur, → S. 169; Mandawar, → S. 217; Jaisalmer, → S. 240; Jodhpur, → S. 256.

Herausragende Grabmäler und Moscheen: Humayuns Grab und Iltutmishs Grab in Delhi, → S. 110, 115; Qutb-Minar-Komplex in Delhi, → S. 113; Taj Mahal und Itimad-ud-Daulah in Agra, → S. 133, 143; Dargah Sharif in Ajmer, → S. 192.

Interessante Parks: Keoladeo-Nationalpark, → S. 158; Sariska-Wildreservat, → S. 167; Darrah-Wildreservat, → S. 325; Ranthambhore-Nationalpark, → S. 326.

Aufregende Erlebnisse: Kamelmarkt Pushkar Mela, → S. 197; Nagaur Fair (Viehmarkt), → S. 202; Kamelsafari durch die Wüste Thar, → S. 247.

Palasthotels: Rambagh Palace und Oberoi Rajvilas (Jaipur), → S. 178; Mandawa Castle (Mandawa), → S. 220; Laxmi Niwas Palace und Lallgarh Palace in Bikaner, → S. 234; Fort Rajwada bei Jaisalmer, → S. 245; Umaid Bhawan (Jodhpur), → S. 263; Taj Lake Palace Hotel (Udaipur), → S. 295; Sawai Madhopur Lodge im Ranthambhore-Nationalpark, → S. 328.

Touristische Highlights: Palast der Winde in Jaipur, → S. 175; Havelis von Shekhavati, → S. 206; Havelis in Jaisalmer, → S. 242; Ghats von Varanasi, → S. 332; Höhlentempel von Ajanta und Ellora, → S. 343, 344.

UNESCO-Welterbe: Rotes Fort in Delhi, → S. 96; Humayuns Grab, → S. 110; Qutb-Minar-Komplex, Delhi, → S. 113; Taj Mahal, Agra, → S. 133; Rotes Fort in Agra, → S. 136; Tempelanlage von Fatehpur Sikri, → S. 146; Keoladeo-Nationalpark, → S. 158; Jantar Mantar in Jaipur, → S. 175; Tempel von Khajuraho, → S. 336.

Straßenszene in Jaipur

Entfernungstabelle

	Agra	Ajmer	Alwar	Bikaner	Chittaurgarh	Delhi	Jaipur	Jaisalmer	Jodhpur	Kota	Mount Abu	Mumbai	Udaipur
Udaipur	660	290	560	490	120	680	420	490	270	300	180	730	
Mumbai	1380	1030	1290	1250	840	1400	1150	1100	980	990	750		730
Mount Abu	760	390	660	570	270	780	510	450	270	440		750	180
Kota	390	210	340	480	170	500	250	650	390		440	990	300
Jodhpur	580	210	480	250	310	600	340	280		390	270	980	270
Jaisalmer	810	460	670	330	580	770	570		280	650	450	1100	490
Jaipur	240	140	150	330	310	260		570	340	250	510	1150	420
Delhi	220	400	160	460	570		260	770	600	500	780	1400	680
Chittaurgarh	550	200	450	450		570	310	580	310	170	270	840	120
Bikaner	570	270	380		450	460	330	330	250	480	570	1250	490
Alwar	170	280		380	450	160	150	670	480	340	660	1290	560
Ajmer	370		280	270	200	400	140	460	210	210	390	1030	290
Agra		370	170	570	550	220	240	810	580	390	760	180	660

Jeder Mensch hat eine Bestimmung. Jede Nation hat eine Bestimmung. Die Bestimmung Indiens ist die Einheit der Menschheit.

Maharishi Aurobindo (1872–1950),
indischer Nationalist, Philosoph und Poet

Vor der Festung von Jaisalmer

LAND UND LEUTE

Indien und Rajasthan im Überblick

Name: Republic of India.

Fläche: 342239 qm^2, von denen die Wüste Thar allein schon 196000 qm^2 einnimmt.

Höchste Erhebung in Rajasthan: Mount Abu, 1727 m, im Aravalli-Gebirge.

Hauptstadt von Indien: New Delhi.

Hauptstadt von Rajasthan: Jaipur.

Weitere große Städte in Rajasthan: Jodhpur, Kota, Bikaner, Ajmer, Udaipur.

Die indische Flagge

Staatsgrenzen Indien: Indien grenzt im Nordwesten an Pakistan (2912 km Grenze), im Norden an China (3380 km), Nepal (1690 km) und Bhutan (605 km) und im Osten an Bangladesch (4053 km) und Myanmar (1463 km).

Grenzen Rajasthan: Rajasthan grenzt an die Bundesstaaten Punjab, Haryana, Uttar Pradesh, Madhya Pradesh und Gujarat sowie im Nordwesten an Pakistan.

Klima: Wüsten- und Monsunklima.

Einwohnerzahl: 69 Millionen.

Bevölkerung: Die Mehrheit der Gesamtbevölkerung gehört zu den Rajasthani.

Sprache: Hindi, das ca. 91% der Bevölkerung sprechen, und Englisch gelten nach der indischen Verfassung als Amtssprachen, wobei Englisch im öffentlichen Leben als Verkehrssprache weithin verbreitet ist.

Religion: Ca. 89% der Bewohner Rajasthans sind Anhänger des Hinduismus, ca. 9% sind Muslime und etwa 1% sind Sikhs. Außerdem gibt es Anhänger des Buddhismus und des Jainismus (je rund 1%).

Geburtenrate: 2,3 Prozent.

Bevölkerungsdichte: 201 Einwohner pro km^2 (Indien 382 pro km^2, Deutschland 230 pro km^2).

Lebenserwartung: 64 Jahre.

Alphabetisierungsquote: 67%.

Staatsform Indiens: Parlamentarische Bundesrepublik.

Staatsoberhaupt von Indien: Präsident Pranab Mukherjee.

Premierminister von Indien: Premierminister Manmohan Singh.

Gouverneurin von Rajasthan: Margaret Alva.

Mitgliedschaft in internationalen Organisationen: z.B. UN, ASEAN (Association of Southeast Asian Nations), FAO (Food and Agriculture Organization of the United Nations), WTO (World Trade Organization), IWF (Internationaler Währungsfonds), ADB (Asiatische Entwicklungsbank).

Landeswährung: 1 Rupie=100 Paise. Währungskürzel: Rs, INR (ISO-Code).

Pro-Kopf-Einkommen: Ca. 590 Euro (Indien).

Inflationsrate: 9,3 % (Indien 2012).

Arbeitslosigkeit: 8,5 % (Indien 2012).

Wichtige Wirtschaftszweige Indiens: Land- und Forstwirtschaft, Industrie und Informationstechnologie, Tourismus

Bodenschätze: Eisen- und Manganerze, Steinkohle, Bauxit und Glimmer, in Rajasthan Salz, weißer Marmor und Eisen.

Zeitzone: MEZ + 4 ½ Std.; Sommerzeit + 3 ½ Std., UTC + 5 ½ Std.

Nationalfeiertag: 26. Januar (Tag der Republik), 15. August (Unabhängigkeitstag).

Vorwahl: +91.

Internetkennung: in.

Geographie

Rajasthan ist nach Madhya Pradesh der zweitgrößte Bundesstaat des Halbkontinents. Im Osten grenzt es an Uttar Pradesh mit Delhi, Agra und Varanasi, im Nordosten an die Bundesstaaten Haryana und Punjab, im Nordwesten an Pakistan, im Südwesten an Gujarat und im Südosten an Madhya Pradesh mit Khajuraho.

Geologie

Man unterscheidet zunächst zwei erdgeschichtlich vollkommen verschiedene Gebiete, die Dekkan-Scholle, ein altgefaltetes Teilstück des Gondwanalandes, und die Kettengebirge der nördlichen Gebirgsumrahmung. Zwischen diese beiden Einheiten schiebt sich das junge Senkungsfeld der Ganges-Ebene und des Brahmaputra-Tieflandes.

Das Hochland von Dekkan zählt zu den ältesten Teilen der Erdoberfläche. Als Teil des Gondwanalandes gehörte es einst zur großen Festlandmasse der Südhalbkugel. In der Kreidezeit trennte sich dann die Dekkan-Scholle von Afrika und driftete nach Norden (Kontinentalverschiebung). Die alte Scholle wurde gehoben und zerbrochen. Infolge dieser gewaltigen geotektonischen Ereignisse kam es zu ungewöhnlich großen und langandauernden Lava- und Asche-Eruptionen, die bis in das Alttertiär anhielten. In der kretazisch-tertiären Übergangzeit erhielt die Dekkan-Scholle dann ihre charakteristische Gestalt.

Wo sich heute die gewaltigen Ketten des Himalaya erheben, bestand bis ins Tertiär hinein ein ausgedehntes, tiefes Meer. Zwar haben sich einzelne Krustenteile inzwischen verschweißt, doch bewegt sich die indische Platte immer noch weiter nach Norden, sodass sich der Himalaya jährlich um einige Millimeter hebt.

Blick auf die Festung Kumbhalgarh

Landschaft

Von Südwesten nach Nordosten zieht sich das Aravalli-Gebirge fast 700 Kilometer weit durch Rajasthan. Bis zu zehnfach hintereinander gestaffelte Ketten lösen sich nach Norden zu einzelnen Bergen auf. Zur Wüste Thar hin steigen sie als Inselberge auf, die kahlen Bergrücken eigneten sich vorzüglich für die Errichtung wehrhafter Burgen.

Westlich der Aravallis, vor dem Tiefland der Flüsse Indus und Sutlej, erstreckt sich als 200 bis 300 Meter hohes Tafelland die sogenannte westliche Ebene, die Wüste Thar. Die Ebenen sind geprägt durch große Dünen und Akaziensträucher, blattloses Gestrüpp und hartes Büschelgras. Die Landschaft um Bikaner, Jaisalmer und Barmer weist auch hohe Wanderdünen auf.

Von den Osthängen der Aravallis bis zu den Ebenen des Yamuna schließen sich die sogenannten östlichen Ebenen an. Sie umfassen die Mewar-Ebene in den Distrikten Udaipur, Chittaurgarh, Tonk, Sawai Madhopur, Jaipur, Alwar, Jhunjhunun. Den Südosten, die Distrikte Bundi, Kota und Teile Chittaurgarhs, prägen Ausläufer des Vindhya-Gebirges und des Dekkan-Plateaus mit steinigen kahlen Hochplateaus und nach Südosten abfallenden Hängen.

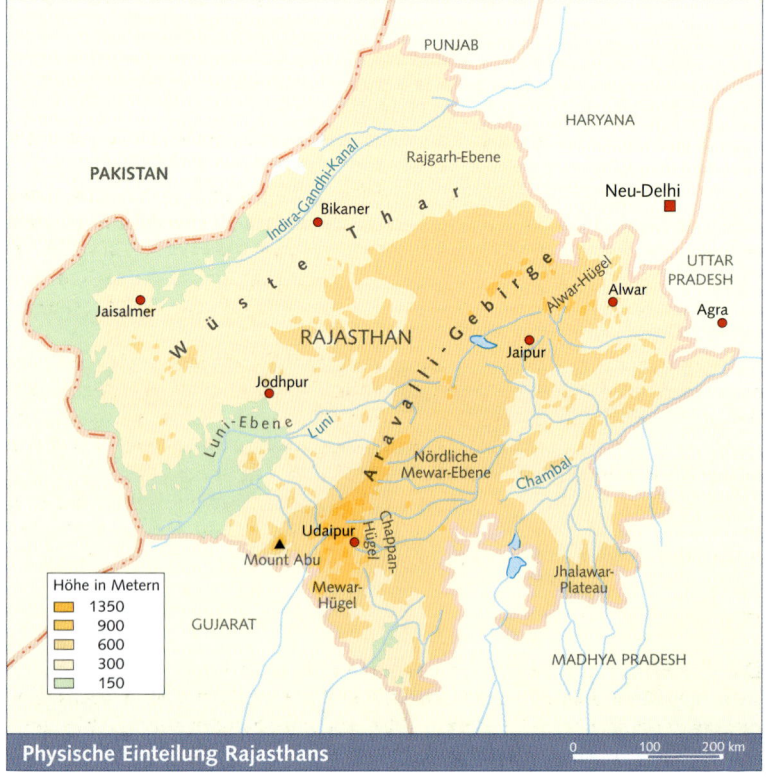

Physische Einteilung Rajasthans

In der Wüste Thar

Durch das von der Sonne ausgeglühte Land fließen wie lebensspendende Arterien der Ganges und der Brahmaputra. Fast ein Drittel der Fläche Indiens gehört zum Einzugsbereich dieser beiden Flüsse und seiner Nebenflüsse. Scharen von Pilgern aus allen Gegenden unternehmen die lange Reise zu den heiligen Quellen, wo der Bagirathi, der längste Quellfluss des Ganges, dem Schoße unzugänglicher Gletscher entspringt.

Klima und Jahreszeiten

Rajasthan lässt sich in drei Klimazonen einteilen, entscheidender Klimafaktor sind die Aravallis.

Die durchschnittlichen Wintertemperaturen liegen in Rajasthan zwischen 8 und 28 Grad Celsius, die Sommertemperaturen bei 25 bis 46 Grad Celsius. Auch die durchschnittliche Regenmenge variiert stark; während sie in den westlichen Landesteilen Rajasthans um 100 Millimeter liegt, erreicht sie im Südosten 650 Millimeter jährlich. Davon fällt die Hauptmenge während der Monsunzeit, also zwischen Juli und September.

So hat beispielsweise die westlich der Aravallis liegende aride Zone der Wüstensteppe Thar Sommertemperaturen um 45 Grad und Wintertemperaturen um 0 Grad; die Tages- und Nachtschwankungen betragen über 15 Grad. Die durchschnittliche Regenmenge, die nicht selten auch ganz ausbleibt, liegt in den Distrikten Barmer, Jaisalmer, Bikaner bei 250 Millimeter pro Jahr.

Dagegen zieht sich eine semiaride mittlere Zone am östlichen Rand der Thar vor den Aravallis hin und umfasst die Distrikte Pali, Jodhpur, Nagaur und Shekhavati; hier kann man Niederschläge bis zu 500 Millimeter pro Jahr erwarten.

Flora

Die Wüste Thar nimmt fast 60 Prozent der Fläche Rajasthans ein. Eigentlich ist sie keine Wüste, denn außer auf den Salztonflächen und den Felsen wächst eine mehr oder weniger karge Vegetation. Dornige Bäume hält der Wind niedrig, manche Sträucher weisen nur kahle Zweige auf, andere halten mit ledrigen Blättern der Trockenheit stand. Akazien, Tamarisken, Kapernstrauch und Sodomsapfel finden ausreichende Lebensbedingungen. Ihre Zweige finden als Tierfutter, als Brennmaterial und beim Hausbau Verwendung.

Die ausladenden Banyan-Bäume mit ihren vielen Luftwurzeln spenden, wie auch der in Nord-Rajasthan weit verbreitete Pipal-Baum (auch Bodhi-Baum, Pappelfeige), in den Dörfern und an Tempeln viel Schatten. Ziegen fressen die Akazienart Babul, Nahrung für Kamele und Rinder bietet der Khejri-Baum, dessen Früchte als menschliche Nahrung dienen. Auch das Sewangras wird als Futter für Kamele verwendet. Der Neembaum (Nimbaum) soll angeblich Heilkraft besitzen, seine Zweige werden auch als Zahnbürste benutzt.

Nur zehn Prozent Rajasthans sind mit Wald bedeckt. Seine Flächen liegen vor allem im südöstlichen Distrikt Kota und auf dem Mount Abu. Hier ist die Vegetation subtropisch, mit Teakholzwäldern, Bambusdickicht, Myrtenarten und Rötegewächsen (Rubiazeen). Ähnlich üppig sind die Laubwälder in Kota.

Fauna

Überall in Rajasthan sieht man sie – Kamele (genauer gesagt Dromedare) haben in Rajasthan vor allem als Lieferanten von Milch, Wolle und Leder eine große Bedeutung. Auch dient ihr Kot als Brennmaterial und Dung auf den Feldern. Das Bikaner-Kamel findet zudem als Lasttier, das Jaisalmer-Kamel als Reittier nützliche Verwendung. Auch der Indische Elefant ist noch oft zu sehen, man kann auf ihm sogar reiten, beispielsweise zum Fort Amber. Leoparden und Panther wird der Reisende kaum erblicken, denn sie sind sehr scheu. In Indiens Laubwäldern ist der Lippenbär zu Hause, der sich von Früchten und Honig ernährt, aber auch Termiten nicht verschmäht.

Das vom Aussterben bedrohte indische Panzernashorn wird man nicht zu Gesicht bekommen, es gibt nur noch einige Tiere im Kaziranga-Nationalpark in Assam. Allgegenwärtig sind dafür die vielen Affen, die einige Tempel erobert haben und Besuchern recht gefährlich werden können, wenn sie versuchen, vermeintlich Fressbares aus den Händen der Touristen zu stehlen. Bei Bissverletzungen sollte man unverzüglich ärztliche Hilfe in Anspruch nehmen. Das gilt übrigens auch für Bisse von Hunden, denn die Tollwutgefahr ist in Indien groß.

Aus der Familie der Hirsche ist der Sambar vertreten, der insbesondere im Ranthambhore-Nationalpark (→ S. 326) und im Sariska-Wildreservat (→ S. 167) beobachtet werden kann. Auch die große Nilgai-Antilope findet man hier. Ein in ganz Indien verbreiteter Hirsch ist der Chital (Axis) mit seinen gesprenkelten weißen Punkten auf hellbraun-rötlichem Fell. Der Keoladeo-Nationalpark (→ S. 158) eignet sich besonders zur Vogelbeobachtung, hier leben unter anderem Reiher, Kormorane, Eisvögel und Sittiche.

Neben Krokodilen findet man in Indien auch hochgiftige Vipern und Kobras sowie Pythons, die die schädlichen Nagetiere dezimieren. Was der Reisende in Rajasthan aber besonders sucht, sind die Wildtiere, besonders der prächtige Königstiger. Man kann ihn mit etwas Glück vor allem im Reservat Ranthambhore in freier Wildbahn sehen. Durch die Einengung seines Lebensraumes und hemmungslose Wilderei gehört er zu den gefährdeten Tierarten.

Das wichtigste Nutztier in Rajasthan ist das Dromedar

Die Menschen

Im Jahr 2000 erreichte die Bevölkerungszahl Indiens offiziell die Milliarden-grenze. Das Land zählt heute rund eine Milliarde und 230 Millionen Menschen. In Rajasthan leben 69 Millionen Menschen. Es ist mit 201 Menschen pro Qua-dratkilometer einer der am dünnsten besiedelten Bundesstaaten Indiens (Durch-schnitt in Indien: 382 Menschen pro Quadratkilometer). Zwar ist die Sterberate in den letzten Jahrzehnten auf rund 7 pro 1000 Einwohner gesunken, doch stieg das Bevölkerungswachstum im Jahr 2013 um 1,28 Prozent an. Grund hierfür ist die hohe Geburtenrate (20 pro 1000 Einwohner), die aus den traditionellen Werte-vorstellungen, der sozialen Ungleichheit und der Diskriminierung der Frauen resultiert. Die Lebenserwartung der Frauen liegt bei rund 68 Jahren, bei Män-nern bei 66 Jahren.

72 Prozent der Inder sind Indoarier, 25 Prozent Drawiden, und 3 Prozent zäh-len zu den Mongolen oder anderen Völkern.

Familie und Stellung der Frauen

Die Familie hat in Indien einen hohen Stellenwert, dabei halten sich nach wie vor überwiegend althergebrachte Rollenverteilungen. Dies zeigt sich besonders im geringen Stellenwert der Frau innerhalb von Familie und Gesellschaft, mit der Folge, dass Frauen und Mädchen diskriminiert werden und männliche Nach-kommen bevorzugt werden, was zu einem deutlichen Männerüberschuss geführt hat, der wiederum einer der Gründe für Gewalt gegen Frauen ist.

Die Diskriminierung von Frauen in Indien wurde 2012 wieder offenbar durch die Vergewaltigung und Ermordung der 23-jährigen Jyoti Singh Pandey, der ›Nirbhaya‹ (Furchtlosen) durch mehrere Männer in einem öffentlichen Bus in Delhi. Der bekannteste Fall ist der von Phoolan Devi in den 1980er Jahren. Sie wurde mit elf Jahren verheiratet, vom Ehemann vergewaltigt und verstoßen,

Junge Frau im Adinath-Tempel von Ranakpur

Töpferin bei Luni

danach zum Freiwild und von mehreren Männern vergewaltigt. Nachdem die junge Frau sich einer kriminellen Bande angeschlossen und einige ihrer Peiniger getötet hatte, kam sie für elf Jahre ins Gefängnis, ohne jemals verurteilt worden zu sein. Die Männer, Angehörige einer höheren Kaste, wurden nie belangt. Devi wurde nach ihrer Freilassung ins Parlament gewählt, im Jahr 2001 aber erschoss sie ein Angehöriger von einem der Vergewaltiger in Delhi. Ihr Leben wurde verfilmt.

Eine große Rolle spielt die Nachkommenschaft – Kinder sind, besonders auf dem Lande und in Rajasthan, nicht nur billige Arbeitskräfte, sondern auch teilweise die einzige Altersvorsorge für die Eltern. Die mangelnde Bereitschaft zur Geburtenkontrolle ist aber nicht nur wirtschaftlich begründet, sondern hängt auch mit dem geringen Bildungsniveau, der damit einhergehenden hohen Analphabetismusrate sowie den konventionellen Verhaltensweisen zusammen. So erlangen in der Regel junge Frauen erst dann gesellschaftliche Anerkennung, wenn sie möglichst viele Kinder zur Welt gebracht haben. Der Ehepartner wird in der Regel von den Eltern ausgesucht. Vor und nach der Hochzeit werden Sühneopfer dargebracht und die Götter gebeten, dem Paar einen Sohn zu schenken.

Zudem ist es bis heute üblich, dass Mädchen bereits mit sieben bis neun Jahren als ›heiratsfähig‹ gelten, Jungen mit zehn bis elf Jahren. Bereits zu Beginn des 20. Jahrhunderts begann in Indien der Kampf gegen die Kinderehe. Diese Bestrebungen wurden besonders von Gandhi (verlobt mit 8, Ehemann mit 12 Jahren) und dem Dichter Rabindranath Thakur (Tagore, 1861–1941) vorangetrieben. Man verwies auf die Gefahren für Körper und Seele unreifer Jugendlicher, die sich aus solchen frühen Verbindungen ergeben. Inzwischen ist ein Mindestalter von 16 Jahren für Mädchen und 18 Jahren für Knaben zum Abschluss einer Ehe gesetzlich vorgeschrieben, doch lässt sich die Einhaltung dieser Bestimmungen in den dörflichen Siedlungen nur schwer kontrollieren.

Am Fort Junagarh in Bikaner sind die Handabdrücke von Frauen zu sehen, die ihren Männern in den Tod folgten

Erst in neuerer Zeit und in den größeren Städten beginnt sich eine moderne, westliche Auffassung von Ehe und Familie durchzusetzen, wobei zunehmend auch die Emanzipation der Frauen eine Rolle spielt. Mit zunehmendem Bildungsniveau und steigender Erwerbstätigkeit der Frauen wächst das Selbstbewusstsein, das sich nicht nur im äußeren Erscheinungsbild zeigt, sondern auch bei der Partnerwahl und Familienplanung deutlich wird.

Witwenverbrennung

Bereits der Venezianer Niccolò dei Conti (1395–1469), der als erster Europäer das Innere Indiens kennengelernt hatte, schilderte diesen Sati genannten Brauch, dass sich Witwen bei der Einäscherung des verstorbenen Gatten verbrennen ließen. »Beim Scheiterhaufen steht ein Priester, der viele Dinge sagt über die Verachtung dieses Lebens und über den Tod (er verspricht, dass mehr Freuden und mehr Reichtümer sie nach dem Tode mit dem Gatten erwarten), und in dieser Weise stärkt er sie. Nachdem sie mehrmals den Scheiterhaufen umschritten hat, entkleidet sie sich, wäscht sich, legt ein weißes Gewand an und springt, von dem Priester dazu ermutigt, ins Feuer. Wenn einige ängstlicher sind, weil sie schon andere sahen, die sich vor Schmerzen im Feuer wanden, wenn sie erschreckt sind, werden sie mit Gewalt den Flammen übergeben.«

Im Jahre 1829 untersagten die Briten diesen grausamen Brauch, aber auch danach kam es noch zu solchen Praktiken und noch heute finden Witwenverbrennungen statt. Ein bekannter Fall ist Roop Kanwar (1969–1987), eine junge Witwe, die 1987 in Rajasthan auf dem Scheiterhaufen ihres Mannes verbrannte. Noch im Jahr 2008 folgte eine 75 Jahre alte Frau ihrem Mann in den Tod. Neben der Tradition spielt sicherlich auch eine Rolle, dass Witwen in Indien nicht selten zu einem ärmlichen Leben verdammt sind.

Bettler und Hijras

Bettler sind in Indien allerorts zu finden, da es keine Sozialversicherung für Alte und Mittellose gibt. Es ist also nicht falsch, diesen Menschen einen Almosen zu geben. Dagegen sollte man Kindern kein Geld geben, da sie von ihren Eltern oft zum Betteln angehalten werden und die Schule schwänzen.

Die auffälligste Bevölkerungsgruppe Indiens sind die Hijras, eine Art Kaste von Transsexuellen, die sich in Frauengewänder kleiden und sich sprachlich selbst auch meist als weiblich bezeichnen. Die oft kastrierten Hijras verdienen ihren Lebensunterhalt durch Tanzvorführungen bei Feiern, aber auch durch Betteln oder Prostitution.

Sprachen

1652 Sprachen und Dialekte werden in Indien gesprochen. Es gibt 16 offizielle Sprachen; Hindi und Englisch gelten nach der indischen Verfassung als Amtssprachen, wobei Englisch im öffentlichen Leben als Verkehrssprache weithin verbreitet ist. Dass Hindi als indoarische Sprache ebenso zur indogermanischen Sprachfamilie gehört wie etwa germanische oder romanische Sprachen, wird beim Zahlwörtervergleich von Hindi und dem Italienischen sichtbar:

Hindi: do, tin, car … sat usw., italienisch: due, tre, quattro … sette.

Der Begriff ›Rajasthani‹, den man häufig für die lokale Sprache verwendet, ist erst nach dem Zusammenschluss der Fürstenstaaten entstanden und bezeichnet die in diesem Staate gesprochenen Dialekte. Da die Rajasthani-Dialekte dem Hindi verwandt sind, ist es für die Einheimischen nicht schwierig, diese vor allem in den großen Städten gesprochene Sprache zu verstehen. Interessanterweise variieren die Dialekte innerhalb ihres Sprachraums und zwar im Abstand von nur wenigen Kilometern. Marwari gilt als der höflichste und melodischste Dialekt.

Opiumzeremonie der Bishnoi in Luni

Ethnische Minderheiten in Rajasthan

Rajasthan ist ein Sammelbecken unterschiedlicher ethnischer Gruppen mit 420 indigenen Stämmen.

Die Mina oder Meena (nach dem Sanskrit-Wort für ›Fisch‹) gingen vermutlich aus jener Bevölkerungsschicht hervor, die schon vor rund 5000 Jahren im Industal, Fünfstromland und der angrenzenden nördlichen Wüste Thar lebte. Das Kerngebiet der Mina waren im Frühmittelalter die nördlichen Aravalli-Schluchten und das Gebiet um Ajmer, später verlagerte sich ihr Siedlungsraum weiter östlich und südöstlich nach Bharatpur, Tonk und Ranthambhore bis zum Chambal-Fluss.

Die dunkelhäutigen Bhil gehören vermutlich zu jenen austroasiatischen Ureinwohnern (*adivasi*) mit leicht mongolischen Gesichtszügen, die vor etwa 6000 Jahren einwanderten. Sie waren früher ausgezeichnete Bogenschützen (das drawidische Wort für Bhil bedeutet ›Bogen‹), Jäger und Sammler. Sie leben heute als arme Kleinbauern und Viehzüchter in schwer zugänglichen Wäldern und Bergen im Udaipur- und Dungarpur-Distrikt bis weit hinein nach Gujarat. Bei ihnen ist Polygamie verbreitet, sie heiraten aber nach persönlicher Zuneigung.

Die Gadia Lohar gelten als Vertreter der aus Nordindien stammenden und über die ganze Erde verstreuten Volksgruppe der Sinti. Die in dunkle Gewänder gekleideten Gadia Lohar leben als Hausierer in Planwagen und verdingen sich als Schmiede und Schuster. Früher waren sie wegen ihres sprichwörtlichen Stolzes eine hoch geachtete Gruppe, heute zählen sie zu den ärmsten Bevölkerungsschichten. Nach dem Fall der Feste Chittor im Jahre 1568 blieben sie haus- und besitzlos. Besonders die Frauen weisen zahlreiche Tätowierungen auf. Alkoholgenuss ist verbreitet.

Zu dieser Gruppe gehören auch die Banjara (auch bekannt als Lambadi oder Lambari), die als Hausierer weite Teile Nordindiens bis zum Dekkan durchziehen. Alljährlich treffen sich die Banjaras im August/September im Dorf Ramdevra bei Pokaran zu einem Fest zu Ehren des Rajputen-Volksgottes Ramdevji (1352–1385), der als heiliger Ramshah Pir auch von Muslimen verehrt wird. Die Banjara-Frauen haben häufig Henna-Tätowierungen an den Händen.

Die große Volksgruppe der Jat gehört zwar nicht zu den registrierten Stämmen, sie haben aber teilweise ihre ursprünglichen Lebens- und Religionsformen bewahrt. Bei den Jat sind kastenübergreifende Heiraten erlaubt. Als altes Bauern- und Kriegervolk wohnen sie im Gebiet zwischen Bikaner, Jodhpur und Agra. Sie stellen einen bedeutenden Teil der indischen Armee. Aus den Wirren des 18. Jahrhunderts ging die einstige Region Mewar im Jahre 1733 als Jat-Staat Bharatpur hervor.

Ein Zweig der Jat, die Anhänger der Sekte der Bishnoi, kennen 29 Gebote, die ihnen ihr 1451 geborener Religionsgründer Jambheshwar (1451–1536) verordnete, beispielsweise verzichten sie strikt auf Fleisch, Alkohol und Tabak, konsumieren aber legal Opium. Sie verehren die Ratten als göttliche Ahnen. Hunderte dieser Nagetiere bevölkern den Tempel von Deshnoke bei Bikaner. Nach dem Glauben der Bishnoi findet die mächtige Göttin Karani Mata (eine Form der Göttin Durga) ihre Inkarnation in einem Mädchen aus dem Jat-Volk.

Philosophien und Religionen

Der Hinduismus zählt zu den ältesten Religionen der Welt, der allerdings mehr eine Lebensweise als eine Religion ist. In Indien sind etwa 84 bis 85 Prozent Anhänger des Hinduismus, 13 bis 14 Prozent sind Muslime (überwiegend Sunniten), 2,5 bis 3,5 Prozent sind Christen und zwei Prozent sind Sikhs. Außerdem gibt es kleinere Gruppen von Buddhisten (0,7 Prozent). Weitere in Indien vertretene Glaubensrichtungen sind der Jainismus (Jain 0,5 Prozent) und der Zarathustrismus (persischen Ursprungs, 0,01 Prozent).

Hinduismus

Die meisten Inder sind Hindus. Das Wort ›Hindu‹ ist das persische Wort für ›Menschen jenseits des Sindhu‹ (Indus) und damit die Bezeichnung der muslimischen Eroberer für die Menschen jenseits des Indus. Erst später nannten sich die Inder selbst ›Hindus‹.

Der Hinduismus hat nicht wie das Christentum oder der Islam eine heilige Schrift als Grundlage (Bibel/Koran), sondern ist eine Lebensweise, die sich über Jahrhunderte entwickelt hat. Er kennt zahlreiche Gottheiten, die jedoch letztlich auf ein allumfassendes göttliches Prinzip zurückzuführen sind, das Rad des Lebens (*dharma*) genannt wird. Der Ur-Hinduismus, dessen Name Vedismus (etwa 1200–900 vor Christus; veda bedeutet Wissen) auf die ältesten Schriften, die Veden, zurückgeht, entstand während der arischen Einwanderung aus

indoarischen und drawidischen (altindischen) Glaubensvorstellungen. Die Vielzahl der Schulen und Glaubensrichtungen unterscheidet sich nur im Weg, nicht aber im Ziel, der Befreiung aus dem Kreislauf der Wiedergeburten. Die einzelnen Merkmale des Hinduismus haben sich erst im Laufe einer langen Geschichte herauskristallisiert. Der neuere Hinduismus (ab etwa 400 vor Christus) kennt keinen Gründer oder Propheten und kein religiöses Oberhaupt wie den Papst bei den Katholiken.

Die drei bedeutendsten Gottheiten sind der vierköpfige Schöpfer Brahma, der blaugesichtige Bewahrer Vishnu und der Zerstörer Mahadeva, auch Shiva genannt.

Hindutempel können in der Regel auch von Touristen besucht werden, allerdings dürfen sie nicht in das Allerheiligste (Sanktum, Cella) hinein.

Sadhu

Land und Leute

Auf den Straßen und in den Tempelanlagen sieht man oft Sadhus (›heiliger Mann‹), in orangefarbene Gewänder gekleidete Männer. Es gibt sie auch mit um den Hüften geschlungenen Tüchern, meist mit Asche beschmiert. Sie betätigen sich oft als Gurus (›Vertreiber der Dunkelheit‹), die als spirituelle Lehrer eine große Rolle bei der Meditation spielen. Es gibt auch abgemagerte Asketen, die Aufsehen erregen, weil sie lange auf einem Bein stehen, einen Arm ununterbrochen hoch zum Himmel strecken, stundenlang auf dem Kopf stehen oder sich bis zum Hals eingraben lassen, je nach dem Gelübde, das die Sadhus abgelegt haben. Sadhvis, weiblichen Sadhus, wird man wesentlich seltener begegnen.

Buddhismus

Obwohl es in der indischen Religionsgeschichte viele ›Erleuchtete‹ gibt, ist der indische Begriff ›Buddha‹ doch einer bestimmten historischen Persönlichkeit vorbehalten: dem Prinzen Siddartha Gautama Buddha, der um das Jahr 560 vor Christus in Lumbini (Nepal) als Sohn eines Shakya-Fürsten geboren wurde. Seine vier Hauptlehren sind im ›Mahavagga‹, einem Teil des Pali-Kanons (älteste überlieferte Sammlung von Buddhas Reden), zusammengefasst. Das Ziel der Erlösung ist das Nirwana (›Verwehen‹). Das Sanskrit-Wort bedeutet das Heraustreten aus dem Kreislauf der Geburten und damit ›das Ende von Alter und Tod‹. Dafür muss der Gläubige fünf Regeln beachten. Neben dem Gebot des Nichttötens (*ahimsa*) besteht das des ›Nichtstehlens‹ (*asteya*), das des ›Wandels in der Heiligkeitskraft‹ (*brahmacarya*), das sich auf die sexuelle Enthaltsamkeit der Mönche und Nonnen und das monogame Leben der Laien bezieht. In der vierten Anweisung wird die Wahrhaftigkeit der Rede (*satya*) gefordert, und die fünfte verbietet den Genuss rauscherzeugender Mittel (*aparigraha*). Weitere fünf Gebote gelten für die Angehörigen der Mönchs- und Nonnenorden. Mittels Versenkung (*samadhi*) wird durch Meditation (*dhyana*) die Erleuchtung beziehungsweise Erlösung angestrebt. Der Buddhismus verzichtet auf die Mittlerrolle der Priester und auf Kastenschranken, was seine große Popularität erklärt.

Nach dem Tode Buddhas wurde die Verbreitung des Buddhismus vor allem durch die Bekehrung Kaiser Ashokas (268–232 vor Christus) begünstigt, bis er durch den Brahmanismus zurückgedrängt und sein Verfall in die Wege geleitet wurde. Die von den ersten Anhängern Buddhas gegründete Schultradition des Theravada-Buddhismus (in Pali ›Schule der Ältesten‹) ist heute vor allem in Thailand, Myanmar, Laos, Kambodscha und Sri Lanka verbreitet.

Der Dharmek Stupa in Sarnath stammt aus dem 3. Jahrhundert

Die Welt der Götter

Die Welt der Hindu-Götter ist für Europäer kompliziert, meist widersprüchlich und unverständlich. Man begegnet ihnen aber auf Reisen durch Indien immer wieder: als Statuen an Straßen, als Skulpturen in Tempeln und in mehr oder weniger kitschiger Form als Abbildungen auf Märkten und in Geschäften. Es ist also sinnvoll, sich ein wenig mit der indischen Götterwelt zu befassen. Zum Verständnis wichtig ist die Vorstellung von der ›hinduistischen Trinität‹ mit den ›drei Gestalten‹ des Göttlichen. Als Brahma (Schöpfung), Vishnu (Erhaltung) und Shiva (Zerstörung) verkörpert sie die fundamentalen Prinzipien des Kosmos.

Brahma wird als Schöpfer der Welt angesehen, doch nur ganz wenige Tempel sind ihm geweiht. Er wird mit vier Armen und vier Gesichtern dargestellt, die in verschiedene Himmelsrichtungen blicken. Sein Reittier ist die mystische Gans oder der Schwan.

Shiva (›Glücksverheißender‹) hat eine besondere Bedeutung und wird auch Mahadeva genannt. In der hinduistischen Trinität verkörpert Shiva, der mit weißer oder grau-blauer Hautfarbe dargestellt wird, das Prinzip der Zerstörung, er steht aber auch mit Parvati als Symbol für die Vereinigung des männlichen und weiblichen Prinzips, das als Yoni (weibliche Genitalien) und Lingam (Phallus) dargestellt wird. Man sieht Shiva mit dem Dreizack (*trishula*), sein Reittier ist der Bulle Nandi.

An seiner Seite findet man oft die Göttin **Parvati**, die auch in ihrer Inkarnation als Annapurna, Sati, Durga und Kali bekannt ist. Sie gilt als Mutter von Ganesha und Skanda; die Dreiheit von Shiva mit Parvati und Ganesha gilt deshalb auch als göttliche Familie. Ihr Reittier ist ein Löwe.

Vishnu ist neben Shiva der bedeutendste Gott im Hinduismus und wird stets mit blauer Hautfarbe gezeigt. Seine bekanntesten Inkarnationen sind seine siebte als Rama, seine achte als Krishna und seine neunte als Buddha.

Seine Gemahlin ist **Lakshmi**, die Göttin des Glücks, Reichtums und der Fruchtbarkeit und Schönheit. Man findet sie oft in Tempeln, die von der Industriellenfamilie Birla gestiftet wurden.

Krishna (das bedeutet in Sanskrit ›dunkel‹), die achte Inkarnation Vishnus, wird mit blauer oder dunkler Hautfarbe und gelber Kleidung dargestellt. Man sieht den populären Hirtengott auf Gemälden in Palästen abgebildet, meist als Kuhhirte mit der Flöte.

Ganesh bedeutet auf Sanskrit ›Vielheit‹, Ganesha ist demzufolge ›Herr aller Wesen‹. Der Sohn Shivas und Parvatis wird als Elefantengott und – da er Süßigkeiten liebt – mit rundlichem Bauch und oft mehrarmig dargestellt. Sein Reittier ist die Ratte oder Maus.

Rama, die siebte Inkarnation Vishnus, wird meist dunkelhäutig und mit Pfeil und Bogen dargestellt; er ist der Held im großen hinduistischen Epos Ramayana.

Die zerstörerische Seite der weiblichen Gottheiten wird durch **Durga**, eine Erscheinungsform der Parvati, verkörpert. Die Göttin der Zerstörung und Töterin des Büffeldämons wird schwarzhäutig und tanzend dargestellt, mit zehn Armen und Schlangen um ihren Leib sowie einer Kette aus Totenköpfen. Ihr Reittier ist der Tiger.

Der Kriegsgott **Skanda** ist nach der Hindu-Mythologie der Sohn Shivas. Er spielt heute keine sehr große Rolle mehr.

Der Jain-Tempel Adinath in Ranakpur

Jainismus

Die Entstehung des Jainismus geht auf ihren Gründer Vardhamana (599–527 vor Christus) zurück, der später den Namen Mahavira (›Großer Held‹) erhielt. Er wird als 24. und bisher letzter einer langen Folge von Furtbereitern (*tirthankara*) gesehen, die den Gläubigen auf dem Weg aus dem ewigen Kreislauf von Tod und Wiedergeburt begleiten.

Ein wichtiger Grundsatz der Jains ist Gewaltlosigkeit (*ahimsa*) und die Achtung vor dem Leben. Deshalb fegen die Anhänger dieser Religion mit ihrem Besen den Weg, um kein Lebewesen unbeabsichtigt zu zertreten und tragen einen Mundschutz, um nicht unbeabsichtigt Insekten einzuatmen und damit zu töten.

Der Hauptunterschied zum Buddhismus besteht in der Askese (*tapas*), die von einigen als Fasten bis zum Tode (*maranantika samlek hana*) zelebriert wird. Im 1. Jahrhundert vor Christus spalteten sich die Jainas in zwei bis heute bestehende Hauptrichtungen. Den strengeren Zweig vertreten die südindischen ›Luftgekleideten‹ (*digambaras*), die nackten Bettelasketen, die ihrem Vorbild Mahavira folgen. Den Hauptzweig bilden die ›Weißgekleideten‹ (*shvetambaras*) in Nordindien, die sich ihrerseits in unterschiedliche Richtungen verzweigen.

Sikhismus

Spätestens seit der Ermordung Indira Gandhis durch zwei Sikhs ihrer Leibwache im Jahre 1984 und den fehlgeschlagenen Anschlag auf Rajiv Gandhi durch seine Sikh-Leibgarde ist die Glaubensrichtung der Sikhs, der nur knapp zwei Prozent der indischen Bevölkerung angehören, in Verruf geraten. Besonders der Kampf der Sikhs (die Männer sind an ihrem gepflegten Vollbart und dem kunstvoll gebundenen Turban erkennbar) um einen eigenen unabhängigen Staat Khalistan hat die fünf Jahrhunderte lang friedlich nebeneinander lebende Bewohner einander weiter entfremdet.

Die Ursprünge des Sikhismus gehen auf den Guru Nanak (1469–1539) zurück, der aus einer Kaufmannskaste des Punjab stammte und eine Synthese von Hinduismus und Islam anstrebte. Der Guru Arjun Dif, einer seiner Nachfolger, ließ 1577 den Goldenen Tempel in Amritsar erbauen, wo sich auch das heilige Buch des Sikhismus, der ›Adi Granth‹, befindet. Wie der Islam ist diese Glaubensrichtung streng monotheistisch ausgerichtet und erkennt nur einen einzigen Gott an.

Islam

Der Islam geht auf den Propheten Mohammed (›Der Gepriesene‹) zurück, den in Mekka geborenen Abdil Kasim ibn Abt Allah (um 570–632). Der Glaubensgrundsatz, nach dem Allah der einzige Gott ist, wurde bereits in der 112. Sure des Koran festgeschrieben. Damit grenzt sich der Islam gegen das Christentum ab, insbesondere gegen die Vorstellung von der Menschwerdung Gottes in Gestalt von Jesus Christus. Der Koran (›Verkündigungen‹) soll Mohammed durch den Erzengel Gabriel übermittelt worden sein.

Dem Islam gehören in Indien heute mehr als 13 Prozent der Bevölkerung an, meist Sunniten. Das Land verdankt dem Islam einige der bedeutendsten Monumente des Landes, vor allem das Taj Mahal in Agra und die Jami Masjid in Delhi.

Neben dem monotheistischen Glaubensbekenntnis gehört das Pflichtgebet (*salat*) zu den fünf Säulen des Islam, gefolgt vom Almosengeben (*zakat*) und Fasten (*saum*). Während der Zeit des Ramadan wird der Reisende tagsüber in muslimischen Stadtteilen kein geöffnetes Restaurant finden. Führt ein Gläubiger das Wort ›Hadj‹ vor seinem Namen, so bedeutet dies, dass er die große Pilgerreise nach Mekka gemacht hat. Kinder werden wie bei den Juden beschnitten, etwa im siebten Lebensjahr. Als islamisches Recht gilt die Sharia, die sich auf Koran, Sunna und ihre Interpretationen stützt. Die Sunna, eine Sammlung von Verhaltensvorschriften und Erzählungen, ist für den einzelnen Muslim oft von größerer praktischer Bedeutung als der Koran. Schließlich gibt es als Glaubensquelle den Hadith, eine Zusammenfassung von Reden des Propheten und seiner Nachfolger. Auch der Islam kennt wie das Christentum Himmel und Hölle, auch der Teufel (Sheitan) ist im Islam bekannt.

Als eine Sonderform wurde bereits im 9. Jahrhundert der Sufismus von islamischen Missionaren in Indien eingeführt und fand dort rasch Verbreitung. Seine Gläubigen versuchen, wie die Anhänger des Jainismus, ein asketisches Leben zu führen. Da diese stark mystisch ausgerichtete Spielart des Islam die Gleichheit aller Menschen verkündet, ist sie besonders bei niedrigen Bevölkerungsgruppen verbreitet.

Gebetsnische in der Freitagsmoschee von Delhi

Land und Leute

Geschichte

Die Geschichte Rajasthans lässt sich nur im Zusammenhang mit der Geschichte ganz Indiens verstehen, dessen Geschichte bis weit in vorchristliche Jahrtausende reicht. Den Namen Indien erhielt das Land von den Persern, die ihn von dem Strom Sindhu ableiteten. Sie ersetzten das S durch ein H, das seinerseits bei den Griechen schließlich verschwand.

Alte Induskultur in der Frühzeit

Der Ursprung der ersten indischen Hochkultur liegt im pakistanischen Industal. Etwa um 2600 vor Christus entwickelten sich im fruchtbaren Schwemmland die Stadtkulturen von Harappa und Mohenjo Daro, die für etwa fünf Jahrhunderte die Zentren der Zivilisation bildeten. Die Fundstätte Kalibangan im Distrikt Hanumangarh in Rajasthan zeigt den Einfluss dieser Zivilisation bis zum heute ausgetrockneten Fluss Ghaggar. Über die Ursachen für den plötzlichen Untergang dieser Kulturen gibt es keine gesicherten Erkenntnisse. Der Wüstenabschnitt war wohl einst fruchtbarer als heute, denn Bodenfunde im Tal des Flusses Sarasvati bezeugen eine kontinuierliche Besiedlung während der Industal- oder Harappa-Epoche (2600–1750 vor Christus) und Bronzezeit. Aus noch unerforschten Gründen versiegte die Sarasvati; Mythen schreiben ihr einen Lauf durch das berühmte Schlachtfeld von Kurukshetra bis zur Mondstadt Prayag (der heutigen Stadt Allahabad) und die Vereinigung mit den anderen vergöttlichten Strömen Ganga (Ganges) und Yamuna zu.

Einwanderung der Arier

Nach dem Niedergang der Induskultur um 1750 vor Christus wanderten kriegerische nomadisierende Rinderhirten aus den zentralasiatischen Steppen nach Süden. Die ersten arischen Einwanderer (nach *arya*, ›die Edlen‹) waren vermutlich Zweige der Yadava (Abkömmlinge eines mythischen Königs, ihre Hauptstadt war Dvaraka), Jat (Arier, die angeblich seit 3100 vor Christus in Indien präsent sind) und Shurasena (mit der Hauptstadt Mathura), die um 1000 vor Christus in die nördliche Wüste Thar vordrangen. Die Indoarier überflügelten allmählich die alte, vor-arische Bevölkerung und zerstörten deren Burgen; einer ihrer Götter trägt die Bezeichnung Puramdara (Burgenzerstörer).

Der Mahariva-Tempel in Osian ist dem ersten Furtbereiter der Jain gewidmet

Die Einwanderer brachten eine eigene Religion mit, deren Priester (Brahmanen) einen hohen sozialen Rang genossen. Diese verfassten die Veden, zwischen 1200 und 800 vor Christus entstandene heilige Bücher (Rigveda, Mahabharata), weshalb die Epoche bis ungefähr 500 vor Christus auch als das Vedische Zeitalter bezeichnet wird.

Erste hinduistische Großreiche und Entstehung der Regionalreiche

An der Wende vom 6. zum 5. Jahrhundert kam es zu zwei Erneuerungsbewegungen, die nicht nur die etablierte Priesterschaft, sondern auch das Kastenwesen ablehnten: dem Buddhismus und dem Jainismus. Sowohl Buddha (etwa 560–480 vor Christus) als Stifter des Buddhismus als auch Mahavira (um 599–527 vor Christus), der sich selbst als Erneuerer oder ›Furtbereiter‹ bezeichnete, entstammten der Kriegerkaste.

Etwa zur gleichen Zeit, als Alexander der Große (356–323) das Indusgebiet wieder verließ, begann allmählich der Aufstieg der Dynastie der Maurya (322–185 vor Christus), deren Herrscher Chandragupta (regierte 321–300 vor Christus) verschiedene kleine Fürstentümer eroberte und ein Großreich errichtete, das vom Indus bis nach Bengalen reichte. Sein Enkel Ashoka (304–233 vor Christus, regierte 268–233) ließ seine Edikte in den Volkssprachen auf Säulen und in Felsen einmeißeln; er starb als buddhistischer Mönch. Bereits knapp 40 Jahre nach seinem Tod löste sich sein Reich wieder in zahlreiche Kleinstaaten auf, und der Buddhismus verlor seine Vormachtstellung. 184/183 vor Christus ermordete General Pushyamitra Sunga (regierte 185–149 vor Christus) aus der Sunga-Dynastie den letzten Herrscher der Maurya und stärkte wieder die Stellung der Brahmanen.

Während der Zeitenwende und in den ersten Jahrhunderten danach fielen fünf Stammesverbände verschiedener ethnischer Herkunft aus den Steppen Zentralasiens in Nordindien ein. Sie konnten nur kurzzeitige, lose organisierte Feudalherrschaften errichten, wie beispielsweise das Reich der Kushana (Nomaden zentralasiatischer Herkunft).

Hinduistische Großreiche und das Delhi-Sultanat

Infolge des Zusammenbruchs des Kushana-Reiches gewannen die Fürstentümer ihre Selbständigkeit zurück. Aus den Konkurrenzkämpfen ging die 300 nach Christus gegründete Dynastie der Gupta (320–500) hervor. Diese fast 200 Jahre dauernde Gupta-Periode bescherte Indien ein Goldenes Zeitalter, in dem Kunst und Wissenschaft ohne kriegerische Störungen gedeihen konnten. Doch dann stürmten von Kashmir die mongolischen Druggu-Nomaden heran, gefolgt von einer Gruppe der iranischen Hunnen, die 465 nach Christus Kabul erobert hatten. Sie bildeten den letzten Ansturm von Steppenvölkern, die in Indien eine neue Heimat fanden. Wegen ihrer helleren Hautfarbe werden sie ›Weiße‹ Hunnen zur Unterscheidung von den ›echten‹, mongolischen Hunnen genannt. Brandschatzend und mordend zerschlugen die Weißen Hunnen die Reichseinheit der Gupta-Dynastie.

Begräbnisstätten der Bhatti-Rajputen in Jaisalmer

Auch diese Bedrohung ging 540 mit der Vertreibung des Hunnenherrschers Mihiracula nach Kaschmir vorüber, zurück blieben ihre Hilfsvölker, die in der Folgezeit Gurjara genannt wurden. Sie beherrschten im 8. und 9. Jahrhundert vorübergehend ganz Nordindien und bildeten einen Schutzwall gegen die Muslime, die ab 998 unter Führung von Sultan Mahmud von Ghazni (971–1030) mit 17 Raubzügen immer wieder gegen den Westen Indiens anstürmten. Dieser schlug im Jahr 1001 mit seinen schnellen berittenen Bogenschützen bei Peshawar das Heer der indischen Fußsoldaten mit seinen schwerfälligen Elefanten vernichtend.

Ständige Fehden, Verrat und Brudermord schwächten die Staaten der Rajputen (die vermutlich aus einer Mischung von Ariern, Hunnen und bereits vor diesen ansässigen Völkern hervorgegangen waren) und öffnete den Muslimen die Tore Indiens: Im Jahre 1186 brachte Mahmud von Ghauri (auch Muhammed von Ghur, 1150–1206) das Land unter seine Kontrolle und raubte in 17 Feldzügen unvorstellbare Tempelschätze, tonnenweise Gold, Silber und Edelsteine. Die Katastrophe brach im Jahre 1192 herein, als ein riesiges Rajputen-Heer unter Führung von Chauhan-König Prithviraj Chauhan (1149–1192) bei Tarain, in den Ebenen nördlich von Delhi, vernichtend geschlagen wurde. Der Türke Qutb-ud-Din Aibak (regierte 1206–1210), ein ehemaliger Sklave des Herrschers, übernahm die Residenz Delhi und gründete die erste islamische Dynastie auf indischem Boden, die nach seiner Herkunft als Sklavendynastie in die Geschichte einging. Im Jahre 1398 plünderte der Mongole Timur Lenk (auch Tamerlan, 1336–1405) die Stadt Delhi und metzelte die hinduistischen Bewohner erbarmungslos nieder.

In einem Blitzfeldzug fielen alle Metropolen an Ganges und Yamuna bis nach Bengalen in die Hände der Afghanen, die eine etwa 600-jährige islamische Oberhoheit über den Großteil Indiens einleiteten. Binnen eines Jahrhunderts brachen die Muslime die hinduistische Feudalherrschaft in nahezu allen Landesteilen. Das spätere Rajasthan wurde zum Herzland der Rajputen, und in abgeschiedenen Himalayatälern des oberen Fünfstromlandes (Panjab) blieben kleine Fürstentümer in den Händen der Hindus. Fehden zwischen Rajputen-Clans und muslimische Invasionen führten zwar noch zu Verschiebungen innerhalb von Rajputana, aber in großen Zügen kristallisierten sich bereits um das Jahr 1200 die Rajputenstaaten in den bis ins 20. Jahrhundert gültigen Grenzen heraus. Die Gründung eines stabilen Großreichs allerdings gelang den islamischen Eroberern trotz rigoroser Unterdrückung der hinduistischen Bevölkerung nicht.

Zu den mächtigsten Rajputen-Dynastien zählen die Rathore von Marwar (Bikaner, Jodhpur), die Sisodias von Mewar (Chittaurgarh, Udaipur), die Kachwahas (Amber, Jaipur), die Hara-Chauhan (Kota und Bundi), die Bhattis von Jaisalmer und die Chauhan von Ajmer.

Herrschaft der Moguln

Die Entwicklung Indiens im 15. Jahrhundert hatte die Gründung eines neuen Großreichs vorbereitet. Sie begann mit der Ankunft der Moguln, einer türkischen Dynastie unter Mogulherrscher Babur (1483–1530), mütterlicherseits ein Verwandter von Tamerlan und väterlicherseits von Dschingis Khan. Er war aus seiner zentralasiatischen Heimat vertrieben worden und hatte 1526 in der Schlacht von Panipat ›an der historischen Pforte von Delhi‹ das Heer des Sultans Ibrahim Lodi (1517–1526) entscheidend geschlagen. Ein Jahr später gab er sich selbst in der Großen Moschee den Titel ›Kaiser von Hindustan‹. Sein Reich erstreckte sich über Afghanistan, das gesamte Indusgebiet sowie die Gangesebene bis zur Grenze von Bengalen.

Nach Baburs Tod (1530) musste sich sein Sohn Humayun (regierte 1530–1556) gegen seine Halbbrüder Kamran, Askari und Hindal durchsetzen und verlor die Kontrolle der unterworfenen Gebiete innerhalb weniger Jahre an Sher Khan, bekannt auch als Sher Shah (1486–1545), dem damaligen afghanischen Gouverneur von Bihar. Er und seine Halbbrüder mussten nach Lahore fliehen. 1555 kehrte er mit einem kleinen Heer zurück, konnte zwar Delhi und Agra erobern, stürzte aber bereits im folgenden Jahr tödlich von einer Treppe. Sein Erbe fiel an den erst 13-jährigen Sohn Akbar. Akbar (1542–1605) spielte

Eingangstor zum Grab Humayuns in Delhi

die lokalen Fürstentümer geschickt gegeneinander aus. Er träumte von einem indischen Großreich mit freier Religionsausübung und einem überkonfessionellen Einheitsglauben. In nächtelangen Disputen mit persischen Mystikern, Hindu-Philosophen, Jain-Heiligen, altiranischen Parsen und Jesuiten-Patres entwarf er den ›Göttlichen Glauben‹ (Din-i-Ilahi), eine neue Religion, die allerdings nach seinem Tode schnell wieder verschwand. Zahlreiche Reformen, vor allem die Abschaffung der Kopfsteuer für Nicht-Muslime, erleichterten den Hindus das Leben. Der Raja von Amber bot ihm als erster seine Tochter zur Ehefrau, und Miryam-az-Zamani schenkte ihm den heißersehnten Thronerben Salim, den späteren Shah Jahangir (1569–1627). Sein Sohn Khurram wurde dem Hofstaat von seinem Vater zwar als designierter Nachfolger unter dem Namen Shah Jahan (1592–1666, regierte 1628–1658) vorgestellt, doch kühlte ab 1620 das Verhältnis des Vaters zu seinem Sohn zunehmend ab. Sehr einflussreich war Jahangirs Frau Mehrunissa (1577–1645), die zunächst ›Licht des Palastes‹ (Nur Mahal) genannt wurde, später sogar ›Licht der Welt‹ (Nur Jahan).

Die Maharajas Man Singh und ›Mirza Raja‹ Jay Singh I. wurden Freunde und Feldherrn der Mogulen. Nach und nach arrangierten sich fast alle Fürsten mit Akbar, einflussreiche Positionen in Heer und Verwaltung der Mogulkaiser brachten ihnen viele Vorteile, Steuerfreiheit und Reichtum ein. Nach dem Vorbild der prunkvollen Mogulhöfe in Delhi, Agra und Lahore entfalteten die Rajputenfürsten unvorstellbaren Glanz und einen luxuriösen, raffinierten Lebensstil, begründeten und bewahrten abendländische Vorstellungen vom sagenhaft reichen, märchenhaften Indien. Musik, Poesie und Malerei wurden an Rajputenhöfen gepflegt, Astrologen und Philosophen genossen hohe Gunst, und begabte Fürsten konnten ihre Schlösser, Lustpavillons, Parks, Gärten und Stauseen selbst entwerfen.

Der letzte Mogulkaiser Aurangzeb (1658–1707) überzog als fanatischer Muslim die Hindureiche neuerlich mit Krieg, führte wieder die Kopfsteuer für Nichtmuslime ein und annektierte mehrere Rajputenreiche. Stolz und Hass der Rajputen flammten erneut auf.

Das India Gate in Delhi erinnert an die im Ersten Weltkrieg gefallenen indischen Soldaten

Zwar bestand das Mogulreich formal noch bis 1857, doch war der Machtzerfall der Zentralgewalt nach dem Tod von Aurangzeb unaufhaltsam. In der Zeit von 1707 bis 1719 hatten nicht weniger als fünf Mogulen den Thron inne. So konnte es Nadir Shah (1688–1747) von Persien 1739 gelingen, Nordindien zu überfallen und Delhi zu plündern.

1757 eroberte der Nawab von Bengalen die Stadt Kalkutta und ließ dabei zahlreiche Briten ermorden. Am 23. Juni 1757 schlugen die Briten unter Führung ihres Feldherrn Robert Clive (1725–1774) bei Plassey nicht nur diesen Lokalherrscher, sondern damit zugleich die mit ihm verbündeten Franzosen.

1857 nutzen die Briten den Sepoy-Aufstand und schickten den alten Bahadur Shah II. (regierte 1838–1858) in die Verbannung nach Burma (heute Myanmar). Der Aufstand hatte die direkte Unterstellung Indiens unter die britische Krone zur Folge.

Kampf gegen die Kolonialherrschaft

Entscheidend für den Erfolg der Briten, das riesige Land zu beherrschen, war die Etablierung einer einheitlichen Verwaltung mit festbesoldeten Beamten. Am 1. November 1858 verlas Generalgouverneur Lord Charles Canning eine Proklamation, die Indien direkt der britischen Krone unterstellte. Der Generalgouverneur wurde dem neu geschaffenen Indian Office unterstellt. Damit gab es ein von Großbritannien direkt regiertes Britisch-Indien und 562 Fürstentümer. Gestützt auf eigene Verwaltungs- und Militäreinheiten herrschte seit 1876, der Krönung der Queen Victoria zur Kaiserin von Indien, ein britischer Vizekönig über den Subkontinent.

Der erste Schritt auf dem langen Weg in die Selbstregierung waren die durch die Bengalen-Unruhen 1905 ausgelösten Morley-Minto-Reformen von 1909, welche die Berufung von indischen Ministern in die Kabinette des Vizekönigs und der Provinzgouverneure vorsah.

Am 18. März 1919 erfolgte aber auch die Verabschiedung des Rowlatt-Gesetzes, das die Internierung ohne Gerichtsurteil ermöglichte. Dagegen wehrten sich die Massen, die in Mahatma Gandhi (1869–1948) ihr Symbol des passiven Widerstands Satyagraha (›Festhalten an der Wahrheit‹) fanden.

Der legendäre Salzmarsch, mit dem Gandhi 1930 symbolisch das Salzmonopol der Briten brechen wollte, und die ersten gesamtindischen Wahlen 1936 wurden ein überwältigender Erfolg. Doch es gab auch Widerstände aus den eigenen Reihen. Der Muslimführer Mohammed Ali Jinnah (1876–1948) lehnte Gandhis Verfassungsentwürfe ab, weil er die muslimische Bevölkerung nicht genügend repräsentiert sah. Und Jawaharlal Nehru (1889–1964) sowie Subhas Chandra Bose (1897–1945) standen Gandhis visionären Vorstellungen fremd gegenüber. Die Ermordung Gandhis am 30. Januar 1947 durch den fanatischen Hindu Nathuram Godse war Ausdruck des religiösen Fanatismus und politischen Separatismus. Als Indien am 15. August 1947 die Unabhängigkeit erhielt, war dies zugleich der Tag, an dem in grausamen Massakern zwischen Hindus und Moslems über 200 000 Menschen auf offener Straße abgeschlachtet wurden. In diesem Jahr auch endet die eigenständige Geschichte Rajasthans und wird zu einem Teil der Geschichte des modernen Indien.

Mahatma Gandhi – Symbol des gewaltlosen Widerstands

Jeder kennt seinen Namen, unzählige Publikationen wurden über ihn verfasst, er ist keine Rajasthani, und dennoch gehört eine kurze Abhandlung auch in diesen Reiseführer – als ›halbnackten Fakir‹ hatte der britische Premier Winston Churchill im Februar 1931 den schmächtigen Hindu mit der Gelehrtenbrille noch verächtlich bezeichnet. Mit der Bezeichnung Mahatma (Große Seele) wurde er dagegen vom Dichter Rabindranath Tagore (1861–1941), dem bedeutenden Dichter aus Bengalen, geehrt – Mohandas Karmachand Gandhi spaltete schon immer die Gemüter. Dabei wollte er doch eigentlich die Nation zusammenführen, focht er unbeirrbar gegen die Diskriminierung der Unberührbaren, die er Harijans (Kinder Gottes) nannte, und wurde schließlich wegen seiner Toleranz gegenüber den Muslime von einem fanatischen Hindu ermordet.

Geboren wurde Gandhi am 2. Oktober 1869 im Hafenstädtchen Porabandar in Gujarat als Sohn einer Händlerfamilie, wo sein Vater es bis zur Stellung eines Ministers des kleinen Fürstentums Porbandar gebracht hatte. Er studierte 1888 bis 1891 Rechtswissenschaften in London, kehrte 1891 nach Indien zurück und arbeitete in Mumbai (Bombay) als Rechtsanwalt. Doch er hatte beruflich wenig Erfolg und so ging er 1893 nach Südafrika, wo er es im Jahre 1894 bis zum ersten indischen Anwalt am Obersten Gericht von Natal brachte. Hier setzte er sich als Rechtsanwalt gegen die Diskriminierung seiner Landsleute ein und engagierte sich im Kampf gegen den Rassismus. Hier auch entwickelte er sein Konzept des Satyagraha (Festhalten an der Wahrheit), dem gewaltlosen Widerstand gegen die Obrigkeit, der das Vorbild für so viele spätere Aktionen werden sollte.

Als er 1914 nach Indien zurückkehrte, stellte er das indische Dorf in den Mittelpunkt seines Zivilisationsmodells. Spinnrad und Khadi, das handgewebte Tuch, wurden zum Symbol für die Rückkehr zu den Traditionen in Verbindung mit der Selbstverwirklichung der indischen Nation. Seine politischen Vorstellungen kreisten um die Begriffe Satyagraha (Festhalten an der Wahrheit) und Ahimsa (gewaltloser Widerstand), der in zwei Formen geführt wurde – als Nicht-Zusammenarbeit (Non-cooperation) und als ziviler Ungehorsam (civil disobedience). 1915 gründete er den Sabarmati Ashram in Ahmedabad, eine klösterliche Gemeinschaft, in den er zwei Jahre später einzog. Erste Erfolge durch den gewaltlosen Widerstand konnte er 1916 in Bihar und Ahmedabad verzeichnen, wo er erstmals auch den Hungerstreik als wirkungsvolle Waffe einsetzte. Entsetzt über das Blutbad, das sein friedlicher eintägiger Streik 1919 ausgelöst hatte, rief er 1920 bis 1922 die zweite Satyagraha-Bewegung) ins Leben, die er jedoch abbrechen ließ,

Mahatma Gandhi und der Dichter Rabindranath Tagore im Jahr 1920

Gandhi 1930 auf dem legendären Salzmarsch

als gewalttätige Unruhen ausbrachen. Trotzdem ließen ihn die Briten verhaften und verurteilten ihn zu sechs Jahren Gefängnis, von denen er jedoch nur zwei Jahre verbüßen musste.

Einen Höhepunkt erreichte der Freiheitskampf 1930 mit dem schon legendär gewordenen Salzmarsch, mit dem er symbolisch das Salzmonopol der Briten brechen wollte. Noch am 5. Mai 1930 wurde Gandhi verhaftet, aber im Januar 1931 unterzeichneten er und der britische Vizekönig Lord Irwin ein Abkommen, wonach die Salzproduktion in indische Hände übergeben wurde und auch die politischen Gefangenen entlassen wurden.

Bereits 1940 hatte die Muslim-Liga einen eigenen Staat für die indischen Muslime gefordert, nach dem Ende des Zweiten Weltkrieges verschärften sich die Gegensätze zwischen Hindus und Muslimen. Die Forderung eines Separatstaates für den muslimischen Teil der Bevölkerung führte folgerichtig zur Teilung des Landes. Tragisch besonders für Gandhi war die Tatsache, dass der Tag der langersehnten Unabhängigkeit, ganz im Zeichen grausamer Massaker zwischen den Bevölkerungsgruppen stand. Am 15. August 1947 sollen über 200 000 Menschen abgeschlachtet worden sein. Gandhi, der Gewaltfreiheit gepredigt hatte, wurde selbst Opfer dieser Gewalt. Am 30. Januar 1948 wurde er von dem radikalen Hindu Nathuram Godse, einem Anhänger der extremistischen Organisation Hindu Mahasabha (Große Hindu-Versammlung), erschossen, als er – gestützt auf seine Nichten Abha und Manu – aus dem Birla-Haus in Delhi trat. ›Mein Gott‹ sollen seine letzten Worte gewesen sein.

Geschichte im Überblick

Vor 1/2 Mio. Jahren Negro-Pygmäen in Indien.

Induskultur
2600 vor Christus Entstehung einer von Sumer beeinflussten Städtekultur.

Arier
1400 vor Christus Einwanderung der Arier aus Steppen südlich des Urals.
1300 vor Christus Altvedische Zeit.
1000 vor Christus Spät-vedische Zeit. Die sesshaft gewordenen Arier machen sich Nordindien untertan.
600 vor Christus Entstehung kleiner Adelsrepubliken (Magadha-Reich). Begründung des Buddhismus.
327 vor Christus Alexanders Indienfeldzug.

Maurya
320 vor Christus Gründung der Maurya-Dynastie. Ashoka ist der berühmteste Maurya-Herrscher (268–233), der Buddhismus ist Staatsreligion.
180 vor Christus Erneutes Eindringen von Griechen.
85 vor Christus Griechische Herrschaft in Nordwest-Indien (Taxila), bricht unter dem Ansturm der Skythen zusammen.
19 vor Christus Indo-Parthisches Reich.

Kushana
79 Skythen von Kushana besiegt. Neue Hauptstadt Peshawar.
230 Verfall des Kushana-Reiches. Sassaniden-Reich.

Gupta-Dynastie
320 Nordindien unter Gupta-Herrschaft.
510 Einfall der weißen Hunnen und der Gurjara.
600 Verfall des Gupta-Reiches.
600–800 Die blühenden Städte der Gup-

Der Turm Qutb Minar in Delhi gehörte zur ersten Moschee Indiens

takultur sind zerstört, die von reichen Kaufleuten der Großstädte dominierte Gesellschaft der Guptas löst sich auf.
734 Bappa Rawal nimmt Chittaurgarh in Besitz und begründet die Guhilot-Dynastie.

Gurjara-Pratihara-Dynastie
780 Eroberung von Kanauj durch Nagabhatta II. (784–833). Die Pratihara vergrößern ihr Reich in Nordindien. Von ihnen stammen viele Rajputenstämme ab.
940 Auflösung Nordindiens in kleine Rajputenreiche, darunter die Parmar von Malwa (948–1260).
950 Bhatti-Rajputen erobern Lodurva.

Ghaznaviden-Reich
998 Mahmud von Ghazni, Herrscher über ein Reich vom Kaspischen Meer zum Punjab, unternimmt 17 Raubzüge nach Indien.

1037 Gründung von Amber durch die Kachwaha-Rajputen von Gwalior.
1150 Die Guhilots sind Sieger im Streit um Chittaurgarh. Chittaurgarh wird Hauptstadt von Mewar.
1156 Gründung Jaisalmers.
1178 Prithviraj, der berühmteste der Chauhan-Rajputen, ist Herrscher in Delhi.
1192 Mahmud von Ghauri fällt über Afghanistan nach Indien ein, Nordindien ist nun unter moslemischer Herrschaft.

Sklavendynastie

1206 Qutb-ud-Din Aibak, ein General des Mahmud von Ghauri, ist bis 1210 Herrscher in Delhi. Ihm folgt Iltutmish (1211–1236), der erste Sultan von Delhi.
1221 Mongolen unter Dschingis Khan dringen zum Indus vor.
1241 Die von Delhi vertriebenen Chauhan teilen sich. Die eine Gruppe gründet Bundi, die andere Sirohi.
1296 Aus den Thronwirren in Delhi geht die afghanische Familie der Khaljis siegreich hervor.

Tughluq-Dynastie

1320 Begründung der Tughluq-Dynastie in Delhi. Muhammed ibn Tughluq (1325–1351) hat das seit Ashoka größte Reich Indiens. Nach seinem Tod jedoch zerfällt das Reich in eine Unzahl von Provinz-Sultanaten. Delhi wird von den Sayyiden (1414–1451), später von den Lodi (1451–1526) regiert.
ab 1400 Wiederaufleben der Rajputenreiche.

Mogul-Reich

1526 Der Afghane Babur stürzt die Lodi in Delhi und erobert Nordindien, später auch die Fürstentümer von Rajputana. Er nennt sich Kaiser von Hindustan.
1534 Bahadur Shah, Sultan von Gujarat, erobert Chittaurgarh, zieht sich jedoch aus Angst vor Humayun bald wieder zurück.
1544 Sher Khan (Sher Shah) besiegt Humayun und dessen Verbündeten Rao Maldeo von Marwar. Humayun flieht. Sher Khan wird Herrscher in Delhi.

Land und Leute

Das Mausoleum Akbars in Sikandra

1555 Humayun kann den Thron zurückerobern, stirbt aber bereits ein Jahr später. Nachfolger wird sein Sohn Akbar (1542–1605).

1567 Akbar erobert die Festung von Chittaurgarh. Udai Singhs Nachfolger Pratap Singh führt einen 25-jährigen Guerillakrieg gegen die Mogultruppen.

1576 Pratap verliert die Schlacht bei Haldighat.

1600 Gründung der Britischen Ostindien-Kompanie.

1605 Jahangir folgt seinem Vater Akbar auf den Thron.

1628 Shah Jahan, Nachfolger am Mogulhof, leitet eine verschärfte Politik gegen die Hindus ein.

1658 Aurangzeb setzt seinen Vater Shah Jahan gefangen. Als fanatischer Moslem zieht er den Hass der Hindus auf sich.

1679 Aurangzeb annektiert Marwar. 1681 kann er den Frieden in Rajputana erzwingen.

1700 Die Engländer haben inzwischen Handelsniederlassungen in Bombay, Madras und Kalkutta erworben.

Zerfall des Mogulreiches

1707 Tod Aurangzebs. Seine Nachfolger verlieren immer mehr an Macht.

1709 Marwar erlangt seine Unabhängigkeit zurück.

1727 Gründung Jaipurs. Auch dieser Staat wird nach Aurangzebs Tod unabhängig.

1734 Marathen-Einfälle in Rajputana. Misswirtschaft und Erlahmung des Handels in den einst mächtigen Rajputen-Reichen. Hungersnöte.

1738 Der Perser Nadir Shah fällt in Indien ein und zerstört ein Jahr später Delhi.

1742 Beginn der Machtkämpfe zwischen Englischer und Französischer Kompanie in Indien.

1757 Der Afghane Ahmed Khan Abdali plündert Delhi.

Verlagerung der Macht

1761 Die Afghanen besiegen die Marathen in der Dritten Schlacht von Panipat. Die Reiche der Marathen zerfallen weiter unter dem Druck der Rajputen (1787) und der Engländer (ab 1801).

Rajputenthron im Stadtpalast von Jaipur

1803 Fast das gesamte Indien unter britischer Herrschaft.
1816 Endgültiger Sieg der Engländer über die Marathen.
1818 Verträge zwischen Engländern und Rajputen.

Britische Vormacht

1820 Fürstentümer mit gesetzgebenden Maharajas an der Spitze als Stütze der britischen Macht.
1845 Niederwerfung der Sikhs in einem vierjährigen Krieg.
1857 Der Sepoy-Aufstand in der britischen Armee gefährdet die Herrschaft der Briten.
1858 Indien britische Kronkolonie.
1876 Königin Victoria wird Kaiserin von Indien.
1885 Gründung des ›Indian National Congress‹.
1914 Rajputen-Truppen im Ersten Weltkrieg eingesetzt.
1919 Parlamentsbildung mit gewählten und ernannten Mitgliedern; Ober- und Unterhaus.

Blutbad von Amritsar

1920 Gandhi organisiert Ungehorsamkeitskampagnen. Erster Satyagraha-Marsch.
1930 Zweiter Satyagraha-Marsch Gandhis, der zu seiner erneuten Verhaftung führt.
1935 Government of India Act. Den Fürsten wird die Einbeziehung der Fürstentümer in einen gesamtindischen Bundesstaat zur Wahl gestellt.
1942–1945 Maharajas stehen im Burmafeldzug während des Pazifikkrieges an der Spitze ihrer Truppen, später auch an anderen Kriegsschauplätzen.
1942 Quit-India-Bewegung. Der National Congress verweigert den Briten jede Unterstützung und fordert die Unabhängigkeit Indiens.

1945 Die Spannungen sind so stark angewachsen, dass Indien möglichst bald in die Unabhängigkeit entlassen werden soll. Die Muslimpartei fordert einen eigenen Staat.

Unabhängigkeit

1947 Am 15. August wird Indiens Unabhängigkeit erklärt. Bildung des Moslemstaates Pakistan. Unruhen zwischen Hindus und Moslem, Flüchtlingsströme. Den Fürstentümern steht es frei, sich Indien oder Pakistan anzuschließen. Alle der damals 19 Fürstentümer stimmen für Indien. Ihre Unabhängigkeit, wie sie unter den Briten bestand, geben die Maharajas nur widerstrebend auf. Die Fürsten erhalten Apanagen und weitere Privilegien.
1950 Indien wird demokratische Republik mit Nehru (Kongresspartei) als Regierungschef.
1971 Die Maharajas verlieren durch eine Verfassungsänderung (Constitutional Amendment Act) auch ihre politische Macht.
1974 Indien zündet seine erste Atombombe.
1984 Indira Gandhi wird von ihren Sikh-Leibwächtern in Delhi ermordet.
1991 Rajiv Gandhi, Sohn Indira Gandhis und Wahlgewinner von 1984, wird von einer Selbstmordattentäterin bei Madras ermordet.
1999 Konflikte mit Pakistan um Kaschmir.
2000 Beginn des Wirtschaftsbooms.
2004/2009 Der frühere Wirtschafts- und Finanzminister Manmohan Singh, ein Sikh und Initiator der Liberalisierung, wird Premierminister.
2011 Indien testet die erste Langstreckenrakete mit Atombombenträgern.
2012/1213 Korruptionsvorwürfe und Vergewaltigungen von Frauen machen weltweit Schlagzeilen.

Land und Leute

Politik und Gesellschaft

Die unabhängig gewordenen jungen Nationalstaaten haben in der Regel die politischen und rechtlichen Strukturen ihrer ehemaligen Kolonialherren übernommen. So laufen beispielsweise im ehemals britischen Kenia noch heute die Richter unter der sengenden Sonne Afrikas mit ihren Perücken herum. Auch das politische System und das Rechtssystem Indiens lehnen sich an das britische Vorbild an. Deshalb gibt es auch hier ein Ober- und ein Unterhaus sowie ein Mehrheitswahlrechtssystem nach britischem Muster. Mit rund einer Milliarde Einwohnern ist Indien die bevölkerungsreichste Demokratie der Welt. Es ist Mitglied im Commonwealth of Nations und stellt zurzeit mit Kamalesh Sharma den Generalsekretär.

Flagge, Wappen, Hymne

Die beiden farbigen Streifen auf der Flagge Indiens symbolisieren die großen Religionen Hinduismus (safran-orange) und Islam (grün), während der weiße Streifen für die übrigen Glaubensrichtungen stehen soll. Die Farben werden auch als Zeichen für Mut und Opferbereitschaft (orange), Glaube und Ritterlichkeit (grün) sowie Wahrheit und Frieden (weiß) interpretiert. In dem weißen Mittelfeld befindet sich das buddhistische Symbol für das Rad der Lehre (*dharmachakra*) vom Löwenkapitell der Säule des Kaisers Ashoka. Es ist auch das Wappen Indiens, das unterhalb des Kapitells die Unterschrift ›Allein die Wahrheit siegt‹ zeigt.

Die Nationalhymne Indiens lautet offiziell ›Jana Gana Mana‹ (Herrscher über den Geist des Volkes). Sie wurde bereits 1911 aus Anlass des Besuchs von König George V. verfasst und 1950 offiziell von der verfassunggebenden Nationalversammlung verkündet. Der Text lautet:

jana ga a mana adhinā aka,	*Herrscher über den Geist des Volkes,*
ja a he	*Heil Dir,*
bhārata bhāgya bidhātā	*Indiens Schicksalslenker!*
pañjāb sindhu gujarā marā hā	*Im Punjab, Sindh, in Gujarat, Maratha,*
drābi a utkal ba ga	*Dravida, Utkal und Bengalen,*
bindhya himācal yamunā	*über das Vindhya-Gebirge, den Himalaya,*
ga gā	*durch die Yamuna, den Ganges,*
ucchal jaladhi tara ga.	*über die hohen Wogen des Ozeans,*
taba śubha nāme jāge,	*Dein glückverheißender Name möge erwachen.*
taba śubha āśisa māge,	*Sie erbitten deinen glückverheißenden Segen,*
gāhe taba ja a gāthā,	*Sie singen dein Siegeslied.*
jana ga a ma gal dā ak ja a he	*Glückbringer des Volkes, Heil Dir,*
bhārata bhāgya bidhātā.	*Indiens Schicksalslenker!*
ja a he, ja a he, ja a he,	*Heil Dir! Heil Dir! Heil Dir!*
ja a ja a ja a ja a he!	*Heil, Heil, Heil, Heil Dir!*

Quelle: www.erdpunkte.de/nationalhymne-indien.html.
Hier kann man die Hymne auch downloaden.

Das von Kolonnaden umgebene Parlamentsgebäude

Politisches System und Rechtssystem

Politik und Justiz sind seit jeher in allen Ländern der Welt eng miteinander verbunden. Dabei wurde die Rechtsprechung einerseits als Werkzeug der Herrschenden (insbesondere in autoritär geführten Gesellschaften und unter totalitären Systemen) genutzt, diente andererseits aber auch als Macht begrenzende Kontrollinstitution, was besonders beim Bundesverfassungsgericht in Deutschland deutlich wird. Besonders fatal für die Menschen wurde die Justiz immer in denjenigen Fällen, in denen sich die moralische Rechtfertigung bestehender Verhältnisse mit religiösen Argumenten und kirchlichen Interessen verband. Insofern ist es legitim, politisches System und Rechtssystem unter einem Oberbegriff abzuhandeln.

Offizieller Name Indiens ist Bharat Juktarashtra (Hindi); Republic of India. Der Subkontinent ist seit 15. August 1947 unabhängig. Die Republik Indien ist ein parlamentarischer Bundesstaat mit föderaler Grundstruktur unter Beibehaltung starker zentralistischer Elemente. Sie besteht nach der Verfassung vom 26. Januar 1950 aus 28 Bundesstaaten und sieben Unionsterritorien. Ihre Hauptstadt ist Neu Delhi.

Staatsoberhaupt

Staatsoberhaupt ist der Präsident (seit 22. Juli 2012 Pranab Mukherjee), dessen Rolle sich jedoch größtenteils auf zeremonielle Aufgaben beschränkt. Der Präsident, der beliebig oft wiedergewählt werden kann, wird von einer Versammlung gewählt, die aus Abgeordneten des Bundesparlaments und Vertretern der Einzelstaaten besteht. Seine Amtszeit beträgt fünf Jahre, die nächste ist im Juli 2017. Die tatsächliche Macht liegt bei einem dem Parlament verantwortlichen Ministerrat.

Die früheren Herrscher der Rajputen, die Fürsten, die sich Maharaja (Großer Herrscher), Maharawal (von Dungapur), Maharana (von Udaipur), Maharao (von Bundi und Kota) oder die Titelträger, die sich nur Herrscher (ohne den Zusatz ›Großer‹) nannten wie Raja, Rao, Rawal oder Rana, haben mit der Verfassungsänderung von 1971 ihre Macht verloren. Sie sind heute meist Geschäftsleute, die ihre Festungen und Paläste in Museen oder Hotels umwandelten, aber nach wie vor hohes Ansehen bei der Bevölkerung genießen.

Ministerrat und Regierungschef

Eigentlicher Chef der Regierung ist der Premierminister (seit 22. Mai 2004 Manmohan Singh), der vom Präsidenten auf fünf Jahre ernannt wird. Er ist in etwa mit dem deutschen Bundeskanzler vergleichbar und steht dem Ministerrat beziehungsweise dem Kabinett vor. Und ebenfalls wie in Deutschland wird er üblicherweise von der stärksten Fraktion der Volksvertretung (Lok Sabha) gestellt. Doch anders als bei uns, wo der Bundeskanzler über das Instrument der Richtlinienkompetenz verfügt, ist der indische Premier nur erster unter den anderen, dem allerdings durch das Recht zur Regierungsbildung, durch den Vorsitz bei den Kabinettssitzungen sowie durch die Kontrolle der Geheimdienste, der Bundespolizei und der zentralen Planungskommission eine herausragende Stellung zukommt.

Parteiensystem

Die traditionsreichste Partei ist die Kongresspartei (Indian National Congress Party), der beispielsweise Jawaharlal Nehru (im Amt vom 15. August 1947 bis zum 27. Mai 1964) und Indira Gandhi (im Amt vom 24. Januar 1966 bis 24. März 1977 und nochmals vom 14. Januar 1980 bis zur Ermordung am 31. Oktober 1984) angehörten und die auch die Regierung unter Ministerpräsident Manmohan Singh stellt. Zweitgrößte Partei Indiens ist zurzeit die Indische Volkspartei (Bharatiya Janata Party), die von 1998 bis 2004 die Regierung stellte.

Legislative

Die Legislative der Indischen Union liegt bei einem Zwei-Kammern-Parlament (Sansad).

Das Oberhaus (Rajya Sabha) besteht aus 245 Mitgliedern, von denen 12 vom Präsidenten ernannt werden. Alle zwei Jahre wird ein Drittel der restlichen 233 für sechs Jahre von den Parlamenten der Bundesstaaten gewählt.

Das Unterhaus (Lok Sabha) besteht aus 543 Abgeordneten, die für fünf Jahre nach einfachem Mehrheitswahlrecht gewählt werden. Zwei Abgeordnete werden vom Präsidenten ernannt.

Rechtswesen

An der Spitze der indischen Justiz steht der Supreme Court unter Vorsitz des Chief Justice of India. Diesem höchsten Gericht nachgeordnet sind 21 High Courts in den Bundesstaaten und Untergerichte (Subordinate Courts). Das Oberste Gericht entspricht in etwa dem deutschen Bundesverfassungsgericht bei Konflikten zwischen der Union und den Bundesstaaten beziehungsweise dem Bundesgerichtshof als höchste Berufungsinstanz bei allen Rechtsfragen.

Schließlich gibt es noch auf der Ebene der Stadt- und Landdistrikte sogenannte City Civil Districts für Zivilstreitigkeiten und Sessions Courts für Strafsachen. Außerdem existieren noch Sondergerichte für Angelegenheiten des Familien- und Handelsrechts sowie für Religionsgemeinschaften, insbesondere wenn es um Scheidungs-, Unterhalts-, Adoptions- und Erbrechtsfragen geht. Auf den unteren Gerichten liegt die Hauptlast der Rechtsprechung.

Verteidigungspolitik

Die offiziellen Streitkräfte sind die drittgrößten der Welt. Die indische Armee ist eine Berufsarmee, der Militärdienst ist freiwillig, bei Bedarf ist aber jeder Bürger laut Verfassung verpflichtet, auf Anforderung ›nationalen Dienst‹ zu leisten. Oberbefehlshabers der Streitkräfte ist der Präsident, für die operative Umsetzung ist der Verteidigungsminister zuständig. In Deutschland übernimmt im Verteidigungsfall der Bundeskanzler den Oberbefehl vom Verteidigungsminister. Diese Posten werden grundsätzlich nur an zivile Politiker vergeben, niemals an Militärs.

Die Verteidigungsausgaben im Jahr 2005 betrugen rund 19 Milliarden US-Dollar, das entsprach drei Prozent des Bruttoinlandsproduktes beziehungsweise 17 US-Dollar je Einwohner. Seit der Unabhängigkeit ist das indische Militär der Zivilverwaltung unterstellt. Indien ist seit 1974 Atommacht, bis heute hat das Land den Atomwaffensperrvertrag nicht unterzeichnet.

Militärparade am India Gate in Delhi

Verwaltung

Indien ist in 28 Bundesstaaten (States) und sieben Unionsterritorien (Union Territories) gegliedert, allerdings sind deren politische Mitsprache- und Entscheidungskompetenzen wesentlich geringer als zum Beispiel die der Bundesländer in Deutschland. Generell sind die Bundesstaaten zuständig für Polizei sowie für das Gesundheits- und das Bildungswesen. An der Spitze jedes Bundesstaates steht ein Gouverneur, der auf Vorschlag des nationalen Ministerrates vom Staatspräsidenten auf fünf Jahre zum Chef der einzelnen Unionsstaaten ernannt wird. Die Regierungsgeschäfte werden von Chief Minister der einzelnen Staaten wahrgenommen. Einige Sitze in den Parlamenten sind bestimmten Kasten und bestimmten Ethnien vorbehalten.

Die Unionsterritorien unterteilen sich ihrerseits in insgesamt über 600 Distrikte (Districts). Diesen untergeordnet sind parallel und teils überlappend die Tehsils (oder auch Taluks), Blöcke und Subdivisions.

Die unterste Verwaltungsebene stellen die Dörfer dar, dort besitzen Dorfräte (Panchyate) und Dorfparlamente (Gram sabhas) wichtige Entscheidungsbefugnisse. Die Zuständigkeiten der Kommunalverwaltungen sind jedoch je nach Bundesstaat unterschiedlich gestaltet. Größere Städte (Municipal Corporations) und Städtische Bezirke (Municipal Corporations) unterliegen der Zuständigkeit

Die Distrikte Rajasthans

zahlreicher Verwaltungsbehörden, die sich um Straßenbau, Wasserversorgung, Abwassersystem und sanitäre Einrichtungen, Impfprogramme und das Schulwesen kümmern. Die unzureichende finanzielle Ausstattung der lokalen Körperschaften stellt ein besonderes Problem dar und ist mit verantwortlich für die weit verbreitete Korruption.

Wirtschafts- und Sozialsystem

Die Politik ist aufgrund der Abhängigkeit von den Steuereinnahmen eng mit der Wirtschaft verbunden. Ausgaben des Staates für den Ausbau der Infrastruktur oder für das Sozial- und Bildungswesen resultieren aus den Steuereinnahmen oder aus einer Verschuldung zu Lasten der kommenden Generation. Dennoch fristen viele Menschen trotz vieler staatlicher Subventionen (zum Beispiel der Grundnahrungsmittel) ein Leben am Rande des Existenzminimums. Dieser soziale Sprengstoff kann sich zu einem Legitimitätsproblem für das politische System auswachsen, das im demokratischen Indien auf die überwiegende Zustimmung seiner Wähler angewiesen ist.

Während unter Jawaharlal Nehru (regierte 1947–1964) und in den folgenden Jahrzehnten einige Schlüsselindustrien verstaatlicht wurden und der private Sektor weitreichenden Kontrollen unterlag, kam es unter P. V. Narasimha Rao (regierte 1991–1996) von der Kongresspartei zu einem tiefgreifenden Wandel in der Wirtschaftspolitik des Landes. Die neoliberale Wende führte zur Aufhebung zahlreicher Kontrollen über den privaten Sektor, zu staatlichen Ausgabenkürzungen, zum Abbau von Staatsschulden und zur Beschleunigung des Wirtschaftswachstums, das im Jahr 2012 immerhin zu einem Wachstum des Bruttosozialprodukts von sechseinhalb Prozent führte. Am Bruttosozialprodukt war die Landwirtschaft mit rund 17,5 Prozent, die Industrie mit 26 Prozent und der wachsende Dienstleistungssektor mit rund 56,5 Prozent beteiligt.

Ein nicht unwesentliches Charakteristikum für die indische Wirtschaft ist der gewaltige informelle Sektor, in dem Millionen von Menschen als Straßenhändler, Schuhputzer oder Dienstmädchen ihr Geld verdienen. Die soziale Realität hat bisher mit der rasanten ökonomischen Entwicklung nicht Schritt gehalten. Die Inflationsrate (Konsumpreis) betrug 2012 etwa 9,3 Prozent.

Bauer bei Kumbahlgarh

Land- und Forstwirtschaft

Indien ist noch immer ein Land der Dörfer, rund 53 Prozent der Erwerbstätigen sind in der Land- und Viehwirtschaft beschäftigt. Über 40 Prozent der Landesfläche sind Agrarland. Noch immer ist der Holzpflug das wichtigste landwirtschaftliche Gerät, das man während der Überlandfahrten neben dem Wasserschöpfrad überall sieht. Neben Reis werden vor allem Weizen, aber auch Hirse, Mais und Gerste angebaut. Zu den hauptsächlichsten Agrarprodukten gehören außerdem Ölsamen, Baumwolle, Jute, Tee, Zuckerrohr, Zwiebeln und Kartoffeln.

Auch die Viehzucht (Schafe, Ziegen, Geflügel) ist von großer Bedeutung. Hier sind insbesondere Büffel, Pferde, Esel und Kamele wichtig, die als Last- und Zugtiere eingesetzt werden. Rinderzucht ist trotz des hohen Bestands an Tieren für die Ernährung von untergeordneter Bedeutung, weil Rinder von Hindus nicht geschlachtet werden dürfen.

Das ehemals an Wäldern reiche Indien war 1995 nur noch zu etwa 22 Prozent bewaldet. Die durch Raubbau bereits weitgehend zerstörten Wälder werden zur Gewinnung von Brennholz und Holzkohle sowie zur Ernte von Nüssen und anderen Früchten genutzt.

Industrie und Informationstechnologie

Im industriellen Sektor Indiens wird knapp ein Drittel des Bruttoinlandsprodukts produziert, 19 Prozent der Erwerbstätigen sind im Industriebereich beschäftigt, 28 Prozent im Dienstleistungsbereich. Die Luft- und Raumfahrtindustrie, die Rüstungsindustrie, die Pharmaindustrie und die Software-Branche sind hoch entwickelt. Zu den Schlüsselindustrien gehören die Stahl- und Baustoffindustrie sowie die chemische Industrie.

Ziegen sind wichtige Nutztiere

Land und Leute

Töpferwaren in Luni

Im Bereich der Informationstechnologie, also der Computerindustrie, insbesondere der Softwarebereich, sind bedeutende Fortschritte erzielt worden. Dazu zählen auch die zahlreichen ›Outsourcing‹-Angebote (beispielsweise Callcenter), die indische Dienstleistungsbetriebe den ausländischen Firmen unterbreiten. Mittlerweile spielt das Land eine hervorragende Rolle in der Softwarebranche mit Wachstumsraten von über 56 Prozent! Auch die Raumfahrtindustrie, die Genforschung und die Nuklearentwicklung gehören zu den indischen Wachstumsbranchen. Hier hat die Leistungsfähigkeit der indischen Wirtschaft nach Einschätzung vieler Beobachter inzwischen internationales Spitzenniveau erreicht.

Bodenschätze, Bergbau und Energie

Indien ist reich an Bodenschätzen und gehört zu den weltweit führenden Produzenten von Eisen- und Manganerzen, Steinkohle, Bauxit und Glimmer. Davon produziert Rajasthan 42 der wichtigsten Mineralien, beispielsweise Kupfer, Zink, Gips, Ton, Speckstein, Asbest, Fluorit, Feldspat, Töpferton und Rohphosphat. Rajasthan ist der zweitgrößte Produzent von Glas, Ton, Quarz und Keramik und der führende Produzent von Feldspat, Zink und Smaragden. Reiche Salzvorkommen sind vorhanden, weißen Marmor fand man in der Nähe von Jodhpur, Eisen wird vor allem in Jaipur gefördert.

Die Hälfte des Energiebedarfs wird durch Kohle, ein Viertel durch Erdöl, Erdgas und Wasserkraft, ein Zwanzigstel durch Kernenergie gedeckt. Indien verfügt über 15 Kernreaktoren und hat den Atomwaffensperrvertrag nicht unterzeichnet. Obwohl die Kapazitäten ständig erweitert werden, kommt es häufig zur Energieknappheit, unter der insbesondere das produzierende Gewerbe zu leiden hat.

Bankwesen und Außenhandel

Um den Bauern Kredite zum Erwerb von Saatgut, Düngemitteln und anderen landwirtschaftlichen Gütern zu ermöglichen, wurden Kreditgesellschaften und Bankkooperativen gegründet.

Seit Anfang der 1990er Jahre verzeichnet der Außenhandel einen deutlichen Aufschwung und beträgt heute etwa 35 Prozent des Bruttosozialprodukts. Wichtig sind Textilien, Bekleidung, Agrarprodukte, Schmuck und Juwelen, Lederwaren, Tee, Gewürze, Erdölerzeugnisse und chemische Grundstoffe. Dennoch ist die Handelsbilanz immer noch negativ.

Verkehrswesen

Der wichtigste Verkehrsweg in Indien ist heute die Straße, auf der rund 70 Prozent des Gütertransports und 85 Prozent des Personenverkehrs abgewickelt werden. Die staatlich kontrollierte Eisenbahn ist mit 16, Millionen Angestellten der größte Arbeitgeber Indiens. Es werden drei unterschiedliche Spurbreiten verwendet, und es kommt immer wieder zu schweren Unfällen.

Das Flugverkehrsaufkommen ist erheblich gestiegen, ein regelmäßiger Flugverkehr verbindet auch abgelegene Teile des Himalaya und den Nordosten Indiens mit den Metropolen.

Tourismus

Im Jahre 2010 kamen etwa fünf Millionen Touristen nach Indien. Der Tourismus trägt mit drei Prozent zum indischen Bruttosozialprodukt bei, die Wachstumsraten liegen bei durchschnittlich zehn Prozent. Etwa sechs Prozent der erwerbstätigen Bevölkerung sind mittlerweile in der Tourismusindustrie beschäftigt. Der Tourismus ist der zweitgrößte Devisenbringer des Landes.

Größte Anziehungskraft übt dabei das ›Goldene Dreieck‹ Delhi/Agra/Jaipur sowie die Region Rajasthan aus. Eine kürzlich durchgeführte Studie ergab, dass etwa 30 Prozent der Gesamtbevölkerung Rajasthans vom Tourismus leben. Kennzeichnend für die Hotelindustrie Rajasthans ist der Trend zu mehr Luxus, selbst in mittelgroßen Städten entstehen immer mehr First-Class-Hotels mit internationalem Standard. Neben dem Kultur-, Strand- und Naturtourismus gewinnen auch Abenteuerurlaub wie Trekking oder Rafting und Gesundheitstourismus (Ayurveda) zunehmend an Bedeutung.

Bildungswesen

Das Bildungswesen ist die große Zugangs- und Verteilungsstelle für Zukunftschancen. Obwohl eine gute Schuldbildung also entscheidend für die Teilhabe am politischen, gesellschaftlichen und wirtschaftlichen Leben ist, wird das Bildungswesen noch immer durch große soziale Unterschiede geprägt. Zwar versuchte die Regierung seit der Unabhängigkeit im Jahr 1947, ein modernes Schul- und Bildungssystem für alle aufzubauen. Immerhin verfügt das Land über 380 Universitäten. Doch obwohl in Indien allgemeine Schulpflicht für Jugendliche besteht, die zwischen sechs bis vierzehn Jahren alt sind, lag der Anteil derjenigen über 15-jährigen, die lesen und schreiben können, 2001 noch immer bei nur 61 Prozent. Kennzeichnend für die Gender-Situation ist dabei, dass der Alphabetisierungsgrad bei den männlichen Personen rund 73 Prozent, bei den weiblichen Personen aber nur knapp 48 Prozent beträgt, 2011 sollen es 74 Prozent gewesen sein (Männer: 82 Prozent, Frauen: 65 Prozent). Hier wird die Benachteiligung der Mädchen deutlich, deren Einschulungsquote geringer ist als die der Jungen. Im Jahr 2002 wurde sogar ein Recht auf Bildung in die Verfassung angenommen. Das Berufsschulwesen steckt noch in den Kinderschuhen. Doch ohne gut ausgebildete Arbeitskräfte sind wirtschaftliche Entwicklung und technischer Fortschritt nicht zu erzielen. Die potentiellen Reserven können nur erschlossen werden, wenn sie durch Schulbildung mobilisiert werden, wobei Begabungen und die Bereitschaft zum Schulbesuch ihrerseits durch soziale Faktoren bestimmt werden.

Sozialwesen

Die indische Gesellschaft ist geprägt durch große soziale Unterschiede. Schon ein jüngeres Lied des Rigveda, des ältesten Teils der vier Veden, nennt vier Varna, die aus dem Urwesen hervorgingen: die Brahmanen (Priester) entsprangen dem Mund, die Kshatriyas (Krieger, Adlige) aus den Armen, die Vaishyas (Bauern, Händler und Handwerker) aus den Schenkeln, aus den Füßen schließlich erschienen die Sudras, dazu bestimmt, den drei anderen Gruppen zu dienen.

Nach der Erklärung der Unabhängigkeit bestand eine der ersten Amtshandlungen der neuen indischen Regierung darin, die Kaste der ›Unberührbarkeit‹ (Parias) abzuschaffen. Vor allem Gandhi hatte sich immer für die Emanzipation dieser untersten Kaste eingesetzt. Tatsächlich wurden nach dem Erreichen der Unabhängigkeit beträchtliche Anstrengungen unternommen, um die Arbeits- und Lebensbedingungen sowie den Bildungsstand dieser benachteiligten Gesellschaftsschichten zu verbessern. Dies erfolgte vor allem durch das System der Quotenvorgabe für ›scheduled castes‹ (die Unberührbaren). Doch trotz aller

Kinder in Agra

Teppichhändler in Luni

staatlicher Programme und des persönlichen Einsatzes einzelner Politiker ist es nicht gelungen, Vorurteile und Diskriminierungen abzubauen. Der Versuch, eine Ausweitung der Quoten auf niedere Kasten durchzusetzen, führte 1990 zum Sturz des Premierministers Vishwanath Pratap Singh. In den letzten Jahren hat sich Indien immer mehr zu einer Konsumgesellschaft entwickelt, dadurch ging die Bedeutung des Kastenwesens zwar zurück, auf den Dörfern hat sich die Stellung der Parias jedoch kaum verändert.

Die Arbeitslosigkeit lag 2012 in Indien bei 8,5 Prozent. Als besonders befremdlich wird im westlichen Europa empfunden, dass Kinderarbeit noch immer weit verbreitet ist. Vor allem in Teppichknüpfereien, in Glasfabriken und in der Landwirtschaft werden Kinder als billige Arbeitskräfte eingesetzt.

Gesundheitswesen

Der Ausbau des Gesundheitswesens hängt eng mit der wirtschaftlichen Entwicklung zusammen, denn schlechte Ausbildung und mangelnde Ernährung bremsen den Arbeitskräftebedarf der Wirtschaft. Andererseits verhindern geringes Wirtschaftswachstum und fehlende Steuereinnahmen den Ausbau der gesundheitlichen Infrastruktur. Armut geht meist einher mit Krankheiten und schlechter gesundheitlicher Versorgung. So leiden noch immer viele Menschen an Unterernährung, besonders auf dem Land ist die gesundheitliche Versorgung völlig unzureichend. Auch die Kindersterblichkeit bei Kindern bis zum ersten Lebensjahr ist mit 44 Prozent nach wie vor erschreckend hoch. Jedes dritte Kind in Indien ist gemäß den statistischen Unterlagen unterernährt, wobei hier der Zusammenhang zwischen Krankheit und Armut besonders deutlich wird.

Andererseits gewinnt wegen der geringen Kosten und der guten Qualität der ärztlichen Behandlung in spezialisierten Krankenhäusern paradoxerweise der Gesundheitstourismus aus nordamerikanischen und europäischen Industrieländern immer mehr an Bedeutung.

Kunst und Kultur

Der indische Subkontinent ist einer der ältesten und vielfältigsten Kulturräume der Welt. Daher hat sich natürlich auch eine große Bandbreite in Kunst und Kultur entfaltet. Am Ende der Regierungszeit von Harshavardhana im 7. Jahrhundert kam es in Nordindien zu einem Verfall der klassischen indischen Kunst und Kultur. Die blühenden Städte der Guptakultur waren zerstört, die von reichen Kaufleuten der Großstädte dominierte Gesellschaft der Guptas löste sich auf. Und doch ist kaum ein anderes Volk in seinen Denk- und Verhaltensweisen so stark von seiner Literatur geprägt worden wie die Inder.

Literatur

Bei den über 200 Sprachen und Dialekten, die zur drawidischen Sprachfamilie und den indoarischen Sprachen angehören, lässt sich nicht von einer einheitlichen indischen Literatur sprechen. Bereits im 3. Jahrtausend vor Christus entstand im heutigen Pakistan und im Nordwesten der Republik Indien die Harappa-Kultur, die auch als Indusultur bezeichnet wird. Sie ist nach der mesopotamischen Kultur die zweitälteste Hochkultur der Welt. Ihre Träger kannten die Schrift und den Pflug, bauten Straßen und Städte aus Backsteinen und schlossen die Häuser an Kanalisationssysteme an. Um 1500 vor Christus ging die Kultur unter. Ihr Erbe wirkte aber weiterhin im indischen Kulturraum fort und mischte sich in den folgenden Jahrtausenden mit Einflüssen aus China, Persien, Griechenland, den islamischen Kulturen, Südostasien und schließlich Großbritannien.

Die frühe Literatur wurde allein mündlich überliefert, wobei die auswendig gelernte buchstabengetreue Weitergabe vor allem der religiösen Inhalte im Vordergrund stand. Die weltlichen Epen und Fabeln hingegen wurden im Laufe ihrer langen Geschichte umfassend ergänzt und umgewandelt.

Veda

Das älteste literarische Zeugnis Indiens ist der Veda, ›das (heilige) Wissen‹, die göttliche Offenbarung des Brahmanismus, der in seinen Anfängen bis zur Mitte des 2. Jahrtausends vor Christus zurückreicht. Von den als authentisch geltenden jüngeren Teilen im 4. Jahrhundert vor Christus bis in die Neuzeit hinein gab es immer wieder Ergänzungen. Im Gegensatz zu anderen heiligen Schriften ist der Veda, eine Sammlung religiöser Schriften, stets ein sorgsam behütetes Monopol einer schmalen Oberschicht geblieben.

Man gliedert das umfangreiche vedische Schrifttum in drei Gruppen: die Mantras (heilige Worte), die Brahmanas (erklärende Texte des Opferrituals) und die Sutras (›Leitfäden‹ für Fechtwesen und andere Wissenschaften).

Die Mantras umfassen in vier Samhitas (Sammlungen) Lieder, Gesänge, Opferformeln und Zaubersprüche. Die Samhitas sind die Handbücher der vier an den heiligen Handlungen teilnehmenden Priester. Im Rigveda sind die 1028 Hymnen (*ric*) enthalten, mit denen die Götter zum Opfer herbeigerufen wurden. Die Gesänge (*saman*) des Samaveda hatten Zubereitung und Darbringung des Opfers zu begleiten. Nach dem Vollzug des Opfers durch die Opfersprüche (*yajus*) des Yajurveda sollten die Zaubersprüche (*atharvan*) des Atharvaveda mögliches Unheil, wie es etwaige Fehler nach sich ziehen konnten, abwenden. Der Yajurveda, dessen Opferformeln (*yajus*) in Prosa und in metrischer Form fixiert sind, ist in zwei Fassungen überliefert. Enthält der ›weiße‹ (*shukla*) Yajurveda nur die Opfersprüche, so sind im ›schwarzen‹ (*krishna*) Yajurveda auch die Auslegungen der Opfer, also Mantra und Brahmana, enthalten. Von den 731 Hymnen mit 6000 Versen des Atharvaveda, das als ›Wissen von den Zaubersprüchen‹ magische Hymnen und Zauberformeln enthält, stammt ein Fünftel aus dem Rigveda.

Erklärt und ergänzt wurden die vier Sanhitas durch rituelle und spekulative Texte, Aranyakas und Upanischaden. Die Aranyakas (›zum Walde gehörig‹) wurden so genannt, weil sich die Waldeinsiedler, besonders Eingeweihte, mit ihnen beschäftigten. Die Upanischaden (die ›Geheimlehre‹, ursprünglich vertrauliche Sitzungen), insgesamt auch als Veanta (›am Ende des Veda stehend‹) bezeichnet, die um 600 vor Christus entstanden, wurden immer wieder um neue Texte ergänzt. In ihnen, die man später als ›Endziel des Veda‹ gedeutet hat, lässt sich der Übergang von der Opfermystik der Brahmanas zur philosophischen Spekulation verfolgen.

Sanskrit-Inschrift auf der Eisernen Säule in Delhi

Die Brahmanas (am wichtigsten das ›Brahmana der hundert Pfade‹), die theologischen Erörterungen der Veden in ihrem trocken-nüchternen Stil, sind etwa 800 vor Christus bis 500 nach Christus entstanden, aber literarisch unerheblich.

Dazu kamen die Sutras (Leitfäden) für die großen Opfer (Shrauta Sutra), die häuslichen Opfer (Grihya Sutra), die Instandsetzung des Opferplatzes (Shulva Sutra) und das Rechtswesen (Dharma Sutra). Sie entstanden zur Erklärung der Veden und der Opfervorschriften. Ihre Kurzform, die möglichst leicht erlernbar sein sollte, bewirkte auch komplizierte Wortzusammensetzungen. Die anerkannten vedischen Lehrbücher über Rezitation, Metrik, Astronomie, Grammatik, Etymologie und Opferritual bezeichnet man als Vedangas, ›Glieder des Veda‹. Besonders wichtig war Ashtadhyavi, die Sutra des Panini (4. oder 5. Jahrhundert vor Christus), mit acht Abschnitten grammatischer Regeln des Sanskrit.

Epen

Das Epos geht auf Heldensagen zurück, die bei den Indern früh entstanden. Die beiden Epen des Sanskrits, das Mahabharata (400 vor Christus–400 nach Christus) und das Ramayana (4. Jahrhundert vor Christus–2. Jahrhundert nach Christus), dürften in der heutigen Fassung in den ersten nachchristlichen Jahrhunderten entstanden sein. Doch gehen nicht nur die Erstfassungen bis ins 1. Jahrtausend vor Christus zurück, auch ihre Quellen dürften aus frühen Zeiten, vermutlich bis zum Rigveda, stammen.

Das Ramayana (Ramas Lebenslauf), angeblich von Maharishi Valmiki verfasst, vermutlich zwischen 500 und 100 vor Christus abgeschlossen, gestaltet in rund 24 000 Doppelversen, eingeteilt in sieben Büchern, die Sage des göttlichen Helden Rama (einer Inkarnation Vishnus) und der abenteuerlichen Kämpfe, die er führen muss, um seine Gattin Sita von dem Dämonenkönig Ravana zurückzugewinnen. Als nämlich im Silbernen Weltzeitalter König Rama über das Reich am Ganges gebot, drangen angeblich Mächte der Finsternis – gemeint sind altindische Stämme des Südens – in die Gefilde des Sonnengeschlechts vor, und ihr Dämonenfürst Ravana entführte Ramas Gemahlin Sita. Nach vielen Abenteuern und langen Irrfahrten erreichten Rama und sein Bruder Lakshmana die Südspitze der Dekkan-Halbinsel. Ein Heer göttlicher Affen unter Führung ihres Generals Hanuman erbaute eine Brücke, auf der die beiden Helden zur Insel Sri Lanka, dem Reich des Ravana, gelangten. Nach Sitas Befreiung kehrte Rama mit seinem Gefolge in seine Sonnenstadt Ayodhya (bei Faizabad, in Uttar Pradesh) zurück.

Auf die Abstammung vom göttlichen Helden Rama und König von Ayodhya berufen sich drei große Dynastien Rajasthans. Die Guhilot oder Sisodia, Maharanas von Mewar und Udaipur, halten sich für Nachkommen von Ramas ältestem Sohn Lava, die Kachwahas, Maharajas und Rajas von Amber, Jaipur und Alwar, sehen in Ramas zweitem Sohn Kusa ihren göttlichen Ahnen, und die Rathore, Maharajas von Marwar, Jodhpur und Bikaner, leiten ihre Herkunft ebenfalls von Ramas jüngerem Sohn Kusa ab.

Illustration des Ramayana aus dem 17. Jahrhundert

Illustration des Mahabharata aus dem frühen 19. Jahrhundert

In Indiens größtem Heldenepos, dem Mahabharata (›Groß-Indien‹), wird die Geschichte der Nachfahren des Mondes (Chandra- oder Somavamshins) besungen. Vom Mond stammt das weitverzweigte Geschlecht der Yadava ab, aus dem König Krishna hervorging; alte Mondstädte waren Prayag, Mathura und Dwarka. Der Wüstenzweig der Yadava sind die Bhatti von Jaisalmer, deren Fürsten den Titel Maharawal tragen. Das Mahabharata dürfte zwischen 400 vor Christus und 400 nach Christus seine heutige Form erhalten haben. Zusammen mit seinem Anhang, dem Harivansha-Purana über das Leben Krishnas, wird der Umfang des Epos, dessen 90 000 Verse in 18 Bücher gegliedert sind, auf 106 000 Verse geschätzt. Wenn es sich hier auch im Kern um ein Heldenepos handelt, das möglicherweise auf historische Ereignisse zurückgeht, ist es vor allem als religiöses Gesetzbuch für Hinduismus und Vishnuismus bedeutsam. Noch mehr als beim Ramayana sind hier selbständige Teile eingebunden, wie fromme Legenden, Mythen, Fabeln, Erzählungen, aber auch Lehrstücke über Staat, Recht, Politik und philosophische Abhandlungen.

Im Bhagavadgita, einem philosophischen Lehrgedicht in 18 Gesängen aus den Jahren 500 bis 200 vor Christus, wird propagiert, dass man sein Handeln nicht in Hinblick auf Erfolg und Lohn, sondern einzig ›pflichtbewusst‹ ausrichten solle. Der ›Gesang des Erhabenen‹ ist frei von Dogmatik und hat sich bis heute seine Bedeutung als wahres, stets von neuem kommentiertes ›Trostbuch‹ bewahrt.

Die Entstehungszeit der Puranas (alte Erzählungswerke) wird von verschiedenen Forschern zwischen 400 vor Christus und 1000 nach Christus angenommen. Kulturhistorisch gesehen war es ihre Volkstümlichkeit, die die Puranas so beliebt machten. Da dem Großteil der Bevölkerung das Veda-Studium verschlossen war, bekamen die Puranas für den Hinduismus die Bedeutung wie sie die Veden für den Brahmanismus hatten.

Die Vyasa enthalten in poetischer Form sowohl Opfervorschriften als auch mythologische und historische Überlieferungen und wachsen nicht selten bis zu einer Enzyklopädie des Geisteslebens heran.

Ergänzt werden die heiligen Schriften der Brahmanen durch die anerkannten Lehrbücher, Shastras, die in metrischer Form religiöse und moralische Vorschriften zusammenfassen. Beispielsweise bedeutet Astra Shastra das Wissen über die Waffen, Dharma Shastra sind Gesetzbücher und Kama Shastra behandelt erotische Literatur.

Berühmt ist das sogenannte Gesetzbuch des Manu, auch bekannt unter dem Namen Manavadharmashastra, mit Normentabellen über angemessenes Verhalten. In ihnen sind vier Varnas niedergelegt, welche die sozialen und politischen Geschehnisse Indiens über einen langen Zeitraum beeinflussten. Die Entstehungszeit setzen die Forscher zwischen 200 vor Christus und 200 nach Christus an.

Epos und Lyrik

Über die Lebenszeit von Indiens größtem Dichter, Kalidasa (Diener der Göttin Kali), einem Epiker, Dramatiker und Lyriker, der wahrscheinlich gegen Ende des 4., Anfang des 5. Jahrhundert lebte, gehen die Meinungen auseinander. Er soll ein Zeitgenosse von Agnimitra (regierte 149–141 vor Christus) gewesen sein. Von seinen beiden Epen mythologisch-historischen Inhalts behandelt Kumarasambhava (Die Geburt des Kriegsgottes) die Liebe zwischen den Göttern Shiva und Parvati, während im 19 Gesänge umfassenden Raghuvansha (Raghus Stamm) die Geschichte der legendären Sonnenkönige von Oudh (auch Avadh) dargestellt ist. Das Raghuvansha gilt als bedeutende historische Quelle, obwohl Dichtung und Wahrheit kaum zu trennen sind.

Die ältesten literarischen Zeugnisse Indiens sind in Sanskrit gefasst. Die ›zurechtgemachte Sprache‹ (*saskrtam*) hatte sich aus dem Altindischen entwickelt. Dichtung und wichtigstes historisches Werk der Sanskrit-Literatur zugleich ist das Rajatarangini (Strom der Könige), das der am Hof von Kaschmir wirkende Brahmane Kalhana in den Jahren 1147 bis 1149 schrieb. Dieses Werk ist nicht nur eine glorifizierende Darstellung wirklicher Feldzüge und Herrscher, sondern lässt auch Rückschlüsse auf Wirtschaft und Gesellschaft zu.

In der Liebeslyrik von Kalidasa werden verschiedene Frauengestalten dargestellt. In den elf Strophen aus dem umfassenden lyrischen Zyklus Meghaduta (Der Wolkenbote) werden der Schmerz und die Sehnsucht eines getrennten Liebespaares geschildert. Kalisadas Drama ›Shakuntala‹, das eine treue Eremitentochter verherrlicht, machte ihn auch in Europa bekannt. Strittig sind einige andere ihm zugeschriebene Werke, wie der ›sinnliche Kreis der Jahreszeiten‹.

Bedeutsam ist die Spruchsammlung von Bhartrihari (wahrscheinlich 5.–7. Jahrhundert nach Christus), dem ersten indischen Dichter, der in eine europäische Sprache übersetzt wurde. Sie besteht aus je 100 Versen über die Liebe, Lebensklugheit und Entsagung.

Als bedeutsam gelten auch die Sammlung Amarusataka (Die hundert Strophen Amarus) des Amaru (6.–8. Jahrhundert nach Christus), sowie die 50 Strophen vom heimlichen Liebesgenuss von Bilhana (Chauraspanchasika, 11. Jahrhundert), von denen jede mit den Worten ›Noch heute gedenke ich‹ beginnt. Die zwölf Gesänge umfassende Gitagovinda von Jayadeva aus dem 12. Jahrhundert haben einen mystischen Hintergrund. Die überwiegend liedhaften Strophen (mit im Sanskrit seltenen Endreimen) wurden gesungen.

Prosa

Die Entstehung der Kunstprosa und der Kunstromane geht auf alte Volksmärchen zurück. Dazu gehört das in mehr als 200 verschiedenen Fassungen und in 64 Sprachen übersetzte Pancatantra (Buch in fünf Abschnitten), eine altindische Fabel- und Geschichtssammlung für kluges Verhalten, vermutlich um 300 nach Christus entstanden und angeblich von dem Brahmanen Vishnusharman verfasst. Ursprünglich diente es zur Belehrung von Prinzen, durch spätere Umarbeitungen wurde es zu einem allgemeinen Erziehungsbuch.

Über 200 Versionen des Pancatantra in mehr als 50 Sprachen sind bekannt. Unter den Erweiterungen ist das in Bengalen entstandene Hitopadesha (Die freundliche Ermahnung) von Pandit Narayana (nach dem 9. Jahrhundert) die verbreitetste Fassung. An Beliebtheit damit wetteifern das Shukasaptati, die ›70 Erzählungen eines Papageien‹, die Nacht für Nacht erzählt werden wie bei ›1001 Nacht‹, sowie die ›25 Geschichten des Leichendämons‹ und der ›Ozean der Märchenströme von Somaveda‹ (zwischen 1063 und 1081 verfasst), von dessen 350 Geschichten sich Spuren in ›1001 Nacht‹ wiederfinden.

Mittelindische und neuindische Literaturen

Neben dem Sanskrit entwickelte sich das Prakrit (Mittelindisch), das aus verschiedenen Sprachen besteht. Es hat sich als Literatursprache vor allem im altindischen Drama und in den Schriften der Djainas durchgesetzt. Die literarisch wichtigsten Sammlungen des Buddhismus sind der Dhammnapada (Worte der

Darstellung der Shakuntala auf einem Gemälde von Raja Ravi Varma (1848–1906)

Darstellungen aus den Jakata in den Höhlen von Ajanta

Lehre), eine 423 poetische Sprüche umfassende Sammlung, die Theragatha und Therigatha (Lieder der Mönche und Nonnen; jeweils 1279 und 522 Strophen). In den sogenannten Jataka, den 547 lehrhaften Erzählungen über frühere Existenzen Buddhas, sind Fabeln, Legenden, Anekdoten und Märchen, teilweise aus früheren Zeiten, mit seinem Wirken verwoben. Berühmt sind die Jataka-Bearbeitungen der ›Zehn Vollkommenheiten‹ (*paramidogan*) von 1491 und das ›Gebet um die Buddhaschaft‹ (*sutaunggan*) aus dem Jahre 1495. Nicht nur als dogmatisches Lehrbuch ist der Visuddhimagga (Weg zur Reinheit) von Buddhaghosa (Ende des 14., Anfang des 5. Jahrhunderts nach Christus) bedeutsam, es ist heute ein Standardwerk des Theravada-Buddhismus. Die Ausdehnung des Buddhismus hat dieser Literatur über Indien hinaus im Fernen Osten eine erhebliche Geltung verschafft.

Wo das Prakrit sich gegenüber dem Sanskrit nicht durchsetzen konnte, beschränkten sich die neuindischen Schriftsprachen (Bahsha) seit dem 12. Jahrhundert auf die Gelehrtensprache. Gleichzeitig entstanden in den etwa 27 modernen indoarischen Sprachen neue Literaturformen, die sich besonders seit Beginn des 15. Jahrhunderts ausbreiteten. Die wichtigsten Sprachen sind einmal das Hindustani, ursprünglich eine Hindi-Mundart, die sich zu einem Verständigungsmittel auf einem großen Teil des indischen Subkontinents entwickelt. Unter den Moguln entstand daraus die mit persischen Lehnwörtern angereicherte Urdu-Mischsprache (im literarischen Gebrauch Rekhta genannt). Im Gegensatz zu ihr bezeichnet man das heutige Hoch-Hindi als Khari Boli (Reine Sprache).

Moderne Hindi-Literatur

Mit der Eroberung Indiens durch die Briten und dem Eindringen westlicher Ideen begann eine neue Literaturepoche, die vor allem durch die Entstehung einer Prosaliteratur gekennzeichnet war, die sich an der Umgangssprache orientiert. Als ›Vater des Hoch-Hindi‹ gilt Lalluji Lal (1763–1835). Den Ehrennamen ›Mond von Indien‹ (Bharatendu) erhielt jedoch Harishcandra (1850–1885), der in verschiedenen Dialekten schrieb. Sein Werk umfasst neben Artikeln für seine Zeitschrift ›Harishcandra-Candrika‹, historischen Werken und Lyrik (Prem Madhuri) noch 16 Dramen. Auch durch die Hindu-Reformbewegung ›Gemeinde der Arier‹ (Arya-samaj) von Dayanand Sarasvati (1824–1883) wurde die neue Hindi-Prosa weiter verbreitet.

Standen die beiden ersten Jahrzehnte des 20. Jahrhunderts noch im Zeichen von Mahavir Prasad Dvivedi (1864–1938), dem Redakteur der Zeitschrift ›Sarasvati‹, der eine als vorbildlich geltende Hindi-Prosa schuf, so wurde die beherrschende Richtung der Zeit nach dem Ersten Weltkrieg bis 1935 von der Chayavada-Schule (Lehre vom Schatten) vorgegeben, die von der europäischen Romantik beeinflusst war. Jay Shankar Prasad (1889–1937) hatte mit seinen Gedichten (›Lahar‹, Die Welle, 1935) neue neue gesellschaftskritische Wege eingeschlagen, die noch konsequenter von Sury Kant Tripathi Nirala (1898–1960) mit seiner Lyrik (Anamika, Die Liedchen, 1936) beschritten wurden. Sumitranand Pant (1900–1977) kam nach der Gedichtsammlung ›Pallav‹ später zu einer Lyrik, in der die Romantik durch marxistische Tendenzen verdrängt wurde.

Der ›klassische Realist‹ der Hindi-Prosa wurde Premchand (eigentlich Dhanpat Raj, 1880–1936), der im Schuldienst die Lage der notleidenden Landbevölkerung kennengelernt hatte. Schon in seinem gesellschaftskritischen Werk ›Sevasadan‹ (Das Haus des Dienstes, 1914) hatte er deren Leben geschildert. ›Premashram‹ (Liebesasyl, 1922), ›Rangbhumi‹ (Arena, 1923) und sein Hauptwerk ›Godan‹ (Kuhschenkung, 1936) brachten ihm den Ruhm eines ›Gorki der Hindi-Literatur‹ ein.

Seit dem Zweiten Weltkrieg gewannen eine marxistische und eine experimentelle Richtung (Psychoanalyse, Existentialismus) an Einfluss. Hier sind vor allem Jainendra Kumar (1905–1988), von dem ›Die Resignation‹ (1937) stammt, und der auch als Essayist und Lyriker hervorgetretene Humayun Kabir (1898–1969) mit ›Men and Rivers‹ (1946) zu nennen. Mit der Lage der indischen Frau befasste sich Mahadevi Varma (1907–1987) in ihrer Prosa (›Smriti ki rekhajen‹, Züge der Erinnerung, 1943). Dagegen neigte Vrindavanlal Varma (1889–1969), Verfasser des ersten historischen Romans in Hindi (›Mrignajami‹, 1950), eher zu einer romantischen Idealisierung.

Zur Generation von Schriftstellern Indiens, die in den 1980er Jahren die Literaturszene bestimmte, gehören der 1956 geborene Amitav Ghosh (›Bengalisches Feuer‹, ›Das Calcutta Chromosom‹, ›Der Glaspalast‹) und Salman Rushdie (geboren 1947, ›Mitternachtskinder‹). Nach der Verfilmung der ›Satanischen Verse‹ verhängte der iranische Ayatollah Khomeini am 14. Februar 1989 ein ›Todesurteil‹ gegen Rushdie. Seitdem wird der Schriftsteller von fundamentalistischen Muslimen mit dem Tod bedroht.

Der 1932 in Trinidad geborene Romancier V. S. Naipaul, der seit 1950 in Großbritannien lebt und 2001 den Nobelpreis für Literatur erhielt, übt in seinem Buch ›An Area of Darkness‹ (Land der Finsternis, 1964) Kritik an Indien und in seinem Reisebericht ›Eine islamische Reise‹ (1981) am islamischen Fundamentalismus.

In dem Roman ›The Romantics‹ (Benares oder Eine Erziehung des Herzens, 2001) beschreibt Pankaj Mishra (geboren 1969) das Zusammentreffen traditioneller Inder mit westlichen Aussteigern in Varanasi (Benares). Suzanna Arundhati

Chari-Tänzerin

Roy (geboren 1961) schildert in ihrem 1997 erschienenen autobiographischen Roman ›The God of Small Things‹ (Der Gott der kleinen Dinge, 1999) ihre Kindheit in Kerala und greift brisante politische und soziale Themen in ihren Werken ›The Cost of Living‹ (Die Politik der Macht, 2002), ›Wahrheit und Macht‹ (2004) und ›Listening to Grasshoppers. Field Notes on Democracy‹ (Aus der Werkstatt der Demokratie, 2010) auf.

Theater

Die Vorstufen des indischen Schauspiels liegen in den dialogischen Liedern des Rigveda, in genau zu befolgenden Zeremonien, in einem volkstümlichen Mimus, in Einflüssen von Tanz und Musik, die konstituierende Elemente des indischen Dramas sind.

Dramaturgie der altindischen Schauspielkunst

Die Regeln für die altindische Schauspielkunst sind im Natyasastra (200 vor Christus–200 nach Christus) niedergelegt. Die Zuschauer sollen durch die Dramenhandlung in eine bestimmte Stimmung versetzt werden. Was nicht sichtbar gezeigt werden kann, weil es nicht darstellbar oder mit einem Tabu belegt ist (beispielsweise der Tod einer Person oder ein Liebesakt), muss vom Dichter erzählt werden.

Ursprünglich war der Tanz aus den Veden hervorgegangen. Beim Rezitieren oder Singen der Hymnen wurden tanzartige Bewegungen ausgeführt. Auch der Tänzer hat die Aufgabe, ein bestimmtes Gefühl (*bhava*) zu vermitteln. Der indische Ausdruckstanz ist also eine Gebärdensprache, in der die festgelegte Bewegung von Körper (108 verschiedene Körperhaltungen) und Händen (64 Handgesten) sowie Kopfbewegungen eine entscheidende Rolle spielen. Die Konzentration, die dabei verlangt wird, lässt sich abmessen an den 24 möglichen Fingerhaltungen (mudra), 36 Arten des Augenausdrucks oder den 16 Möglichkeiten, die Füße auf dem Boden oder in der Luft zu bewegen. Die Personen sprechen je nach Bildung Sanskrit, wenn sie den gehobenen Schichten, und Prakrit, wenn sie den niederen Kasten angehören.

Die klassischen Schauspiele können bis zu 14 Akte aufweisen. Durch die Beimischung von Tanz, Gesang, Instrumentalmusik und religiösen Zeremonien ziehen sich solche Aufführungen bis weit nach Mitternacht hin. Das indische Drama kennt keinen tödlichen Ausgang.

Das Sanskrit-Drama der vorklassischen Zeit

Als die ältesten Beispiele für das Sanskrit-Theater gelten die Bruchstücke, die bei Ausgrabungen 1911 in Turfan, einer chinesischen Oasenstadt, gefunden wurden. Bei einem dieser buddhistischen Bekehrungsstücke, dem ›Shariputraprakarana‹, wird als Verfasser Ashvaghosha (um 80–150), ein berühmter Mahayana-Theologe, angegeben. Danach gab es schon um 100 nach Christus eine ausgeprägte Theatertradition.

Shudraka, einem sagenhaften indischen König, der im 110. Lebensjahr sein Leben selbst beendet haben soll, wird das zehn Akte umfassende ›Mricchakatika‹ (Tonwägelchen) zugeschrieben. In Europa wird das Werk häufig als Schauspiel in drei Akten (sieben Bildern) unter dem Namen ›Vasantasena‹ aufgeführt. Vasantasena ist die weibliche Hauptfigur, zu der Carudatta, ein ruinierter, aber edler Kaufmann, in Leidenschaft entbrennt.

Kalidasa, seinem größten Dichter, verdankt Indien auch die Vollendung des Sanskrit-Dramas. Der Hofdichter der Gupta-Dynastie (5. Jahrhundert nach Christus) behandelt in seinem Jugendwerk ›Malavikagnimitra‹ in fünf Akten die Liebe zwischen König Agnimitra und der Prinzessin Malivika, die sich zunächst als Zofe ausgegeben hatte.

Als ein Beispiel für ein vollständig in Prakrit abgefasstes Werk ist ›Karpuramanjari‹ von Rajashekhara (um 900) zu nennen. Das allegorische Drama ist Ende des 11. Jahrhunderts vertreten durch ›Prabodhacandrodaya‹ (Mondaufgang der Erkenntnis) von Krishnamishra, das Abstrakta wie Verstand und Irrtum zu Personen macht.

Das volkstümliche Theater

Das Volk hatte zu dem gelehrten Kunsttheater kaum eine Beziehung, schon weil es dessen Sprache nicht verstehen konnte. Dafür sorgten umherziehende Gruppen, meist Familienunternehmen, für willkommene Unterhaltung. In Rajasthan wurden Ritterstücke und Liebesromanzen, Versdramen mit Liedeinlagen durch die Prosaimprovisationen des Possenreißers vorgeführt. Insgesamt hat das volkstümliche Theater, das auf Kulissen und weitgehend auch auf Kostüme verzichtet, das moderne indische Schauspiel immer wieder angeregt. Das Wandertheater in Maharashtra, Tamasha, eine Abart des Bhavai-Volkstheaters, setzte auch Schauspielerinnen ein.

Über Nordindien verbreitet waren ›Ramalila‹, das 14 Tage dauert, und ›Krishna Lila‹, der dritte Teil einer Trilogie, die auf den klassischen musikalischen Traditionen Nord- und Südindiens sowie den Möglichkeiten der modernen Musiktechnologien basiert und das über einen Monat währt. Aufgeführt auf verschiedenen Schauplätzen, wird in ihnen das Leben Ramas und Krishnas dargestellt.

Puppenspieler in Jaipur

In Rajasthan haben sich viele traditionelle Formen des volkstümlichen Theaters erhalten. Die Lieder und Geschichten sind so verständlich gehalten, dass sie sich pantomimisch darstellen lassen. Die Balladensänger (*bhopas*), die ursprünglich aus Marwar stammten, erläutern ihren Gesang mit einem Rollbild (*phad*). Während der Tanz Teratali von weiblichen Tänzerinnen dargebracht wird, ist der Ghoomar-gair die landestypische Version des alten Stocktanzes, dargestellt nur von Männern. Als Höhepunkt gilt immer das Puppentheater (*kathputli*), vorgeführt von nomadisierenden Puppenspielerfamilien. Zur Entstehung des Puppenspiels, also dem virtuosen Führen von Marionetten, gibt es eine nette Legende. Danach sahen Shiva und Parvati eines Tages einen Schreiner, der schöne hölzerne Puppen schnitzte. Auf Bitten von Parvati erweckte Shiva diese zum Leben, das sie jedoch wieder verloren, als der Schreiner sie anfasste. Dieser war nun traurig und erflehte Beistand von Shiva. Der Gott erhörte ihn und versah die Puppen mit Fäden zum Himmel. Und so entstanden die Marionetten.

Frauen treten meist bei Tänzen in Aktion, wie beim Schlangen- und Feuertanz (Karjat-Tanz), bei dem sie sich wirbelnd um die eigene Achse drehen. Beim Bhawai balancieren die Tänzerinnen mit großem Geschick Urnen und Töpfe auf dem Kopf und gehen dabei über Glasscherben, während beim ausgelassenen Chari-Tanz eine brennende Öllampe auf dem Kopf balanciert wird.

Film

Indien verfügt über die zahlenmäßig stärkste Filmproduktion der Welt, pro Jahr entstehen fast 1000 Filme. ›Bollywood‹ ist zu einem Synonym für das indische Filmschaffen geworden. In der Massenproduktion ragen allerdings nur die wenigsten Filme aus dem insgesamt recht niedrigen Niveau hervor. Die Gründe dafür sind in erster Linie in der Priorität kommerzieller Gesichtspunkte zu suchen, die immer wieder die gleichen Klischees aus Mythologie und Folklore verlangen. Dazu kommen eine engstirnige Filmzensur, das ›Starsystem‹, die Sprachschwierigkeiten (es werden Filme in zwölf indischen Sprachen hergestellt) und die mangelnde Unterstützung künstlerisch anspruchsvollerer Projekte.

Nach den ersten Filmvorführungen in Indien im Jahre 1896 durch Kameraleute der Brüder Lumière in Bombay und einzelnen Versuchen der Briten (Theosophische Gesellschaft) oder der Filiale der französischen Gesellschaft Pathé dauerte es bis 1912, ehe der erste wirklich indische Film, ›Raja Harishandra‹, verwirklicht werden konnte. Dieses ›Leben Krishnas‹ war ein Werk von Dhundiraj Govind Phalke (1870–1944). Er verpflichtete eine Truppe von Schauspielern, in der auch die weiblichen Rollen von Männern übernommen wurden. Seine Themen stammten aus Geschichte, Mythologie und Religion; als Vorlagen dienten klassische Theaterstücke. Der erste Tonfilm, ›Alam Ara‹, wurde 1931 von der Imperial Film Co. hergestellt, deren Gründer Ardeshir Irani (1886–1969) selbst Regie führte. Dadurch, dass Gesangs- und Tanzeinlagen ein breiter Raum eingeräumt wurde, wurde zwar eine breite Akzeptanz beim Publikum erreicht, gleichzeitig aber eine Entwicklung des indischen Films eingeleitet, in der Lieder und Tänze die eigentliche Handlung stören. Auch heute ist es durchaus üblich, dass ein Film seinen Erfolg allein wenigen Liedern verdankt, die zu Schlagern werden.

Beliebte Bollywood-Schauspieler für die heimischen Wände

Mit ›Devdas‹ (1935), einem Film, der das Scheitern einer Liebesbeziehung am Kastensystem schildert, wurden realistischere Stoffe interessant. Sein Regisseur, der Prinz Pramatesh Chandra Barua (1903–1951), gründete zusammen mit Debaki Kumar Bose (1898–1971) die Filmproduktion New Theatres Ltd.

Der Dichter und Journalist Khwaja Abmad Abbas (1914–1987), der in ›Dharti ke Lal‹ (Die Kinder der Erde, 1946) die Hungersnot schilderte, von der die Bengalen 1943 betroffen war, lenkte das Augenmerk auf die soziale Notlage des Volkes. ›Avara‹ (Der Vagabund, 1951), zu dem er das Drehbuch schrieb, vor allem aber ›Munna‹ (1954) gehören zu den charakteristischsten Beispielen. Der Film verzichtet erstmals darauf, die Handlung durch Tanz- und Gesangseinlagen zu unterbrechen und schildert die Flucht eines Waisenknaben vor dem Hintergrund der grausamen Realitäten Mumbays (Bombays).

Zur politischen Waffe wurde der Film in den Händen von Hemen Gupta (1914–1967), der in ›Bhuli Nai‹ (Ich habe nicht vergessen, 1948) die radikalen Unabhängigkeitskämpfer feierte. Traditioneller gaben sich die Filme von S. S. Vasan (›Shandralekha‹, 1948, in tamilischer Sprache) und C. N. Annadurai, die allerdings auch politische Absichten verfolgten.

Der Einfluss des italienischen Neorealismus zeigt sich bei Bimal Roy (1909–1966), dessen ›Do bigha zamin‹ (Zwei Hektar Erde, 1953) in Cannes 1954 ausgezeichnet wurde. Am bekanntesten wurden ›Madhumati‹ (1958) über das Thema der Reinkarnation, ›Sujata‹ (1959), ›Liebesbriefe‹ (1962) und ›Der Gefangene‹ (1963). In Mumbay (Bombay) drehte der auch als Darsteller vorwiegend komischer Rollen bekannt gewordene Schauspieler Raj Kapoor (1924–1988) einige aufwendige Filme. Nach ›Avara‹ (1951), an dem er als Schauspieler, Regisseur und Produzent beteiligt war, setzte er seine Erfolge mit ›Shri 420‹ (1955), eine Komödie im Stil Chaplins und René Clairs, und das Melodrama ›Jagte Raho‹ (Im Schatten der Nacht) fort.

Kinoplakat in Old Delhi

Der entscheidende Bruch mit dem moralischen und ästhetischen Konformismus der indischen Produktion wurde in dem 1955 aufgeführten ›Pather Panchali‹ erreicht. Er war Teil einer Trilogie, mit der Satyajit Ray (1921–1992) im Jahre 1952 begann. Durch zwei Preise – 1956 in Cannes und im darauffolgenden Jahr in Venedig für die Fortsetzung, ›Aparajito‹ (Der Unbesiegbare, 1956), wurde Rays künstlerische Tat auch in Europa anerkannt. Die Apu-Trilogie, 1959 mit ›Apur Sansar‹ (Apus Welt) zu Ende geführt, erscheint äußerlich als die Chronik eines Heranwachsenden, ist aber tatsächlich eine harte Auseinandersetzung des indischen Films mit der (bengalischen) Gesellschaft. Nach einem Film über den Feudalherrn ›Jalsaghar‹ (Das Musikzimmer, 1958) attackierte er in ›Devi‹ (Die Göttin, 1960) den Aberglauben. ›Nayak‹ (Der Held, 1966) stellt die Demaskierung eines berühmten Drehbuchautors dar. ›Manahagar‹ (Die große Stadt, 1964) gibt wieder einen Ausschnitt aus dem Alltag Kalkuttas. ›Charulata‹ (1965), die Geschichte einer vernachlässigten Ehefrau, ist ein Meisterstück psychologischer Analyse. 1971 wurde in Venedig ›Pratiwandi‹ aufgeführt, in dem die Mühe der Arbeitssuche in der Stadt gezeigt wird, in ›The Alien‹ wird eine Science-Fiction-Geschichte erzählt: Ein Kind entdeckt in seinem Dorf die Anwesenheit eines außerirdischen Wesens.

Ritwik Ghatak (1925–1976) hat in ›Subarnarekha‹ (Die goldene Linie, 1954) das Leben der Flüchtlinge aus dem pakistanisch gewordenen Teil des Punjab geschildert. Auf ›Noch einmal‹ (1961), das die Unterdrückung der indischen Frau zum Thema hat, folgte mit ›Moving Perspectives‹ (1968) eine Auseinandersetzung mit dem Indien der Gegenwart.

Neu ist die erotische Liberalisierung des Films im ansonsten prüden Indien. So erregte ›Fire‹ (1996) mit Shabana Azmi (geboren 1950 in Delhi) in der Hauptrolle wegen seiner lesbischen Szenen erhebliches Aufsehen. Und in den Filmen ›Murder‹ (2003) und ›Jism‹ (2204) wird die sexuelle Freizügigkeit fortgeführt. Informationen zu aktuellen Bollywood-Filmen gibt es unter www.bollywoodworld.com.

Musik und Tanz

Die frühesten Quellen indischer Musikgeschichte finden sich in den Veden, religiösen Dichtungen in Sanskrit-Versen. Bereits das älteste Buch (Rigveda) enthält liturgische Rezitationen ohne Melodien. Die in den letzten Jahrhunderten vor Christus entstandene vedische Schrift Natyaveda enthält eine Musiklehre und vertonte Hymnen. Das Werk ist vollständig enthalten in dem Lehrbuch der Theaterkunst (Natyasastra) von Bharata (etwa 300 vor Christus) und vielen anderen Autoren.

Das Hauptwerk der klassischen indischen Musiklehre ist der Sangeetaratnakara des Brahmanen Sharangadeva (1210–1247). Er erzählt die Entstehungsgeschichte der sieben Haupttöne der indischen Tonskala. Die indische Musik kennt 22 *shrutis* (Mikrointervalle) innerhalb einer Oktave (bei uns: 12 Halbtöne). Mit der im 13. Jahrhundert beginnenden Islamisierung Nordindiens geriet die nordindische Hindustani-Musik zunehmend unter den Einfluss der persisch-arabischen Musikkultur.

Der indischen Musik liegen Melodien zugrunde, die man Raga nennt. Die Musikgelehrten haben unterschiedlich viele Ragas gezählt. Die Legende spricht von 16 000, die es zur Zeit Krishnas gegeben haben soll. Sharngadeva nennt 264, das karnatische System kennt 72 Grund-Ragas – nebst einigen tausend Ableitungen. Den verschiedenen Ragas entspricht der unterschiedliche Rhythmus. Man nennt diese Folge mehrerer Takte die Talas. Es gibt in der indischen Musik unzählige Talas, von denen vielleicht 20 benutzt werden.

Musik und Tanz, Poesie und Drama gründen in Indien auf dem Begriff des Rasa, das so viel wie Gefühl oder Emotion heißt. Man unterscheidet neun solcher Rasas. Je stärker ein Raga oder eine Komposition eines dieser Gefühle zum Ausdruck bringt, umso überzeugender wirkt die musikalische Darbietung auf den Zuhörer. Einige dieser Ragas eignen sich zum Gesang oder Instrumentalspiel, wie beispielsweise die Liebessehnsucht, der Humor, die Trauer und die Tapferkeit, während andere wie Abscheu und Schrecken vorzugsweise im Tanz oder im Drama zur Entfaltung kommen. Hier kann der Darsteller mit Augen- und Körperbewegungen sowie Mienenspiel arbeiten und Textworte zu Hilfe nehmen.

Eine musikalische Darbietung, ob gesungen oder gespielt, gliedert sich in der Regel in zwei Teile, einen Einleitungsteil (*alapa*) und einen Hauptteil. Ein solcher Gesang heißt Dhrupad.

Tänzerin bei einer Touristenvorführung

Land und Leute

Ebenso, wie der Raga in der Musik die Skala eines Gefühls symbolisiert, besitzen auch die Farben der Kostüme und Schminken einen bestimmten Symbolwert. Eine tugendhafte Person erhält ein grünes Makeup. Ein kriegerischer und bösartiger Charakter wird rot geschminkt; um die Augen ist ein Quadrat aus schwarzer Tusche gemalt. Durch wildes Schreien erzeugt der Darsteller eine furchterregende Stimmung. Halbgötter tragen weiße Bärte wie der im Grunde wohlwollende, bisweilen aber wildzornige, göttliche Affe Hanuman. Bis heute schöpft die klassische Tanzdarbietung aus der reichhaltigen Mythologie.

Musikinstrumente

Die Musikinstrumente werden in vier Klassen eingeteilt. Die erste Klasse umfasst die gezupften und gestrichenen Saiteninstrumente; die zweite die ›festen‹ (geschlagenen), wie Zimbeln, Glöckchen und wassergefüllte Porzellanschalen, die mit Stöckchen angeschlagen werden. Die dritte Gruppe ist die Klasse der Fellinstrumente (Trommeln), während die vierte Klasse die Blasinstrumente enthält.

Götter haben die Instrumente gespielt, sie sind häufig mit diesen Instrumenten dargestellt: Sarasvati, Göttin der Weisheit und Gattin Brahmas, spielte die Vina, Indra die Flöte, Vishnu schlug die Trommel und Brahma die Zimbeln.

Zu den ältesten und sagenumwobenen Saiteninstrumenten zählt die Vina, die aus einer hohlen, langen Bambusröhre besteht, mit zwei Kürbissen als Resonanzkörpern an beiden Enden. Sie hat metallene Bünde und bis zu sieben Saiten, die mit zwei Metallplektren gezupft werden.

Gestrichene Saiteninstrumente sind Sarangi und Sarinda. Sie gelten als Instrumente der niederen Kaste.

Gezupfte Saiteninstrumente sind – außer Vina und Tambura – die Sarod und die Sitar. Die Sitar besteht aus zwei hohlen Kürbissen, einem langen und breiten Hals, sieben Saiten und beweglichen Bünde, die nach dem betreffenden Raga eingestellt werden müssen. Außerdem verfügt die Sitar über eine Reihe

Musiker im Umed Bhawan Palace in Kota

von Resonanzsaiten (bis zu 19), die beim Anzupfen der Hauptsaiten mitschwingen und den Nachhall verstärken. Die Saiten können seitlich gespannt werden, wodurch Gleittöne entstehen. Das obertonreiche Spektrum entsteht durch den besonders geschliffenen Elfenbeinsteg. Die Sarod besitzt ein metallenes Griffbett und ähnelt im Klang der Balalaika.

Von den Blasinstrumenten sind die Bambusquerflöte (*murali*) und die aus Arabien stammende Schalmei (*shanai*) wichtig. Die Flöte soll Krishna der Überlieferung nach selbst gespielt haben, als er sich im Hirtenhaus vor dem Tod versteckt hatte. Die glückbringende Shanai findet Gebrauch bei Hochzeiten oder Hauseinweihungen. Von Schlangenbeschwörern wird ein Einfachrohrblatt-Instrument mit Windkapsel gespielt, die Pungi. Das Messinghorn (*ranashringa*) ist wie ein S-förmiger Doppelbogen gewunden und diente früher zur Ankündigung wichtiger Persönlichkeiten in einem Ort.

Die bekanntesten Trommeln sind die zweifellige, horizontal gespielte Pakhavai und die paarweise verwendete Tabla. Auf den Tablas, dem senkrecht aufgestellten Schlaginstrument, kann der mit beiden Händen musizierende Spieler unterschiedliche Tonhöhen und Klangfarben hervorbringen. Die eine Hand des Trommlers spielt das Grundschema, die zweite schlägt einen Gegentakt mit den typischen vielgliedrigen Rhythmen, und zu beiden kommt die Stimme des Sängers oder Instrumentalisten als dritte rhythmische Ebene hinzu.

Die Lieder der Langa erzählen vom harten Lebenskampf in der Wüste, aber auch von Liebe und Schmerz. Begleitet werden die immer männlichen Sänger von Musikanten, die auf der Satara, einer melodiösen Doppelflöte, spielen, oder auf der Kamaycha, einem Saiteninstrument mit rundem Resonanzkörper, der einen tiefen Ton erzeugt und in der Region Jaisalmer-Barmer zuhause ist. Gebräuchlich ist auch die Manganiyar, eine riesige Trommel. Zudem gibt es die Nakkharas, Trommeln, die auf dem Rücken von Pferden und Kamelen für Schlachtmärsche und Paraden gespielt wurden, die Morchang (auch Morsing), eine tief klingende Maultrommel und die Sarangi – ein Streichinstrument und die indische Variation der Violine.

Malerei

Aus der klassischen Zeit vor der Islamisierung sind vor allem einige großartige Wandmalereien erhalten geblieben, von denen die Höhlenbilder in Ajanta und Ellora die wichtigsten sind. Wie einige spärliche Funde beweisen, war auch die Miniaturmalerei in Form bemalter Palmblattmanuskripte bereits bekannt und wurde von den Jain-Anhängern in Gujarat bei der Gestaltung ihrer heiligen Bücher gepflegt. Der Brahmanismus, die ältere Ausprägung des Hinduismus, stand schriftlichen Aufzeichnungen hingegen ablehnend gegenüber. So kam es, dass vor allem Jains und Buddhisten Träger der Buchmalerei waren und die altindischen Maltechniken retteten. Unter dem Einfluss der neuen Mogulherrscher erweitert sich jedoch der Themenkreis. Nun waren Porträts gefragt, neben hinduistischen Szenen traten immer mehr Landschaftsmotive und höfische Szenen.

Unter Aurangzeb wurde die Malerei nicht mehr gefördert, sodass viele Maler an die Maharaja-Höfe gingen. Es entstanden wichtige Regionalschulen wie in

Das Fort Mehrangarh in Jodhpur

Mewar mit ihrem Zentrum in Udaipur. Die Bilder waren großflächiger, farbiger und volkstümlicher als die am Hof der Moguln. Bekannt wurde auch die Schule von Bundi mit ihren leuchtenden Genreszenen. Aber auch an anderen Höfen wie in Kota, Alwar, Jaisalmer und Jodhpur blühte die Miniaturmalerei bis ins 18. Jahrhundert. Doch als Rajasthan erneut Schauplatz sich bekämpfender Lokaldynastien wurde, sank die Bedeutung höfischer Kunst.

In der folgenden Zeit erlangte nur Raja Ravi Varma (1848–1906) aus Kerala mit seinen mythologischen Darstellungen eine größere Bekanntheit, bis die sogenannte bengalische Schule an Bedeutung gewann, die einerseits europäische Maltechniken übernahm, sich andererseits der Mogul- und Rajputen-Miniaturen sowie chinesischen und japanischen Tuschzeichnungen annahm. Eigene Wege gingen erst wieder Maler, die sich einer impressionistischen Malweise zuwandten wie Mahirvan Mamtani (geboren 1935) mit den großen Farbkreisen. Mamtani lebt seit 1966 in Deutschland.

Architektur

Die Architektur Rajasthans ist besonders gut in ihren Burgfestungen und Palästen, in ihren Tempeln und Moscheen erkennbar. Sie ist ein Spiegelbild der langen Geschichte, die durch Einflüsse verschiedener Kunstrichtungen geprägt wurde. Dabei kann man zwischen hinduistischer, indo-islamischer, buddhistischer und Jain-Architektur sowie Kolonialarchitektur unterscheiden.

Die hinduistische Architektur zeichnet sich dadurch aus, dass der Eingang immer nach Osten hin ausgerichtet ist, sodass die Strahlen der aufgehenden Sonne die Gottheit bescheinen können. Vor dem Innersten, der dunklen und höhlenartigen Cella (*garbhagriha*), liegen die breite offene Versammlungshalle (*gudha mandapa*) und eine kleinere Tanzhalle (*ranga mandapa*). Die Cella, über der sich ein Turm (*shikhara* oder *vimana*) erhebt, repräsentiert den Weltberg Meru. Dieses Allerheiligste beherbergt die zentrale Kultfigur. In größeren Tempeln ist das Allerheiligste von einem Säulengang (*pradakshina patha*) umschlossen. Bei den späteren komplexen Tempelanlagen sind der Cella auch nochmals Hallen vorgelagert.

Zu den wichtigsten Zeugnissen der buddhistischen Architektur gehören die halbkugelförmigen Stupas, in denen die Reliquien von Buddha (später auch von anderen Mönchen) aufbewahrt wurden. Manchmal sind diese von Mauern umgeben, die durch Tore (*toranas*) durchbrochen sind. Eine weitere buddhistische Architekturform sind monolithische Säulen mit aufgesetzten Kapitellen (*stambhas*). Zu erwähnen sind auch die Höhlenklosteranlagen (wie beispielsweise in Ajanta und Ellora) mit großen Gebetshallen (*chaitya*-Hallen) und einfachen Wohnräumen für die Mönche (*viharas*).

Die außen schlicht gehaltenen Tempel der Jain wiederum sind im Inneren reich mit Skulpturen ausgestattet. Das Sanktum ist bei einigen Tempeln nach allen vier Himmelsrichtungen hin offen (*chaumukh*). Eine Besonderheit sind auch die kleinen, rings um den Hauptschrein angeordneten Nebenschreine, die früher aus einzelnen Tempeln, später nur noch aus Nischen mit den Kultbildern der Furtbereiter bestanden. Was Fotografen freuen wird, ist die Tatsache, dass die Jaintempel generell lichtdurchflutet sind.

Die islamische Baukunst in Rajasthan schließlich wird als indo-islamische Architektur (auch mogulische Architektur genannt) bezeichnet. Als Hauptrichtungen kann man die Architektur des Sultanats von Delhi von der des Mogulreichs ab der Mitte des 16. Jahrhunderts unterscheiden. Sie ist gekennzeichnet durch die Einbeziehung von Kuppeln und Bogen sowie die reichliche Verwendung von Marmor und Einlegearbeiten aus Halbedelsteinen. Von der Nutzung her kann man sie gliedern in religiöse (Moschee, Mausoleum, Medrese), höfische (Palast mit Moschee) und profane (Befestigungen, Stadttore) Bauwerke. Die Moschee besteht aus einem überdachten Gebetsraum (*haram*) mit einer Gebetsnische (*mihrab*), die immer in Richtung Mekka ausgerichtet ist. In der eigentlichen Hauptmoschee befindet

Wandmalerei im Palast von Bundi

sich ein Predigtstuhl (*minbar*). Im vor der Moschee liegenden Hof (*sahn*) bietet ein Brunnen die Möglichkeit zu den rituellen Waschungen.

Imponierend sind auch heute noch die gewaltigen Festungsanlagen. Eine besondere Sehenswürdigkeit für Touristen sind die Grabmäler, von denen das Taj Mahal und Humayuns Mausoleum mit zu den bekanntesten zählen. Und da die Heimat des Islam die wüstenhaften Regionen der arabischen Halbinsel sind, stellte man sich das Paradies als einen blühenden Garten vor. Und so wurden seit Babur (regierte 1506–1530) kunstvoll gestaltete Gärten (*charbagh*) angelegt. Eine Sonderform der Architektur sind die tief in die Erde reichenden Stufenbrunnen (*baoli*), die als kühler Aufenthaltsort und Quelle zugleich dienten.

Auch die Briten errichteten einige Repräsentationsbauten, in deren Architekturformen sich später indische und europäische Stilelemente vermischten. Beispiele sind der Victoria Terminus in Mumbai (Bombay), der Umaid Bhawan in Jodhpur und der Lallgarh Palace in Bikaner.

Jain-Tempel in Ranakpur

Essen und Trinken

Bereits bei den ersten europäischen Seefahrern waren Gewürze aus Sansibar und vor allem Indien heiß begehrte Waren. Kulinarisch hat Indien in der Tat viel zu bieten, in Deutschland ist indisches Essen neben dem chinesischen und thailändischen zur beliebtesten asiatischen Küche geworden. In Indien selbst sind bei Touristen beispielsweise die im Lehmofen zubereiten Tandoori-Gerichte, also mariniertes Huhn, Fleisch oder (in Rajasthan natürlich seltener) Fisch sehr beliebt.

Überall in Rajasthan kann man Dhal (scharfe Linsensuppe) und Dhai (Joghurt als Beilage) bestellen. Es gibt natürlich regionale Spezialitäten. So wird in Delhi das authentische Mogul-Gericht mit Fleischstreifen, Nüssen, Rosinen oder Mandeln über Holzfeuer gegart und aus riesigen Messingtöpfen serviert. Es ist ein kulinarisches Erlebnis. Dazu kommt das beliebte gebratene, kalorienreiche Brot (*paratha*), oft mit feinwürzigen Kartoffeln gefüllt.

In Agra sind bei Touristen die Feinkostläden (Halwai-Läden) beliebt, in denen man vegetarische Gerichte und Süßigkeiten bekommt.

In Jaipur wird stark gewürzte Rajasthan-Küche serviert. Den Köchen stehen immerhin rund 25 verschiedene Gewürze zur Verfügung. Überhaupt hält sich hartnäckig das Gerücht, dass indische Küche scharf gewürzte Gerichte wie Currys bereithält. Dabei denkt man besonders in Deutschland meist an die Currywurst. Doch das Wort ›Curry‹, eine englische Ableitung von *kari*, heißt nichts weiter als ›würzige Sauce‹. Deshalb werden in Rajasthan gehaltvolle, gewürzte Saucen (Currys) serviert, in denen zumeist Gemüse oder Fleisch gegart werden. Die meisten Gewürze sind aber nicht furchtbar scharf – bis auf den Chilipfeffer, mit dem in Rajasthan recht freizügig umgegangen wird.

Restaurants

Als beste Adressen für ein gutes Essen findet man in Rajasthan meistens die Restaurants der guten und sehr guten Hotels. In den meisten Hotelrestaurants, abgesehen von kleineren Hotels, können auch Gäste speisen, die hier nicht übernachten. Man trifft zudem viele indische Gäste und hat häufig die Möglichkeit, Musik- oder Tanzvorführungen anzusehen. Sowohl in den Hotelrestaurants als auch in den guten Stadtrestaurants stehen neben indischen auch europäische (continental) und chinesische Gerichte auf der Speisekarte. Der Service fällt bei allen Restaurants – von denen in den Nobelhotels einmal abgesehen – in der Regel eher bescheiden aus.

Man sollte beachten, dass man auch von ausländischen Gästen erwartet, dass sie sich vor dem Essen die Hände waschen, da Inder zumindest auf dem Land nur aus der Hand essen. Gesundheitlich drohen dem Touristen kaum Gefahren, wenn die überall sonst in tropischen Ländern gültigen Regeln beachtet werden, nämlich keine rohen Salate und kein rohes Gemüse zu essen sowie als Trinkwasser (aber auch zum Zähneputzen) nur original verschlossenes Mineralwasser zu benutzen. Viele Inder kauen nach dem Essen gerne Pan (in Betelblatt eingewickelte Gewürze wie Anis und Kardamom), um die Verdauung zu fördern und den Mundraum zu neutralisieren.

Markt in Bundi

Vegetarische Gerichte

Für Liebhaber vegetarischer Gerichte ist die indische Küche ein Paradies, denn in den meisten Restaurants werden ohnehin nur vegetarische Speisen zubereitet. Bekannt ist Thali (Platte), eine reichhaltige Mahlzeit, bestehend aus verschiedenen Gerichten sowie Reis und Brot, die auf einem Metallteller serviert wird.

Das Fleisch ist selbst in guten Restaurants ohnehin oft trocken oder zäh, sodass auch Fleischesser zumindest während ihres Rajasthan-Besuchs durchaus gut mit vegetarischen Gerichten bedient sind. Zudem ist vegetarisches Essen meist auch noch erheblich preiswerter als Fleischkost.

Nachspeisen und Zwischenmahlzeiten

Die indische Küche ist berühmt für ihre Desserts. Man bekommt sie nicht nur in Restaurants, sondern auch – in dünner Silberfolie verpackt – auf den Basaren. Häufig werden sie aus eingekochter Milch zubereitet, der Zuckersirup, Ghee, Nüsse, Rosenwasser, Zimt und Safran zugefügt wurden. Beliebt sind auch Kulfi (indisches Eis mit Pistaziengeschmack), Rosgullas (mit Rosenwasser abgeschmeckte Quarkbällchen in Sirup), Gulab jamun (kleine Mehlbällchen, Joghurt und gemahlene Mandeln, gewürzt mit Kardamon und Rosenwasser) und Jalebi (in Fett gebackenes, spiralförmiges Sirupgebäck). In der Regel ist alles für den mitteleuropäischen Geschmack sehr, sehr süß.

Meiden sollte man das Speiseeis, insbesondere wenn es am Straßenrand verkauft wird.

Als kleine Zwischenmahlzeiten sind an jeder Straßenecke Samosas, Pakora (Teigtaschen), Dosa (eine Art Pfannkuchen) und Vada (frittierter Gemüsekrapfen) erhältlich. Die Snacks sind besonders während der Pausen auf langen Bus- und Bahnfahrten empfehlenswert und können in kleinen Garküchen eingenommen werden.

Obst

Wer sich mit den süßen Nachspeisen nicht anfreunden kann, der findet auf den Märkten eine große Auswahl an Früchten. Je nach Region und Jahreszeit gibt es Orangen, Bananen, Äpfel, Granatäpfel (Anar), Chikoo (olivfarben, mehligsüß), Weintrauben, Papaya, Guaven, Tomaten, Mangos, Melonen, Aprikosen, Papayas, Ananas und Erdbeeren.

Getränke

Im Gegensatz zum Essen fällt die Getränkeauswahl in Rajasthan eher bescheiden aus. Trinken aus Genuss, wie beispielsweise in Deutschland mit den verschiedenen köstlichen Weinen zelebriert, ist in Indien weitgehend unbekannt. Man trinkt, weil man Durst hat. Wein ist in Rajasthan fast völlig unbekannt.

Tee ist das beliebteste Getränk, viele Teesorten aus Indien sind weltweit bekannt. Wer man nicht ausdrücklich ›tray tea‹ bestellt, bekommt seinen Tee automatisch mit Milch und Zucker oder mit Milch aufgekochten schwarzen Tee. Wer keinen oder wenig Zucker zum Tee nimmt, bestellt *chini nahin* oder *chini kam*. Auf jeden Fall probieren sollte man den mit Gewürzen angesetzten Tee (*masala chai*), insbesondere die mit Milch und Kardamon zubereitete Variante.

Es gibt überall stark gesüßte Sprudel- und Cola-Getränke, zudem abgefülltes Wasser. Wasser, das in Karaffen auf dem Restauranttisch oder im Hotelzimmer steht, sollte gemieden werden. Auch Eiswürfel sind nicht zu empfehlen, weil sie meist aus gefrorenem Leitungswasser bestehen. Hygienisch unbedenklich dagegen ist Mineralwasser aus verschlossenen Originalflaschen.

In Rajasthan erhältlich sind gute Fruchtsäfte, gutes Sodawasser (Mineral Water) und weniger gute Soft Drinks wie Nimbu pani (Limonensaft mit Soda). Erfrischend ist Lassi, ein Joghurtgetränk, das in zahlreichen Varianten erhältlich ist.

Alkoholische Getränke kann man außer in Hotels und lizenzierten Restaurants nur in besonderen Wine shops kaufen. Manche Tage sind per Verordnung zu alkoholfreien ›dry days‹ erklärt. Alkohol wird in Bars und Restaurants mit ›Permit‹ ausgeschenkt. Aufgrund der ungewissen hygienischen Herkunft der regionalen Biere sollte man sich an die bekannten Sorten halten. Bei Touristen beliebt ist die Marke ›Kingfisher‹.

Rezepte für die indische Küche findet man im Internet in Hülle und Fülle.

Kiosk in Khajuraho

Essen und Trinken – Was bedeutet was?

Aam Mango
Alu oder **Aloo** Kartoffeln
Alu Dum Kartoffelcurry
Alu Ghobi Kartoffeln mit Blumenkohl
Amotik Sauer-scharfes Curry
Amrood Guave
Ande Ei
Angur Weintrauben
Baigan Aubergine
Barfi Zubereitet aus Kokosnuss, Mandeln und Pistazien
Bebinca Mischung aus Mehl, Eiern, Kokosmilch, Butter und Zucker
Bhindi Okraschoten
Biryani Reise mit Gemüse, Mandeln, Nüssen
Burrah Marinierte Pilze
Chaler Payesh Reispudding
Channa Gelbe Kichererbsen
Chapati Mehlfladen, das Standarbrot, wird zu fast allen Gerichten gegessen
Chicken Tikka Gegrillte Hähnchenbruststücke
Custard Mischung von Milch oder Sahne und Eidotter
Dhal Linsensuppe

Dosa Fladenbrot aus Linsenmehl, gefüllt mit Gemüse
Gajar Karotten
Ghee Butterschmalz
Gobhi Blumenkohl
Gosht Lamm-/Ziegenfleisch
Green Salad Rohes Gemüse (kein grüner Salat)
Gulab Jamun Kleine Bällchen aus dicker Milch, Mehl und Zucker, gewürzt mit Kardamom
Halva Süßigkeit aus Mandeln und Nüssen
Idli Reiskuchen
Kaju Cashewnüsse
Kakri Gurken
Kebab Marinierte Fleischspießchen
Kela Bananen
Kishmish Rosinen
Kofta Hackfleischklöße, meist in Curry zubereitet
Korma Currygericht aus geschmortem Fleisch
Kulfi Eiscreme mit Pistaziengeschmack
Lemonsoda Sodawasser und frischer Limonensaft

Chilischoten finden häufige Verwendung in Rajasthans Küchen

Nudelstand auf dem Markt in Jaipur

Makhan Butter
Malai Kofta Gemüsebällchen in Sahnesauce
Masala Gewürzmischung
Matar Erbsen
Matar Paneer Erbsen und Käse
Mirch Chilli, Paprika
Mogul-Gerichte Über Holzfeuer gegarte Gerichte.
Muli Rettich
Murgh Huhn
Nan Hefefladenbrot, bei offenem Feuer gebacken
Navratan Korma Gericht mit Gemüse, Früchten, Nüssen
Pakora Gebackene Teigtasche mit Gemüsefüllung
Palak Spinat, meist sehr fein
Palak Paneer Spinat und Käse
Pan Packung aus Betelblättern und Betelnüssen
Panir Käse
Paratha Mehlpfannkuchen
Papad Hauchdünner, scharf gewürzter Brotfladen
Pulao Reis mit Gemüse
Pora Aubergine

Puri Mehlfladen, der in Öl schwimmend gebacken wird
Pyaz Zwiebel
Raita Joghurt mit Gemüse.
Rosgulla Käsebällchen in Sirup
Roti → Chapati
Sambhar Scharfe Linsensuppe mit Gemüse
Samosa Frittierte, gefüllte Teigtaschen
Shahi Mirch Gefüllte Paprikaschote in pikanter Soße
Shahi Paneer Rahmkäse in Sahnesoße, Rosinen und Mandeln
Shrikhand Joghurt mit Safran und Kardamom
Sizzler Auf Steinplatte gegrilltes kurz gebratenes Fleisch
Tamatar Tomaten
Tandoori Mogul-Gerichte aus dem Lehmofen; das Fleisch wird vorher in Joghurt und Gewürzen mariniert.
Thali Tablett mit mehreren Gerichten, bestehend aus Curries, Nüssen und Süßigkeiten, in der Mitte Reis und Brot
Tikka Geschnetzeltes Fleisch ohne Knochen
Uttapam Gemüsepuffer

Reisen im Land

Reisen in Rajasthan unterliegen fast keinen Beschränkungen durch die Behörden, von dem Grenzgebiet unmittelbar an der Grenze zu Pakistan abgesehen. Auch die Art des Reisens ist vielfältig, wobei aber beachtet werden sollte, dass Rajasthan als ein individuell schwierig zu bereisendes Land gilt.

Im Übrigen bietet gerade Rajasthan viele Möglichkeiten der Fortbewegung, nicht nur, um von einem Ort zum anderen zu gelangen, sondern auch zum Vergnügen: Vom Radfahren und Wandertouren sowie Heißluftballonflügen über Elefantenritte und Kameltrekking bis zu Jeep-Ausflügen findet sich ein vielfältiges Angebot.

Sicherheit

An stark besuchten Plätzen und auch beim Zugfahren besteht Gefahr durch **Taschendiebe**, doch wird Diebstahl in Rajasthan nur selten begangen. Wer seinen Pass oder sein Geld verloren hat, wendet sich am besten an die zuständige Botschaft. Dort können neue Pässe ausgestellt werden, und man ist auch behilflich bei Bankformalitäten (Melden des Verlustes von Reiseschecks) oder der Beschaffung eines Rückreisetickets, das von Verwandten im Heimatland an die Botschaft bezahlt wird.

Das Auswärtige Amt rät Reisenden, bei **Buchungen in indischen Reisebüros**, besonders in Delhi, sehr wachsam zu sein. Falls man bedrängt wird, sollte auf unverzügliche Kontaktaufnahme mit der lokalen Polizei (in Delhi die 24 Stunden operierende ›Tourist Police‹, Notruf 100) oder auch der deutschen Botschaft bestanden werden. Ferner sind Touristen – besonders in Rajasthan und Goa – wiederholt auf gut organisierte **Trickbetrüger** hereingefallen, beispielsweise auf das Angebot vermeintlich lukrativer Juwelengeschäfte. Wegen der **Überfallgefahr** ist es nicht empfehlenswert, individuell zu Fuß, als Tramper oder Radfahrer unterwegs zu sein. Dies gilt besonders für Frauen, auch wenn sie in männlicher Begleitung unterwegs sind.

Die Polizei leistet selten Hilfestellung. Vor Reisen in Unruhegebiete ist natürlich abzuraten. Informationen über die Sicherheit in Indien erhält man unter der Rubrik Reise und Sicherheit auf der Homepage des Auswärtigen Amtes, www.auswaertiges-amt.de, oder unter der Telefonnummer +49/3018170.

Mietauto und Straßenverkehr

Der chaotische indische Verkehr mit Linksverkehr und eigenwilligem Fahrstil bringt es mit sich, dass europäische Autofahrer in der Regel überfordert sind. Bequemer ist da die Fahrt mit einem Mietwagen und Fahrer, beispielsweise mit einem der staatlich zugelassenen **Tourist Cars** einschließlich Fahrer; die Kosten sind allerdings etwas höher als beim normalen Taxi. Dennoch ist dies empfehlenswert, da Indien wegen des Unfallrisikos und des chaotischen Verkehrs kein Land für Selbstfahrer ist. Auch hat das den Vorteil, dass man sich auf Land und Sehenswürdigkeiten konzentrieren kann und beim Straßenverkehr nicht direkt in Konflikte mit Polizei und Betroffenen verwickelt wird. Die Unterkunft und Verpflegung für den Fahrer, Versicherung und das Benzin sollten im Preis schon enthalten sein. Am besten besorgt man sich den Mietwagen schon gleich in einem der vielen Reisebüros in Delhi.

In den Städten verkehren preisgünstig **Taxis** und **3-Wheeler** (Autorikschas), die auch für Stadtbesichtigungen genutzt werden können.

Empfehlenswert ist die Buchung bei einem europäischen Veranstalter, der sich um Visabeschaffung, Flüge, Transport, Hotels und Verpflegung sowie die Besichtigungen kümmert. Das eigene Bemühen um diese Angelegenheiten ist in der Regel sehr zeitaufwendig und oft mit sprachlichen sowie finanziellen Unwägbarkeiten (Schmiergelder) verbunden.

Es gibt **National Highways** (Autobahnen) und **State Highways** (Bundesstraßen) sowie Land- und Dorfstraßen. In Indien wird **links** gefahren. Die zugelassene Höchstgeschwindigkeit beträgt in Ortschaften 50 Stundenkilometer.

Benzin hat eine niedrigere Oktanzahl als unser Normalbenzin. Das **Tankstellennetz** ist engmaschig, es dürfte also keine Versorgungsschwierigkeiten geben.

Taxis und Rikschas

In den größeren Städten kann man gelb und schwarz lackierte Taxis mieten, der Fahrpreis wird pro Kilometer berechnet. Nicht alle Taxis haben **Taxameter**; ist ein solcher vorhanden, sollte man darauf bestehen, dass er eingeschaltet wird. Nachts werden Zuschläge verlangt.

Daneben gibt es dreirädrige tuckernde Rikschas, die **Scooter** heißen. In Thailand nennt man sie wegen der Fahrgeräusche treffend Tuk-Tuks. Sie sind wegen ihrer Wendigkeit in verkehrsreichen Zeiten wesentlich schneller als Auto-Taxis und billiger.

Straße in Old Delhi

Zudem verkehren **dreirädrige Fahrräder**, bei denen hinter dem Fahrer noch zwei Fahrgäste ihren Platz finden. Sie sind weniger zu empfehlen, da sie stärker unfallgefährdet sind, um den Preis gefeilscht werden muss und viele der Fahrer in Kommissionsgeschäfte verwickelt sind, bei denen sie ihre ausländischen Gäste in dasjenige Hotel fahren, wo sie am meisten Provision bekommen.

Inlandsflüge

In der Regel wird man in Rajasthan nicht mit dem Flugzeug reisen, obwohl es ab Delhi Linienflüge nach Jodhpur, Udaipur und Kota gibt. Hier bieten neben **Air India** (www.airindia.com), die 2011 mit Indian Airways zusammengelegt wurde, private Fluglinien die besten und sichersten Flüge an. Dies sind vor allem **Jet Airways** (www.jetairways.com) und **Kingfisher** (www.flykingfisher.com).

Auf allen Inlandsflügen herrscht absolutes Rauchverbot. Gebührenfreier Anruf bei Air India unter Tel. +91/1800/1801407.

Überlandbusreisen

Wer Busfahrten liebt, dem bieten sich eindrucksvolle Erfahrungen mit dem prallen indischen Lebensalltag für wenig Geld. Busstationen befinden sich in jeder größeren Ansiedlung. Alle Regionen des Landes sind durch ein umfangreiches Busnetz miteinander verbunden. Der öffentliche Verkehr ist zwar oft überfüllt, doch ist Busfahren in Rajasthan spottbillig. Auf Langstrecken verkehren neben den staatlichen auch komfortable De-Luxe-Busse, meist mit Video ausgestattet.

Zugreisen

Ein Abenteuer besonderer Art ist eine Bahnfahrt mit den immer vollen Zügen Indiens. Sie bietet nicht nur Eisenbahnfreaks, sondern auch Reisenden mit viel Zeit unvergessliche Erlebnisse, sind aber auch nervend und mit vielerlei Gefahren verbunden (technische Sicherheit, Diebstahlgefahr). In großen Bahnhöfen befinden sich spezielle Buchungsbüros für Ausländer, die zudem bei der Reservierung bevorzugt werden.

Das indische Zugunternehmen **Indian Railways** (www.indianrail.gov.in) gehört zu den größten der Welt. Die gesamte Schienenstrecke beträgt 62 000 Kilometer, von den über 11 000 Lokomotiven werden etliche noch mit Dampf betrieben. Schnellzüge verbinden alle größeren Städte, Nahverkehrszüge den Rest des Landes. Mit dem Zug zu reisen ist in Indien relativ preiswert.

Für die verschiedenen Klassen und Züge gibt es unterschiedliche Schalter auf dem Bahnhof. Für Frauen existieren manchmal spezielle **ladies counters**, an denen auch die Fahrkarten für männliche Mitreisende gekauft werden können (Reservierung unter https://www.irctc.co.in).

Es gibt mehrere **Klassen**. Die 1. Klasse hat abschließbare Abteile mit vier oder zwei Betten sowie Waschbecken. Es gibt klimatisierte und nicht klimatisierte Züge. Zudem gibt es die AC Chair Car-Klasse, die unserem IC-Großraumwagen entspricht. Die 2. Klasse hat vier Betten pro Abteil, wobei die Abteile durch einen Vorhang vom Gang getrennt sind. Die 3. Klasse hat sechs Betten pro Abteil. Schließlich gibt es noch bei all den Klassen die Schlafwagenklasse. Alle Fernzüge verfügen über einen Speisewagen und bieten unter anderem 1. und 2. Klasse (klimatisiert), sowie 1.-Klasse-Schlafwagen an.

Sleeper sind für Touristen nicht zu empfehlen. Es sind nicht klimatisierte Wagen mit Vier-Bett- oder Sechsbett-Abteilen und häufig überfüllt. Hier besteht erhöhte Diebstahlgefahr.

Für Reisende aus dem Ausland ist der **Indrail Pass** interessant, der für die Dauer von einem halben Tag bis zu 90 Tage gültig ist. Man sollte ihn aber auf vielbefahrenen Strecken zwei bis drei Monate im Voraus buchen. Er kann bei den Generalvertretungen der Indian Railways in den jeweiligen Ländern bis zu zwölf Monate im Voraus gebucht werden. Das Entgelt muss aber in der jeweils gültigen Währung (Euro usw.) entrichtet werden. Für Kinder gibt es teilweise erhebliche Ermäßigungen.

Generalvertretung der Indian Railways in Deutschland ist **Asra Orient**, Kaiserstr. 50, 60329 Frankfurt am Main, Tel. +49/69/253098, Fax 232045, www. asraorient.com.

Spezielle Züge

Der Luxuszug **Palace on Wheels** (www.palaceonwheelsindia.com) ist ein Dampflok-Zug mit Salonwagen im Stil indischer Maharajas.

Der klimatisierte **Shatabdi Express** verbindet bis zu einer halben Tagesreise voneinander entfernte Städte und besitzt Großraumwagen der 1. und 2. Klasse.

Der **Taj Express** fährt täglich von Neu-Delhi nach Agra und zurück.

Die Züge des **Rajadhani Express** sind klimatisierte Luxus-Schnellzüge, die Delhi beispielsweise mit Mumbai (Bombay), Ajmer und weiteren Städten verbinden. Reservierung ist erforderlich.

Unterkünfte

Moderne Hotels findet man in allen großen Städten und Urlaubsorten. Es gibt luxuriöse 5- und 4-Sterne-Hotels mit Klimaanlagen, komfortable 3-Sterne-Hotels mit klimatisierten Räumen und einfache 1- und 2-Sterne-Hotels.

In Rajasthan gehört – mehr noch als in anderen Reiseländern – der Aufenthalt in zumindest zwei, drei Luxushotels zum Pflichtprogramm einer genussvollen Reise. Ehemalige Maharaja-Paläste, Jagdhäuser und prächtige Wohnhäuser reicher Händler und Bankiers wurden zu stilvollen Hotels umgebaut, ohne dabei den ursprünglichen Glanz und Charakter zu verändern. Heritage Hotels beispielsweise bieten einzigartigen Komfort und besonderes Ambiente. Weitere Informationen vom Fremdenverkehrsamt oder der **Heritage Hotels Association** (www.heritagehotels.com).

Die Hotelkette **Taj Group** (www.tajhotels.com) bietet erstklassige Unterkünfte in ihren Luxushotels und in gut ausgestatteten Geschäftshotels. Einige sogenannte Palasthotels sowie Freizeitanlagen in atemberaubender Landschaft und Hotels in Regionen von kultureller Bedeutung gehören ebenfalls zu dieser internationalen Kette.

Land und Leute

Zimmer im ›Desert Resort‹ bei Mandawa

Zu den staatlichen Unterkünften gehören auch die **Tourist Bungalows**. Sie stehen unter Kontrolle der State Government Tourist Development Corporation (RTDC, www.rtdc.in), und man findet sie in fast jedem Urlaubsort. Diese Bungalows verfügen über saubere Einzel-, Doppel- und Familienzimmer, mit Bad und Gemeinschaftskantine. Ferienhäuser und Hütten haben eine eigene Kochgelegenheit. Buchungen (Anzahlung wird verlangt) sollten entweder durch den Direktor der Corporation oder direkt mit dem Verwalter des Bungalows gemacht werden.

Schließlich sind für Wandertouren und Trekkings die **Jugendherbergen** des Ministeriums für Tourismus zu erwähnen, die Schlafsäle und Bettwäsche sowie Gemeinschaftsküchen stellen. Sie befinden sich zumeist in hervorragender landschaftlicher Lage und sind für Naturfreunde ohne Komfortansprüche die ideale Unterkunft (Youth Hostel Association of India, www.yhaindia.org, Mitgliedschaft erforderlich). **Hostels** und Jugendherbergen gibt es beispielsweise in Delhi, Alwar, Bikaner, Jaipur, Jaisalmer und am Mount Abu.

Bei **einfachen Unterkünften** ist die Mitnahme einiger Utensilien nützlich: Schweizermesser (zum Öffnen von Flaschen), Waschbeckenstopfer (um sich nicht bei ständig laufendem Wasser reinigen zu müssen), Ohrstöpsel (gegen Straßen- und Zuglärm), Vorhängeschloss (zum Verschließen einer ungesicherten Zimmertür, bei der Abgabe von Gepäck zur Aufbewahrung).

Check-out time in den Hotels ist in der Regel die Mittagszeit. Doch nicht selten erwarten einige Hotels das Auschecken bereits um 9 Uhr. Viele Hotels bieten ein 24-Stunden-System, das heißt, man verlässt die Unterkunft zur gleichen Zeit, zu der man eingecheckt hat. Manchmal ist es auch erlaubt, das Gepäck auch nach dem Auschecken noch in einem Raum abzustellen, einige Hotels verlangen dafür Extragebühren. Deshalb sollte man die Modalitäten vorher abklären.

Überblick über die Hotelpreise (Doppelzimmer) in diesem Reiseführer

***** Oberster Preisbereich (Luxushotels) über 10000 Rupies (Rs, ca. 120 Euro)
**** Oberer Preisbereich (First Class) 6000–10000 Rs (70–120 Euro)
*** Mittlerer Preisbereich 2000–6000 Rs (25–70 Euro)
**/* Unterer Preisbereich
** 1000 bis 2000 Rs (12–25 Euro)
* unter 1000 Rs (unter 12 Euro)
Hinweis: Diese Preis-Kategorien sind nicht identisch mit Hotelklassifizierungen
wie ›Vier-Sterne-Hotel‹.

Reisen mit Kindern

Indien ist als Reiseland für **Kleinkinder** nicht geeignet. Die weiten Strecken, die Fahrt bei brennender Sonne auf oft von Schlaglöchern übersäten Straßen in kaum gefederten und überfüllten Bussen ist strapaziös. Abenteuer- und Trekkingreisen unter einfachen Bedingungen sind in jedem Fall mit kleinen Kindern tabu.

Anders sieht das bei **Jugendlichen** aus, für die das bunte Alltagsleben, die fremdartigen Tiere (Schlangen bei Schlangenbeschwörern, Elefanten, Kamele), die fantastischen Burgen und exotischen Unterkünfte ein Erlebnis sein können.

Es gibt **Ermäßigungen** für Kinder unter zwölf Jahren bei den öffentlichen Verkehrsmitteln (inländische Fluggesellschaften). Bei der indischen Eisenbahn fahren Kinder unter fünf Jahren kostenlos, Jugendliche zwischen fünf und zwölf Jahren zahlen den halben Preis.

Es ist nicht zu empfehlen, an den Straßenständen zu essen, einmal wegen der Sauberkeit, aber auch wegen der Schärfe der Gewürze, an die europäische Mägen sich erst gewöhnen müssen. Diese kann schnell zu Durchfall und anderen Magenproblemen führen.

Reitelefant auf der Festung Amber

Vorsicht ist geboten bei Hunden, Fledermäusen und Affen. Insbesondere Affen können ohne Warnung angreifen, wenn sie etwas Essbares in der Hand sehen.

Spezielle Angebote für Kinder und Jugendliche sind rar, einige Tipps für Delhi:

Zoo, → S. 124; Bird Hospital → S. 126, Fun ‚n‘ Food Village, → S. 126, Shankar's International Dolls Museum, → S. 126; Delhi Riding Club, → S. 126. Einige hochpreisige Hotels bieten Kinderbetreuung an, wie das ›Trident Agra‹ in Agra, → S. 141.

Vorschläge für Aktivitäten mit Kindern in englischer Sprache findet man unter www.travelforkids.com.

Wer mit dem Flugzeug aus Europa nach Indien kommt, landet meist in Delhi. Diese Metropole ist durchaus geeignet, dem Reisenden einen ersten Eindruck von diesem Subkontinent zu vermitteln. Er verbindet Vertrautes einer trotz der räumlichen Größe übersichtlich angeordneten Großstadt mit ersten Begegnungen mit einer anderen, fremden Welt.
Bereits der Ausflug ins nahe Agra mit dem weltberühmten Taj Mahal vermittelt eine Ahnung von der faszinierenden Pracht kultureller Sehenswürdigkeiten und der verwirrenden Geschichte eines riesigen Landes, das widersprüchlicher nicht sein kann.

DELHI UND AGRA

Die Freitagsmoschee in Delhi

Delhi

Delhi ist keine Stadt, es ist eine Megalopolis, von der niemand genau weiß, ob sie 11, 13 oder 17 Millionen Menschen beherbergt. Und Delhi ist nicht nur eine einzige Stadt, sondern besteht aus mehreren völlig unterschiedlichen Stadtteilen, die beispielsweise neben der exotischen Fremdheit in der Altstadt auch den vertrauten urbanen Lebensstil in der Neustadt bietet. Der ›Kulturschock‹ für anreisende Touristen fällt also noch verhalten aus.

Nicht weniger als acht Städte wurden im Laufe der bewegten Geschichte hier gegründet. Doch schon immer war Delhi auch eine Bastion, von der aus das Land gegen anstürmende Stämme aus dem Norden verteidigt werden musste. Und seitdem der afghanische Eroberer Mahmud von Ghauri (auch Muhammed von Ghur, 1150–1206) an dieser Stelle das erste islamische Machtzentrum auf indischem Boden errichtete, wurde Delhi immer wieder als strategisch wichtiger Stützpunkt ausgebaut.

Geschichte

Die ersten vier Städte von Delhi entstanden im Süden der Metropole, dort, wo sich heute der Qutb Minar befindet. Qutb-ud-Din Aibak, der Feldherr des afghanischen Eroberers Mahmud von Ghauri, schuf auf den Mauern der ein Jahr zuvor zerstörten Hindustadt Qila Raj Pithora seine Residenz Lal Kot, die heute an der südlichen Peripherie Neu-Delhis liegt. Diese erste Stadt von Delhi wurde um 1180 errichtet. Gut 100 Jahre später errichtete Ala ud-Din Khalji (auch Ala ud-Din Khilji, regierte 1297–1316) ein Stück nördlich die zweite Stadt, Siri, und nur wenige Jahre später entstand die dritte Stadt, Tughluqabad, ein Fort am Fuße der Aravallis. Kurz darauf wurde die vierte Stadt, Jahanpath, errichtet, deren Ruinen beim Dorf Chiragh Delhi südlich der Gamal Abdel Nasser Marg stehen. Dann verlagerte sich die Bautätigkeit der Dynastien nach Norden in die Nähe des Yamuna-Flusses, der als Verkehrs- und Handelsweg immer wichtiger im größer werdenden Reich wurde. An der heutigen Grenze zwischen Alt- und Neu-Delhi errichtete Firoz Shah (1309–1388, regierte 1351 bis 1388) seine Metropole Firozabad (auch Feroz Shah Kotla), die fünfte Stadt. Dann wurde ein Stück weiter südlich die Festung Purana Qila von Humayun erbaut, die sechste Stadt. Sie wurde von den Afghanen unter Sher Shan besetzt, der sie Shergarh taufte. 1638 entstand unter Shah Jahan (1592–1666, regierte 1628–1658) die siebte Stadt, Shahjahanabad, im heutigen Old Delhi, der auch die Mogul-Hauptstadt von Agra hierher verlegte.

Als im Dezember 1911 König Georg V. (1865–1936) die Verlegung der Hauptstadt des damaligen britischen Kolonialreichs Indien von Kalkutta nach Delhi

Tor der Festung Purana Qila

Das Lahore-Tor mit der vorgesetzten Bastion

Delhi und Agra

verkündete, hatte die Stadt also eine bewegte Vergangenheit hinter sich. Es entstand jedoch zunächst nur ein kleines Verwaltungszentrum im heutigen Norden der Stadt, jenseits des Bahnhofs von Old Delhi. New Delhi bekam seine Gestalt erst in den 1920er Jahren, als die britischen Architekten Edwin Lutyens und Herbert Baker die roten Sandsteingebäude schufen. Ursprünglich für den englischen Vizekönig und die britische Verwaltung bestimmt, sollten sie mit ihrem klassizistischen westlichen Stil mit indischen Elementen auch architektonisch die Macht und Größe des britischen Kolonialreichs widerspiegeln. Seit der Unabhängigkeit im Jahre 1947 sind sie der Regierungssitz Indiens.

Alt-Delhi

Nicht nur farbenprächtige Basare wird man in Delhi sehen, luxuriöse Hotelhallen und geschichtsträchtige Bauten, sondern auch viel Schmutz, fürchterliche Armut und schreckliche hygienische Zustände.

Indien macht es dem Reisenden nicht leicht, konfrontiert es ihn doch hautnah mit allen positiven wie negativen Aspekten des menschlichen Lebens. Vielleicht zieht es den Besucher gerade deshalb immer wieder in seinen Bann. Insbesondere Old Delhi ist ein quirliges Gewirr ineinander verschachtelter **Basare**, inmitten dieses exotischen und zugleich chaotischen Hexenkessels erheben sich das **Rote Fort** und die **Freitagsmoschee**.

■ Chandni Chowk

Im Jahre 1638 gründete der Mogulherrscher Shah Jahan am Ufer der Yamuna die ursprünglich durch eine sieben Kilometer lange Mauer geschützte Stadt Shahjahanabad (heute als Old Delhi bezeichnet) mit ihren 15 Toren. Neun Jahre später hielt er mit großem Pomp Einzug in seine neue Residenz.

Die Mauern der Stadt und die meisten Tore sind mittlerweile dem wachsenden Verkehr gewichen, aber das Rote Fort und die Freitagsmoschee sind erhalten geblieben. Old Delhi wird beherrscht vom Chandni Chowk, der einstigen Prozessionsstraße des Herrschers, die auf das Rote Fort zuführt. Sie wurde bereits 1648 angelegt, auf dem Basar gingen auch die Damen des Mogulhofs shoppen.

■ **Das Rote Fort**

Die bedeutendste Sehenswürdigkeit in Alt-Delhi und UNESCO-Weltkulturerbe seit 2007 ist das Rote Fort am Ufer des Flusses Yamuna. Diese Zitadelle, nach dem verwendeten roten Sandstein Lal

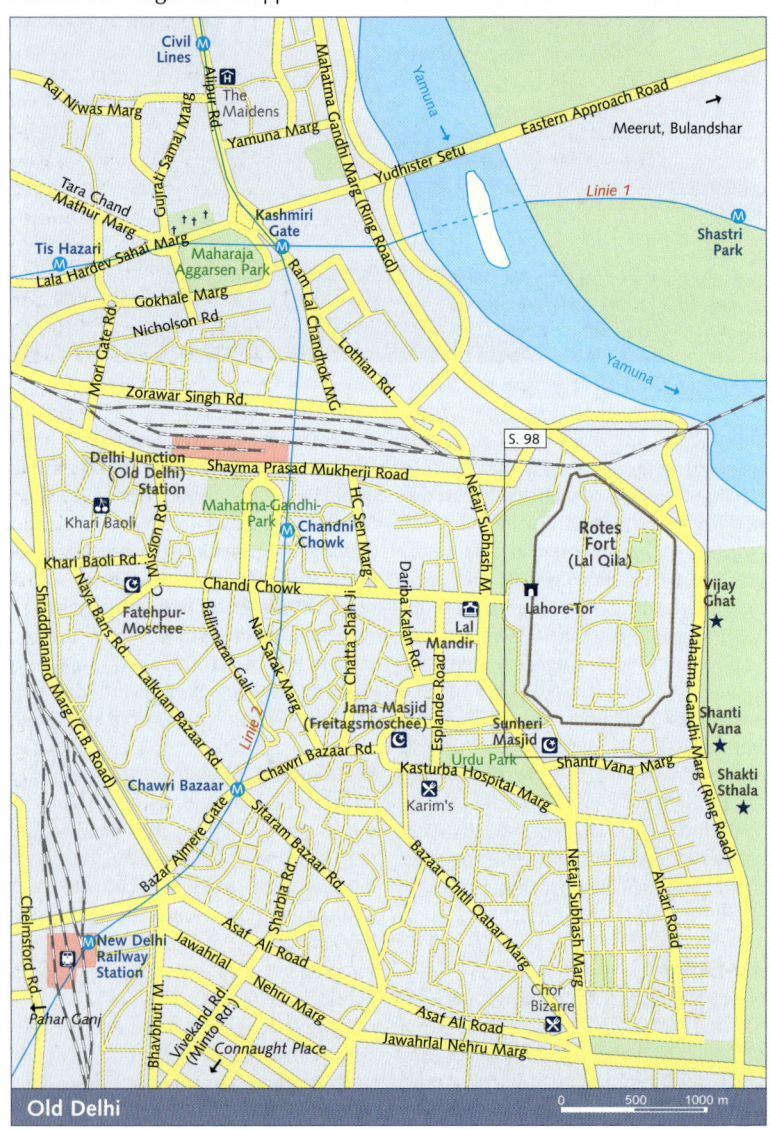

Old Delhi

0   500   1000 m

Qila (Rote Festung) genannt, erstreckt sich in Nord-Süd-Richtung am östlichen Rand der damaligen Stadt Shahjahanabad. Eine 16 Meter hohe Sandsteinmauer und ein tiefer Wassergraben sicherten die Festung vor Eroberern. Der Bau dauerte von 1639 bis 1648, und die Reste der älteren Städte Firozabad und Shergarh wurden für den Festungsbau benutzt.

Man betritt die Festung durch das wuchtige **Lahore-Tor** mit seinen beiden Türmen. Leider setzte Aurangzeb (1618–1707) aus militärischen Erwägungen eine Bastion direkt davor. »Du hast das Fort zu einer Braut gemacht, indem Du sein Antlitz verschleiert hast«, schrieb sein Vater, Shah Jahan, empört aus Agra. Zuerst durchschreitet man den **Basar Chatta Chowk**, der von einem hohen Arkadengang gesäumt wird. In diesem Basar befanden sich bereits zu Zeiten von Shah Jahan vornehme Geschäfte.

Nachdem man diesen geschäftigen Markt geradeaus in Richtung der Paläste passiert hat, gelangt man zunächst zum vierstöckigen **Naubat Khana** (Trommelhaus) aus rotem Sandstein, an dem früher alle Besucher ihre Reittiere zurücklassen mussten. Den Namen erhielt das Haus wegen der Musiker, die täglich fünfmal auf der Galerie im ersten Stock zur Ankunft der Gäste aufspielten. Im oberen Stock befindet sich heute das **Indian War Memorial Museum**. Das Trommelhaus markiert den Eintritt zum Innenbereich des Forts.

Am Ende der Rasenfläche gelangt man zum **Diwan-i-Am**, der Öffentlichen Empfangshalle. Früher war der Boden der Säulenhalle aus rotem Sandstein mit kostbaren Teppichen ausgelegt. Die Wände waren mit einem weißen Belag versehen, der so poliert worden war, dass er wie Marmor schimmerte. An der Rückwand der Halle kann man noch heute schöne Einlegearbeiten mit Vögeln und farbigen Blumenmotiven sehen. Bemerkenswert, aber oft übersehen, wird hier der griechische Gott Orpheus gezeigt, hergestellt von einem Juwelier aus Florenz.

Hinter dieser Öffentlichen Empfangshalle, entlang der Ostmauer, erbaute Shah Jahan sechs kleine Paläste, von denen fünf erhalten geblieben sind. Der südlichste der Paläste ist der **Mumtaz Mahal** (Palast der Juwelen). Er war früher Teil des Harems und beherbergt heute ein

Delhi und Agra

Das Trommelhaus, Naubat Khana

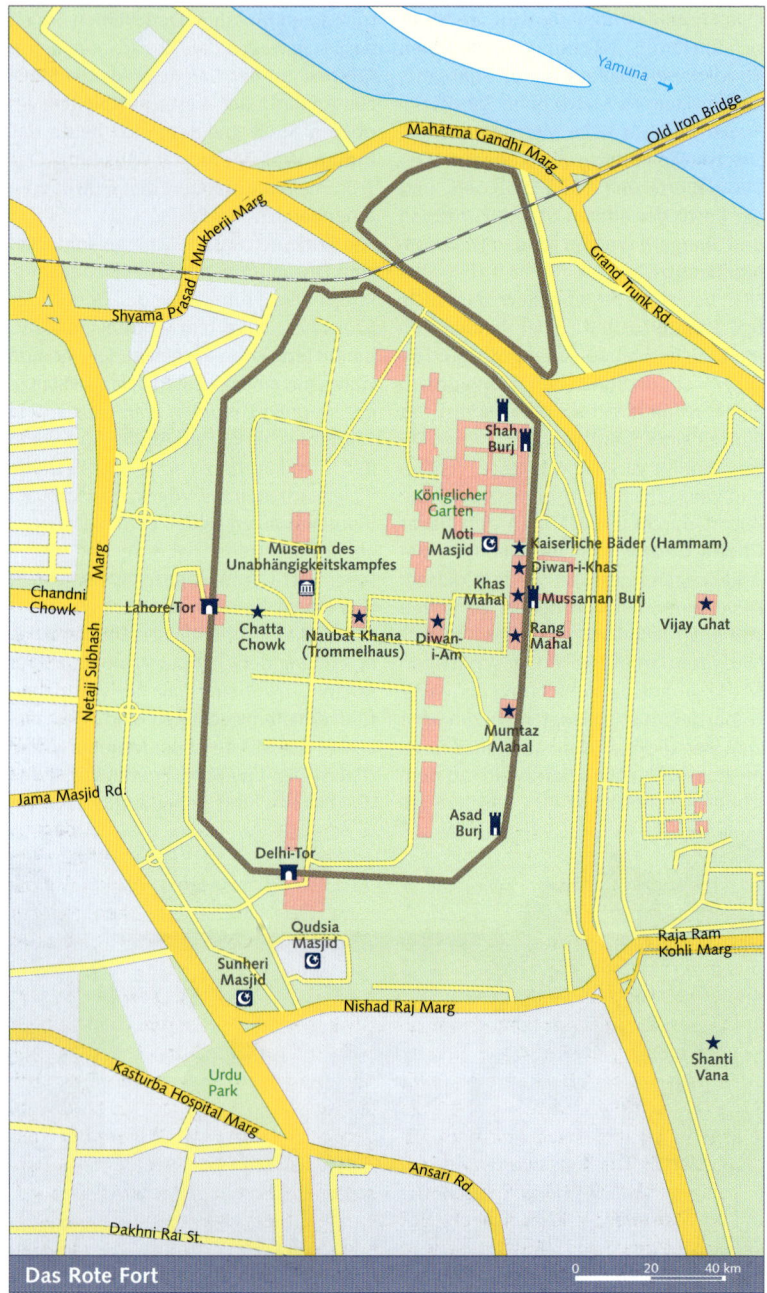

Das Rote Fort

| 0 | 20 | 40 km |

Delhi und Agra

kleines **Archäologisches Museum** mit einer Sammlung von Waffen, Teppichen, Textilien und Schachbrettern.

Ein Stück weiter nach links, direkt gegenüber dem Diwan-i-Am, erhebt sich der **Rang Mahal** (Palast der Farben) mit unterirdischen Räumen für die heiße Jahreszeit. Er war einst das Zentrum des Harems, in dem Wandmalereien und in die Decke eingelassene Spiegel bei flackerndem Kerzenlicht eine romantische Atmosphäre schufen – daher der Name ›Palast der Farben‹. Die Fenstergitter mit ihren vielgestaltigen Mustern waren nicht nur Sichtschutz. Sie brachen das Licht und schufen jene dämmrige Kühle, die angesichts der gleißenden Helle indischer Tage als ideal galt. Nach 1857 wurde er britisches Offizierskasino, woraus sich der heutige erbärmliche Zustand erklärt. Für diesen Palast, der nur noch eine Ahnung von der ehemaligen Pracht vermitteln kann, sowie für die nachfolgend beschriebenen Khas Mahal und Diwan-i-Khas haben Besucher keinen Zutritt, sie können jedoch hineinblicken. Der **Khas Mahal** (Privater Palast) besteht aus drei Räumen. Im Tasbih Khana (Raum der erzählenden Perlen) befinden sich 99 Perlen, eine jede für den mystischen Namen von Allah. Die Räume dahinter sind bekannt als Khwabgah (Palast der Träume). Der südliche Raum, der Tosh Khana (Raum der Roben) oder Baithak (Raum zum Sitzen) besitzt herrliche Marmorwände. Besonders schön ist das Marmorfiligran der Trennwand mit der ›Waage der Gerechtigkeit‹ im Bogen darüber. Steht man mit dem Rücken zum Palast Rang Mahal, sieht man Monde, die die Waagschalen umkreisen, mit dem Rücken zum Diwan-i-Khas erscheinen Sonnen, ein Symbol der Mogulherrschaft. An der Ostseite des Khas Mahal steht der achteckige Turm **Mussaman Burj** mit seinem Bengaldach. Der Blick von

Andrang am Diwan-i-Am

hier muss eindrucksvoll gewesen sein, denn damals floss der Yamuna-Fluss direkt unter der Palastmauer entlang. Auf diesem ›königlichen Turm‹ zeigte sich der Großmogul jeden Morgen dem Volk; der zu diesem Zweck erbaute Balkon **Jharokah-i-Darshan** kam erst 1808 hinzu. Diese Zeremonie des *darshana* (›Sich-sehen-lassen‹) sollte das Volk beruhigen, indem bezeugt wurde, dass es dem Herrscher gut ging. Denn Krankheit oder gar Tod des Herrschers mit den danach folgenden Palastintrigen konnten das sensible Gefüge des Mogulstaates leicht erschüttern.

Noch weiter links gelangt man nun zum **Diwan-i-Khas** (Private Audienzhalle), ein vollständig in weißem Marmor ausgeführter Bau mit herrlichen Einlegearbeiten an den Pfeilern. Der Palast bildete den Mittelpunkt der Privatgemächer. Er wurde Zeuge von persönlichen Ränken und politischen Machtkämpfen, sah Drogenabhängigkeit und Trunksucht, erlebte die Blendung des Moguls Shah Alam II. (1728–1806) im Jahr 1788 und den Einzug der britischen Kolonialmacht 1803. Kaum vorstellbar ist heute, dass dieses Gebäude einst eine silberne Decke trug, welche die Marathen im 17. Jahrhundert geraubt hatten. Alles war mit Halbedelsteinen (Lapislazuli, Jaspis und Jade, Achat und Perlmutt) ausgelegt. Über den gezackten Bogen steht als dunkle Intarsie im Marmor die berühmte Inschrift: ›Wenn es ein Paradies auf Erden gibt, dann ist es dies, dies, dies‹. Hier stand bis 1739 der berühmte Pfauenthron, den der Perser Nadir Shah (1688–1747, regierte 1736–1747) im Jahr 1739 nach Teheran entführte, nachdem er in Delhi ein Blutbad angerichtet hatte. Nach Nadir Shahs Ermordung in Persien 1747 wurde der Thron in Einzelteile zerlegt und teilweise in einem Thron aus dem 19. Jahrhundert verarbeitet, der heute in Teheran zu sehen ist.

Neben dem Diwan-i-Khas befinden sich drei von Kuppeln überwölbte Räume mit je einem Brunnen in der Mitte. Dies waren die **kaiserlichen Bäder** (Hammam). Ziegelröhren hinter den mit Marmor verkleideten Wänden und unter dem Fußboden lieferten warmes Wasser und heizten in den Wintermonaten, die in Delhi empfindlich kalt sein können. Das

Der Marmorpalast Diwan-i-Khas

Karte S. 98

aus Marmor gearbeitete **Lotosbecken** nördlich der Palastmauer war einst mit Rosenwasser gefüllt.

Gegenüber den Bädern steht die marmorne **Moti Masjid** (Perlmoschee). Sie ist von einer roten Sandsteinmauer umschlossen und wurde von Aurangzeb als private Moschee 1662 erbaut. Die Moschee wurde innerhalb des Hofes leicht versetzt, um sie nach Mekka auszurichten.

Nun gelangt man zum **königlichen Garten** (Hayat Baksh Bagh), dem einzigen Garten, der noch erhalten blieb, mit den beiden Pavillons Bhadon und Sawan, eigentlich Unterkünfte für die britischen Truppen.

Vom Turm **Shah Burj** an der äußersten nördlichen Ecke des Ostwalls beginnt dann der Rückweg entlang der königlichen Terrasse. Der dreistöckige Turm wurde 1857 beschädigt und hatte das Wasser aus dem Yamuna in den ›Strom des Paradieses‹ (Nahr-i Bihisht) zu pumpen. Offenbar wurde er auch von Shah Jahan als Privatraum genutzt und durfte nur von seinen Söhnen sowie einigen Ministern betreten werden.

Gleich gegenüber dem Lahore-Tor vom Roten Fort steht der Jain-Tempel **Lal Mandir** mit den Hauptschreinen des Parshvanath (rechts), dahinter des Adinath (links des Mahavira) sowie den Nebenschreinen der Furtbereiter. Wie in allen Jain-Tempeln müssen Schuhe und Ledersachen abgegeben werden, bevor man den Tempel betritt.

Südlich vom Roten Fort gelangt man zur **Sunheri Masjid** von 1751. Vom Dach der ›Goldenen Moschee‹ (der Name leitet sich von ihren goldenen Kuppeln ab) soll angeblich am 22. März 1739 Nadir Shah (1688–1747, regierte 1736–1747) nach der Eroberung Delhis das Massaker an der Bevölkerung der Stadt beobachtet haben.

Das Grabmal Gandhis

Delhi und Agra

gestalteten Kufi-Inschriften über den Portalen preisen nicht etwa Allah, sondern seinen Erbauer Shah Jahan.

Im Zentrum des großen, quadratischen Innenhofs befindet sich das **Wasserbecken** für die rituelle Reinigung. In der Nordostecke enthält ein weißer **Schrein** einige Reliquien Mohammeds wie ein rotes Barthaar des Propheten, seine Sandalen und einen Fußabdruck in einer marmornen Platte sowie zwei Kapitel des Korans, die er selbst diktiert haben soll. Die **Haupthalle** ist nach Mekka ausgerichtet. Auf der Westseite befindet sich die Gebetsnische (Mihrab), von der aus der Imam vorliest.

■ Jama Masjid

Nur einen Kilometer südwestlich des Forts erhebt sich auf einem Felsplateau die Jama Masjid (Freitagsmoschee), sie soll zwischen 1646 und 1658 von angeblich 5000 Arbeitern erbaut worden sein. Von den drei Eingangstoren war das **Osttor**, das größte von allen, allein den Mogulherrschern vorbehalten. Das Osttor ist nur freitags und an islamischen Feiertagen geöffnet. Heute gelangt man über eine imposante Treppe aus rotem Sandstein durch das **Nordtor** in den Innenhof der Moschee, die man weit sichtbar über die Basare thronend erblickt.

Die größte Moschee Indiens beeindruckte einst den Eroberer Tamerlan (auch Timur Lenk, 1336–1405) so sehr, dass er eine Kopie von ihr in Samarkand bauen ließ. Sie gilt als Höhepunkt der Mogularchitektur. Der Mogulherrscher Shah Jahan besuchte sie jeden Freitag mit seinem Gefolge, um seine Gebete zu verrichten. Für den Besucher wirken die drei **Kuppeln** aus weißem und schwarzem Marmor über der zweischiffigen Gebetshalle sowie die zwei 40 Meter hohen Minarette mit den roten und weißen Längsstreifen besonders eindrucksvoll. Die kunstvoll

■ Denkmäler für politische Führe

Nur wenige Gehminuten vom Roten Fort und der Jamia Masjid entfernt kommt man zu den Denkmälern für politische Führer des unabhängigen Indien. Sie liegen zwischen der Mahatma-Gandhi-Straße und dem Fluss Yamuna südlich des Roten Forts und strahlen eine friedvolle Atmosphäre aus.

Raj Ghat, das bekannteste Grabmal, ist Mahatma Gandhi gewidmet, der an diesem Platz 1948 eingeäschert wurde. Die schlichte schwarze Marmorplatte,

Im Hof der Freitagsmoschee

wo seine letzten Worte (›He Ram!‹, ›Oh Gott!‹) eingraviert wurden, ist ein viel besuchtes Pilgerziel geworden. Hier versammelt sich die Regierung jeweils am 2. Oktober (Gandhis Geburtstag) und am 30. Januar (Todestag). Dazu kommen noch **Shanti Vana,** das Mahnmal für Jawaharlal Nehru, den ersten Premierminister Indiens, **Vijay Ghat** für den ehemaligen Premierminister Lal Bahadur Shastri (1904–1966) und die Mahnmale **Shakti Sthala** für Indira Gandhi und **Vir Bhumi** ihren Sohn Rajiv Gandhi.

■ **Gandhi-Museum**
Gegenüber vom Raj Ghat befindet sich ein Gandhi-Gedächtnismuseum, das Gandhi Memorial (National Gandhi Museum), mit Erinnerungsstücken und Fotos aus dem Leben Gandhis. Eine Gedenk-

tafel an den Treppen erinnert an Gandhis Vermächtnis der Gewaltlosigkeit.
Öffnungszeiten: tägl. 10–17.30 Uhr.

Pahar Ganj

Das Basarviertel Pahar Ganj (Paharganj, auch Shahganj) mit der direkt gegenüber der **New Delhi Railway Station** beginnenden Hauptstraße **Main Bazaar** und den davon nördlich und südlich abgehenden Gassen ist der Treffpunkt der Low-budget-Traveller-Szene, die sich aus der Hippie- und Backpacker-Szene entwickelte. An der rund zwei Kilometer langen Hauptstraße findet man rund 300 billige Unterkünfte und mittlerweile auch einige Hotels der höheren Preisstufe. In diesem Viertel südwestlich von Old Delhi und einige hundert Meter nördlich vom Connaught Place mit dem sich südlich

Delhi, Pahar Ganj

anschließenden New Delhi gibt es eine Vielzahl an **Globetrotter-Restaurants** mit einer großen Auswahl an indischen, chinesischen und europäischen Gerichten. Hier kann man direkt an der Straße sitzen und so das bunte Leben hautnah miterleben. Dass man auch von Bettlern behelligt und von Händlern angesprochen wird, liegt auf der Hand. Streunende Kühe, die in Indien die räudigen Hunde anderer Länder ersetzen, Rikschas und Hotelschlepper mit Pulks von Touristen im Schlepptau sowie aufdringliche Händler zeigen die chaotische, laute, schmutzige und stressige Seite von Delhi.

In der quirligen Einkaufsstraße reihen sich zahlreiche kleine Läden aneinander, vollgestopft mit Waren aller Art. In dem orientalisch anmutenden Basarviertel kann man allerlei Krempel vom Shampoo bis zum alten Michelin-Reifen, aber auch Taschen, Schuhe, Handarbeiten und schöne Saris erstehen. 2010 begannen umfassende Erneuerungsarbeiten, marode Gebäude wurden abgerissen, neue Gehwege angelegt.

Neu-Delhi

Kaum ein Kontrast ist größer als der zwischen dem Basargewühl im alten Stadtteil von Alt-Delhi und den breiten, von Bäumen beschatteten, schnurgeraden Straßen im südlich angrenzenden Neu-Delhi. Breite Straßen, die von Bäumen gesäumt sind, moderne Hochhäuser und europäische Architektur bestimmen das Bild. Vorsichtig kann man sich von hier aus vertraut machen mit dem Alltagsleben und den Gewohnheiten, aber auch mit den Problemen und der langen Geschichte der Stadt. Das Herz Neu-Delhis wird gebildet von schöner europäischer Kolonialarchitektur mit baumbestandenen Boulevards, mit Restaurants und Geschäften, mit Präsidentenpalast und Nationalmuseum.

■ **Connaught Place**

Den Mittelpunkt der Stadt bildet der Connaught Place (mittlerweile in den unter diesem Namen kaum bekannten **Rajiv Chowk** umbenannt), ein in mehrere Bereiche und Ringe aufgeteilter und von Gebäudekomplexen umgebener Platz mit einem mächtigen Brunnen in der Mitte. Er ist benannt nach dem britischen Herzog von Connaught, den das Königshaus 1921 nach Delhi schickte, um den Grundstein für das Parlamentsgebäude zu legen.

Der Platz am nördlichen Ende Neu Delhis ist mit seinen schattenspendenden Arkaden und schneeweißen, dreistöckigen Bauten, die in nummerierte Sektoren unterteilt sind, das pulsierende Herz der aufstrebenden Geschäftsstadt. Hier sind viele große Banken, Restaurants und Luxusgeschäfte, namhafte Juwelen- und Modegeschäfte sowie Büros der wichtigsten Fluggesellschaften zu finden. Vornehme und teure Läden bieten herrliche Seidenstoffe und feinste Saris, westliche Mode und Bücher an, auch gute Restaurants und Kinos finden sich hier. Dazu gibt es ein unterirdisches Einkauszentrum, den **Palika Bazaar**, mit zahlreichen Läden.

Vom Connaught Place gehen acht große Straßen ab, die strahlenförmig vom Zentrum wegführen. Wenn man vom Connaught Place in die Sansad Marg (früher Parliament Street) einbiegt, kommt man zu einem kleinen Park mit überwiegend rostroten Steinbauten, die wie abstrakte Skulpturen wirken. Die Gebäude sind Teile einer **Sternwarte** (Jantar Mantar), die der Maharaja Jay Singh II (1686–1743) im Jahr 1724 erbauen ließ, um astronomische Daten für den Hindukalender und astrologische Rechentafeln zu erhalten. Mit den Instrumenten Samrat Yantra, Rama Yantra, Jayaprakash Yantra und Misra Yantra konnte man die Bewegungen der

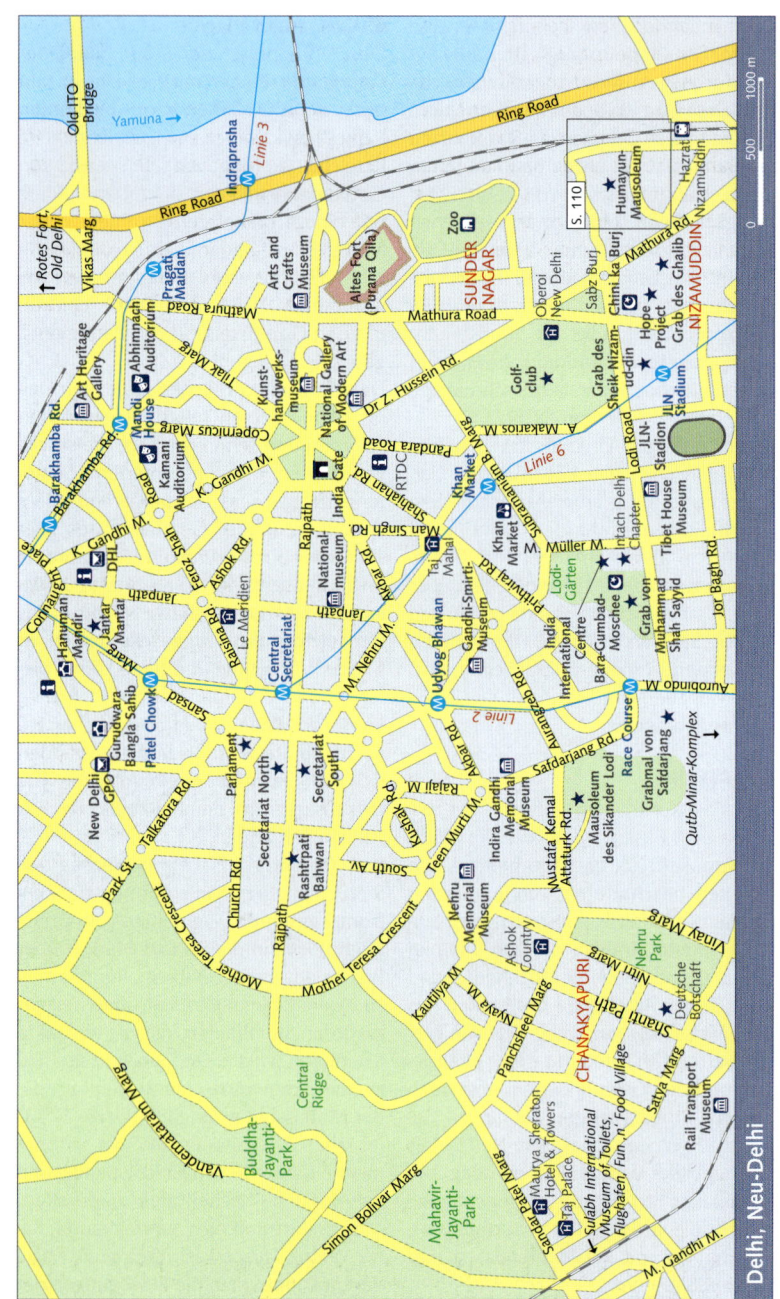

Gestirne und die Zeit bestimmen (tägl. 9 Uhr–Sonnenuntergang).

An der Ashok Road, zwischen Baba Kharak Singh Marg und Sansad Marg, steht der Sikh-Tempel **Gurudwara Bangla Sahib**, erbaut an der Wirkungsstätte des achten Gurus der Sikhs, Hari Krishan. Sein Ruf in der zweiten Hälfte des 17. Jahrhunderts gründete sich darauf, dass er mit heiligem Wasser angeblich Pocken und Cholera heilen konnte. Zum

Tempel mit der weithin sichtbaren goldenen Kuppel gehört ein großes Wasserbecken, in dem viele Sikhs ein Bad nehmen. Touristen können den Tempel betreten, wenn sie die Schuhe am Information Center deponieren und ihren Kopf bedecken.

Folgt man vom Connaught Place der westlich abgehenden Bhagat Singh Marg, gelangt man zur weitläufigen modernen Anlage des aus rotem Sandstein und

Delhi und Agra

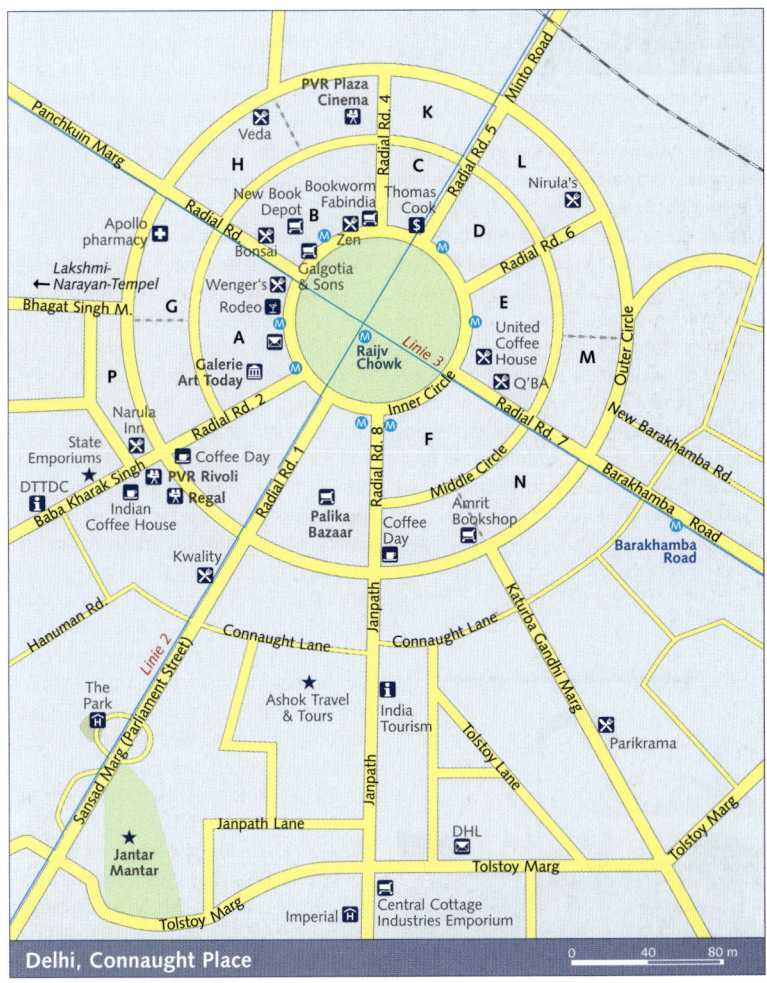

Delhi, Connaught Place

Der Lakshmi-Narayan-Tempel

weißem Marmor errichteten **Lakshmi-Narayan-Tempels**, der vom indischen Großindustriellen Birla 1938 gestiftet wurde. Der bunte Hindutempel, populär auch als Birla-Mandir bezeichnet, ist Vishnu (Narayana) und seiner Gemahlin Lakshmi gewidmet. Schreine auf der gegenüberliegenden Seite sind Shiva (mit einer Kobra um den Nacken) und Durga (auf einem Tiger reitend) gewidmet. Ein kleiner Raum auf der Rückseite des Tempels ist Krishna gewidmet. Der Tempel steht allen Glaubensrichtungen und Kasten offen (tägl. 6–19 Uhr).

Das India Gate

Über die Baba Kharak Singh Marg wiederum gelangt man zum bekannten **State Emporia** mit einer Reihe von Warenhäusern, in denen viele Bundesstaaten ihre Informationsbüros haben und Kunsthandwerksläden ihre Waren präsentieren. An der gegenüberliegenden östlichen Seite steht der bunte Tempel **Hanuman Mandir** des Affengottes. Wichtigste der abzweigenden Straßen vom Connaught Place ist die nach Süden verlaufende Janpath, an der sich das Touristenbüro findet. Folgt man der Straße, stößt man auf die Rajpath, eine von breiten Grünflächen gesäumte Prachtstraße. Diese Parademeile verbindet das India Gate im Osten mit dem Rashtrapati Bhawan im Westen.

■ Nationalmuseum

Das All India War Memorial ist besser bekannt unter dem Namen **India Gate**. Die Wände dieses 42 Meter hohen Triumphbogens enthalten über 3000 Namen indischer Soldaten, die im Ersten Weltkrieg an der Seite der Engländer ihr Leben ließen. Das Sandsteindenkmal von 1931 wurde von Sir Edwin Lutyens (1869–1944) entworfen. An dem gewaltigen Tor des 40 Meter hohen Kriegerdenkmals beginnt die große Achse der Rajpath, auf der die nationalen Aufmärsche stattfinden – am 26. Januar zum Republic Day, am 15. August zur Feier der Unabhängigkeit (Independence Day) und bei Begräbnissen führender Politiker. Nur wenige Schritte vom India Gate entfernt liegt eine der wichtigsten Sehenswürdigkeiten Delhis, das 1960 im englischen Kolonialstil errichtete **Nationalmuseum**. Es zählt mit seinen über 45 000 Ausstellungsstücken zu den bedeutendsten Museen für Kunst und Geschichte des Landes. Das Museum besitzt eine umfassende Sammlung der Frühgeschichte Indiens (2400–1500 vor Chris-

Karte S. 104

tus), die man im Erdgeschoss besichtigen kann. Im ersten Stock befinden sich illustrierte Manuskripte, einschließlich einer Kopie der Memoiren von Jahangir. Außerdem sind Miniaturmalereien vom 16. bis zum 18. Jahrhundert und eine Steinsammlung zu sehen. In der zweiten Etage kann man Volkskunst bewundern, in einer Galerie auch Musikinstrumente. Es lohnt sich, einige Stunden einzuplanen, um diese einmalige Sammlung auf sich wirken lassen zu können.
Öffnungszeiten: Di–So, 10–17 Uhr, Eintritt 300 Rs.

Der Präsidentenpalast Rashtrapati Bhawan

■ **Regierungsviertel**

Folgt man dem Rajpath weiter, stößt man auf ein kreisrundes Gebäude, das von Kolonnaden umgebene **Parlamentsgebäude** (Sansad Bhawan) mit Rajya Sabha, dem Oberhaus, und der Lok Sabha, der Volksvertretung. Ausländischen Touristen wird gewöhnlich Zutritt gewährt.

Zudem befinden sich nahebei die beiden fast identischen Nord- und Südblöcke der **Secretariat Buildings** der Ministerien. Während sich im Nordblock unter anderem das Finanzministerium und die öffentlich zugängliche Central Hall befinden, kann der Südblock, in dem unter anderem das Büro des Premierministers, das Außenministerium und das Verteidigungsministerium untergebracht sind, nicht besichtigt werden.

Geht man dem Weg weiter in westlicher Richtung, trifft man auf den an ein Schloss erinnernde **Rashtrapati Bhawan**. Das zentrale, mit einer Kuppel aus Kupfer versehene Gebäude wurde 1929 erbaut und war mit seinen 340 Räumen zur Kolonialzeit der Sitz des Vizekönigs. Heute dient das riesige Gebäude als Präsidentenpalast. Die Mogulgärten dahinter sind nur im Februar und März für die Öffentlichkeit zugänglich, beeindrucken dann aber mit ihrer Blütenpracht. Wäh-

rend der Unabhängigkeitsfeiern am 26. Januar versammeln sich hier Hunderttausende, um den Paraden beizuwohnen. Drei Gedenkstätten dienen der Erinnerung an die Geschichte der Unabhängigkeit des Landes – das Gandhi Smriti, das Nehru Memorial Museum und das Indira Gandhi Memorial Museum. Wenn man vom Regierungsviertel der South Avenue folgt, kommt man zur Teen Murti Marg. Hier steht das **Teen Murti Bhavan** in einem parkartigen Garten. Es wurde 1930 für den britischen Oberbefehlshaber erbaut, von 1948 bis 1964 war es die Resi-

In den Mogulgärten

Delhi und Agra

denz des ersten Premiers von Indien, Jawaharlal Nehru. Ein Rundgang durch das heutige **Nehru Memorial Museum** (Di–So 10–17 Uhr) führt zu original eingerichteten Salons, dem Arbeits- und dem Sterbezimmer Nehrus sowie durch eine Ausstellung, die als Chronik seines Lebens auch viel über die Geschichte der Teilung und Unabhängigkeit Indiens aussagt. Auf dem Gelände befindet sich auch ein Planetarium, hatte Nehru doch besonders den wissenschaftlich-technischen Fortschritt gefördert.

In der Safdarjang Road, die sich an die Teen Murti Marg anschließt, trifft man auf den Bungalow der Nehru-Tochter Indira Gandhi. Das **Indira Gandhi Memorial Museum** (Di–So 9.30–17 Uhr) ist die ehemalige Residenz der indischen Premierministerin. An der Stelle, an der die Tochter Jawaharlal Nehrus am 31. Oktober 1984 im Garten ihrer Residenz starb, befindet sich heute eine Gedenktafel, an der zwei Soldaten Wache halten. Die umstrittene Regierungschefin wurde von zwei Sikh-Leibwächtern ermordet, weil sie den Angriff auf das Areal des Goldenen Tempels in Amritsar befohlen hatte.

Über die Akbar Road ostwärts gelangt man an einen Kreisel und rechts zur Tees January Marg (Straße des 30. Januar). Im **Gandhi-Smriti-Museum**, dem früher als Birla-Haus oder Birla Bhavan bekannten Gebäude der Industriellenfamilie Birla, befindet sich eine Dokumentation zu Gandhis Leben und zur Geschichte der indischen Unabhängigkeitsbewegung (Di–So 10–17 Uhr). Hier verbrachte Mahatma Gandhi die letzten Tage seines Lebens, bevor er am 30. Januar 1948 ermordet wurde. Gandhis letzte Schritte vom Haus bis zum Tatort sind mit Zement ausgegossen. In der Gedenkstätte kann man auch das berühmte Spinnrad und das blutdurch-

tränkte Gewand sehen, das Gandhi am Tag seiner Ermordung trug.

Nordöstlich kommt man wieder zum Nationalmuseum und zum India Gate, südöstlich zu den Lodi-Gärten. Südwestlich liegt das Diplomatenviertel Chanakyapuri mit den Botschaften, die häufig im Stil des jeweiligen Landes gestaltet sind. Hier befindet sich auch das **National Rail Museum** mit einer Sammlung von Waggons des Maharadschas und einigen alten Lokomotiven (April–Sept. Di–So 9.30–19.30, Okt.–März 9.30–17.30 Uhr).

■ Ashoka-Säule

Nun kehrt man wieder zurück zum India Gate und wendet sich nordöstlich. Dort befinden sich die steinernen Überreste des fünften Delhi, Firozabad (Feroz Shah Kotla), das um 1354 erbaut wurde, und das von Hauz Khas bis zum Yamuna-Fluss reichte. Doch viel ist hinter der Einfassungsmauer nicht erhalten, denn Shah Jahan ließ von hier die Bausteine für das Rote Fort und die Große Moschee heranschaffen.

Immerhin sind die Strukturen der Anlage noch erkennbar, vor allem blieb die 14 Meter hohe Ashoka-Säule aus dem 3. Jahrhundert vor Christus erhalten. Sie wurde von Firoz Shah Tughlaq (1309–1388, regierte 1351–1388) aus der Region um Meerut 1354 nach Delhi gebracht und steht nun zwischen den Überresten von Firoz Shahs Hauptstadt. Die Inschriften dieser Säulen, auf denen der Herrscher Ashoka (regierte 268–233 vor Christus) in Edikten seine Politik verkündete, waren damals noch nicht entziffert. Die Entschlüsselung gelang erst dem Engländer James Prinsep (1789–1840) im Jahr 1837. Ein Jahrzehnt nach Firoz Shahs Tod fiel Timur (Tamerlan) mit seinem Heer brandschatzend und plündernd in Delhi ein. Die Macht der

Tughluq verfiel, ihnen folgten die ebenfalls schwachen Sayyiden. Erst die Lodi, eine afghanische Dynastie, die bisher im Punjab regiert hatte, errichteten zwischen 1451 und 1526 ein großes Reich, das aber vom ersten Großmogul Babur (1483–1530, regierte 1526–1530), dem Nachkommen von Tamerlan und Dschingis Khan, nach der Ersten Schlacht von Panipat 1526 erobert wurde.

Wieder zurück am India Gate, wendet man sich jetzt südöstlich. Zunächst kommt man zur **National Gallery of Modern Art**, die im Jaipur House untergebracht ist. Hier werden Gemälde vor allem aus dem 19. und Anfang des 20. Jahrhundert gezeigt – also anders als im Namen angekündigt gerade nicht ›Modern Art‹. Die Galerie bewahrt aber eine ausgezeichnete Sammlung mit Werken zeitgenössischer indischer Künstler (Di–So 10–17 Uhr).

■ Altes Fort

Es ist jetzt nicht weit bis zur Mathura Road, wo sich auf einem Hügel die Reste vom Alten Fort (Purana Qila) befinden, das der afghanische Herrscher Sher Khan (bekannt auch unter Sher Shah,

Die Qila-i-Kuna-Moschee im Alten Fort

1486–1545) erbauen ließ. Jüngsten Ausgrabungen zufolge soll hier das im Epos Mahabharata erwähnte alte Indraprashtra gelegen haben.

Der Großmogul Babur hielt sich noch vorwiegend in Heerlagern auf, wählte dann aber Agra als seine Residenz, das allerdings wegen seiner Trockenheit und Hitze mit seiner Heimat Fergana in der Nähe Samarkands nicht vergleichbar war. Sein Sohn Humayun (1508–1556, regierte 1526–1530) ließ schließlich über den damaligen Ufern der Yamuna in Delhi ein Fort, Dinpanah, errichten, das wir heute als Purana Qila kennen. Die sechste Metropole auf dem Boden Groß-Delhis steht vermutlich auf dem Areal, auf dem sich das mythische Ur-Delhi, die im Epos Mahabharata erwähnte Stadt Indraprashtra, befunden haben könnte. Zwar ist von den Bauwerken kaum noch etwas erhalten geblieben, doch kann die Festung mit dem zwei Kilometer langen Mauerring und dem von der Yamuna gespeisten Graben als Vorbild für das etwa 100 Jahre später entstandene und sieben Kilometer nördlich liegende Rote Fort gesehen werden. Heute betritt man Purana Qila durch das zweistöckige **Westtor** und gelangt in eine parkähnliche Anlage. Zwei wichtige Gebäude sind erhalten geblieben, die **Qila-i-Kuna-Moschee** und der achteckige, zweistöckige Turm **Sher Mandal** aus rotem Sandstein, den der Mogulkaiser Humayun vermutlich als Bibliothek genutzt hatte. Der wurde ihm zum Verhängnis, als er 1556 beim Ruf des Muezzins auf den Treppen ausrutschte und zu Tode stürzte. Die **Qila-i-Kuna-Moschee** (auch Qila-i-Kuhran-Moschee) wurde 1541 von Sher Khan errichtet. Sie besteht aus weißem und schwarzem Marmor sowie rotem Sandstein. Die geometrischen Muster und die arabischen Gravuren zeigen einen hohen künstlerischen Standard.

Delhi und Agra

Außerhalb des Forts, am **Pragati Maidan** (Gate 1), liegt das interessante **Kunsthandwerksmuseum** (Arts and Crafts Museum). Hier kann man die vielfältigen Handwerkstraditionen Indiens besichtigen, ländliche Haustypen kennenlernen und in einem Atelier auf dem Gelände Werke direkt von aktuellen Künstlern erstehen (Di–So Mo 10–17 Uhr).

■ **Humayuns Mausoleum**

Nur knapp zwei Kilometer südlich vom Purana Qila befindet sich das Humayun-Mausoleum (Humayun's Tomb, UNESCO-Weltkulturerbe seit 1993). Wieder war roter Sandstein das wichtigste Baumaterial, doch wurde er hier mit weißem Marmor kontrastreich abgesetzt. Gleich hinter dem Eingang gelangt man in eine rechteckige Grünanlage mit Königspalmen, dem **Garten der Bu Halima** (auch Hamida Banu Begum), deren Grab sich angeblich in der nördlichen Ummauerung befinden soll. Folgt man dem Hauptweg ostwärts in Richtung Westtor, passiert man zunächst das zwölf Meter hohe **Nordtor des Arabischen Serails**, wo die Handwerker und Baumeister des Mausoleums wohnten. Dahinter

befinden sich das **Grab des Afsarwala,** eines unbekannten Offiziers der frühen Mogulzeit, und die **Afsarwala-Moschee.** Der Hauptweg führt nun weiter zum zehn Meter hohen **Westtor**, durch das man bereits einen schönen Blick auf das Grabmal des Humayun werfen kann. Durch eine große viergeteilte **Gartenanlage** (*charbagh*) mit Wasserwegen gelangt man zum **Mausoleum von Humayun**, vorwiegend aus rotem Sandstein, auf einer erhöhten Plattform gelegen. Erbaut von seiner Witwe Bega Begum (auch unter Haji Begum bekannt) zwischen 1564 und 1573, zeigt es ein großes Tor. Das Bauwerk erhebt sich über einer quadratischen Plattform und bekommt seine besonderen Akzente durch vier hervorspringende, abgeschrägte Eckbauten. Sie umschließen die zentrale Grabkammer, zu der man von Norden her Zutritt hat. Unterhalb des Gebäudes sind die Gebeine von Humayun und seiner Frau in einer **Gruft** (Krypta) untergebracht. Der letzte Mogulkaiser Bahadur Shah II. (1838–1858) suchte hier Zuflucht, wurde jedoch von den Briten 1857 gefangengenommen und ins Gefängnis geworfen. Abgeschlossen wird das Grab

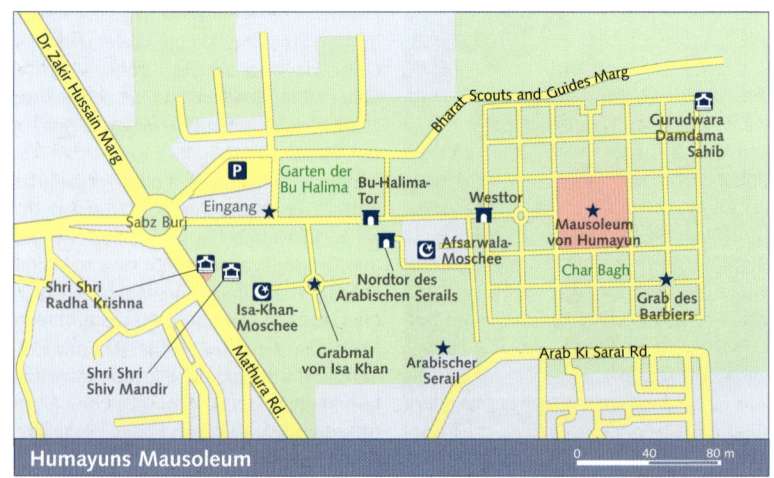

Humayuns Mausoleum

Delhi und Agra

Das Mausoleum von Humayun

durch eine doppelschalige Kuppel, einer Scheinkuppel über einer inneren Schale. Die Doppel- oder Scheinkuppel wurde später im Taj Mahal ebenso übernommen wie der Grundriss und der Garten. Bemerkenswert sind die Intarsien-Verzierungen aus weißem und schwarzem Marmor und die kleinen Pavillons (*chattris*) auf dem Dach um die Doppelkuppel. Im Südosten des Gartens befindet sich das kleine **Grab des Barbiers**.

Wenn man von Humayuns Mausoleum wieder zurück zum Eingang geht, sieht man bald links das große **Grabmal von Isa Khan** aus dem Jahr 1547. Seine Außenverkleidung, Marmor, roter Sandstein und andere farbige Steine wurden zwar zum Bau von Safdarjangs Grab abgerissen, im Inneren ist es jedoch reich an bemaltem Stuck, besonders sorgfältig wurde die Decke ausgestattet. Isa Khan war ein afghanischer Edelmann der Sur-Dynastie, die gegen die Mogulherrschaft gekämpft hatten.

Am Rand des Gartens, gegenüber dem Grabmal, befindet sich die **Isa-Khan-Moschee**.

■ **Lodi-Gärten**

Geht man vom Humayun-Mausoleum westwärts die Lodi Road entlang, kommt man zum **Tibet House Museum**, das eine interessante Sammlung tibetischer Kunst ausstellt (Mo–Fr 9.30–13 Uhr, 14–17.30 Uhr).

Noch ein Stück weiter, etwa vier Kilometer westlich von Humayuns Grab, kann man sich in den ausgedehnten Lodi-Gärten von der Stadt erholen (Okt.–März tägl. 6–20 Uhr, April–Sept. 5–20 Uhr). Die Herrscher der Sayyiden und der Lodi-Dynastie, die zwischen 1451 und 1526 die Geschicke Delhis und weiter Teile Nordindiens bestimmte, hinterließen zwar keine Zeugnisse weltlichen Bauens, wohl aber eine Architektur der Gräber. Einige der besten Beispiele findet man in den Lodi-Gärten. Die beiden Konzepte des Gräberbaus dieser Periode zeigen sich einmal im oktogonalen Grundriss, der einstöckig mit umlaufenden Arkaden konzipiert ist, und zweitens in dem quadratischen Plan ohne Arkaden, der dafür aber zwei oder gar drei Stockwerke hoch ist.

Die Bara-Gumbad-Moschee

Gleich am Eingang von der Lodi Road gelangt man zum **Grab von Muhammad Shah Sayyid** (1434–1444) mit kleinen Kuppelpavillons. Kalligraphische Inschriften wie hier und Reste von türkisfarbenen Kacheln sind auch an der **Bara-Gumbad-Moschee** von 1494 zu sehen, die in der Mitte des Parks steht, sowie am gegenüberliegenden **Sheesh Gumbad** mit quadratischem Grundriss.

In einem ganz anderen Stil wurde das in der Nordostecke des Parks neben einer schönen siebenbogigen Brücke aus der zweiten Hälfte des 16. Jahrhunderts liegende **Mausoleum des Sikander Lodi** (regierte 1489–1517) erbaut. Mit seinen Türmchen (*chattris*) wirkt der nach allen Seiten offene Bau eher wie ein verspielter Pavillon in einem Lustgarten. Das Mausoleum ist von einer Mauer eingefasst, mit einer Moschee an der West- und einem Eingangstor an der Südseite.

■ **Safdarjang-Mausoleum**
Nur wenige hundert Meter entfernt liegt südwestlich der Lodi-Gärten inmitten eines Gartens auf einer erhöhten Plattform das **Grabmal von Safdarjang** (1708–1754), des prominenten Gouverneurs und Wesirs von Mogulkaiser Muhammad

Shah. Es wurde 1753 von Nawab Shuja-ud-Daula (1732–1775) für seinen Vater gebaut und ist ein gutes Beispiel für die Spätphase der Mogularchitektur, wird von Touristen aber selten aufgesucht (geöffnet von Sonnenauf- bis Sonnenuntergang).

Unmittelbar südlich befindet sich das Schlachtfeld, wo Timur (Tamerlan) und seine Mongolenhorde am 12. Dezember 1398 den Sultan Mahmud Shah Tughluq besiegte. Würde man jetzt der Safdarjang Road folgen, käme man wieder zum Indira Gandhi Memorial.

Nizamuddin

Auf der gegenüberliegenden Seite des Humayun-Mausoleums führt südwärts eine Straße in einen Ortsteil, der seinen islamischen Charakter bewahrt hat. Marktstände halten Berge von duftenden Rosenblättern für die Gräber im Dargah-Bezirk bereit, die Metzgereien weisen darauf hin, dass sie Rindfleisch verkaufen. Zu Urs, dem Todestag des Sufi-Heiligen Muin-ud-din Chishti (1141–1230, auch Gharib Nawaz, → auch S. 192), ziehen Pilger durch die engen Gassen.

Das Viertel ist eine Enklave orthodoxer Muslime, der Ort entstand um den Schrein des Chishti-Heiligen Sheik Nizam-ud-din (1236–1325). Zwar existiert das Originalgrab nicht mehr, das gegenwärtige **Kuppelgrab** wurde 1562 erbaut, aber der Bezirk (*dargah*) um sein Grab gilt als heilig. Und so wählten bedeutende muslimische Persönlichkeiten hier ihren Begräbnisplatz, darunter Shah Jahans Tochter Jahanara (1614–1681) in einem von Marmorgittern umschlossenen Grab. Sie war die Lieblingstochter von Shah Jahan und teilte dessen letzte Jahre während seiner Gefangenschaft im Agra Fort. Eine Inschrift besagt, dass es auf Jahanaras Wunsch hin nicht überdacht ist und nur Gras darauf wachsen soll.

Karte S. 110

Am Nordrand von Nizamuddin wurde der heute noch gefeierte Urdu-Dichter Ghalib (1797–1869) begraben. Das älteste erhaltene Gebäude ist die 1325 westlich vom Grab des Heiligen errichtete rote Sandsteinmoschee **Jamaat Khana**, ein Bau aus der Zeit von Ala ud-Din Khalji, der ein Verehrer des sufistischen Chishti-Ordens war.

Ein großer **Stufenbrunnen** am Nordtor stammt ebenfalls aus dieser Zeit. Ghiyas-ud-din Tughluq Shah I. (regierte 1320–1325) verbot jede Tätigkeit am Brunnen des Heiligen, damit die Arbeiter sich ganz auf seine Residenz Tughluqabad konzentrieren konnten. Daraufhin arbeiteten sie nachts für Nizamuddin, was den Herrscher veranlasste, den Verkauf von Öl zu untersagen. Zwietracht zwischen dem Shah und Sheik Nizam-ud-din waren die Folge und endete damit, dass der Herrscher auf offener Straße ermordet wurde und der Heilige im gleichen Jahr starb.

An der Westseite des Brunnens leuchten die glasierten Kacheln der **Chini-ka-Burj-Moschee** aus der Lodi-Zeit, eine weitere Moschee steht am Ostrand von Nizamuddin.

Qutb-Minar-Komplex

Ungefähr sieben Kilometer südlich der Lodi-Gärten entlang der Aurobindo Road gelangt man zur ersten Siedlung, aus der sich Delhi entwickelte. Hier befand sich die Rajputen-Zitadelle, die 1060 der Tomar-König Anangpal II. (regierte ab 1051), nach anderen Historikern der König Anangpal I. (regierte 731–736) bereits 731 errichtet hatte. Sie wurde vom Chauhan-König Prithviraj III. (regierte 1169–1192) vergrößert, befestigt und mit 13 Toren versehen. Hier steht der **Sandsteinturm** von Qutb Minar, dessen Errichtung 1202 begann. Unter Firoz Shah (1309–1388, regierte 1351 bis 1388) wurde er 1369 restauriert. Direkt

Delhi und Agra

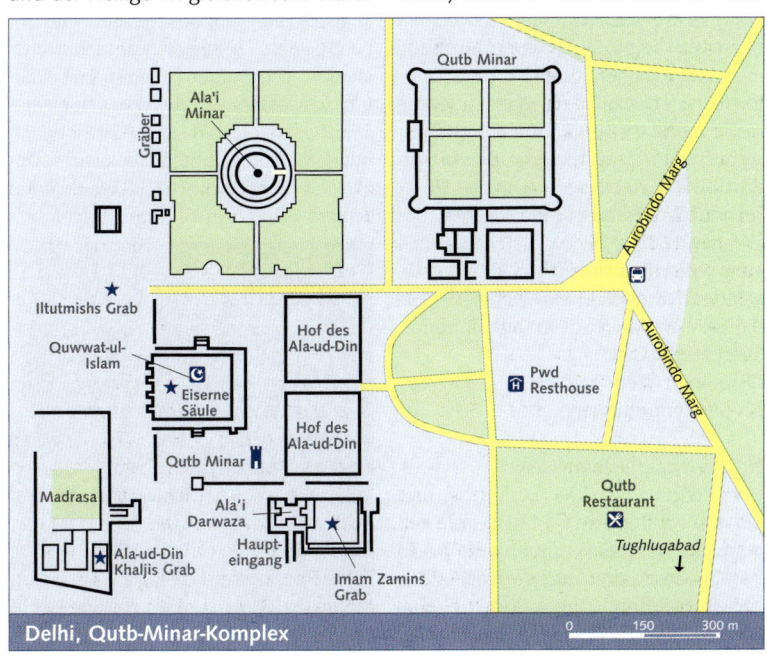

Delhi, Qutb-Minar-Komplex

Qutb Minar
Gräber
Ala'i Minar
Iltutmishs Grab
Quwwat-ul-Islam
Hof des Ala-ud-Din
Eiserne Säule
Hof des Ala-ud-Din
Qutb Minar
Madrasa
Ala'i Darwaza
Ala-ud-Din Khaljis Grab
Haupteingang
Imam Zamins Grab
Aurobindo Marg
Pwd Resthouse
Qutb Restaurant
Tughluqabad ↓
0   150   300 m

Säulengang der Quwwat-ul-Islam Masjid

nebenan befindet sich die etwa ab 1192 begonnene ›Moschee der Macht des Islam‹, **Quwwat-ul-Islam.**
Ab 1198 wurden der gesamte Bezirk und die Moschee vergrößert. Zu dieser Zeit entstand auch **Alaʻi Minar**, ein neues Minarett im Norden des Qutb-Minar-Komplexes, welches das alte bei weitem überragen sollte. Doch dann starb Altamish, der Erbauer, als der Turm 25 Meter Höhe erreicht hatte; danach wurde nicht mehr weitergebaut. Bereits der gigantische Ansatz war dazu verurteilt, unvollendet zu bleiben, denn die ›Hochrechnung‹ des Basisdurchmessers des erhaltenen Stumpfes von 30 Metern ergäbe eine Höhe von knapp 200 Metern. Der Qutb-Minar-Komplex wurde 1993 in die Liste des UNESCO-Weltkulturerbes aufgenommen.
Öffnungszeiten: tägl. von Sonnenauf- bis Sonnenuntergang.

■ Quwwat-ul-Islam Masjid
Unmittelbar nach der Eroberung und Zerstörung des Forts 1193 wurde mit dem Bau der Quwwat-ul-Islam Masjid (›Macht-des-Islam-Moschee‹), der ersten Moschee auf indischem Boden begonnen. 27 Hindu- und Jain-Tempel wurden

abgerissen, um Baumaterial dafür zu gewinnen. Die perfekten Proportionen der von schönen Säulengängen umgebenen Moschee sind noch heute zu erkennen, obwohl sie zum großen Teil nur noch Ruine ist. Im gut erhaltenen **Säulengang** des Hofs lassen sich an den Säulen noch zahlreiche hinduistische Glückszeichen (*mangalas*) erkennen.
Der neue Herrscher Iltutmish (regierte 1211–1236) war mit dem Ergebnis des Erbauers Qutb-ud-Din Aibak (auch Qutb-al-Din-Aibak, regierte 1193–1210) jedoch nicht zufrieden, weshalb er 1198 einen steinernen ›Vorhang‹ vor der Predigthalle bauen ließ, damit sie mehr wie ein afghanische Moschee aussah.

■ Qutb Minar
Gleichzeitig mit der Moschee entstand der 73 Meter hohe Turm Qutb Minar aus rotem Sandstein mit Versen aus dem Koran. Er ist Siegesturm und Minarett zugleich, von ihm aus rief der Muezzin zum Gebet. Zu Beginn war er nur dreistöckig, die beiden oberen, mit Marmor verkleideten Stockwerke kamen erst 1369 dazu. Qutb-ud-Din Aibak begann mit dem Bau des ersten Stockwerks. Das zweite und dritte Stockwerk wurde unter seinem Schwiegersohn und Nachfolger

Details am Qutb Minar

Karte S. 113 ▲

Iltutmish (regierte 1211–1236) errichtet. Das vierte und fünfte ließ Firos Shah Tughluq im Jahre 1369 aufstocken, nachdem ein Blitz (nach anderen Quellen ein Erdbeben) die Spitze beschädigt hatte, wobei Teile der Sandsteinfassade durch Marmorplatten ersetzt wurden. Besucher bestaunen besonders die markanten **Schriftbänder**, die ornamentierten kleinen **Rundbalkons** und die tief eingeritzten Kannelierungen. Sehenswert ist die Kufischrift mit fein gemeißelten Koransuren. Touristen ist es nicht mehr erlaubt, die 399 Stufen auf den Turm hinaufzusteigen.

Die Eiserne Säule

Einen kleinen Eindruck von der Pracht einer geplanten neuen Anlage vermittelt das quadratische **Ala'i Darwaza** im Süden des Qutb-Minar-Komplexes, unmittelbar neben dem Qutb Minar. Es war als südlicher Zugang zum vergrößerten Moscheekomplex gedacht und ist heute der Haupteingang zur Anlage. Nach einer Inschrift wird es ins Jahr 1310 datiert. Seldschukische Künstler, die vor den Mongolen nach Indien geflohen waren, verwirklichten hier erstmals selbsttragende Bögen und Kuppeln und führten die Auflockerung der roten Sandsteinfassaden mit farblich abgesetzten Feldern ein.

■ Eiserne Säule

Hauptanziehungspunkt für Besucher ist die berühmte sieben Meter hohe Eiserne Säule aus der Gupta-Periode. Sie wurde einer Gupta-Inschrift zufolge zum Gedenken an König Chandragupta II. (regierte 375–413) an einem bis heute unbekannten Ort errichtet und erst später hier aufgestellt. Diese Säule, die 37 Zentimeter im Durchmesser beträgt, zeugt von der großen Meisterschaft des metallverarbeitenden Handwerks im alten Indien. Jahrhundertelang wurde um die Legierung der Säule gerätselt. Nach modernen Analysen sollen sieben Metalle darin verschmolzen sein, sodass sie völlig unversehrt, ohne Rost oder andere Schäden, mehr als 16 Jahrhunderte überstanden hat. Völlig ungeklärt ist aber, wie die Säule an diesen Platz kam. Früher gab es hier einen Ritus: Wem es gelang, mit dem Rücken zur Säule seine Arme um das Denkmal zu schließen, dem sollte Glück beschieden sein. Heute ist die Säule umzäunt.

■ Iltutmishs und Ala-ud-Din Khaljis Grab

Am nordwestlichen Rand unmittelbar hinter der westlichen Fassade der Quwwat-ul-Islam Masjid steht das **Grab von Iltutmish**, im Jahr 1235 von ihm selbst in Auftrag gegeben. Es ist eines der schönsten Beispiele früher islamischer Grabkultur in Indien geworden, die Kuppel gibt es aber heute nicht mehr. Außen ist es schmucklos, innen aber überreich mit Koran-Inschriften und geometrischen Mustern verziert. Im Zentrum steht das Kenotaph des Herrschers. In die nach Mekka ausgerichtete Westwand sind drei Gebetsnischen (*mihrab*) eingelassen. Südlich davon, im Südwesten der Quwwat-ul-Islam-Moschee, befindet sich an der Südseite eines viereckigen Hofes

Delhi und Agra

Ala-du-Din Khaljis Grab (regierte 1296–1316), an der anderen Seite schließt sich eine Madrasa an, eine religiöse Schule. Erstmals in Indien wurde hier also ein Grab mit einem College zusammen aufgefunden.

Östlich vom Ala'i Darwaza befindet sich das **Grabmal von Imam Zamin**, einem Sufi-Heiligen aus Turkestan (eigentlicher Name: Imam Muhammad Ali), der gemäß einer Inschrift von 1537 bis 1538 hier sein Grabmal baute; er starb ein Jahr nach der Fertigstellung.

Tughluqabad

Vom Qutb Minar führt die Straße acht Kilometer weiter nach Tughluqabad, der dritten Stadtgründung von Delhi. Das einst weitläufige Fort hinter zyklopenartigen Bruchsteinmauern mit 13 Toren ließ Ghiyas-ud-din Tughluq (regierte 1325–1351) während seiner kurzen Regierungszeit erbauen. Noch Ibn Battuta (1304–1369), der arabische Reisende, war des Lobes voll: »Delhi ist eine gewaltige, Weltruf genießende Stadt, die Schönheit und Befestigungsanlagen in sich vereint. Sie wird von Mauern umgeben, wie man sie in keinem Land der Erde kennt. Delhi ist die größte Stadt Indiens, die größte sogar von allen Städten des Islam im Osten«. Der alten Straßenführung kann man heute noch folgen, doch von den Moscheen, den Palästen und den Basaren, die Ibn Battuta beschrieb, künden nur noch die Mauerreste auf dem steinigen Gelände.

Die Gebäude des riesigen, ehemals von Bastionen umschlossenen Stadtteils sind heute weitgehend verfallen. Sehenswert ist jedoch das gegenüber dem Hauptzugang auf der anderen Straßenseite in einem zumeist ausgetrockneten See liegende **Mausoleum des Stadtgründers Ghiyas-ud-din Tughluq**. Mit seinem quadratischen Kuppelbau aus rotem Sandstein erweckt es den Eindruck einer kleinen Festung. Seine Harmonie verdankt das dezentral im Hof positionierte acht mal acht Meter messende Mausoleum seinen abgeschrägten Wänden und dem Zusammenspiel von wuchtigem rotem Sandstein und weißem Marmor. Der Bau wird von einer weißen Marmorkuppel gekrönt und ist mit weißen Marmorbändern dekoriert, insbesondere über dem Eingang in besonders raffiniert verschlungenen Mustern. Die Anlage enthält drei Kenotaphe, und zwar für Ghiyas-ud-din, seine Gemahlin sowie seinen Sohn und Nachfolger Muhammad-bin-Tughluq, der den Beinamen ›der Blutige‹ trug.

Die große **Festung Adilabad**, die am Südende von Tughluqabad auf der anderen Straßenseite liegt, wird Muhammad-bin-Tughluq zugeschrieben. Mit ihren Mauern aus rotem Sandstein ist sie mehr oder weniger im gleichen Stil gebaut und auch in ähnlichem Zustand wie die Stadt seines Vaters.

Weitere drei Kilometer südlich hat sich mit **Suraj Kund** ein Wasserreservoir mit Treppenufer erhalten, das wahrscheinlich im 10. Jahrhundert von den Tomar-Rajputen angelegt wurde.

■ Baha'i-Tempel

Einer Vision gleich ersteht etwa drei Kilometer nördlich von Tughluqabad vor den Augen des Reisenden ein marmorner Lotos aus einem künstlichen Wasserbecken – der Baha'i-Tempel (Di–So 9.30–17.30 Uhr). Dieser **Lotus-Tempel**, der auch als der ›Taj Mahal des 20. Jahrhunderts‹ bezeichnet wurde, liegt inmitten eines großen gepflegten Gartens und gilt als gelungenes Beispiel für die moderne Tempelarchitektur. Das 35 Meter hohe Gotteshaus stammt aus dem Jahr 1986 und ist das religiöse Zentrum für die Anhänger der Baha'i-Religion, die vom Perser Baha'u'llah (Glanz Gottes, 1817–1892) gegründet wurde. Diese Glaubensgemeinschaft versteht sich als eine Synthese aus den neun großen Weltreligionen und tritt für die Gleichheit aller Menschen, Gerechtigkeit, Gewaltverzicht und Friedenswillen ein. Vor allem in den islamischen Ländern sind die Baha'i vielfachen Verfolgungen ausgesetzt. Die größte Anhängerschaft hat die Religion heute in Indien, wo sie mit dem Lotos-Tempel auch ihr schönstes Heiligtum errichtet hat.

Durch neun Zugänge, Symbole für die neun Weltreligionen, gelangt man in den schlichten Andachtsraum. Neun Wasserbecken, aus denen das Gebäude aufzusteigen scheint, symbolisieren die grünen Blätter, auf denen die Lotosknospe aus Marmor ruht. Dafür wurde weißer Marmor extra aus Griechenland importiert. Südöstlich vom Baha'i-Tempel, in der Nähe des Nehru-Platzes, liegt auf einer Anhöhe der **Kalkaji-Tempel** mit seinen zwölf Kuppeln, der etwa um 1764 erbaut wurde.

Unter silbernen Schirmen und einem Marmorbaldachin thront das steinerne Idol mit einem silbern bemalten Gesicht, das Kali darstellt. Die Göttin ist in kostbare Seidenstoffe eingehüllt. Der Weg hügelan ist gesäumt von **Devotionalien-Ständen**, an denen allerlei Geschenkgaben für die Tempelfigur angeboten werden. Im Oktober findet hier das jährliche Tempelfest statt.

Einer der bedeutendsten Hindutempel Delhis ist der **Gauri-Shankar-Tempel** mit einigen Schreinen. Gauri-Shankar steht für Parvati-Shiva, der Hauptschrein enthält eine marmorne Yoni am Sockel eines über 800 Jahre alten steinernen Lingam im Fußboden. Die Yoni ist mit silbernen Schlangen verziert.

Auch der 2005 eröffnete **Akshardham-Tempel** aus lachsfarbenem Sandstein in einem Park am National Highway ist sehenswert. Der Hindutempel befindet sich nahe dem Yamuna im Zentrum des Parkkomplexes mit einer ›Hall of Values‹ (Ausstellung zum Leben Bhagwan Swaminarayans, 1781–1830), einem Theater und Musikfontänen. Es gibt Möglichkeiten für Bootsfahrten, die besonders bei Hochzeitsgesellschaften beliebt sind. Bei den Commonwealth Games 2010 stand dieser Komplex im Blickpunkt der Öffentlichkeit.

Delhi und Agra

Der Baha'i-Tempel

Delhi-Informationen

Vorwahl: +91/11.

Allgemeines

■ Touristeninformationen

Delhi Tourism & Transportation Development Corporation (DTTDC), im Coffee House, 1 Annex, Emporium Complex, Baba Kharak Singh Marg, gegenüber vom Hanuman Mandir; tägl. 7–21 Uhr, Tel. +91/11/23365358, www.delhitourism.nic.in. Karte → S. 105.

Touristeninformationen, www.newdelhi.net.

India Tourism Delhi, Government of India, 88 Janpath, südlich vom Connaught Circus, Tel. +91/11/23320005; Mo–Fr 9–18 Uhr, Sa 9–13 Uhr. Sehr hilfsbereit und gut informiert. Karte → S. 105.

Rajasthan Tourism Development Corporation (RTDC), Bikaner House, Pandara Road, Tel. +91/11/23383837, +91/11/23386069, www.rajasthantourism.gov.in; 10–13.30, 14–17 Uhr, So geschlossen. Karte → S. 104.

■ Reiseagenturen

Capital City Tours & Travels, im Hotel ›Ajanta‹, Arakashan Road, Tel. +91/11/ 29562097, www.tourism-india.com. Organisiert Touren.

DelhiByCycle, Siddarth Niwas 144/3, Hari Nagar Ashram, Tel. +91/11/64645906, www.delhibycycle.com. Fahrradtouren durch Alt-Delhi mit einem niederländischen Journalisten. Mit Tee und Mughal-Frühstück; Start ab 6.30 Uhr, 1600 Rs.

Hope Project, Dargah Hazrat Inayat Khan, 127 Hazrat Nizamuddin, Tel. +91/ 11/24353006, www.hopeprojectindia.org. Rundgänge durch Nizamuddin.

Intach Delhi Chapter, Lodi Estate, Tel. +91/11/24641304, +91/11/24632262, www.intachdelhichapter.org. Rundgänge durch verschiedene Teile Delhis unter kundiger Führung, 2 Std., 50 Rs.

■ Öffnungszeiten und Preise

Rotes Fort; Di–So 9–18.30 Uhr, Eintritt 250 Rs, Video 25 Rs.

Jamia Masjid; 9–17.30 Uhr, Eintritt 200 Rs.

Jantar Mantar; 9 Uhr–Sonnenuntergang, Eintritt 100 Rs.

Altes Fort (Purana Qila), Muthara Road, Tel. +91/11/24353178; Eintritt 100 Rs, Video 25 Rs.

Qutb Minar; Eintritt 250 Rs, Video 25 Rs.

Humayun-Mausoleum; Eintritt 250 Rs, Video 25 Rs.

Safdarjang-Mausoleum; von Sonnenauf- bis Sonnenuntergang, Eintritt 100 Rs, Video 25 Rs.

Qutb-Minar-Komplex; tägl. Sonnenauf- bis Sonnenuntergang, Eintritt 250 Rs, Video 25 Rs. Eintritt 250 Rs, Video 25 Rs.

Nationalmuseum; Di–So 10–17 Uhr, Eintritt 300 Rs, Kamera 300 Rs, Videos verboten.

National Gallery of Modern Art; Di– So 10–17 Uhr, Eintritt 150 Rs, Kamera und Video nicht erlaubt.

■ Telefonnummern

Polizei Tel. 100
Ambulanz Tel. 102
Unfall Tel. 1099

Humayuns Grab

Wandbild am Flughafen

■ Banken und Wechselstuben

Thomas Cook, C-33 Connaught Place, 1. Stock, Tel. +91/11/25653439; Mo–Sa 9.30–18 Uhr.
Geldautomaten (ATM) befinden sich überall im Stadtgebiet.

■ Post

Hauptpost GPO, Baba Kharak Singh Marg, 500 m westlich vom Connaught Place, Tel. +91/11/23364111; Mo–Sa 10–13, 13.30–16 Uhr.
Connaught Place Post Office, A-Block, Connaught Place, Tel. +91/11/23364111; Mo–Sa 10–17 Uhr.
DHL, 11 Tolstoy Marg, Mercantile Building, Tel. +91/11/23737587; Mo–Sa 8–20 Uhr.

An- und Abreise
■ Anreise mit dem Auto
200 km von Agra, 400 km von Ajmer, 260 km von Jaipur, 600 km von Jodhpur.

■ Mit dem Flugzeug
Im Süden der Stadt befindet sich der neue **Indira Gandhi International Airport**. Es gibt die Terminals für nationale (Terminal 1) und internationale (Terminal 2) Flüge; Informationen zu internationalen Flügen Tel. +91/11/25602999, +91/11/25652121, für nationale Flüge Tel. +91/11/25662275, +91/11/25672323, www.newdelhiairport. in. Der Terminal 3 ist der neue Gebäudekomplex für internationale und einige Inlandsflüge.

Es verkehren **Shuttle-Busse** und **Taxis** zu festen Preisen. Man zahlt den Betrag (gilt pro Taxi, nicht pro Person) vorher am Schalter in der Ankunftshalle, muss aber dennoch darauf achten, dass der Taxifahrer auch das gewünschte Hotel anfährt.

Der **Airport Express** (Metro) verkehrt von 5 bis 23 Uhr alle 20 Minuten zur New Delhi Railway Station. Von der Ankunftshalle des internationalen Terminals fahren grüne und gelbe Busse der DTC und weiß-blaue Busse von EATS in das Stadtzentrum Delhis. In der Ankunftshalle kann man Geld wechseln. Man sollte auf keinen Fall vergessen, seinen Flug rechtzeitig (72 Std. vor Abflug) bestätigen zu lassen (reconfirmation). Die internationalen Flüge landen und starten meist mitten in der Nacht. Wer zu dieser Zeit ein Taxi braucht, sollte es rechtzeitig über sein Hotel reservieren lassen. An allen drei Terminals gibt es Parkplätze.

■ Mit der Bahn
Delhi ist Hauptknotenpunkt des indischen Bahnnetzes. Es gibt mehrere Bahnhöfe, von denen vier für den Touristen in Betracht kommen.

Die Delhi-Bahnhöfe haben Codes: DLI=Delhi (Main, Old Delhi), NDLS=New Delhi, NZM=Hazrat Nizamuddin, DEE=Delhi Sarai Rochilla.

New Delhi Railway Station (NDLS), nördlich des Connaught Circus. Shatabdi-Expresszüge (Agra 2 Std., Jaipur 4 Std.) und fast alle Rajdhani-Expresszüge (Kalkutta 17 Std.).

Delhi Main Station (Old Delhi, DLI), nördlich des Roten Forts. Züge nach Varanasi (Sadhbhawana Express, 17 Std.).

Sarai Rohilla (DEE), westlich von Old Delhi. Züge vor allem nach Bikaner (Bikaner-Express, 10 Std.), Jaipur und Udaipur (Chetak Express) sowie Ahmedabad (Ahmedabad Express, etwa 14 Std.).

Hazrat Nizamuddin (NZM). Züge nach Udaipur (Mewar Express, 13 Std.).

Im 1. Stock des Bahnhofs New Delhi befindet sich ein **Reservierungsbüro** mit Buchungsmöglichkeiten für fast alle Strecken, Mo–Fr 7.45–13 und 14–19 Uhr, So 7–13.45 Uhr. Zahlung der Fahrkarten erfolgt entweder in US-Dollar oder Rupies unter Vorlage einer Tauschquittung, man muss mit langen Wartezeiten rechnen. **Fahrpläne** unter www.indianrailways.gov.in.

■ Mit dem Bus
Hauptbusbahnhof Interstate Bus Terminal (ISTB), Kashmiri Gate. Mit dem Bus erreicht man auch die Himalayaregionen. Die **Busse der Privatgesellschaften** fahren überwiegend am Janpath ab, schnelle **Deluxe-Busse nach Jaipur** vom Bikaner House südlich des Connaught Circus. Busse verkehren unter anderem nach Ajmer (9 Std.), Jaipur (5 Std.) und Jodhpur (13 Std.).

Unterwegs in Delhi
■ Mit dem Auto
Die bequemste – und teuerste – Art der Fortbewegung ist das Anmieten eines Wagens mit Fahrer. Am besten wendet man sich direkt an die Mietwagengesellschaften, um unnötige Vermittlungsgebühren (commission) zu sparen. Preisvergleiche und Handeln lohnen sich.

Ashok Travel & Tours, Hotel ›Janpath‹, Tel. +91/11/23340070, www.attindiatourism.com. Mit den Fahrzeugen dieses Anbieters kann man auch Rundfahrten durch Rajasthan unternehmen.

Avis, D-4 Shubam Gardens, nahe Hari Bhawan, Ram Mandir Merg, Vasant Kunj, Tel. +91/11/65680664.

Budget, Hotel ›Lemon Tree‹, East Delhi Mall, Kaushambi, Ghazaibad, Tel. +91/120/4423202.

Hertz, Ansal Chambers, Bhikaji Cama Place, Tel. +91/11/26877188. Zum Selberfahren.

Metropole Tourist Service, 2424 Defence Flyover Markt, Tel. +91/11/24310313, www.metrovista.co.in. Bietet auch Rundreisen durch Rajasthan an.

Mit Scootern kann man sich gut durch die Stadt bewegen

■ Mit der Metro
Umfassendes Metro-Netz, Tel. +91/11/23417910, www.delhimetrorail.com. Linie 1 (rot), Linie 2 (gelb), Linie 3 und 4 (blau), Linie 5 (grün), Linie 6 (lila). Tages- oder Dreitages-Touristenfahrkarten 70/200 Rs. Streckennetz, Fahrpläne und Tarife unter www.delhimetrorail.com.

Unterkünfte
Wer aus dem Ausland die indische Hauptstadt als erste Station auf seiner Reise anfliegt, sollte möglichst zuvor per Telefon oder E-Mail eine Unterkunft reservieren. Zur Auswahl stehen drei Stadtgegenden. Während das Basarviertel Pahar Ganj mit der Main Bazaar Road die meisten billigen Herbergen aufweist und bei der Traveller-Szene beliebt ist, sind die Hotels am Connaught Place deutlich teurer, dafür befindet man sich im kommerziellen Zentrum der Stadt. Die meisten First-Class-Hotels befinden sich in der Nähe des Diplomatenviertels Chanakyapuri, wo auch (besonders im Süden Delhis) viele pensionsartige Unterkünfte entstanden. Man sollte sich auf der Taxifahrt vom Flughafen zur Stadt unter keinen Umständen davon abbringen lassen, das Hotel seiner Wahl anzusteuern. Die Übernachtungspreise in Delhi liegen deutlich über dem Landesdurchschnitt.

■ **Oberster Preisbereich (Luxus)**

Imperial (*****), 1 Janpath, New Delhi-110001, Tel. +91/11/23341234, www.theimperialindia.com; 232 Zimmer. Das 1933 bis 1936 erbaute und neu eingerichtete Hotel ist wegen seiner zentralen Lage, seinem Café und seinem Garten bei erschöpften Einkaufsbummlern beliebt. Es gibt mehrere sehr gute Restaurants und Bars. Karte → S. 105.

Taj Mahal (*****), 1 Mansingh Road, New Delhi-110011. Tel. +91/11/23026162, www.tajhotels.com; 294 Zimmer. Im kleineren Hotel der Taj-Kette in Delhi finden sich Geschäftsleute und Touristen ein. Mit sieben Restaurants, Pool und Wellnessbereich. Karte → S. 104

Taj Palace (*****), 2 Sardar Patel Marg, Diplomatic Enclave, Chanakyapuri, New Delhi-110021, Tel. +91/11/26110202, www.tajhotels.com; 422 Zimmer. Geschmackvolles Luxushotel, neuer und größer als das Taj Mahal, mit Garten. Karte → S. 104.

Oberoi New Delhi (*****), Dr. Zakir Hussain Marg, New Delhi-110003, Tel. +91/11/24363030, www.oberoihotels.com; 290 Zimmer. Delhis ältestes Luxushotel der Oberoi-Kette für Geschäftsleute, ein Stockwerk ist für Nichtraucher reserviert. Fünf Restaurants und zwei Bars vervollständigen das Angebot. Karte → S. 104.

The Park (*****) 15 Sansad Marg, New Delhi-110001, Tel. +91/11/23743000, www.theparkhotels.com; 224 Zimmer. Direkt im Herzen von Neu-Delhi. Besonderheit: Es gibt behindertengerechte Zimmer. Karte → S. 105.

Maurya Sheraton Hotel & Towers (*****), Diplomatic Enclave, Sardar Patel Marg, Chanakyapuri, New Delhi-110021, Tel. +91/11/26112233, www.itchotels.in; 484 Zimmer. Im Diplomatenviertel, teilweise mit Butlerservice sowie Solar-Swimmingpool. Karte → S. 104.

■ **Oberer Preisbereich**

Ashok Country Resort (****), Rajokri Road, Kapashera, New Delhi-110021, Tel. +91/11/26110101, www.ashokcountry resort.com; 82 Zimmer. Ausgezeichnetes Restaurant. Karte → S. 104.

Le Meridien (****), Windsor Place, Raisina Road, Janpath, New Delhi-110001, Tel. +91/11/23710101, www.starwoodhotels.com; 353 Zimmer. Modernes Luxushotel, etwa 2 km vom Connaught Circus. Zimmer mit allem Komfort und sechs Restaurants bzw. Bars, darunter ein französisches Restaurant (›Le Belvedere‹). Karte → S. 104.

■ **Mittlerer Preisbereich**

The Maidens (***), 7 Sham Nath Marg, New Delhi-110054, Tel. +91/11/23975464, www.maidenshotel.com; 54 Zimmer. 1900 erbautes Hotel im Kolonialstil nördlich der Altstadt, Zimmer mit wertvollen alten Möbeln. Ein gut gepflegter Garten, ein Tennisplatz und ein Swimmingpool bieten vielfältige Entspannungsmöglichkeiten. Karte → S. 96.

■ **Unterer Preisbereich**

Prince Polonia (**), 2326 Tilak Gali, Pahar Ganj, New Delhi-110055, Tel. +91/11/47626600, www.hotelprincepolonia.com. Recht ansprechendes, ruhig gelegenes Hotel mit einfach eingerichteten Zimmern, in einer Seitenstraße nahe dem Hotel ›Metropolis‹ im Touristenviertel Pahar Ganj. Karte → S. 102.

Ashok Yatri Niwas Guest House (*), 17 Ashoka Road, New Delhi-110001, Tel. +91/11/3324511. Sehr gefragte und daher oft ausgebuchte Unterkunft in einem ruhig gelegenen Privathaus. Karte → S. 104.

Ajay Guest House (*) 5084-A Main Bazaar, Pahar Ganj, New Delhi, Tel. +91/11/41541226, www.ajayguesthouse.com; 36 Zimmer. In einer Seitengasse des Main Bazaar, saubere Zimmer, teilweise mit Bad, Fernseher und Klimaanlage, einige aber ohne Fenster. Mit Billardraum und Internetcafé, im Erdgeschoss ist die ›Brown Bread Bakery‹. Karte → S. 104.

Rak International (*), 820 Main Bazaar, Chowk Bowli, 6 Tooti, Pahar Ganj, New Delhi, Tel. +91/11/723562478, www.hotelrakinternational.com. Relativ ruhige Lage,

Delhi-Informationen

große Zimmer, teilweise renovierungsbedürftig. Mit Dachrestaurant. Karte → S. 102.
Vivek (*), 1534-50 Main Bazaar, Pahar Ganj, New Delhi, Tel. +91/11/46470555, www.vivekhotel.com. Bewährte Unterkunft mit 60 Zimmern, Wi-Fi und 2 Restaurants (›Sam's Café‹ auf dem Dach). Karte → S. 102.

Gastronomie

Restaurants Prive Soirée (4. Stock) und **Yellow Brick Road** im Hotel ›Vivanta‹ (Taj Ambassador), Sujan Singh Park, nahe Janpath Road, New Delhi. Vor allem westliche Küche bei Kerzenlicht, teuer. Karte → S.104.
Bonsai Restaurant, 49 B-Block, Connaught Place, Tel. +91/11/43652240. Auf der Garten-Außenterrasse des Hotels ›The Corus‹. Karte → S. 105.
Bukhara Restaurant, im Hotel ›Maurya Sheraton‹, Diplomatic Enclave, Sardar Patel Marg, Tel. +91/11/26112233. Shish Kebab und Naan-Brot, Tandoori-Küche. Karte → S. 104.
Chor Bizarre, 4/15 Asaf Ali Rd., Tel. +91/11/23272821. Hier kann man Tandoori-Küche genießen inmitten alter Möbel, guter Service. Karte → hintere Klappe.
Dilli Hat, INA Market, im Süden Neu-Delhis. Der Food und Craft Market bietet mit seinen 25 Essständen die einzigartige Möglichkeit, die Vielfalt der indischen Küche auszuprobieren. Karte → hintere Klappe.
Karim's, Gali Kababian, südlich der Jama Masjid, Tel. +91/11/23269880. Traditionsreiches, etwas schwer zu findendes Restaurant. Bekannt für seine traditionellen Mogul-Gerichte. Karte → S. 96.
Kitchen Café, Dachrestaurant im großen Hotel ›Shelton‹, Main Bazaar, Tel. +91/11/23580575. Im Stadtteil Pahar Ganj mit schönem Ausblick und italienischen Gerichten. Karte → S. 102.
Kwality, 7 Regal Building, Sansad Marg, Tel. +91/11/23742352. Das traditionsreiche, gepflegte Restaurant am Connaught Place, während des Zweiten Weltkriegs von amerikanischen Gis frequentiert, gehört zu der bekannten weit verbreiteten Kette. Karte → S. 105.

Narula Inn, 1/90 P-Block Connaught Circus, Daulat Ram House, Erdgeschoss, Tel. +91/11/23367034; tägl. außer Di. Mit traditioneller indischer Live-Musik. Karte → S. 105.
Parikrama Restaurant, 22 Antariksha Bhavan, Kasturba Gandhi Marg, Tel. +91/11/23721616, http://parikramarestaurant.com. Das sich drehende Restaurant im 24. Stockwerk bietet neben der atemberaubenden Aussicht über die Stadt schmackhafte indische und chinesische Küche (teuer). Karte → S. 105.
Ploof, Main Market, Lodi Colony, unweit vom Safdar-Jang-Mausoleum, Tel. +91/11/24649026. Ein nicht gerade billiges Restaurant für Meeresfrüchte. → S. 104.
Q'BA, E-42/3 Connaught Place, Tel. +91/11/41512888. Gutes Restaurant mit indischen, italienischen und thailändischen Gerichten, schöner Blick von der Terrasse, So Live Jazz. Karte → S. 105.
Sam's Café, im großen Hotel ›Vivek‹, Main Baaar, Tel. 46470555, www.vivekhotel.com. Im Stadtteil Pahar Ganj auf einer Dachterrasse. Einfache indische und italienische Küche. Karte → S. 102.
United Coffee House, E-15 Connaught Place, New Delhi, Tel. +91/11/23411697.

Dachrestaurant in Pahar Ganj

Das alteingesessene Restaurant kredenzt eiskaltes Bier und gute Küche mit westlichen, chinesischen und nordindischen Gerichten. Karte → S. 105.

Vega, im Erdgeschoss des Hotels ›Alka‹, H-27 Connaught Place, Tel. +91/11/41513535. Exzellente vegetarische Gerichte. Karte → S. 105.

Wenger's, A-16 Connaught Place. Große Auswahl an Kuchen, auch Pizza zum Mitnehmen. Eine der besten Bäckereien des Landes. Karte → S. 105.

Zen, B-25 Connaught Place, Tel. +91/11/23357455. Exzellente chinesische Küche, auch Thai- und japanische Gerichte. Karte → S. 105.

■ Cafés

Coffee Day, N-11 Connaught Place, Ecke Jai Mandir und Bagath Singh Marg. Im 1. Stock werden Espresso, Latte Macchiato und Capuccino im modernen Ambiente serviert. Weitere Filialen am Connaught Place und in ganz Delhi. Karte → S. 105.

Brown Bread Bakery, Erdgeschoss des ›Ajay Guest House‹, Main Bazaar, Pahar Ganj, Tel. +91/11/23543125, www.ajayguesthouse.com. Karte → S. 102.

Indian Coffee House, Mohan Singh Place. Snacks und südindischer Kaffee. Karte → S. 105.

Kunst und Kultur

■ Museen, Tempel und Galerien

Akshardham-Tempel, National Highway 24, Tel. +91/11/22016688, www.akshardham.com; Okt.–März Di–So 9–18, April–Sept. Di–So 10–19 Uhr. 2005 eröffneter Tempel aus lachsfarbenem Sandstein. Karte → hintere Klappe.

Baha'i-Haus (Lotus-Tempel), Kalkaji Mandir, Tel. +91/11/264440209, www.bahaihouseofworship.in; Di–So 9.30–17.30 Uhr. Karte → hintere Klappe.

Kunsthandwerksmuseum (National Crafts Museum), Pragati Maidan, Bhairon Marg, Tel. +91/11/23371641, www.nationalcraftsmuseum.nic.in; Di–So Mo 10–17 Uhr. Im Museum werden die vielfältigen Handwerkstraditionen Indiens bewahrt. Zeigt rund 20 000 Exponate aus Indien: Metallwaren, ethnische Masken, Gemälde, Terrakottafiguren und reich bemalte Kleidungsstücke. Karte → S. 104.

Gandhi-Smriti-Museum, 5 Tees January Marg, Birla House, Tel. +91/11/23012843, http://gandhismriti.gov.in; Di–So 10–17, Video nicht erlaubt. Karte → S. 104.

Indira Gandhi Memorial Museum, 1 Safdarjang Road, Tel. +91/11/23010094; Di–So 9.30–17 Uhr. Karte → S. 104.

Jantar Mantar, Sandad Marg; tägl. 9 Uhr–Sonnenuntergang, Eintritt 100 Rs. Das älteste der Observatorien von Maharaja Jay Singh II. Karte → S. 104.

Lakshmi-Narayan-Tempel (Birla Mandir), Mandir Marg, westlich des Connaught Place; tägl. 6–19 Uhr. Karte → hintere Klappkarte.

National Gallery of Modern Art, Jaipur House, Tel. +91/11/23384640 (Administration Officer), +91/11/23384640 (Reception Desk), www.ngmaindia.gov.in; Di–So 10–17 Uhr, Eintritt 150 Rs. Besitzt eine ausgezeichnete Sammlung mit Werken zeitgenössischer indischer Künstler. Im Garten befindet sich eine große Skulpturensammlung. Karte → S. 104.

National Gandhi Museum, gegenüber Raj Ghat, Ring Road, Tel. +91/11/23311793, www.gandhimuseum.org; tägl. 10–17.30 Uhr. Karte → hintere Klappe.

Nationalmuseum, 11 Janpath, Tel. +91/11/23019272, www.nationalmuseumindia.gov.in; Di–So, 10–17 Uhr, Eintritt 300 Rs, Kameras 300 Rs. Das größte Museum Delhis beherbergt eine umfassende Sammlung der Frühgeschichte mit herausragenden Skulpturen, Götterbildern, Tempelstatuen und Gemälden sowie einer Ausstellung über die Buchdruckkunst. Karte → S. 104.

National Rail Museum, Chanakyapuri, Nähe Bahnhof Safdarjang, Tel. +91/11/26881816; April–Sept. Di–So 9.30–19.30, Okt.–März 9.30–17.30 Uhr. Historische Lokomotiven, Wagen und Modelle, für Eisenbahnfreaks. Karte → S. 104.

Nehru Memorial Museum & Planetarium, Teen Murti Marg, Tel. +91/11/23017599, www.nehrumemorial.org; Di–So 10–17 Uhr, Eintritt 50 Rs. Planetarium, Tel. +91/ 11/23014504. Karte → S. 104

Qutb-Minar-Komplex; tägl. Sonnenaufgang bis Sonnenuntergang, Eintritt 250 Rs, Video 25 Rs. Karte → hintere Klappe.

Safdarjang-Mausoleum; Kreuzung von Safdarjung Road und Aurobindo Marg; von Sonnenauf- bis Sonnenuntergang, Eintritt 100 Rs, Video 25 Rs. Karte → S. 104.

Sulabh International Museum of Toilets, Sulabh Complex, Mahavir Enclave, Palam Dabri Road, Tel. +91/11/25031518, www.sulabhtoiletmuseum.org; Mo–Sa 10–17 Uhr. Dargestellt werden die Geschichte der Toiletten und die Bedeutung der Hygiene und öffentlicher Gesundheit in indischen Dörfern.

Tibet House Museum, 1 Lodi Road, Tel. +91/ 11/24611515, www.tibethouse.in; Mo–Fr 9.30–13 Uhr, 14–17.30 Uhr. Eintritt 10 Rs. Manuskripte, Skulpturen und alte Thangkas, die der Dalai Lama bei seiner Flucht aus China mitbrachte. Karte → S. 104.

◼ Kunstgalerien

National Gallery of Modern Art → Museen, S. 123.

Art Heritage Gallery, 205, Triveni Kala Sangam, Tansen Marg, New Delhi-110001, Tel. +91/11/23719470, www.artheritage gallery.com; 11–19 Uhr. 1978 gegründet, zeitgenössische Kunst. Karte → S. 104.

Art Today, A-1 Hamilton House, Connaught Place, New Delhi-110001, Tel. +91/11/23320689 23352233; 11–19 Uhr. Karte → S. 105.

Gallerie Ganesha, E-557, Greater Kailash-II, New Delhi-110048, Tel. +91/11/29217306, +91/11/29226043, www.gallerieganesha.com; 11–17 Uhr. Ausstellungen vorwiegend junger Künstler.

Delhi Art Gallery, 11 Haus Khas Village, New Delhi-110016, Tel. +91/11/46005300, www.delhiartgallery.com; Mo–Sa 10.30–19 Uhr. 1993 gegründet. Karte → hintere Klappe.

◼ Gärten und Parkanlagen

Lodi-Gärten, Lodi Road; Okt.–März tägl. 6–20 Uhr, April–Sept. 5–20 Uhr. Karte → S. 104.

Zoo (National Zoological Gardens), Mathura Road, Tel. +91/11/24359825; Sa–Do 9–17 Uhr, Eintritt 50 Rs, Video 50 Rs. Karte → S. 104.

Delhi am Abend und in der Nacht

◼ Theater

Kamani Auditorium, 1 Copernicus Marg, Mandi House, Delhi-110001, Tel. +91/11/43503351, www.kamaniauditorium.org. Klassische Musik-Festivals.

National School of Drama, Bahawalpur House, 1 Bhagwadas Road, Tel. +91/11/23382821, www.nsd.gov.in. 1959 gegründete Theaterschule.

◼ Konzertsäle

TLR café & kitchen, 31 Hauz Khas Village, 2. Stock; New Delhi-110016, www.tlrcafe.com; 11–1 Uhr. Bar, Restaurant und Bühne für Konzerte und Rock'n'Roll ab 21 Uhr. Reservierung unter Tel. +91/11/46080533.

◼ Kinos

PVR Plaza Cinema, H-Block, Connaught Circus. Hier bieten europäische Kulturinstitute auch Filme in den jeweiligen Heimatsprachen an. Karte → S. 105.

PVR Rivoli, Baba Kharak Singh Marg. Bollywood-Filme, auch in englischer Sprache. Karte → S. 105.

Regal, Connaught Place, Tel. +91/11/23361583. Hindu-Filme, auch in englischer Sprache. Karte → S. 105.

◼ Bars

Annabelles Bar, The Grand InterContinental Hotel, Barakhamba Avenue, New Delhi-110001, Tel. +91/11/23411001; tägl. ab 22 Uhr. Beliebte Disco. Karte → S. 104.

Aqua Bar, The Park Hotel, 15 Sansad Marg, 11–1 Uhr. Schicke, aber teurere Bar. Karte → S. 105.

Chilischoten auf dem Gewürzmarkt

Cavalry Bar, Hotel ›The Maidens‹, 7 Sham Nath Marg. Traditionsreiche Bar mit dem Flair der Kolonialzeit. Karte → S. 96.

Elevate, Center Stage Mall, Sector 18, 6. Stock, Tel. +91/11/4364611; Do–Sa bis 3.30 Uhr. Der größte Nachtclub der Stadt verteilt sich auf 3 Stockwerke (Tanzsaal, Erholungsraum und VIP) und beschäftigt indische und internationale DJs. Karte → hintere Klappe.

Ghungroo, Hotel ›Maurya Sheraton‹, Sardar Patel Marg, Tel. +91/11/26112233. Tanz ab 22 Uhr im Ambiente der 1980er Jahre. Karte → S. 104.

My Kind of Place, Hotel ›Taj Palace‹, 2 Sardar Patel Marg, Chanakyapuri, Tel. +91/11/26110202; Mi–Sa 18.30–1.30 Uhr. Die größte Tanzfläche Delhis. Karte → S.104.

Rodeo Bar, A-12 Connaught Place; bis 24 Uhr. Saloon-Stil mit Wildwest-Einrichtung. Es gibt Bier, Tequila und Bar-Snacks. Karte → S. 105.

Q'BA, 42 E-Block, Connaught Place, 1. Stock, Tel. +91/11/45173333, ab 19 Uhr. Schöner Blick von der Terrasse, So Live Jazz. Karte → S. 105

Shalom, N-18 Greater Kailash, Tel. +91/11/41632282. Bar mit libanesischem Restaurant. Bekannte DJs sorgen für Musik. Karte → hintere Klappe.

■ Veranstaltungen

Sound und Lichter Shows (Rotes Fort) finden das ganze Jahr über statt, außer in der Monsunzeit. Große Hotels arrangieren Tickets für die Show.

India International Centre, 40 Max Mueller Marg, Tel. +91/11/24619431, www. iicdelhi.nic.in. Das Zentrum ist nicht nur bekannt für seine wissenschaftlichen Symposien und Forschungen, sondern präsentiert auch traditionelle Musik- und Tanzdarbietungen. Karte → S. 104.

Einkaufen

Indiens Metropole bietet ein überaus reichhaltiges Angebot an Artikeln aus allen Teilen des Landes. Auf ausländische Touristen abgestimmt ist das Angebot in den kleinen Shops entlang des Janpath, es gibt zahlreiche Andenkengeschäfte, oft mit Souvenirs in mäßiger Qualität. Handeln ist hier unerlässlich.

Central Cottage Industries Emporium, Janpath, Ecke Tolstoy Marg, Tel. +91/11/23326790; 10–18 Uhr. Bietet auf mehreren tausend Quadratmetern Verkaufsfläche einen Querschnitt indischen Kunsthandwerks zu festen Preisen. Karte → S. 105.

Chandni Chowk, Old Delhi; Mo–Sa. Bei Touristen beliebte Basare. Karte → S. 96.

Dariba Kalan Road, Straße für Gold- und Silberwaren. Die Geschäfte auf dem Janpath bieten eine große Auswahl an Artikeln zu verhandelbaren Preisen. Karte → S. 96.

Dilli Haat, Aurobindo Marg, Safdarjang, Tel. +91/11/24678817, www.dillihaat.org; tägl. 10.30–22 Uhr, Eintritt 15 Rs. Hier kann man nicht nur gut essen, sondern auch hervorragend einkaufen. Karte → hintere Klappe.

Hauz Kas Village, Subramaniam Bharti Marg, im Süden Neu-Delhis in der Nähe des Mausoleums Firoz Shah Tughluq; Mo–

Sa 11–19 Uhr. Das von der Upperclass bevorzugte Einkaufszentrum mit Boutiquen, Kunstgalerien und Möbelgeschäften bietet eine gute, wenn auch nicht gerade billige Auswahl. Die Antiquitäten-Shops und Galerien mit Kunst und Juwelen sind auch etwas für weniger gut betuchte Touristen. Karte → hintere Klappe.

Khari Baoli, westlich der Chandni Chowk und der Fatehpur-Moschee in Alt-Delhi. Der Gewürzmarkt der Stadt. Karte → S. 96.

State Emporiums, an der Baba Kharak Singh Marg, der zweiten vom Connaught Circus nach Südwesten verlaufenden Straße; Mo–Sa 11–19 Uhr. Eine Reihe von Warenhäusern, in denen viele Bundesstaaten ihre Informationsbüros und Kunsthandwerksläden präsentieren. Karte → S. 105.

■ **Karten, Bücher**

Amrit, N-21 Connaught Place. Karte → S. 105.

Bahri & Sons, Khan Market.

Bookworm, B-29 Connaught Place. Karte → S.105.

Daryagan Book Market, nördlich vom Delhi Gate (am So Nachmittag). Karte → hintere Klappe.

Galgotia & Sons, B-17 Connaught Place. Karte → S. 105.

New Book Depot, B-18 Connaught Place. Karte → S. 105.

Rajiv Book House, 30 Palika Bazaar. Karte → S. 105.

Für Kinder

Zoo, Purana Qila; April–Okt. Sa–Do 9–16.30, Okt.–März Sa–Do 9.30–16 Uhr, Eintritt 50 Rs. Karte → S. 104.

Bird Hospital, im Lal Mandir, gegenüber dem Red Fort; tägl. 7–21 Uhr. Das Vogel-Hospital im angeschlossenen Jain-Tempel ist besonders bei Kindern sehr beliebt. Karte → hintere Klappe.

Fun 'n' Food Village, Old Gurgaon Road, Kapashera, südlich des Flughafens, Tel. +91/11/43260000, www.funnfood.com; März/April tägl. 9.30–19, Mai/Juni 9–19, Juli–Okt. 9.30–20, Nov.–Feb. 9.30–18 Uhr,

Eintritt 450 Rs, Kinder 400 Rs. Eine Fülle von Unterhaltungs- und Betätigungsmöglichkeiten speziell für Kinder.

Shankar's International Dolls Museum, 4 Bahadur Shah Zafar Marg, im Nehru House, Tel. +91/11/23316970, www.childrens booktrust.com; Di–So 10–18 Uhr, 15 Rs. Das Puppenmuseum zeigt 6500 Puppen aus 85 Ländern. Karte → S. 104.

Sportmöglichkeiten

Delhi Golf Club, Dr. Zakir Hussein Marg, Tel. +91/11/24307100–29, www.delhi golfclub.org. (50 US-Dollar, am Wochenende 70 US-Dollar). Karte → hintere Klappe.

Delhi Lawn Tennis Association, R K Khanna Tennis Stadium, 1 Africa Avenue, Hauz Kas, Tel. +91/11/26193955. 21 Plätze. Karte → hintere Klappe.

Delhi Riding Club, Safdarjang Road, Tel. +91/11/23011891; 7.30, 8.30, 9.30 Uhr, Reitclub für Kinder 14.45, 15.45 und 16.45 Uhr. Karte → hintere Klappe.

Siri Fort Sports Complex, Siri Fort, Green Park, Tel. +91/11/26496657, +91/11/26497482, www.dda.org.in. Swimmingpool, Tennis, Squash, Badminton (April–Sept. 100 Rs) Karte → hintere Klappe.

Delhi Tourism, Adventure Tourism Division, Dilli Hat, Pitam Pura, New Delhi-110034, Tel. +91/11/27310189. Z.B. Felsklettern, Rafting oder Parasailing,

Medizinische Versorgung

East West Medical Centre, B-28 Greater Kailash Part 1, Tel. +91/11/292437901. Private Klinik. Karte → hintere Klappe.

Apollo Hospital, Mathura Road, Tel. +91/11/26925858, Metrostation ›Jasola Apollo‹. Notruf: +91/11/1066. Karte → hintere Klappe.

Diplomatic Dental Centre, 6, Poorvi Marg, Vasant Vihar, N.D.-57, Tel. +91/11/26147008. Für dringenden Zahnarztbesuch. Karte → hintere Klappe.

Apotheke Apollo Pharmacy, Connaught Place, G-Block, beim Hotel ›Radisson Blu Marina‹; 24 Std. geöffnet. Karte → S. 105.

Reisen wie ein Maharaja – Bahnreisen in Rajasthan

Expresszüge wie der ›Shatabdi Express‹ und der ›Jan Shatabdi Express‹ verbinden die größeren Städte, zwischen den anderen fahren etwas gemächlichere Lokalbahnen und Busse. Ein ganz besonderes Reiseerlebnis bieten Fahrten mit Sonderzügen wie dem ›Palace on wheels‹, mit dem man von Delhi aus eine unvergessliche achttägige Luxusrundreise durch Rajasthan machen kann. Jeden Mittwoch von September bis April starten 14 Waggons westwärts in die Wüste. Der im Stile der Salonwagen der ehemaligen Maharajas erbaute Zug führt auf seiner Reise durch das wunderschöne Rajasthan von Delhi zunächst nach Jaipur mit dem Stadtpalast und dem Palast der Winde. Dann fährt er durch die Wüste Thar nach Jaisalmer mit dem Sandsteinfort und den hübschen Havelis. Weiter geht es mit dem rollenden ›Palast auf Rädern‹ nach Jodhpur mit seinem Fort und den blau gedeckten Häusern. Danach steht der berühmte Ranthambhore-Nationalpark mit seinen Tigern auf dem Programm, bevor die mächtige Festung Chittaurgarh erreicht wird. Über Udaipur mit dem prunkvollen ›Lake Palace Hotel‹ geht es zurück nach Agra mit dem weltberühmten Taj Mahal, bevor der Zug wieder im Hauptbahnhof in New Delhi einrollt. Eine komplette Rundreise dauert acht Tage und sieben Nächte.

In dem ›Palast auf Rädern‹ hat jeder Wagen vier luxuriös eingerichtete Zwei-Personen-Schlafabteile, einen prachtvollen Salon, zwei Toiletten mit Bad und Dusche sowie eine kleine Kochnische. In den mit Klima- und Stereoanlagen ausgestatteten Waggons gibt es auch ein Funktelefon, mit dem man den Service anrufen und Bestellungen vornehmen kann. Zugleich hat der Zug einen Speisesalon mit indischer, chinesischer und internationaler Küche.

Der Zug fährt gemächlich, sodass man die wechselnden Landschaftsbilder – auch von einem speziellen Salon-Aussichtswaggon mit eigener Bar aus – voll genießen kann. Für medizinische Notfälle gibt es ein komplett eingerichtetes Erste-Hilfe-Abteil. Der Preis beträgt derzeit für eine Einzelkabine (Single Occupancy) rund 4000 US-Dollar beziehungsweise 6000 US-Dollar für ein Doppelbettabteil (Twin Sharing). Dazu kommen noch jeweils rund drei Prozent ›Government Service Tax‹ und 15 US-Dollar ›Commercial Tax‹ pro Person. Kinder unter zwölf Jahren zahlen die Hälfte. Im Reisepreis sind alle Besichtigungsfahrten einschließlich Führer und Eintrittsgebühren sowie eventuelle Bootsfahrten sowie Elefanten- und Kameltrekkings inbegriffen.

Internet: www.palaceonwheels.net.

Adinatha-Tempel in Ranakpur

ESSAY

Von Delhi nach Agra

Wahrscheinlich wäre Agra eine unbedeutende Stadt mit einer kleinen Burg am Fluss Yamuna geblieben, wenn nicht die Moguln hier ihre erste Festung und schließlich das Taj Mahal, ihr großartigstes Gebäude überhaupt, errichtet hätten. Und so strömen heute Millionen Reisende jährlich in diese Stadt, die leicht von Delhi aus zu erreichen ist.

Mathura

Mathura liegt am Yamuna und gilt als einer der sieben heiligen Orte des Hinduismus in Indien. Allerdings steht die Industriestadt mit 350 000 Einwohnern im Schatten von Agra und Delhi. Dabei befindet man sich hier auf sehr altem indischem Kulturboden, denn Mathura gilt als Geburtsort von Krishna, der achten Inkarnation Vishnus. Wie Achill in der griechischen Mythologie soll Krishna durch einen tödlichen Treffer an der Ferse, seiner einzigen verwundbaren Stelle, gestorben sein. Mathura weist zahlreiche, teilweise verfallene Tempel und Schreine aus gesprenkeltem Sandstein zu Ehren dieses Gottes auf. Dort, wo sich früher Karawanenstraßen kreuzten, errichtete die Hare-Krishna-Sekte im nahe gelegenen **Vrindavan** ihren Hauptsitz. Im 4. bis 5. Jahrhundert nach Christus galt Mathura bereits als bedeutendes Zentrum des Buddhismus. Die chinesischen Reisenden Fa Hsien (etwa um 337–422), der die Stadt besuchte, und Hiuen Tsang (600–664), der sich im Jahr 634 hier aufhielt, berichteten von 20 buddhistischen Klöstern mit fast 3000 Mönchen in Mathura. Ein Bericht aus dem 16. Jahrhundert nennt es »heilig, wohlhabend, stark gerüstet, reich an kostbaren Edelsteinen (…) Männer und Frauen leben dort ohne Sorgen, nur ihren eigenen Wünschen gemäß«. Die durch Handel reich gewordene Stadt wurde schon bald von Räubern und Plünderern heimgesucht, beispielsweise im Jahre 1017 von Mahmud von Ghazni (971–1030), der ihre Tempel zerstörte. Auch der Sultan von Delhi, Sikander Lodi, plünderte um 1500 die Stadt, und Shah Jahan raubte sie im Jahr 1636 aus. Am meisten litt der Ort unter Aurangzeb (1618–1707), der alle Hindutempel zerstören ließ, darunter 1670 den berühmten Kesava-Deo-Tempel, an dessen Stelle eine rote **Freitagsmoschee** (Jama Masjid) aus Sandstein errichtet wurde. Die gesamte Gegend um Mathura ist mythenbeladen. So soll im elf Kilometer entfernten Dorf **Mahaban** auch Nanda, Krishnas Pflegevater, gelebt haben, und Radha, eine seiner Geliebten, stammt aus **Barsana**, das sich rund 50 Kilometer entfernt befindet.

■ **Sri-Krishna-Janmabhumi-Tempel**
Der Legende nach wurde Krishna in einer dunklen Gefängniszelle geboren. Darüber wurde 1814 der **Tempel Sri Krishna Janmabhumi** (auch Shri Krishna Janmabhoomi) errichtet. Krishna kam als achtes Kind der Prinzessin Devaki und ihres Gatten Vasudeva, dem Sohn eines Yadava-Königs, auf die Welt und wuchs in Mathura auf. Mauerreste des alten Tempels sind erhalten und gelten als sein Geburtsort. Der bekannteste und heiligste Tempel der Stadt wird wegen der Terroristengefahr streng durch die indische Armee bewacht. Neben dem Tempelbezirk befindet sich für die religiöse Reinigungszeremonie der Pilger ein großes Badebecken, **Potara Kund** genannt.

■ **Ghats**
Mathura besitzt – ähnlich wie Pushkar – viele Ghats am Flussufer des Yamuna. 25 heilige Badestellen sowie noch

Karte S. 129

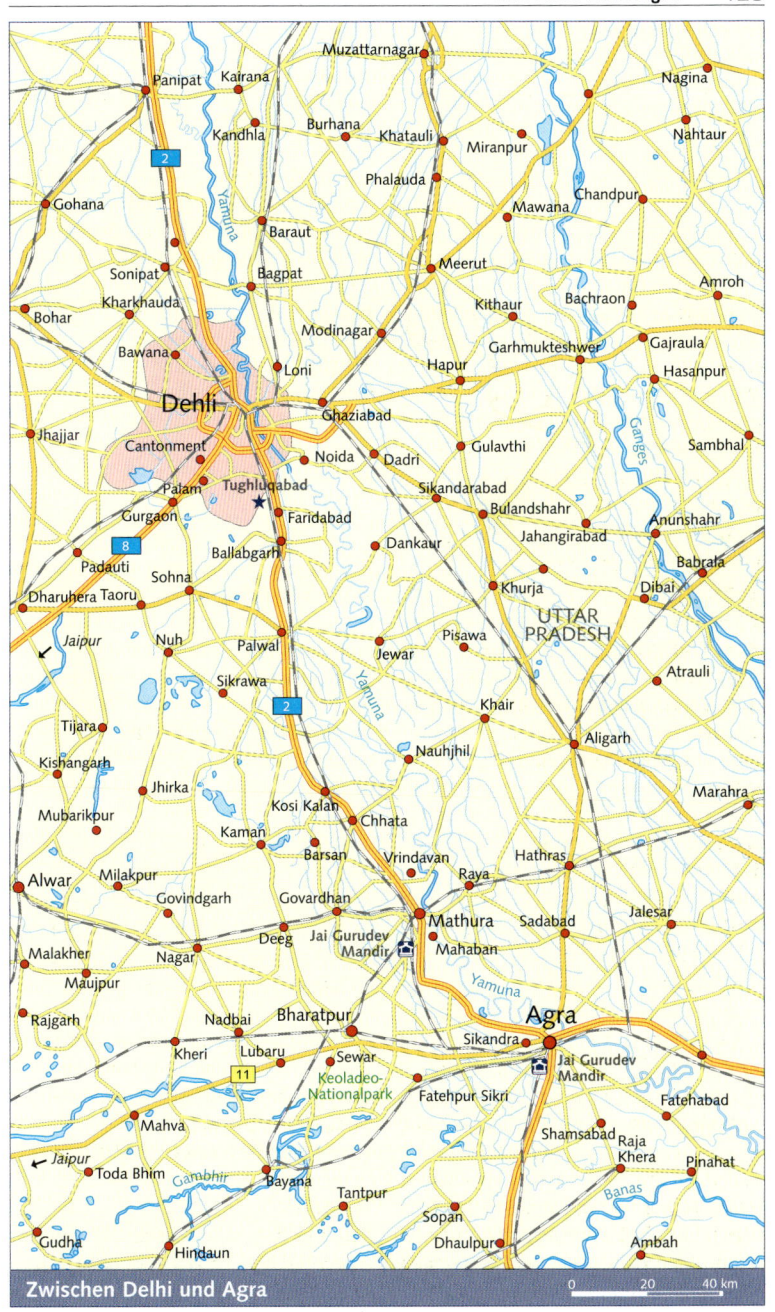

Delhi und Agra

Zwischen Delhi und Agra

0   20   40 km

rund 40 bestehende Badebecken sollen es sein, wobei besonders der **Vishram Ghat** verehrt wird, weil hier angeblich Krishna ausruhte, nachdem er den Tyrannenkönig Kansa getötet hatte. Zu dieser Geschichte muss man wissen, dass Krishna der königlichen Familie von Mathura angehörte. Nach der Vermählung seiner Eltern Devaki und Vasudeva war dem König Kansa von Mathura, der ein Cousin der Prinzessin Devaki war, prophezeit worden, der achte Sohn des Paares würde ihn töten. Da er selber auf den Thron gelangen wollte, hielt er die Eltern Krishnas im Palastkerker gefangen und tötete die ersten sechs Kinder gleich nach der Geburt. Das siebente konnte gerettet werden, Krishna kam als achtes Kind zur Welt. Als die Wärter einmal eingeschlafen waren, floh Vasudeva mit ihrem Sohn in das Dorf Gokul bei Vrindavan, wo Krishna bei den Pflegeeltern Yasoda und Nanda aufwuchs. Damit sich die Prophezeiung nicht erfüllen konnte, sandte der König Kansa einen Dämonen aus, um den Neugeborenen zu töten. Doch Krishna überlebte und wuchs unter Kuhhirten auf, bis er schließlich den Tyrannen töten konnte.

Government Museum

Das Museum in der Dampier Nagar ist eine der Schatzkammern in Indiens Norden. In den ersten Jahrhunderten nach Christus wurde der Ort zum Mittelpunkt einer Künstlerschule. Eindrucksvoll ist eine Skulptur des Kushana-Königs Kanishka (um 140–168), obwohl ihr der Kopf fehlt. Anhand einer Inschrift konnte sie als ›der große König, der König der Könige, der Göttersohn Kanishka‹ identifiziert werden. Dieser König stand dem Buddhismus aufgeschlossen gegenüber, zu seiner Zeit erschienen die ersten Buddha-Abbildungen auf Münzen. Im Museum ist deshalb auch die Statue eines stehenden Buddha zu sehen.

Der Jai-Gurudev-Tempel

Jai Gurudev Mandir

An der Straße von Agra nach Delhi, etwa drei Kilometer südlich des Zentrums von Mathura, steht der sehr gut erhaltene weiße Tempel Jai Gurudev Mandir mit einer großen Haupt- und vielen Nebenkuppeln. Die Lehre des 2012 verstorbenen Jai Gurudev basiert auf dem Verbot, Tiere zu töten, da dies zu Gewalt und Zerstörungen in der Welt führe. Deshalb werden auch nur vegetarische Spenden und Opfergaben angenommen.

Govardhan

Die kleine Stadt Govardhan liegt 20 Kilometer westlich von Mathura und etwa 14 Kilometer östlich von Deeg am Sandsteinhügel **Giriraj**, den Krishna der Legende nach eine Woche lang auf seinem Finger balancierte, um die Kuhherden vor dem heftigen Regen, einem Zornesausbruch des Gottes Indra, zu bewahren. Der langgezogene Berg ist ein bedeutender Wallfahrtsort, weil er für die Krishna-Anhänger den Leib des Gottes verkörpert. Sehenswert sind der **Harideva-Tempel** aus dem 16. Jahrhundert sowie die **Kenotaphe der Maharajas von Bharatpur**, die an den Kuppelbauten schöne Deckenfresken aufzuzeigen haben.

Karte S. 129

Agra

Fast jedem ist die Silhouette des Taj Mahal vertraut, in unzähligen Zeitschriften und Büchern wurde es verewigt, auf zahlreichen Fotos festgehalten. Diesem Symbol der Liebe verdankt Agra heute seine herausragende Stellung als wichtigstes Touristenziel ganz Indiens. »Man sollte die Menschen in zwei Klassen einteilen, solche, die den Taj Mahal gesehen, und solche, die ihn nicht gesehen haben«, schlug der englische Zeichner und Nonsens-Dichter Edward Lear (1812–1888) enthusiastisch vor, nachdem er 1874 Agra besucht hatte. Aller-

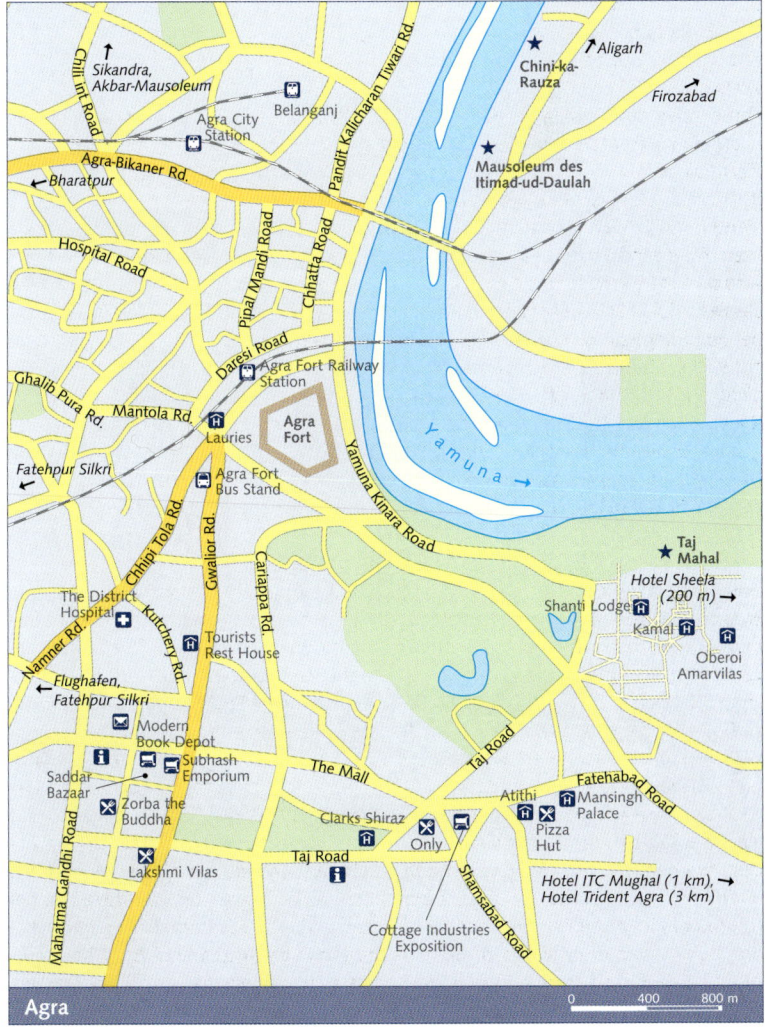

Delhi und Agra

Agra

Das wohl berühmteste Bauwerk Indiens: das Taj Mahal

dings zeigt das 1983 auf die Weltkultur-erbe-Liste der UNESCO gesetzte Bauwerk erste Ermüdungserscheinungen durch die Luftverschmutzungen und nicht zu-letzt auch wegen der Touristen, die sich mittlerweile zu tausenden über die Mar-morterrasse ergießen und im Innern des Denkmals die Luftfeuchtigkeit steigen lassen. Viele Touristen unternehmen nur einen Tagesausflug von Delhi nach Agra, dabei lohnt Agra durchaus einen längeren Aufenthalt.

Geschichte

Für Agras Geschichte liegen nur we-nige fundierte historische Erkenntnis-se vor. Zumindest scheint gesichert zu sein, dass der Lodi-Herrscher Sikander (1489–1517) seine Residenz von Delhi nach Sikandra verlegte. Doch dann zo-gen die Moguln mit ihren Reiterheeren nach Süden und bekämpften die eben-falls islamische Lodi-Dynastie. Nach ei-ner entscheidenden Schlacht bei Pani-pat 1526 nördlich von Delhi gründete der Mogul Babur (1483–1530, regierte 1526–1530) eine eigene Dynastie. »Drei Dinge ärgerten uns in Hindustan, die Hitze, die starken Stürme, der Staub«, schrieb Babur in seinen Memoiren. Es sind diese drei Dinge, die heute noch das Klima von Agra beeinträchtigen. Baburs erste Befehle galten daher der Anlage von symmetrischen Gärten mit Wasserbecken, Bädern und schattenspen-denden Bäumen, wie sie ihm aus seiner Heimat Fergana vertraut waren. Viel ist davon nicht mehr erhalten.

Agra selbst gewann erst an Bedeutung, als Akbar (1542–1605) den strategi-schen Wert der Stadt an der Yamuna erkannte. Der Mogulherrscher ließ den alten Ziegelbau der Lodis abreißen und ein neues Fort aus rotem Sandstein er-richten. Akbar residierte hier von 1566 bis zur Umsiedlung nach Fatehpur Sikri

und wiederum nach seiner Rückkehr aus Lahore (1599) bis zu seinem Tod. Doch viele der Gebäude Akbars verfielen im Laufe der Zeit oder wurden durch Shah Jahans Bauten ersetzt, der Marmor be-vorzugte. Bereits 1637 begann dieser mit dem Ausbau der neuen Metropole Shahjahanabad in Delhi, seine letzten Jahre aber verbrachte er wieder im Ro-ten Fort von Agra, als Gefangener seines Sohns Aurangzeb. Nachdem Shah Jahan 1638 die Hauptstadt nach Delhi verlegt hatte, erlosch der höfische Glanz in Ag-ra, 1761 wurde es von den Jat erobert, 1770 von den Marathen geplündert. Im Jahr 1803 nahmen es die Engländer ein, und während des indischen Sepoy-Aufstands 1857 gab es heftige Kämpfe auch in der Festung.

Taj Mahal

Nach 17-jähriger Ehe starb 1631 Mum-taz Mahal (›Erwählte des Palastes‹), die einflussreiche Lieblingsgemahlin Shah Jahans, im Kindbett bei der Geburt ih-res 14. Kindes. Daraufhin beschloss der Großmogul, ihr ein großartiges Grabmal zu errichten – das Taj Mahal entstand. Das Bauwerk erhebt sich auf einer 95 Meter langen Terrasse unmittelbar am Ufer des Yamuna und verkörpert, trotz ei-niger Kritiker wie Aldous Huxley (1894–1963), der die Eleganz von Taj Mahal als ›von recht trockener und gewöhnlicher Art‹ empfand, den Höhepunkt der Mo-gularchitektur. Viele der Architekten und Handwerker kamen aus Persien, sodass sich eine Mischung aus persischen und indischen Elementen entwickelte. An-ders als unter dem strengen Regiment der Sultane von Delhi förderten die Mo-guln die Künstler und ließen ihnen mehr Möglichkeiten und Freiräume als zuvor. Jean Baptiste Tavernier (1605–1689), ein französischer Reisender, der sich da-mals im Mogulreich aufhielt, sprach von

20 000 Arbeitern, die 22 Jahre (1630–1652) am Bau des Taj Mahal beteiligt waren. Doch der französische Juwelenhändler irrte. Tatsächlich wurde Taj Mahal zwischen 1630 und 1652 fertiggestellt, doch seine Vermutung, Shah Jahan habe gegenüber dem Taj Mahal sein eigenes Mausoleum bauen wollen, bestätigte sich nicht. Ausgrabungen konnten keine Fundamente eines Baus zutage fördern.

Zu jeder Tageszeit erscheint Taj Mahal anders. Einige empfehlen die flache Helligkeit der Morgenstunden, andere die harte tropische Sonne des Mittags, viele bevorzugen die Nuancen des Sonnenuntergangs, nur erlauben die Öffnungszeiten den Besuch zu dieser Stunde kaum noch, da die Anlage nach Sonnenuntergang geschlossen wird.

Von einigen Luxushotels in der Nähe kann man dennoch dieses Schauspiel genießen. Zaghaft erst, dann immer klarer zeichnet die untergehende Sonne orangefarbene Konturen auf das Taj Mahal, bis der Himmel kurz karminrot erglüht und die Silhouette dieses Bauwerks in Gold taucht. Dann versinkt das Symbol ewiger Liebe sanft in der tiefschwarzen Nacht, die die indische Landschaft wie Samt umhüllt. Die überwältigende Schönheit dieses Augenblicks wird man nicht mehr vergessen.

■ Innenhof

Drei große Eingangstore (Süd-, West- und Osttor) führen in den Innenhof (Chowk-i-Jilo-Khana). Sie waren ursprünglich aus reinem Silber und bestückt mit 1100 Nägeln, deren Köpfe aus Silbermünzen bestanden. Man betritt das Mausoleumsareal durch das hohe **Südtor** und gelangt über den Innenhof zum Zugangstor aus rotem Sandstein, das von 22 Kuppeln bekrönt wird, deren Anzahl für die Jahre stehen, die man für den Bau benötigte.

Musamman-Turm im Agra Fort

Hinter diesem Tor erstreckt sich eine rechteckige, durch Wassergräben symmetrisch in vier Teile gegliederte **Gartenanlage** (*charbagh*), die ihr Vorbild im Shalimar Bagh in Lahore (heute Pakistan) hat. Auf der Marmorplattform in der Mitte des Wassergrabens hat sich mit dem Taj Mahal im Hintergrund nahezu die gesamte Prominenz des 20. Jahrhunderts fotografieren lassen. Kein Wunder, denn in dem Wasserbecken reflektiert sich das großartige Mausoleum, von hier aus erzielt man auch mit der Kamera eine effektvolle Tiefenwirkung. Allerdings ist das Taj Mahal in der Realität kleiner, als die meisten mit Weitwinkelobjektiven aufgenommenen Fotos vermuten lassen. Auf beiden Seiten des Mausoleums erheben sich zwei fast identische Chattris aus rotem Sandstein, die mit weißen Einlegearbeiten verziert sind. Links befindet sich die **Grabmoschee** (Masjid) aus rotem Sandstein und rechts ein sogenanntes **Gäste- oder Versammlungshaus** (Naqqar Khana oder Mehman Khana) für die nach der Beisetzung stattfindenden Trauerfeierlichkeiten. Die vier jeweils 42 Meter hohen **Minarette** an den Sei-

Karte S. 131

tenecken werden von einem achteckigen **Pavillon** (*chattri*) gekrönt. Sie tragen nicht unwesentlich zu dem harmonischen Gesamteindruck bei. Sehr schön anzusehen sind auch die **Bogennischen** am Mausoleum, die bei wechselndem Tageslicht eine unterschiedliche Stimmung vermitteln.

■ Mausoleum

Man steigt nun einige Stufen hinauf und betritt – jetzt ohne Schuhwerk – den Sockel des Taj Mahal. Das Mausoleum selbst, ein quadratischer Bau mit abgeschrägten Ecken, ist 56 Meter lang und 58 Meter hoch. Es sieht zwar aus, als bestünde es komplett aus Marmor, den Kern bilden jedoch gebrannte Ziegel, auf denen die Marmorplatten befestigt wurden. Das Fundament besteht aus Bruchstein.

Die vier Seiten des Gebäudes sind identisch, nur die kalligraphischen **Koranschriften** um die Portale sind unterschiedlich. Auch variiert die Höhe der Schriftzüge in der Weise, dass sie von unten nach oben gleich groß erscheinen. An den Fassaden wie im Innenraum faszinieren die farbig eingelegten dekorativen Schriftzüge; insgesamt 14 Suren des Korans finden sich über dem Haupteingang, an den Wänden sowie unterhalb der Kuppel. Die prächtigen Einlegearbeiten aus Achat, Karneol und Lapislazuli zeigen überwiegend Motive von Pflanzen; besonders Tulpen, Lilien und Narzissen wurden als Arabesken-Muster dargestellt.

Überwölbt wird das Mausoleum von einer gewaltigen zentralen **Kuppel**, die mit ihrer Spitze bis auf 74 Meter ragt. Bei einem Blick in die Nischen nach oben sieht man, wie kompliziert es für die Architekten war, den Übergang vom eckigen Grundriss zur runden Kuppel zu bewältigen.

In der Mitte des Mausoleums befindet sich der **Aina Mahal** (Glaspalast), ein achteckiger Raum, in dem die Scheinsarkophage (Kenotaphe) stehen. Der Sarkophag von Mumtaz Mahal mit den eingeritzten 99 Namen Allahs steht in der Mitte, der von Shah Jahan befindet sich daneben. Die Tempellampe, die über dem Sarkophag der Mumtaz Mahal hängt, wurde von Lord George Curzon (1859–1925) in Auftrag gegeben. Als englischer Vizekönig residierte er von

Delhi und Agra

Eingangstor zum Taj Mahal

1899 bis 1905 in Indien und bemühte sich als einer der ersten um die Denkmalspflege im Land. Um eine adäquate Lampe zu finden, ließ er in Kairo eine Nachbildung jenes Kandelabers anfertigen, der in einem Sufi-Kloster in Kairo gehangen hatte, aber verschwunden war. Aus Bronze gefertigt und mit Gold und Silber eingelegt, trägt sie in persischer Kalligraphie die Inschrift: ›Dem Grab von Mumtaz Mahal gestiftet von Lord Curzon, Vizekönig von Indien, 1906.‹ Diese Lampe soll angeblich niemals verlöschen. Die eigentlichen Gräber des Herrscherpaars befinden sich in einer Krypta und können nicht besucht werden. Möglicherweise befindet sich in der Gruft noch eine weitere Krypta.

Agra Fort

Das ebenfalls am Ufer des Yamuna gelegene gewaltige Agra Fort, etwa zwei Kilometer westlich des Taj Mahal, stammt in seinen Ursprüngen noch aus vormogulischer Zeit. Der Mogulherrscher Akbar ließ zwischen 1565 und 1573 eine neue, gewaltige Verteidigungsanlage auf den Trümmern der Lodi-Burg errichten. Weitere Bauten wurden von seinem Sohn Jahangir veranlasst. Umgeben ist das Fort von einem Schutzwall, der aus einer fast drei Kilometer langen Doppelmauer aus rotem Sandstein besteht. Früher war das Rote Fort von einem damals gefluteten Graben umgeben. Somit konnte die Festung in ihrer langen 450-jährigen Geschichte niemals überwunden werden. Seit 1983 gehört das Fort zum UNESCO-Weltkulturerbe.

■ Eingangstore und Weingarten

Zwei Tore führten ins Innere – das **Delhi-Tor** im Westen (der frühere Haupteingang) und das massige **Amar-Singh-Tor** im Süden, durch das man heute die Festung betritt. Der Verteidigungscharakter ist immer noch erkennbar, insbesondere wenn man einen neun Meter breiten Wassergraben überquert hat. Die verwinkelten, engen drei weiteren Tore dienten dazu, die Kriegselefanten davon abzuhalten, Anlauf zu nehmen und die Tore aufzubrechen.

An der Südseite sieht man zunächst **Jodh Bais Palast**, benannt nach einer der Frauen von Jahangir. Im Gegensatz zu anderen Palästen der Festung ist dieser sehr einfach gestaltet. Weiter geht es zum **Palast Jahangirs** (Jahangir Mahal). Akbar ließ diesen zweistöckigen Palast

▲ *Das Rote Fort*

Die Marmorhalle Khas Mahal

vermutlich 1570 als Zenana (Frauengemächer) erbauen. Unverkennbar sind die Merkmale zweier Architekturstile – die Fassade ist nach islamischem Vorbild gegliedert, das Baudekor ist hinduistisch. Man findet beispielsweise Konsolen in Schlangenform nach der Jaina-Tradition, wie man sie auch in Fatehpur Sikri sieht. Die Bearbeitung der Säulen, Paneele und Konsolen erinnert an Holzschnitzereien. Vor der Palastfront kann man ein gewaltiges Steingefäß bestaunen, das Jahangir 1611 zum Urs-Fest für die Reisspenden aufstellen ließ. Nach anderen Berichten soll es eine Badewanne für den Herrscher gewesen sein, der es mit Rosenwasser füllen ließ und auf seinen Reisen mitführte.

Dann gelangt man in einen **Traubengarten** (Anguri Bagh). Nördlich der großen Gartenanlage, die viergeteilt angelegt war und zum Fluss hin von einer Plattform begrenzt wird, kommt man zur Marmorhalle **Khas Mahal** mit seinen vergoldeten Bengal-Dächern. Der Bau, möglicherweise der königliche Schlafraum, wurde 1636 von Shah Jahan in Auftrag gegeben. Rechts und links wird der Khas Mahal von sogenannten **Golde-**

nen Pavillons mit geschwungenen bengalischen Dächern flankiert, die mit vergoldeten Kupferplatten belegt sind. Der südliche Pavillon wurde den Forschungen der Wissenschaftler zufolge von seiner Tochter Jahanara (1614–1681) bewohnt, die nach dem Tod von Mumtaz Mahal (1593–1631) die Aufgabe der First Lady übernahm. Die kleinen, etwa 30 Zentimeter tiefen Höhlungen in der Wand waren als Aufbewahrungsort für Juwelen gedacht. Diese Öffnungen sind so eng, dass nur eine zierliche Frauenhand hinein greifen konnte.

Von den seidenbespannten, mit Teppichen und Kissen ausgelegten Wohnhallen und Pavillons über dem Fluss beobachteten der Großmogul und sein engerer Kreis die Tierwettkämpfe an den Ufern des Yamuna, die Vorführung neu gefangener Elefanten und andere Veranstaltungen. Vom Balkon des nördlichen Pavillons aus zeigte sich der Herrscher jeden Morgen dem Volk.

Kleine Bassins und nach Rosenwasser duftende Fontänen verbreiteten Kühle, die unterirdischen Räume in diesem Bereich wurden vor allem im Sommer genutzt.

Die Private Audienzhallle

■ Musamman-Turm und Private Audienzhalle

An der Außenwand, die steil zum Fluss Yamuna abfällt, befindet sich der zweistöckige, achteckige **Musamman-Turm** (oder Saman Burj), ein kleiner von Geschichten und Legenden umwobener Turm mit einer Kuppel. Von der umlaufenden Galerie blickt man auf das Taj Mahal, das aufgrund einer optischen Täuschung (der Fluss macht eine Biegung) am anderen Ufer der Yamuna zu liegen scheint. Shah Jahan ließ diesen kostbaren Pavillon mit der zierlichen Balustrade aus Steinfiligran den Intarsien aus farbigem Marmor und Halbedelsteinen für seine Gemahlin Mumtaz Mahal ausbauen. Eine lotosförmige Fontäne bescherte Kühlung, die vielen kleinen Nischen dienten als Ablage. Als Aurangzeb 1658 seinen Vater absetzte, verbrachte Shah Jahan hier die letzten acht Jahre seines Lebens mit dem Blick auf das Taj Mahal.

Ein paar Schritte nordwärts vom Turm gelangt man zur **Privaten Audienzhalle** (Diwan-i-Khas), einem 22 Meter langen und 11 Meter breiten Säulenbau aus dem Jahr 1635. Diese Halle für Privataudienzen wird von Doppelsäulen getragen. Früher einmal war die Decke mit Gold- und Silberarbeiten verkleidet, sodass sich das Licht in Strahlenbündeln reflektieren konnte. Zwei Throne standen einmal auf der Terrasse. Der Thron aus weißem Marmor wurde von Shah Jahan benutzt, der aus schwarzem Schiefer von seinem Vater Jahangir. Jahangirs Thron im hinteren Teil wurde bedeutsam, als sich Jahangir zum Eroberer von Allahabad erklärte. Bemerkenswert ist eine Inschrift, die seine Thronbesteigung verkündet – zwei Jahre, bevor er die Macht tatsächlich übernahm. Von hier überblickte er den **Machhi Bhawan** (Fischpalast), eigentlich nur ein Hof, der einst Pools, Wasserkanäle, Fontänen und einen Fischteich enthielt. Seinen früheren Glanz hat der Palastbezirk, den der dritte Mogulkaiser Akbar 1566 zur neuen Residenz erhoben hatte, längst verloren. Auch die steinernen Kanäle, die ihn einst mit frischem Wasser füllten, sind heute leer.

Unterhalb des Diwan-i-Khas und Musamman-Turms befindet sich der Sheesh Mahal (Spiegelpalast), der mit kleinen Spiegeln an Wänden und Dach dekoriert ist. Er wurde von Shah Jahan etwa zwischen 1631 und 1640 erbaut und einst als königliches Bad genutzt. Das Wasser soll hier früher durch Lampen erwärmt worden sein.

Karte S. 131

■ **Juwelenmoschee und Öffentliche Audienzhalle**

Großmogul Shah Jahan ließ Akbars oft aus Holz erbaute Gebäude abbrechen und für den Neubau weißen Marmor verwenden. Der Zugang zur winzigen, nur aus zwei Schiffen bestehenden marmornen **Nagina Masjid** (Juwelenmoschee), einer schön proportionierten Moschee von 1635 für die Damen des Hofes, befindet sich an der Nordwestseite.

Unterhalb der Moschee befand sich in einem kleinen Hof der **Meena-Bazaar**, auf dem die Haremsdamen zuweilen Markt spielten. Sie hatten dabei Gelegenheit zur Kontaktaufnahme mit den männlichen Palastbewohnern, denen ansonsten der Zutritt zum Harem streng untersagt war. Es wird erzählt, dass auch Akbar sich gern in weiblicher Verkleidung unter die Damen mischte. Während sie ihre Auswahl aus Stoffen, Bändern und Schmuck trafen, wählte er unter den Damen selbst, weshalb so mancher Rajputen-Fürst sich weigerte, seine Frauen und Töchter auch nur besuchsweise nach Agra zu schicken. Shah Jahangir soll auf diese Weise seine spätere Frau, die einflussreiche Nur Jahan (Licht der Welt), kennengelernt haben. Wenn man den Machhi Bhawan über eine Treppe an seiner Westseite verlässt, gelangt man in eine große Gartenanlage mit der **Öffentlichen Audienzhalle** (Diwan-i-Am) von 1628, wo die Heerführer und obersten Beamten empfangen wurden; das einfache Volk durfte den Palast nicht betreten.

Von der in die Ostwand eingelassenen Nische zeigte sich der Herrscher dem Hofstaat und den geladenen Gästen. Nur gelegentlich betrat er das heute geschlossene **Darshani-Tor** im Westen, damit die Untergebenen ihm huldigen konnten. Die Halle aus rotem Sandstein und Marmor misst 63 mal 23 Meter. Drei säulengestützte, von gezackten Bögen überwölbte ›Schiffe‹ nahmen das Publikum auf. Eine dreigeteilte Öffnung grenzt die erhöhte Thronnische ab, die im Hintergrund reich mit Pietra-dura-Arbeiten und Flachreliefs verziert ist. Die kleine Stufe davor war dem Großwesir vorbehalten. Die Gitterfenster an den Seiten erlaubten den Damen, zuzuschauen und zuzuhören, ohne selbst gesehen zu werden.

Interessant sind die Baluster (runde Säulen einer Balustrade) an den unteren Nischenwänden, die sich Shah Jahan wohl von Abbildungen europäischer Potentaten abgeguckt hatte.

Auf der Rasenfläche vor der Öffentlichen Audienzhalle bezeugt das **Grab des britischen Befehlshabers John Russell Colvin** die blutigen Auseinandersetzungen während des Sepoy-Aufstands in den Jahren 1857/58. Damals meu-

Die Perlenmoschee

Delhi und Agra

terten die indischen Truppen, ausgelöst durch das Gerücht, ihre Waffen seien mit Schweine- und Rindertalg gefettet, und brachten die Ostindien-Kompanie in arge Bedrängnis. Danach übernahm die britische Regierung die Macht auf dem Subkontinent.

■ **Moscheen**

Nördlich des Mena Bazaars führt der Weg über eine Doppeltreppe in den Innenhof der berühmten **Perlenmoschee** (Moti Masjid), dem persönlichen Gebetsort des Kaisers, zu dem der Zugang allerdings versperrt ist, weil die Moschee im militärischen Sperrbezirk liegt. Sie entstand zwischen 1647 und 1654 aus weißem Marmor, der mit blauen und grauen Adern durchzogen ist. Eine aus schwarzem Marmor eingelegte Inschrift, die über die ganze Fassade läuft, besagt, dass Shah Jahan sie wie aus einer Perle erbauen ließ. Den Vorhof säumen an drei Seiten marmorne Klostergebäude. Vom heutigen Eingang hinter dem Fort gelangt man zu Agras Großer Moschee ohne Minarette, der **Jama Masjid** aus dem Jahr 1648. Zunächst passiert man das 30 Meter hohe Zugangstor aus Sandstein (Südtor), das mit seiner krönenden Arkade aus elf aneinander gebauten Chattris an sich schon eine Sehenswür-

digkeit ist. Mit den zierlichen Pavillons auf dem Flachdach und der über dem Tambur leicht auskragenden Zwiebel- oder Lotoskuppel sowie der Kombination von rotem Sandstein und schimmernd seidenweißem Marmor steht es dem Mausoleum in nichts nach. Eindrucksvoll ist der Blick von hier hinunter auf die chaotischen Straßen des **Kinari Bazaar**. Agra ist nicht nur das größte Zentrum Indiens für die Schuhproduktion, sondern auch berühmt für seine Herstellungstechniken für Marmoreinlegewaren, für seine Goldstickereien und Teppiche. Die Kasernen und Verwaltungsbauten der englischen Kolonialmacht, die heute von der indischen Armee genutzt werden, haben das ursprüngliche Erscheinungsbild des Roten Forts verwandelt. Dazu kommt, dass die originalgetreue Rekonstruktion der waagerechten Stützen an vielen Gebäuden zu aufwendig ist, sodass man sie durch Eisenbetonträger ersetzt hat. Wie großartig das Rote Fort und Shah Jahans Marmormausoleum früher in die Yamuna-Flusslandschaft eingebettet waren, lässt sich nur noch auf alten Mogulminiaturen nachvollziehen. Heute wälzen sich direkt unter dem Gefängnisturm Saman Burj die zahlreichen Autokolonnen auf einer neu gebauten Schnellstraße entlang.

ℹ Agra

Vorwahl: +91/562.

Government of India Tourist Office, 191 The Mall, gegenüber der Hauptpost, Tel. +91/562/2226378, http://tourism.gov.in; Mo–Fr 9–17.30, Sa 9–14 Uhr.

Uttar Pradesh Tourist Office, 64 Taj Rd., Tel. +91/562/2226678, +91/562/2226431; tägl. außer So und 2. Sa im Monat 10–17 Uhr, www.up-tourism.com. Auf dem Bahnhof Agra gibt es einen tägl. von 7–20 Uhr geöffneten Informationsschalter.

Touristenpolizei, Agra Cantonment Station, Tel. +91/562/2421204.

Travel Bureau, nahe dem Taj View Hotel, Tel. +91/562/2330245, www.travelbureauagra.com. Erfahrenes Reisebüro, das auch für viele ausländische Unternehmen arbeitet.

Internet: www.agra-india.com.

⊘

Taj Mahal; tägl. außer Fr Sonnenauf- bis Sonnenuntergang, Eintritt 750 Rs. Intensive Körperkontrolle beim Einlass.

Fort; 6–18 Uhr, Eintritt 300 Rs, Kamera und Video 25 Rs.

Itimad-ud-Daulah; tägl. 6.30–17.30 Uhr, Eintritt 100 Rs, Video 30 Rs. → S. 143.
Sikandra; tägl. 6–18 Uhr, Eintritt 110 Rs, Videokamera 25 Rs. → S. 145.

Die **Mathura Road** via Mathura (220 km) ist die beste Verbindung von Delhi aus.

Tägl. ein Flug auf der beliebten Touristenroute Delhi–Agra–Khajurao–Varanasi. Der **Kheria Airport** liegt 6 km vom Stadtzentrum entfernt in einem militärischen Sperrgebiet der Air Force. Ohne Nameneintrag in der Flugliste gibt es keinen Zutritt. Taxis und Auto-Rikschas fahren zu festen Tarifen.

Hauptstation und Reservierungsbüro ist der Bahnhof **Agra Cantonment**, südlich der Stadt, Tel. +91/562/2421204.
Von Agra gibt es sehr gute Zugverbindungen nach Delhi: Shatibdi Express (2 Std.), Taj Express (2,5 Std.), Intercity Express (3 Std.), gute Verbindungen auch in Richtung Mumbai (Punjab Mail), nach Varanasi, Jaipur und Jodhpur (Marudhar Express). Auf dem Bahnhof, kurz vor Abfahrt, ist in den Waggons erhöhte Vorsicht geboten. Man sollte das Handgepäck nicht aus den Augen lassen.

Vom Hauptbusbahnhof Verbindungen nach Delhi über Mathura (5 Std.), nach Jaipur (6 Std.), Fatehpur Sikri (1 Std.) und nach Khajurao (10 Std.).

Oberster Preisbereich (Luxus-Hotels)
ITC Mughal (*****) Taj Ganj, Fatehabad Road, Agra-282001, Tel. +91/562/2331701, www.starwoodhotels.com; 285 Zimmer. Der Gast kann unter vier exzellenten Restaurants wählen und sich vom hauseigenen Astrologen die Sterne deuten lassen.

Oberoi Amarvilas (*****), Oberoi Resort, Taj East Gate Road, Agra-282001, Tel. +91/562/2231515, www.oberoihotels.com; 112 Zimmer und Suiten. Dieser luxuriöse Palast mit persischen und maurischen Einflüssen befindet sich in exklusiver Lage mit Blick auf das Taj Mahal. Die Zimmer und Suiten sind alle mit Teakholz-Parkettböden, Marmorbad mit separatem Wannenbad und Dusche ausgestattet. Kunstwerke schmücken die Wände. Zwei Restaurants, Bar, Pool, Fitness- und Wellnessbereich runden das Angebot ab.
Oberer Preisbereich
Trident Agra (****–*****), Taj Nagri Scheme, Fatehabad Road, Agra 282001, Tel. +91/562/2235000, www.trident hotels.com; 138 Zimmer. Dieses 2001 renovierte Hotel mit elegant ausgestatteten Zimmern und Kinderbetreuung befindet sich nahe dem Taj Mahal. Mit Nichtraucher-Zimmern, zwei Zimmern für Behinderte, Restaurant, Außen-Schwimmbad und Bar.
Mansingh Palace (****), 181/2 Fatehabad Road, Agra 281001, Tel. +91/562/2331771, www.mansinghhotels.com. Plüschräume mit Mogul-Design. Ein Garten und das bekannte ›Sheesh Mahal‹-Restaurant vervollständigen das Angebot.
Mittlerer Preisbereich
Hotel Atithi (***), Tourist Complex Area, Fatehabad Road, Agra 282001, Tel. +91/562/2330878, +91/562/2230040, www.hotelatithiagra.com. Dieses klimatisierte, mit Pool ausgestattete moderne Hotel besitzt großzügig geschnittene Zimmer und befindet sich in einer hübschen Gartenanlage, nur 1 km vom Taj Mahal entfernt.
Clarks Shiraz (***), 54 Taj Road, Agra-282001, Tel. +91/562/2226121, www.hotelclarksshiraz.com; 237 Zimmer. Alteingesessenes Luxushotel mit angenehmer Atmosphäre, Pool, großem Garten und gutem Restaurant.
Unterer Preisbereich
Lauries Hotel (*), Mahatma Gandhi Road, Pratap Pura Agra-282001, Tel. +91/562/

Delhi und Agra

2421447, +91/562/2364536, www.
agrahotels.net.in/lauries-hotel-agra.html;
28 Zimmer. Das altehrwürdige Kolonial-
hotel (aus dem Jahr 1880!) befindet sich
in einem weiträumigen Park mit 28 großen, etwas verblichenen Zimmern, etwas
für Nostalgiker. Wird renoviert.

Hotel Sheela (*), Taj East Gate Road, Tel.
+91/562/2331194, www.hotelsheela
agra.com. Einfaches Bungalowhotel, sehr
ruhig, nur 100 m vom Taj Mahal in parkähnlichem Garten gelegen. Saubere, etwas dunkle Zimmer, mit gemütlichem
Gartenrestaurant.

Kamal (*), South Gate, Tel. +91/562/
2330126, +91/941/2180575, www.
hotelkamal.com; 20 Zimmer. Im Viertel
Taj Ganj, angenehme Zimmer mit Bad,
teilweise mit Klimaanlage. Schöner Blick
auf das Taj Mahal von der Dachterrasse.

Shanti Lodge (*), 3/138 South Gat, Tel.
+91/562/2331973, http://hotelshanti-
lodge.com. Kleines Budget-Hotel in Taj
Ganj, Dachterrasse mit Taj-Mahal-Blick.

Tourists Rest House (*), 4/62 Kutchery
Road, Baluganj, Tel. +91/5622/463961,
www.dontworrychickencurry.com. Beliebte Travellerunterkunft westlich vom Fort.
Mit großen Zimmern und Restaurant im
grünen Innenhof.

Teuer und gut isst man in den Restaurants
der Luxushotels. Etliche empfehlenswerte Restaurants konzentrieren sich entlang
der Taj Road um den Saddar Bazaar. Sehr
billig, aber nicht immer gut, kann man
im Stadtviertel Taj Ganj südlich des Taj
Mahal essen.

Amar Vilas Bar, im Oberoi Amarvilas Hotel, East Gate Road. Teure Drinks mit Blick
auf das Taj Mahal.

Kwality, Taj Road. Restaurant der bekannten Kette.

Lakshmi Vilas, Taj Road. Auf südindische *dosas* spezialisiertes vegetarisches
Restaurant.

Mughal Room, 54 Taj Road, im Hotel
›Clarks Shiraz‹. Teuer, aber mit Blick auf
das Taj Mahal.

Only, The Mall und Taj Road. Eines der
populärsten Nordindien-Restaurants, beliebt bei Familien und Touristengruppen.
Man kann innen oder im Garten sitzen.

Petals, Taj Road. Indisch, europäisch und
chinesisch.

Pizza Hut, Fatehabad Road, neben dem
Hotel Atithi. Eine saubere Gaststätte.

Sheesh Mahal, im Hotel Mansingh Palace,
181/2 Fatehabad Road. Restaurant der
gehobenen Preisklasse. Nachts gibt es Live-
darbietungen von Urdu-Liedern (*ghazals*).

Zorba the Buddha, E-19 Shopping Arcade,
Saddar Bazaar, Tel. +91/562/2226091,
http://zorbarestaurantagra.com; tägl. 12–
15, 18–21 Uhr. Sauberes vegetarisches
Restaurant, auch Gerichte aus Hawaii
(Gemüse mit Ananassauce).

Agra ist berühmt für Marmorarbeiten,
aber Vorsicht, viele Fälschungen (aus Pul-
ver gepresste Intarsien)! Gut ist auch das
Angebot an Leder- und Messingwaren,
Teppichen und Webereien. Eine gute,
wenn auch nicht gerade preiswerte Auswahl hat das Kunsthandwerkerzentrum
Shilpgram, etwa 1 km östlich des Taj
Mahal.

Cottage Industries Exposition, Fatehabad
Road. Teuer.

Subhash Emporium, 18/1 Gwalior Road,
Tel. +91/562/2850749.

Khadi Gramodyog, Mahatma Gandhi
Road, Tel. +91/562/2421481; 10.30–
19 Uhr.

Modern Book Depot, Saddar Bazaar, Tel.
+91/562/2225695; 10.30–21.30 Uhr.

SN-Medical College & Hospital, Hospital
Road, Moti Katra, Tel. +91/562/2361318,
+91/562/2260353, www.snmcagra.in.

The District Hospital, Mahatma Gandhi
Road, Chipitola, Tel. +91/562/2363043.

Tagesausflüge von Agra

Rings um Agra befinden sich weitere Juwelen früherer indischer Architektur, die eine Erkundung lohnen – so das Grabmal Akbars in Sikandra und seine geplante Residenzstadt Fatehpur Sikri. Auch das Mausoleum, das die einflussreiche Nur Jahan für ihren Vater erbauen ließ, ist sehenswert.

Mausoleum des Itimad-ud-Daulah

Obwohl es nur drei Kilometer vom Agra Fort entfernt liegt, wird das Mausoleum des Itimad-ud-Daulah mit dem Spitznamen ›Baby Taj‹ im Zentrum eines viergeteilten Gartens am Ufer des Flusses von Touristen nur selten besucht. Ein Ausflug hierher lohnt sich dennoch, denn der Besucher erfährt nicht nur einige historische Details, sondern kann auch wunderbare Beispiele künstlerischen Schaffens bewundern.

Das 1628 vollendete Grabmal des Itimad-ud-Daulah ist das erste ganz mit Marmor verkleidete Bauwerk und gilt als schönstes Beispiel der Pietra-dura-Arbeiten in Indien. Die in Kashmir geborene Mehrunissa, die spätere Nur Jahan (Licht der Welt) und einflussreiche Gemahlin Jahangirs, ließ das Grabmal 1622 in sechsjähriger Bauzeit für ihren Vater Mirza Ghiyas Begh (gestorben 1622) errichten. Sie gilt für die letzten Lebensjahre ihres Gatten, der ursprünglich aus Persien geflohen und am Hof Jahangirs bis zum Premierminister aufgestiegen war, als die eigentliche Herrscherin und führte die Heiratspolitik der Familie fort. Ihre Nichte Mumtaz Mahal wurde die Lieblingsgemahlin von Shah Jahan.

Öffnungszeiten: tägl. 6.30–17.30 Uhr, Eintritt 100 Rs, Video 30 Rs.

■ Torbau und Mausoleum

Das Bauwerk besteht aus dem großen Mittelbogen, vier seitlichen Begleitemporen, aufgesetzten Chattris, Zinnenkranz und kleinen Türmchen. Man betritt die Anlage durch einen mehrstöckigen Torbau von Osten her, dessen Sandsteinfassade mit Marmoreinlegearbeiten verziert ist. Die vier Ecktürme mit den Kuppeln

Delhi und Agra

Das Mausoleum des Itimad-ud-Daulah

beginnen als Achtecke, setzen sich als Rundtürme fort und werden schließlich von Chattris abgeschlossen.

Die Umfassungsmauern der Gesamtanlage werden auf jeder Seite in der Mitte durch ein Gebäude unterbrochen. Wie üblich befindet sich das Mausoleum selbst im Zentrum eines Gartens (*charbagh*). Das zweistöckige, quadratische, aus Marmor errichtete Mogul-Gebäude ruht auf einer Plattform und wird nicht von einer Kuppel überragt, sondern besitzt einen großen Pavillon mit geschwungenem Bengaldach.

■ Grabraum

Nach dem Ausziehen der Schuhe betritt man das Mausoleum, das aus einem zentralen Grabraum mit acht kleineren Nebenräumen besteht. Im reich mit Stein-

Haupttor des Akbar-Mausoleums

intarsien und Jali-Fenstern ausgestatteten Hauptraum des Mausoleums befinden sich die beiden orange-gelblichen Sarkophage von Itimad-ud-Daulah und seiner Gemahlin, die wie aus Holz geschnitzt wirken, aber aus gelbem Marmor bestehen. Die eigentlichen Grabstätten befinden sich genau darunter. Beide Särge ruhen auf erhöhter Basis auf einem mit Sternmotiven bedeckten Boden. Auch im Sockelbereich sind die Wände mit geometrischen Steinintarsien geschmückt; darüber befinden sich die üblichen floralen Malereien. Bemerkenswert sind die stilisierten Darstellungen von Weinkrügen, die in der persischen Dichtung als Symbol des Paradieses galten.

■ Naggara-khana

Am Flussufer steht ein weiteres Gebäude aus rotem Sandstein, das Naggara-khana (Naggarkhana), das dem Torbau ähnelt. Im Obergeschoss spielten Musiker auf. Architektonisch interessant sind zwei seitlich angebrachte Balkone, die in der Mogularchitektur eigentlich nur bei Palastbauten zu sehen sind.

Auf dem Gesamtkomplex der Grabanlage befinden sich auch eine **Moschee** und eine **Besucherherberge** vorwiegend für Frauen (*dharamshala*).

Chini-ka-Rauza

Einen Kilometer nördlich des Itimad-ud-Daulah-Mausoleums steht das achteckige Chini-ka-Rauza-Grabmal, das von einer gewaltigen Kuppel gekrönt wird. Den Namen ›chinesisches Grab‹ verdankt es seinen bunten Fayencen und blauen Kacheln an den Außenwänden, die nach ihrem Vorbild in Lahore gestaltet wurden. Es ist die Grabstätte von Afzal Khan (gestorben 1659), der im Dienste Jahangirs und Shah Jahans stand und sich das Kuppelgrab 1628 bis 1639 erbauen ließ. Obwohl es nicht allzu gut erhalten

Die Sarkophage von Itimad-ud-Daulah und seiner Frau

ist, vermittelt es doch einen anschaulichen Eindruck von den achteckigen persischen Kuppelmausoleen.

Noch einmal knapp einen Kilometer nördlich liegt der **Ram Bagh**, der ehemalige Garten Baburs. Von diesem ersten persischen Garten aus dem Jahr 1526 ist wohl nur noch die historische Vorstellung vorhanden, gleichwohl ist es heute ein hübscher Park am Yamuna.

Mausoleum Akbars

Etwa zehn Kilometer nördlich von Agra liegt an der Straße nach Mathura nahe der Ortschaft **Sikandra** das Mausoleum Akbars. Der Name soll auf Sikander Lodi zurückgehen, der hier 1492 seine Residenz errichtet hatte. Wissenschaftler nehmen an, dass Akbar sein Grab selber entwarf und den Bau in Auftrag gab. Man betritt die Anlage durch das **Haupttor** (Buland Darwaza) aus rotem Sandstein, das im Jahre 1612 entstand. Es ist das südliche der vier symmetrisch angelegten Torbauten und übertrifft vom äußeren Eindruck her das eigentliche Mausoleum in seiner künstlerischen Gestaltung. An den Ecken des Tors stehen vier schmale Minarette aus Marmor.

Auf einem Sandsteinweg durch einen Gartenhof mit Brunnen, Wasserbecken und Bäumen gelangt man zur eigentlichen Grabanlage. ›Dies ist der Garten Edens, betrete ihn und lebe ewig‹, heißt es auf einer Inschrift des Tores, doch die Gartenanlage ist heute eher ein Tummelplatz für zahlreiche Affen.

Das **Mausoleum** selbst befindet sich inmitten der Gartenanlage und ähnelt dem Grundriss einer Stufenpyramide, das heißt, die Stockwerke sind stufenweise versetzt. Die Grabanlage besteht aus rotem Sandstein mit weißen Marmoreinlagen und wird von vier dreistöckigen Türmen aus rotem Sandstein flankiert. Viel islamisches Dekor wurde offenbar nachträglich von Jahangir und Shah Jahan hinzugefügt.

Das eigentliche Grab befindet sich in der Gruft einer überkuppelten Grabkammer. Im Obergeschoss, das für Besucher nicht zugänglich ist, befindet sich das weiße **Kenotaph Akbars**, der mit den 99 Namen Allahs verziert ist. Da das Mausoleum 1691 geplündert wurde, gingen die Gebeine des großen Mogulherrschers verloren. **Öffnungszeiten**: tägl. 6–18 Uhr, Eintritt 110 Rs, Videokamera 25 Rs.

Fatehpur Sikri

Etwa 40 Kilometer westlich von Agra
befindet sich auf einem Sandsteinfelsen
die Geisterstadt Fatehpur Sikri. Die sich
über einen kleinen Hügelrücken erstreckende Anlage besteht aus zwei deutlich
voneinander getrennten Teilen, der Moschee und dem nordöstlich davon errichteten Palast. Die einstmals geschäftige
Unterstadt, der Basar, die Wohnungen
des kaiserlichen Trosses und die allgemeinen Stallungen sind verschwunden. Die
Palaststadt aber ist noch nahezu unversehrt erhalten geblieben und steht auf
der UNESCO-Weltkulturerbeliste. Nur
die Mauern, die das Palastviertel von der
Unterstadt trennten, wurden abgetragen.
Einige Touristen besuchen Fatehpur Sikri
während eines Tagesausflugs von Agra
aus, doch viele Reisende legen hier einen
Zwischenaufenthalt auf der Fahrt nach
Jaipur oder während der Rückfahrt von
Sawai Madhopur ein. Dann ist es sinnvoll, einmal hier zu übernachten.

Geschichte

Als Kaiser Akbar das Mogulreich gefes-
tigt hatte, fehlte ihm nur noch ein Thron-
folger. Der 26-jährige Herrscher, seit
seinem 14. Lebensjahr auf dem Mogul-
thron, hatte noch immer keinen Erben.
Zwar waren ihm in seinem Harem Kinder geboren worden, doch überlebte kei-
nes das Säuglingsalter. Deshalb begab
er sich im Jahr 1568 auf eine Pilgerreise
zu heiligen Männern, während der ihm
der Sufi-Mystiker Sheik Salim Chishti
(1478–1572), der westlich von Agra in
der Einöde von Sikri lebte, drei Söhne
prophezeite. Tatsächlich wurde bald darauf eine der Prinzessinnen, die Tochter
des Rajas von Amber, schwanger. In Sikri gebar sie 1569 den Thronerben, der
nach dem Heiligen Salim genannt wurde.
Als Großmogul regierte er später unter
dem Namen Jahangir. Von zwei weiteren Prinzessinnen wurden bald danach
die beiden anderen prophezeiten Kinder

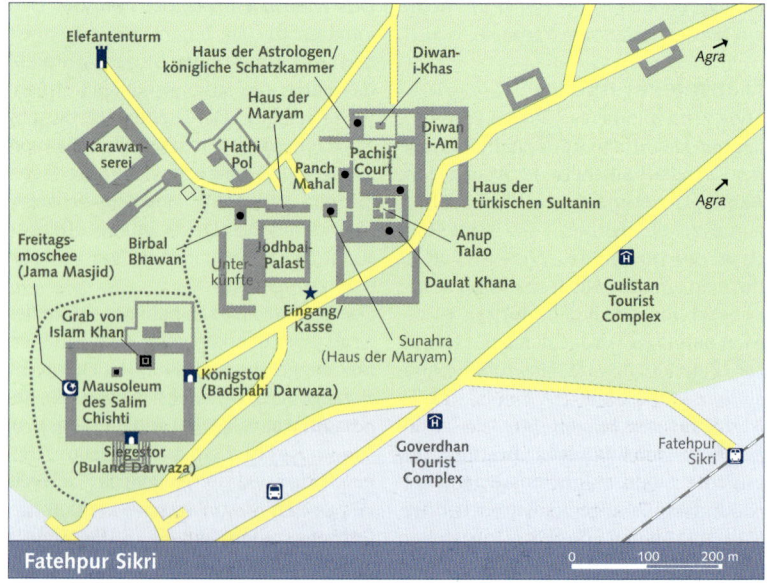

Fatehpur Sikri

0   100   200 m

geboren. Daraufhin beschloss Akbar, die Hauptstadt nach Sikri zu verlegen. Mit dem Bau der neuen Hauptstadt wurde umgehend begonnen, und nach der Rückkehr von seinem siegreichen Feldzug in Gujarat 1574 nannte der Kaiser die Stadt Fatehpur, ›Stadt des Sieges‹. Es war weniger ein Sieg als ein Gemetzel, denn Akbar hatte tausende unschuldiger Zivilisten hinrichten und als Abschreckung ihre Köpfe zu einer Schädelpyramide auftürmen lassen. Viel hatte der Kaiser von seiner neuen Stadt nicht, denn bereits 1585 musste er zu Verhandlungen und wegen militärischer Aktionen nach Lahore reisen. Als er 1599/60 zurückkehrte, residierte er bis zu seinem Tod 1605 wieder in Agra.

Da das nahegelegene Agra im Fall eines Angriffs genügend Schutz bot, wurde Fatehpur Sikri als Residenz ohne Mauerbefestigungen gebaut. In der Tat besiegelten nicht fremde Heere, sondern vor allem der Mangel an gutem Wasser das Schicksal Fatehpurs Sikris. Nur einmal noch, als 1619 in Agra die Pest wütete, suchte Jahangir mit seiner Familie diesen Ort auf.

Moschee

Die prächtige Moschee oberhalb von Fatehpur Sikri wurde von Kaiser Akbar ab 1572 für den Sheik Salim Chishti gebaut. Mit dem 165 mal 133 Meter messenden Innenhof ist sie die größte Indiens. Man erreicht den Moscheekomplex über zwei Tore, entweder das **Königstor** (Badshahi Darwaza) oder das riesige, 54 Meter hohe **Siegestor** (Buland Darwaza), zu dem eine gigantische Treppe aus rotem Sandstein hinaufführt. Dieses beeindruckt durch seine Farbkomposition aus rotem und beigem Sandstein und ist eine Art Triumphbogen, der an den Sieg über die gegnerischen Truppen in Gujarat im Jahr 1573 erinnert.

Das Siegestor des Moscheekomplexes

Hat man das Siegestor durchschritten, fällt in dem von einem Säulengang umschlossenen Innenhof das flache weiße Marmorgebäude auf, das die Pilger anzieht. Es ist das kleine, auf einer niedrigen Plattform ruhende **Mausoleum des Sheik Salim Chishti**, das Akbar 1581 für den Heiligen errichten ließ. Das weit ausladende Dach besteht aus Ebenholz und wird von kunstvoll geschnittenen Säulen getragen. Interessant sind die schlangenförmigen Verstrebungen, die das Dach stützen. Um die innere Kammer verläuft ein Gang, den Raum zwischen den Verstrebungen füllt ein fast durchsichtiges marmornes Steingitterwerk (*jali*). Noch immer knüpfen kinderlose Frauen in der Hoffnung auf männliche Nachkommenschaft gelbe und rote Bändchen in das filigrane Gitterwerk. Das Scheingrab des Heiligen befindet sich in einer zentralen Kammer, das eigentliche Grab liegt in einer zugemauerten Gruft darunter.

Rechts neben dem Mausoleum des Salim Chishti gelangt man zum Mausoleum **Jamaat Khana,** einem Sandsteinbau für den Nachfolger Salim Chishtis. Er wird durch ein Steingitterwerk (*jali*) abgegrenzt und war ursprünglich ein Teil der Klosteranlage und für Versammlungen gedacht.

Im Hof befinden sich außerdem das **Grab von Islam Khan**, einem Enkelsohn von Salim Chishti.

Der Innenhof wird im Westen von der **Freitagsmoschee** begrenzt, in der 1579 der Herrscher Akbar nicht nur das eigentlich dem Geistlichen zustehende Gebet verlas, sondern auch ausrief ›Allah akbar‹ (Allah ist groß), was im Zusammenhang mit seiner Namen auch als ›Gott ist Akbar‹ verstanden werden konnte.

Im Innern der Moschee sind rechts vom Hauptbogen in Zierschrift die Verse des Korans gemeißelt. ›Isa, dem Frieden sei, sagte: Die Welt ist eine Brücke. Gehe darüber hinweg, aber baue kein Haus darauf. Die Welt währt nur eine Stunde, verbringe sie in Andacht‹, lautet eine der Inschriften, die der nachdenkliche Monarch auf dem Höhepunkt seiner Macht an der für 10 000 Gläubige errichteten Großen Moschee anbringen ließ.

Die Moschee wird beiderseits von zwei identischen Gebetsräumen mit Kreuzgängen (*hujira*) flankiert. Säulengänge mit flachen Dächern umgeben den gesamten Komplex.

Karte S. 146

Das Mausoleum des Sheik Salim Chishti

Palastbereich

Die Moguln lebten normalerweise in großen Zeltstädten, und so ähnelt Fatehpur Sikri tatsächlich manchmal einem Zelt, allerdings musste wegen Platzmangels auch in die Höhe gebaut werden. Die Gebäude liegen terrassenförmig in rechten Winkeln zueinander angeordnet auf einer Sandsteinanhöhe. Charakteristisch ist, dass die Privatgemächer von den öffentlichen Bereichen getrennt sind.

■ Jodh Bai, Daulat Khana und Haus der Maryam

Man kann den Palastbereich vom Agra Gate kommend durch das dreibogige **Naubat Khana** betreten, hinter dem sich sogleich der weitläufige Innenhof mit dem **Diwan-i-Am** (Öffentliche Audienzhalle) befindet. Dieser östliche Eingang wird von den meisten Touristengruppen benutzt. Einzelreisende betreten die Anlage meist von der Südseite beim Palast von Jodh Bai am Kasseneingang.

Das erste Gebäude, das man sieht, wenn man die Anlage vom Süden betritt, ist der **Palast von Jodh Bai**, der durch hohe Mauern und ein neun Meter hohes Tor im Osten gesichert ist. Der fensterlose Bau mit seinem mit blauen Kacheln verzierten Dach ist um einen Innenhof gebaut, die umstehenden Pavillons haben Dächer mit azurblauen, glasierten Ziegeln. Vom ersten Stock soll einmal ein Gang hinüber zu den Privatgemächern des Herrschers geführt haben.

Vom Palast der Jodh Bai, benannt nach der Mutter Jahangirs, kommt man nun zum **Garten der Maryam** und einer kleinen Residenz, die wegen der prächtigen Fresken früher als **Sunahra Makan** (Goldenes Haus) bekannt war. Hier soll Akbars Mutter Maryam, eine Christin, gewohnt haben. Das Gebäude wird deshalb auch als Haus der Maryam, ›Palast der christlichen Königin‹ bezeichnet. Allerdings ist die Verbindung des Kaisers mit einer Christin eher unwahrscheinlich. Glaubwürdiger ist, dass hier eine der beiden Maryams an Akbars Hof residierte – entweder seine Mutter Maryam Makani (etwa 1527–1604) oder vielleicht auch Maryam zu-Zamani (1542–1623), die Mutter des Thronfolgers Jahangir. Heute macht das ›Goldene Haus‹ einen strengen, abweisenden Eindruck, früher aber war es mit goldenen Fresken verziert, die im 18. Jahrhundert zerstört wurden.

■ Pachisi-Hof

Der nun folgende etwa 175 Meter lange Pachisi-Hof beeindruckt durch unterschiedliche Bauwerke. Um den in warmen Ton des rötlichen Sandsteins gehaltenen Hof gruppieren sich überwiegend Hallenbauten nach hinduistischem Muster, die auf Säulen ruhen. Der Name resultiert daher, dass die weite Fläche dem Spielbrett eines *pachisi* ähnelt, das dem ›Mensch ärgere dich nicht‹ gleicht. Jetzt kann man entweder rechts heruntergehen zum **Diwan-i-Am** (Öffentliche Audienzhalle), einer einst mit edlen Wandteppichen geschmückten langen Audienzhalle. Anders als in Delhi oder Agra handelt es sich hier eher um einen von Säulen umstandenen Innenhof, der heute ein Garten ist.

Oder man geht vom Pachisi Court zum freistehenden Sandsteinbau **Diwan-i-Khas** (Private Audienzhalle) mit vier Chattris am nördlichen Ende des Hofs. Das Gebäude diente wahrscheinlich als kaiserliches Studierzimmer, in dem Akbar mit berühmten Philosophen seines Reiches diskutierte. Das von außen schlicht wirkende Gebäude besteht aus einem hohen Raum, der durch eine reich skulptierte Säule in der Mitte beherrscht wird. Dieser Pfeiler, auf dem der Thron ruhte, bildet den Mittelpunkt der Halle. Die Säule verstrebt sich nach oben mit Stützen zu einer Art Blüte, sodass das Kapitell eine Plattform bildet. Von dieser gehen vier Stege ab, die zu einer umlaufenden Galerie führen.

In der nordwestlichen Ecke der Hofanlage befindet sich das besonders reich verzierte **Haus der Astrologen** oder auch die königliche **Schatzkammer** (Ankh Micholi), je nachdem, welche Funktion ihm zugeschrieben wird. Das drei Zimmern bestehende Gebäude wird von mythischen Wesen bewacht.

Das beeindruckendste Bauwerk am Pachisi-Hof ist der aus Sandstein erbaute **Panch Mahal**, ein fünfstöckiger Pavillon, von dessen drittem Stockwerk man einen schönen Rundblick genießen kann. Der Pavillon verjüngt sich nach oben, das Erdgeschoss ruht auf 84 Säulen, das oberste ›Stockwerk‹ nur noch auf vier Säulen. Insgesamt wird der Pavillon von 176 Säulen getragen. Früher bestanden die Seitenwände aus Steingitterwerk, welches das Innere gegen Blicke von außen abschirmen sollte.

An der Nordwestecke des Wasserbeckens **Anup Talao** (Unvergleichlicher Pool), wo Sänger und Musikanten auf einer Plattform ihre Künste darboten, befindet sich ein kleiner, reich verzierter Bau, der als Haus der türkischen Sultanin bezeichnet wird. Es könnte der elegante Palast der Rumi Sultana, der aus der Türkei stammenden Ruqaya Begum gewesen sein. Das einstöckige Haus verfügt nur über einen einzigen Raum mit einer umlaufenden Veranda. Durch seine aufwendig gestalteten Täfelungen wirkt der aus Sandstein errichtete Palast wie ein Holzbau. Er zeigt türkische, persische und sogar chinesische Einflüsse und könnte auch ein Hammam (Dampfbad) oder Lustschlösschen gewesen sein.

Die Südseite der Hofanlage wird von Akbars Privatgemächern, dem **Daulat Khana** (Ort des Glücks) begrenzt. Während das untere Geschoss die Bibliothek enthielt, befand sich im Obergeschoss der Khwabgah (Palast der Träume), das private Schlafgemach, dessen Wände mittlerweile stark verblasste persische Inschriften zeigen. Er soll früher durch einen Gang und eine Brücke mit dem Harem verbunden gewesen sein.

■ **Haremsbereich und Birbal Bhawan**
Südwestlich des Panch Mahal gelangt man zum 1572 entstandenen zweigeschossigen Palast **Birbal Bhawan**. Er wurde benannt nach Akbars klugem Premierminister, der einer der wenigen Anhänger der neuen Religion des Großmoguls war, aber hier wahrscheinlich nicht lebte. Mit ihrem Formenreichtum und der üppigen Ornamentik erinnern die Konsolen der breiten Schattengesimse an geschnitztes Holz, das jahrhundertelang das Rohmaterial der hinduistischen Baumeister war. Victor Hugo (1802–1885) verglich das Haus einmal mit einer großen Schmucktruhe. Eigentlich gehört das Haus mit den vier Zimmern und zwei Veranden sowie zwei Zimmern mit Kuppeln und Terrassen schon in den Bereich der Haremsgebäude. Es bleibt auch fraglich, ob es tatsächlich für Birbal oder vielleicht für seine Tochter erbaut wurde.

An den Birbal Bhawan schließt sich ein U-förmiger **Hof** an. Aufgrund der in die Wand eingelassenen Ringe, die als Befestigungen für Tiere interpretiert wurden, hielt man ihn für Stallungen. Durch die unmittelbare Nähe zum Harem erscheint diese Funktion jedoch unwahrscheinlich. Einsehbarer ist, dass es die Unterkünfte der weiblichen Bediensteten der Haremsdamen gewesen sind, denn etwa 5000 Frauen soll es am Hof gegeben haben, die meisten von ihnen Sklavinnen.

Ein kurzer Abstecher nordwärts führt zur ehemaligen Stadtmauer und zum **Hathi Pol**, einem der insgesamt ursprünglichen

Karte S. 146

acht Tore. Daran schließen sich die einstige Karawanserei und daneben das **Hiran Minar** an, der etwa 20 Meter hohe ›Elefantenturm‹. Er soll ein Denkmal für Akbars Lieblingselefanten sein.

Außerhalb der Nordmauer, gegenüber vom Zenana-Garten und der Brücke, die zum Hathi Pol führt, befindet sich der **Hawa Mahal** (Palast der Winde).

Hier kann man über einen schmalen Weg den Palastbereich verlassen und gelangt dann durch das **Königstor** (Badshabhi Darwaza) wieder zurück zum Gebäudekomplex der Moschee.

ℹ️ **Fatehpur Sikri**

Vorwahl: +91/5613.

⊘
Palastanlage; 250 Rs, Video 25 Rs.
Jama Masjid; Video 25 Rs.

🚌
Gute Busverbindung mit Agra (1 Std.) und Bharatpur (45 Min.).

🛏️
Gulistan Tourist Complex (*), Fatehpur Sikri (Agra) Road, am Ortseingang, Tel. +91/ 5613/282490. Die architektonisch moderne staatliche Unterkunft liegt rund 500 Meter vom Ort an der Straße nach Agra. Mit weiträumiger Parkanlage, Restaurant und kleiner Bar.

Hotel Goverdhan Tourist Complex (*), Buland Gate Road, Shahcoolie, Fatehpur Sikri, Tel. +91/5613/282643, www.hotel fatehpursikriviews.com. Saubere Zimmer, teilweise mit TV, Wi-Fi. Mit weiträumiger Parkanlage und Dachterrassenrestaurant sowie einem weiteren Gartenrestaurant direkt neben dem Hotel.

Schitzereien am Birbal Bhawan

Der Nordosten Rajasthans, der sich von den Ausläufern der Aravalli-Kette bis hin zur Grenze des Bundesstaates Uttar Pradesh erstreckt, wird durch gewellte Hochplateaus bestimmt, in die sich größere Flüsse wie der etwa 1000 Kilometer lange Chambal und der in ihn mündende 510 Kilometer lange Banas eingegraben haben.

Entlang der Randzone des Gebirges entstanden etliche Fürstentümer, die von hier aus die Ebenen und Handelswege nach Westen und Norden kontrollierten, dafür aber auch in besonderem Maße den islamischen Eroberungszügen ausgesetzt waren. Hier liegt Jaipur, die Hauptstadt Rajasthans und einer der Eckpfeiler des touristischen Dreiecks, zu dem auch Agra und Delhi gehören.

Die Festung von Amber

DAS NORDÖSTLICHE RAJASTHAN

Von Agra nach Jaipur

Wer zum ersten Mal eine längere Busfahrt in Nordindien unternimmt, er›fährt‹ auf der Strecke von Agra nach Jaipur das, was ihn in den folgenden Tagen und Wochen regelmäßig erwarten wird: Auf der Straße tummeln sich voll beladene Lastwagen und überfüllte Omnibusse. Zwei Männer reiten gemeinsam auf einem Kamel, riesige gelbe und rosafarbene Turbane um die Köpfe geschlungen. Und gelegentlich bleicht ein Kamelgerippe in der Sonne. Staubbedeckte Palmen rauschen am Fenster vorbei, hier und da liegt am Straßenrand ein Buswrack oder ein ausgebrannter Lastwagen, meistens fehlt die Fahrerseite. Aus den getönten Busscheiben betrachtet, sieht das exotische Leben draußen irgendwie unwirklich aus. Für die Einheimischen sind wir Fremde, die reisen wie Könige, und so wahren sie Distanz. Auf diese Weise bleibt leider auch der nähere Kontakt in der Regel auf den Personenkreis touristischer Dienstleister begrenzt, also auf Reiseleiter, Hotelangestellte, Bus- und Taxifahrer, Händler und Verkäufer – die gerade nicht typisch für die Bewohner Rajasthans sind.

Bharatpur

Bharatpur liegt nur etwa fünf Kilometer vom Keoladeo-Vogelschutzgebiet entfernt, doch wird die Stadt nur selten besucht, da spektakuläre Sehenswürdigkeiten fehlen. Dennoch sollte man sich einen kurzen Rundgang gönnen, um beispielsweise die mächtige **Stadtmauer** und den mit Wasser gefüllten Graben sehen zu können. Die Hauptstadt wurde 1733 von Maharaja Suraj Mal (1707–1763, regierte 1756–1763) gegründet und ist wie das benachbarte Deeg eine Gründung der Jat. Diese kontrollierten die von zahlreichen Karawanen benutzte Route zwischen Delhi und Agra, aber Aurangzebs Nachfolger Badan Singh (1722–1756) machte sich die Zwistigkeiten zwischen den einzelnen Clans der Jat zunutze und spielte die zwei dominierenden Clans gegeneinander aus, sodass er als Sieger aus den Streitigkeiten hervorging.

Die schwachen Herrscher in Delhi ermöglichten den Jat jedoch, 1761 Agra zu erobern, 1763 zogen sie sogar bis nach Delhi. Sie konnten mehrere Tore entwenden und schließlich aus Agra sogar eine marmorne Schaukel mitnehmen, die vielleicht aus dem Zenana-Garten von Nur-Jahan, der Gemahlin des Mogulkaisers Jahangir, stammte. Noch im Jahre 1805 hielt das **Fort** der Belagerung durch die Briten stand, die hier mehrere tausend Soldaten verloren. Und so konnte das Fürstentum, von den Briten als ›Princely State‹ respektiert, noch bis 1949 seine Unabhängigkeit bewahren.

■ Lohagarh Fort

Das Fort mit seinem doppelten Ring aus hohen Lehmmauern und dem tiefen Wassergraben trug seinen Namen Lohagarh (Eisenfestung) zu Recht, galt es doch als uneinnehmbar. Erbaut wurde es von Maharaja Suraj Mal, die Planung der Verteidigungsanlagen soll auf einer Beschreibung im Epos Ramayana basieren.

Die Festung entsprach dem Typ eines Lehmforts und war von zwei Wällen umgeben, die ihrerseits jeweils durch einen etwa 45 Meter breiten und 20 Meter tiefen Graben geschützt wurden. Der äußere Wall, an dem acht Jahre gearbeitet wurde, hatte eine Länge von elf Kilometern und konnte jedem Artilleriebeschuss standhalten. Das erfuhren auch die Briten, die die Festung schon 1805 mehrere Monate lang erfolglos belagert hatten, sie aber 1826 schließlich doch erobern konnten. Zwar wurde der äußere Wall

Karte S. 155

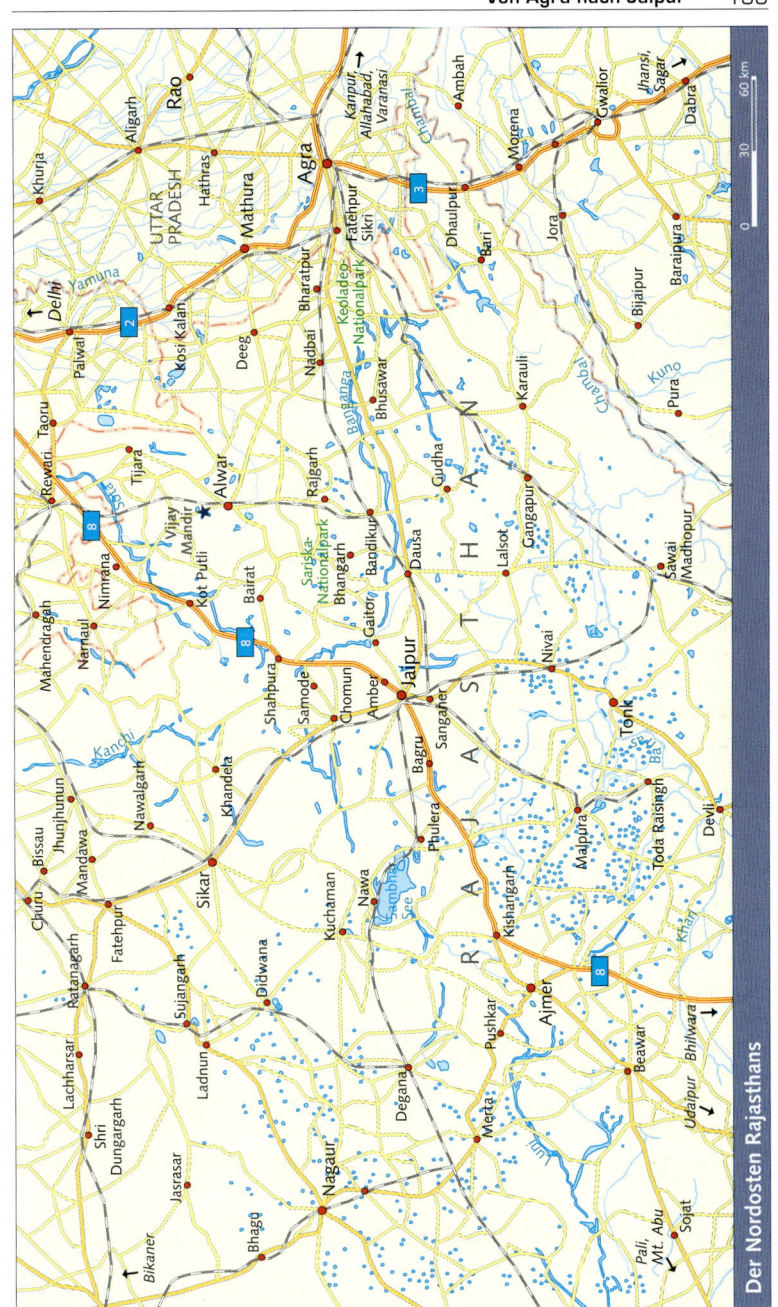

Das nordöstliche Rajasthan

Der Nordosten Rajasthans

Straßenszene in Bharatpur

zerstört, doch wenigstens zwei massive Türme blieben erhalten. Der erste Turm, **Fateh Burj**, erinnert an die vernichtende Niederlage, die die britischen Streitkräfte unter Lord Lake 1805 im Kampf mit der Bharatpur-Armee hinnehmen mussten, der folgende Turm, **Jawahar Burj**, den man über eine Rampe erreicht, wurde zur Erinnerung an die Eroberung Delhis 1764 durch Maharaja Suraj Mal errichtet. Die **eiserne Säule** (›Siegespfeiler‹) am Jawahar Burj dokumentiert den Versuch der Herren von Bharatpur, ihre Herkunft vom Gott Vishnu abzuleiten und damit den schlechten Ruf der Jat – sie galten als Nachfolger gewalttätiger und kulturloser Emporkömmlinge aus den unteren Bevölkerungsschichten – zu korrigieren. Der Wassergraben und der innere Mauerring mit zwei Stadttoren sind im Gegensatz zum äußern Ring noch erhalten. Das nördliche **Ashtdhatu-Tor** (Tor der acht Metalle) mit seinen riesigen runden Bastionen ist beidseitig mit Kriegselefanten bemalt; im Süden befindet sich das **Lohiya-Tor**. Beide Tore waren nach der Eroberung von Delhi durch die Jat 1864 aus der dortigen Stadtmauer entfernt und im Triumph nach Bharatpur gebracht worden.

■ **Museen im Fort**

Das Lohagarh Fort schließt drei Paläste ein, die von den Jat zwischen 1730 und 1850 erbaut wurden und heute teilweise als Museum genutzt werden. Der Kamra-Palast und die Durbar Hall des Raja-Badan-Singh-Palastes, auch bekannt als Old Palace, beherbergen das 1944 gegründete Archäologische Museum und sind in das **Government Museum** mit Funden aus dem 1. und 2. Jahrhundert umgewandelt worden. Am besten erhalten ist das orangefarbene **Kamra Khas Mahal** an der Westseite des Forts. Es besitzt Jain-Skulpturen, eine Waffensammlung und Manuskripte in arabischer Schrift und in Sanskrit. Ausgestellt werden beispielsweise Schnitzereien aus dem 2. Jahrhundert sowie Darstellungen Shivas und Parvatis aus dem 7. Jahrhundert, des Jain-Heiligen Parshva aus dem 11. Jahrhundert und eines Ganesha aus dem 10. Jahrhundert. Das Prunkstück der Sammlung aber ist der aus dem 2. Jahrhundert stammende Shivalingam aus rotem Sandstein. Der **Raja-Badan-Singh-Palast** nebenan enthält eine eindrucksvolle Durbar-Halle, deren Wände, Pfeiler und Bögen mit feinen Steinmetzarbeiten versehen sind. Von einem in die Wand eingelassenen Alkoven aus hielt der Raja Hof. Der Palast steht auf dem höchsten Punkt und wurde um 1733 erbaut. Das **Mahal Khas** von Raja Balwant Singh (regierte 1826–1853) im Osten des Forts wurde um 1733 erbaut. Es enthält die Gemächer des Fürsten, die den einfachen Lebensstil der Herrscher widerspiegeln. Im unteren Stockwerk befindet sich ein interessantes Hammam (Bad) mit kleinen Zimmern, Gitterfenstern und gemusterten Marmorfußböden. Die Eckzimmer besitzen Deckengewölbe und sehr hübsch bemalte Wände. Hier befindet sich heute eine Hochschule für Pharmazie. Zwischen dem Government Museum und dem Ashtdhatu-Tor befindet sich der **Nehru Park**, der richtige Ort, um sich zu erholen, frische Luft zu atmen und die Madhuban-Cafeteria zu nutzen.

■ Golbagh-Palast

Sehenswert ist auch der Golbagh-Palast, gebaut 1903 von Maharaja Kishan Singh von Bharatpur (1899–1929). Früher residierte in diesem Palast der Maharaja, heute wohnt die Fürstenfamilie im nahegelegenen Moti-Mahal-Palast.

Das faszinierende Bauwerk entstand Anfang des 20. Jahrhunderts und vereint zahlreiche verschiedene Stilrichtungen von den Sommerpalästen in Deeg über Mogul-Einflüsse bis zu den Jugendstilsalons Europas.

Der Golbagh-Palast enthält eine Fülle von Lotosbögen, ornamentierten Balkonen, Baldachinen und filigranem Gitterwerk. Bei den Gitterfenstern ist der Einfluss des europäischen Jugendstils unverkennbar.

Das nordöstliche Rajasthan

ℹ Bharatpur

Vorwahl: +91/5644.

Tourist Reception Centre, Saras Circle, Agra Road, Tel. +91/5644/222542; Mo–Sa 10–17 Uhr (jeder 2. Sa geschlossen!).

Lohagarh-Fort; tägl. 10–16.30 Uhr außer Fr, 3 Rs, Kamera 10 Rs, Video 20 Rs.

Bharatpur liegt an der Eisenbahnlinie Delhi–Mumbai und ist auch von vielen anderen Orten mit der Bahn zu erreichen. Der Bahnhof von Bharatpur liegt ca. 5 km von der Hotelzone entfernt.

Es gibt von Bharatpur gute Busverbindungen in Städte wie Jaipur (4,5 Std.) und Delhi (5 Std.). Häufige Busverbindungen mit Agra (1,5 Std.) und Fatehpur Sikri (1 Std.).

🛏 **Laxmi Vilas Palace** (***), Kakaji ki Kothi, Agra Road, Bharatpur-312001, Tel. +91/5644/2231199, www.laxmivilas.com. Traum-

hafter Palast vom Ende des 19. Jahrhunderts, gehört zur Heritage-Hotelkette. Große Zimmer mit antiken Möbeln, mit Pool und Restaurant.

Hotel Sunbird (***), Bird Sanctuary Road, Bharatpur-321001, Tel. +91/5644/225701, www.hotelsunbird.com. Direkt in der Nähe des Keolado-Parks gelegenes Hotel mit sauberen Zimmern, freundlicher Atmosphäre und ordentlichem Restaurant im Freien.

Birder's Inn (***), Bird Sanctuary Road, Tel. +91/5644/227346, www.birdersinn.com; 20 Zimmer. Nicht nur bei Ornithologen beliebtes Hotel nah am Keoladeo-Nationalpark, große, gepflegte Zimmer, Innenpool, Restaurant, Wi-Fi und netten Sitzplätzen im Garten; gutes Preis-Leistungsverhältnis.

Jungle Lodge (*), Gori Shankur Colony, Tel. +91/5644/225622, www.jungle-lodge.dk. Acht einfache, saubere Zimmer in einem Garten. Kleines Terrassenrestaurant und Fahrradverleih.

Falcon Guest House (**), Tel. +91/5644/223815, http://falconguesthouse.com. Kleiner Familienbetrieb, angenehme Zimmer, Wi-Fi, gutes Restaurant im Garten.

Papagei im Nationalpark

Keoladeo-Nationalpark

Der Keoladeo-Nationalpark ist ein Vogelschutzgebiet, das seinen Namen einem alten Shivatempel im Zentrum von Bharatpur verdankt. Zwar ist der Nationalpark mit 29 Quadratkilometern verhältnismäßig klein, doch zählen ihn die Ornithologen wegen seines Artenreichtums zu den interessantesten der Welt. Seit Ende des 19. Jahrhunderts war das Feuchtgebiet im Süden der Stadt Bharatpur ein Jagdrevier des Maharaja und seiner Gäste. Besonders auf der Entenjagd entlud sich die Schießfreude dieser Gesellschaft – bis zu 5000 Enten an einem Tag sollen erlegt worden sein. Auf einer Sandsteintafel im Park sind die Abschüsse penibel aufgezeichnet. Zwar darf seit 1964 nichts mehr geschossen werden, der Maharaja selbst durfte aber noch bis 1972 hier jagen. Neun Jahre später erhielt das Vogelschutzgebiet den Status eines Nationalparks und ist sogar in die Liste schützenswerter Naturdenkmäler der UNESCO aufgenommen worden. Die Sumpf- und Wasserflächen, die wäh-

rend der Regenzeit bis zu zehn Prozent der Parkfläche ausmachen, trocknen in den Monaten vor dem Monsun neuerdings immer öfter aus. Die Folge ist eine dramatische Verringerung der Artenvielfalt. Mit einer Pipeline vom 17 Kilometer entfernten Govardhan-Staudamm soll das Problem des fehlenden Wassers irgendwann einmal gelöst werden – falls es dann nicht zu spät ist.

Noch bietet der Keoladeo-Nationalpark über 350 Vogelarten einen Lebensraum. Sie kommen vor allem zwischen November und Februar aus Zentralasien, Tibet, Afghanistan, um im Seengebiet, im Marschland und im dicht bewachsenen Buschgebiet zu überwintern. Zu den Zugvögeln gehören Kraniche, Pelikane und Gänse, zu den ständig hier lebenden Arten Kormorane, Reiher und Störche. Eine Liste der im Park anzutreffenden Vögel findet sich auf der Website des Hotels ›Sunbird‹ (www.hotelsunbird.com, ›Checklist‹).

ℹ Keoladeo-Nationalpark

Vorwahl: +91/5644.
Tourist Reception Centre, im Saras-Tourist Bungalow, Tel. +91/5644/222542; Mo–Sa 10–17 Uhr.

Keoladeo-Nationalpark; tägl. 6–18 Uhr. 400 Rs, Kamera 25 Rs, Video 400 Rs. Der Nationalpark ist ganzjährig geöffnet und hat zu jeder Jahreszeit etwas zu bieten. Die meisten Besucher kommen zwischen Oktober und Februar. Fahrradverleih am Eingang

Bharatpur Ashok (***), Keoladeo National Park, Bharatpur-312002, Tel. +91/5644/222722, www.theashokgroup.com; 17 Zimmer. Einzige im Park gelegene Unterkunft (staatlich), sehr ruhig und gemütlich, allerdings etwas in die Jahre gekommen. Teures Restaurant.

Karte S. 155

Dhaulpur

Rund 100 Kilometer südöstlich von Bharatpur liegt Dhaulpur (Dholpur), die frühere Hauptstadt des gleichnamigen Fürstentums. Dhaulpur liegt abseits der großen Touristenrouten und hat noch nichts von der Ursprünglichkeit eingebüßt. Berühmt ist die Stadt für ihre Steinbrüche, in denen rosafarbener Sandstein abgebaut wird.

Die Stadt am Ufer des Chambal wurde im 11. Jahrhundert als Dholdera oder Dhawalpun von Raja Dholan Deo Tonwar gegründet, ihre Herrscher waren Vasallen der Hindu-Rajas von Delhi. Einer von ihnen führte 1175 die Truppen des letzten großen Raja von Delhi in eine Schlacht, in der er selbst den Tod fand. Auch die entscheidende Schlacht zwischen dem Thronerben Dara Shukoh (1615–1659) und seinem jüngeren Bruder Aurangzeb, der schließlich Mogulkaiser wurde, fand in der Umgebung statt.

Im **Raj-Niwas-Palast**, einem prachtvollen Sandsteinbau aus dem frühen 19. Jahrhundert und heute ein Luxushotel, sind einige Räume vom Fußboden bis zur Decke mit Art-déco-Kacheln gefliest. Auch lohnt der Besuch des **Mausoleums von Sadik Khan** aus dem 16. Jahrhundert, das inzwischen eine Schule beherbergt.

🛏 **Dhaulpur**

Raj-Niwas-Palast (****) Dhaulpur-328001, Tel. +91/7665002151, www.dholpur palace.com; 8 ›Royal Palace Rooms‹ und 18 ›Luxury Villas‹. Mit Kinosaal, Bibliothek, Konferenzraum, Swimmingpool, Pferdetouren und Fahrzeugverleih.

Deeg

Nördlich von Bharatpur liegt Deeg (auch Dig), wo die Jat-Dynastie von Bharatpur ihren Ursprung hat. Badan Singhs Adoptivsohn und Regent, Maharaja Suraj Mal, verlegte 1733 das Zentrum der Dynastie nach Bharatpur, ließ aber um 1760 in dem 34 Kilometer nördlich gelegenen Ort einen der zauberhaftesten Paläste im Stil der Mogularchitektur bauen. Allerdings wird diese Stätte nur selten von Touristen aufgesucht. Man muss schon wissen, welche Schätze einen erwarten, denn auf der Durchreise macht das etwas verstaubt wirkende Provinznest einen eher unansehnlichen Eindruck. Schnell ist man auf dem Weg nach Alwar daran vorbeigefahren.

■ Palastbereich

Die Paläste von Deeg formen ein Viereck. Das Gebäude im Norden wird **Nand Bhawan** genannt. Das Hauptgebäude im Westen, **Gopal Bhawan**, ist das größte Gebäude der Anlage. An jeder Seite befinden sich zwei weitere Gebäude, **Sawan** und **Bhadon Bhawan**. An der Südseite des Vierecks befinden sich zwei Paläste. Einer von ihnen, **Suraj Bhawan**, ist völlig aus Marmor erbaut. Der andere, aus grauem Sandstein erbaut, wird **Kishan Bhawan** genannt.

Man betritt den Palastbereich durch das **Singh Pol** und befindet sich sogleich in einem sehr schönen Mogulgarten mit zahlreichen Teichen, Kanälen und 500 Fontänen, die alle einmal im Jahr eingeschaltet werden – doch ohne die Regenbogenfarben, in denen sie in den Zeiten der Maharajas erstrahlten und die ein großartiges Schauspiel geboten haben müssen.

Das größte Gebäude der Anlage ist der elegante Komplex des **Gopal Bhawan**, der 1763 im Westen erbaut wurde. Er erstreckt sich direkt am Ufer des Gopal Sagar, einem der beiden künstlich angelegten Seen, die beiderseits der Anlage liegen. Vor dem Hauptpalast steht zur Hofgartenseite hin auf ornamentierter Marmorplatte ein Bogen aus schwarzem Marmor, möglicherweise ein Beutestück von 1763 aus Delhi, der wegen seiner

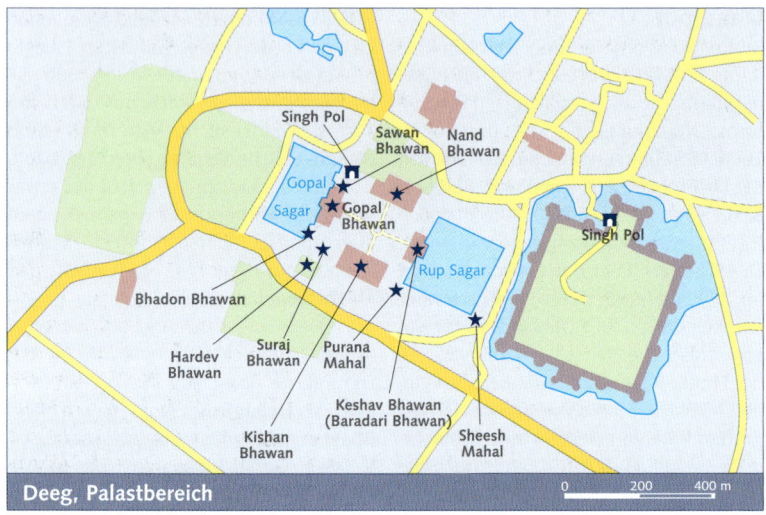

Deeg, Palastbereich

0   200   400 m

Herkunft ›Nur Jahans Schaukel‹ genannt wird. Die zahlreichen Räume des Hauptgebäudes sind hervorragend möbliert, allerdings teilweise renovierungsbedürftig. Zur Gartenseite hin als große Audienzhalle (Diwan-i-Am) mit der Loge für den Maharaja angelegt, hängen von der Decke noch die langen Stoffbahnen, die über Schnüre von außen bewegt wurden und Luft zufächelten. Um das große Spielbrett des Schachraums sind Liegen angeordnet, die Wände sind rot angestrichen.

An beiden Seiten des Gopal Bhawan stehen die kleinen Pavillons **Sawan** und **Bhadon**, die mit ihren bengalischen Dächern die Palastfront sehr harmonisch erscheinen lassen. Sie tragen ihre Namen nach den jährlich ersehnten Monsunmonaten Sawan Bhawan (Juli/August) und Bhadon Bhawan (August/September). Von der Gartenseite aus kann man nur die obersten Stockwerke sehen, besser ist der Blick von der Seeseite, von wo man auch die unteren Stockwerke mit ihren geschwungenen Bögen erkennt. Die geschwungenen, von vergoldeten Spitzen gekrönten Bengaldächer sowie die beiden Säulenreihen schaffen die Illusion zweier Boote.

An der Südseite des Palastkomplexes befinden sich zwei weitere Paläste. Der aus weißem Marmor gefertigte einstöckige **Suraj Bhawan** wurde nach dem Maharaja Suraj Mal benannt und ist vermutlich der ältere Teil der Anlage, umgeben von Gebäuden, deren filigrane Fensterdurchbrüche auf eine Zenana (Frauengemächer) hinweisen. Der Palast ist mit Mosaiken und Einlegearbeiten aus Halbedelsteinen verziert und weist Parallelen zur Mogularchitektur unter Shah Jahan auf. Dahinter wurde der **Hardev Bhawan** errichtet.

Der andere größere Palast an der südlichen Seite ist der aus gelblichem Sandstein erbaute **Kishan Bhawan**, auf dessen Dach eine Treppe führt. Von hier aus genießt man einen herrlichen Rundblick über den gesamten Tempelkomplex. Im Nebengebäude befindet sich ein großes Becken, das als Wasserspeicher dient. Die 13 Fontänen auf seiner Terrasse wurden wie alle Wasserspiele im Garten von diesem großen Wassertank in Dachhöhe neben dem Kishan Bhawan gespeist. Der **Keshav Bhawan** (auch bekannt als Baradari Bhawan) ist ein Gartenpavillon mit hunderten von kleinen Fontänen, der direkt am zweiten See, dem **Rup Sagar**, steht. Er steht gegenüber vom Gopal Bhawan, auf der anderen Seite der Hofanlage und ist mit einer Einfassung von winzigen Strudeln und einer Reihe von Fontänen in der Mitte ausgestattet – Symbole des ungestillten Durstes eines Wüstenvolkes nach Regen. Schwere Steinkugeln auf dem Dach erzeugten ein donnerartiges Geräusch, wenn sie hin und her rollten. Zusammen mit den Kaskaden bot dies die Illusion eines Sommergewitters, sobald Wasser durch Rohre in den Säulen geleitet wurde. Dieses Wasser musste mühsam in Ledereimern von Büffeln hinaufgezogen werden.

Der Keshav Bhawan steht nahe dem **Purana Mahal** an der Südseite des Rup Sagar, der sich durch schöne Wandmalereien aus der Rajputen- und Mogulzeit auszeichnet, auch der **Sheesh Mahal** (Spiegelpalast) von 1725 befindet sich in der Südostecke.

Der um 1760 erbaute **Nand Bhawan** nördlich des Zentralgartens, eine lange Halle von 45 Metern, ist von einer Arkade mit sieben Torbögen umgeben. Eine zentrale Arkade teilt die Halle in einen Innen- und einen Außenbereich. Jeder flankierende Flügel des Pavillons besteht aus erhöhten Fluren, deren Wände mit ornamentierten Balkonen versehen sind.

■ **Deeg-Fort**

Weitaus martialischer wirkt das von Bastionen und Wassergraben umschlossene, auf einer kleinen Erhebung liegende Fort, von dem jedoch nur noch bescheidene Reste erhalten sind. Es wurde 1722 erbaut, gleich nach der Begründung des unabhängigen Fürstentums. Mauerringe, ein Wassergraben und drei massive Tore sicherten die Festung, die heute Verwaltungsbehörden beherbergt.

Durch das **Singh-Tor** betritt man den Palastbezirk des Forts von Norden her und sieht das Schema eines Mogulgartens vor sich liegen, wie es viele Miniaturen zeigen – den Charbagh. Wasserläufe, die von einem klassischen achteckigen Bassin in der Mitte ausgehen, gliedern den Garten in vier quadratische Beete. Jeder Kanal läuft auf einen Pavillon zu. Die nähere Besichtigung eines verfallenen Bhawan mit zwei Höfen lohnt indes den Aufwand nicht.

Das nordöstliche Rajasthan

Der Gopal Bhawan

Alwar

Die Fahrt entlang des Highways Nr. 8 von Delhi nach Jaipur führt nach Alwar, die alte Hauptstadt der Naruka-Rajputen und bekannt als das ›Tigertor Rajasthans‹. Obwohl die Stadt mit 315 000 Einwohnern am Rande der Aravalli-Berge verkehrsgünstig auf halbem Wege von Delhi nach Jaipur liegt, nutzen nur wenige Touristen die Gelegenheit zu einem Aufenthalt.

Die Naruka-Rajputen sind ein Zweig des hochrangigen Clans der Kachwahas, die im 12. Jahrhundert aus Gwalior vertrieben wurden und sich in der Gegend um Jaipur und Alwar ansiedelten. 1771 machte sich Rao Pratap Singh (1740–1791), bis dahin ein Vasall Jaipurs, unabhängig und gründete seinen eigenen Staat. Zusätzlich zu dem schon lange bestehenden Fort ließ er ab 1775 eine Hauptstadt errichten. Diese Festung musste mehrfach der Belagerung der Mogularmeen standhalten. Als 1803 die Marathen anstürmten, stellte sich

Alwar auf die Seite der Briten, die dies mit einer Garantieerklärung seiner Unabhängigkeit honorierten.

Der letzte Herrscher Maharaja Jay Singh (regierte 1892–1937) war eine schillernde Persönlichkeit, die Weltgewandtheit mit Despotie auf sich vereinte. So benutzte er für seine Tigerjagden angeblich Kinder als Köder und veranstaltete Orgien mit teilweise tödlichen Folgen für einige der Beteiligten. Erst als er jedoch im Zorn über ein verlorenes Spiel sein Polopferd mit Benzin übergoss und anzündete, bestraften ihn die pferdeliebenden Briten 1933 mit dem Verlust seiner Ämter und Verbannung nach Paris.

Vinay-Vilas-Stadtpalast

Der Stadtpalast, 1793 von Maharaja Vinay Singh für seinen Vater Bakhtawar Singh (1781–1815, regierte 1791–1815) erbaut, liegt oberhalb der Stadt. Er stellt eine interessante Mischung zwi-

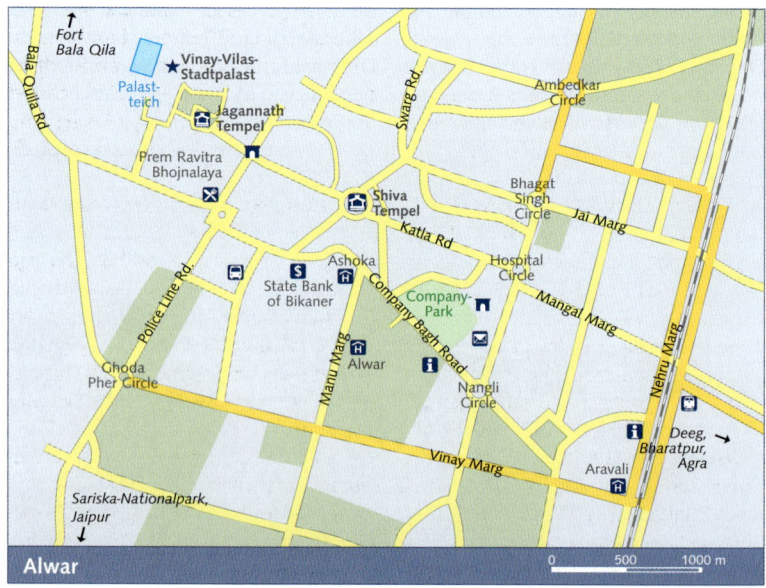

Der Rani Moosi Chattri

schen Stilelementen der Rajputen (Bangaldar-Dachsimse) und Moguln (Flechtwerk und *jalis*) dar und wird heute von der kommunalen Verwaltung und als Polizeihauptquartier genutzt.

Über die Mitteltreppe gelangt man zwischen zwei Marmorpavillons, die auf Lotusblüten-Basen ruhen, in den zentralen **Innenhof** (Durbar Hall) und den **Sheesh Mahal**.

Rechts im Hof gelangt man in das sich über drei Säle erstreckende **City Palace Museum** im ersten Stockwerk. Es enthält eine sehenswerte Sammlung teilweise wertvoller Kunstwerke, wie eine Vishnuskulptur aus dem 11. Jahrhundert, aber auch Sandalen aus Elfenbein und einen Tisch aus massivem Silber. Der Stolz des Museums ist ein 1833 begonnenes und 1848 fertiggestelltes Manuskript des ›Gulistan‹ (Rosengarten), eine Sammlung moralisch-didaktischer Erzählungen des persischen Dichters Saadi (Shadi), der 1292 verstarb. Sie ist reich mit Miniaturen illustriert und wurde im Auftrag eines Maharajas in 15-jähriger Arbeit hergestellt. Ein Prunkstück ist auch eine 24 Meter lange Rolle mit einer Abschrift

der Bhagavadgita, einem philosophischen Lehrgedicht in 18 Gesängen. Die Bibliothek enthält weitere 7000, zum Teil illustrierte Manuskripte, beispielsweise eine zeitgenössische Kopie der Autobiographie des Mogulherrschers Babur. In der Waffensammlung sind Rüstungen und verzierte Waffen ausgestellt, die zumeist aus Persien stammen. Im ersten Raum werden unter anderem eine Büste aus Sevilla, ein altes Fahrrad und ein ausgestopfter Tiger sowie eine schön bearbeitete Veena, eine südindische Laute, gezeigt.

Vom Dach des Palastes hat man einen schönen Ausblick auf die Stadt. Wie auch bei vielen Minaretten erfüllt die niedrige Brüstung des Daches eine rein optische Funktion. Ebenso beeindruckend ist der Blick vom Ufer des künstlich angelegten **Palastteichs** an der Rückseite. Gesäumt wird er von Badetreppen und im Wasser stehenden Pavillons.

An der Südseite des Sees steht auf Säulen aus rotem Sandstein der marmorne **Rani Moosi Chattri** (auch Moosi Maharani Ki Chattri genannt), das Kenotaph des Maharaja Bakhtawar Singh und seiner Frau Moosi Rani, die sich mit ihm verbrennen ließ. Im hinduistischen Indien, wo die Asche des Verstorbenen dem Fluss übergeben wird, konnten solche Chattris nur unter dem Einfluss des Islam entstehen. Der Chattri bietet mit seiner grazilen Konstruktion aus braunem Sandstein und seinen neun weißen Marmordächern ein schönes Beispiel für die Rajputen-Architektur.

Interessant sind die **bengalischen Dächer** der Schreine am Westufer des Sees hinter dem Palast. Kaiser Aurangzeb, der letzte große Mogulkaiser und fanatischer Muslim, entließ bei seinem Amtsantritt sämtliche hinduistischen Künstler, darunter auch Architekten aus Bengalen, die die aus einer Bambuskonstruktion entwickelte Dachform nach Delhi gebracht hatten. Viele Künstler fanden dann in den rajputischen Fürstentümern neue Wirkungskreise, so auch in Alwar. Unterhalb der Kuppel sind Fresken mit Szenen aus den Epen Ramayana und Mahabharata zu sehen. Jenseits des Marmorpavillons befindet sich der prachtvolle **Durbar-Saal**, zu dem man nur mit Genehmigung Zutritt hat. Vergoldete Arabesken überziehen seine Wände und Decken. In der dahinter liegenden Vorhalle schmückt ein Miniaturfries die Wände, hinter Glas und in Gold eingefasst.

Fort Bala Qila

Nordwestlich des Palastteichs, nur wenige Meter von diesem entfernt, führt ein gepflasterter Weg zum etwa 600 Meter hoch liegenden Hügel mit dem mittelalterlichen Bala Qila Fort (Junges Fort), das im 16. Jahrhundert unter den Khanzada-Rajputen auf den Fundamenten einer 928 errichteten Lehmburg der Nikumbh-Rajputen gebaut wurde. Danach wurde es von den Moguln, den Jat und schließlich 1775 von Maharao Raja Pratap Singh (1740–1791, regierte 1775–1791) eingenommen. Zeitweilig hielt hier Akbar seinen aufmüpfigen Sohn Salim, den späteren Herrscher Jahangir, unter Hausarrest.

Das Fort hat rund 65 Türme und sechs Tore: Jai Pol, Suraj Pol, Laksman Pol, Chand Pol, Krishan Pol und Andheri Gate. Nachdem man die Reihe massiger Torbauten passiert hat, gelangt man zum Palast **Nikumbh Mahal** (frühes 19. Jahrhundert). Er besitzt skulptierte Marmorsäulen und Balkone mit fein gearbeitetem Gitterwerk, die sich auf einen Mittelhof öffnen. Im Pavillon (*baradari*) befinden sich an den Wänden und Decken vergoldete Fresken.

Aufgrund der militärischen Nutzung ist die Anlage heute nur mit einer Sondererlaubnis zu besichtigen.

Alwar

Vorwahl: +91/144.
Government Tourist Office, gegenüber dem Bahnhof, Tel. +91/144/221868, Vivekananda Marg, im Zentrum am Company-Park, www.alwartourism.com; Mo–Sa 10–17 Uhr; Informationen zum Sariska-Nationalpark und Hotelreservierungen für Sariska.

Öffnungszeiten und Preise
Stadtpalast; tägl. 10–16.30 Uhr außer Fr.
Alwar Museum, Di–So 10–17 Uhr, 50 Rs.

Alwar liegt 130 km von Jaipur und 160 km von Delhi entfernt und ist von beiden Städten mit Bahn oder Bus erreichbar. Gute Bahnverbindung mit New Delhi (3 Std.), Ajmer (4 Std.), Jaipur (3 Std.) und Jodhpur (10,5 Std.).

Häufig Busse nach Delhi (4 Std.), Jaipur (3 Std.), Deeg (2,5 Std.) und zum Nationalpark Sariska (1 Std.). Der Busbahnhof liegt im Zentrum nahe der ›State Bank of Bikaner‹.

Alwar Hotel (***), 26 Manu Marg, Alwar-301001, Tel. +91/144/2700012, www.alwarhotel.com; 16 Zimmer. Zentral gelegenes Mittelklassehotel mit hübschen Zimmern, üppiger Garten, Tennisplatz und gutes Restaurant.

Aravali (*–**), Nehru Marg, nahe Bahnhof, Buchung unter Tel. +91/144/2332883, www.unahotels.in; 42 Zimmer und Suiten. Ordentliches Hotel mit qualitativ sehr unterschiedlichen Zimmern, gutem Restaurant, Fitnessstudio, Bierbar und Pool.

Ashoka (**), Manu Marg, Alwar-301001, nahe im Busbahnhof, Tel. +91/144/2340780; 30 Zimmer. Einfache, recht ordentliche Unterkunft mit um einen Innenhof angeordneten Zimmern. Restaurant ist vorhanden.

Am Manu Marg, neben dem ›Ashoka‹, befinden sich drei weitere günstige Hotels: **Ankur**, **Atlantic** (http://hotelatlanticalwar. com) und **Imperial** (*–**).

Prem Pavitra Bhojnalaya, Old Bus Stand, Tel. +91/144/2700925; 10–22 Uhr. Besteht seit 1957. Spezialitäten: *aloo parathas* (Brot mit gewürzten Kartoffeln) und *palak paneer* (Käse mit Spinatpüree). Gute Restaurants gibt es auch in den **Hotels Aravali** und **Alwar** (Restaurant ›Angeethi‹).

Ausflüge von Alwar

In der Umgebung von Alwar befinden sich einige sehenswerte Forts und Paläste. Genauso interessant sind jedoch die Begegnungen mit den Angehörigen unterschiedlicher Völker. Der Reisende sieht neben den stolzen Nachfahren der kriegerischen Rajputen auch fleißige Bauern vom Volk der Jat, verwegene Sikhs mit Turbanen hinter den Lenkrädern schwerer Lastkraftwagen sowie fröhliche Schmiede auf ihren rumpelnden Ochsenkarren und Frauen vom Volk der Bhil mit ihrem schweren Messingschmuck.

Vijay Mandir

Etwa zehn Kilometer außerhalb von Alwar erreicht man den Vijay Mandir, einen weitläufigen, von Kuppeln überragten Palast mit prächtig angelegtem Garten. Der sich malerisch im Vijay-Sagar-See spiegelnde Bau soll nach dem Modell eines Schiffes entworfen worden sein. Maharaja Jay Singh hatte zuvor den **Yeshwant Niwas**, einen Palast nach italienischer Bauart, in Auftrag gegeben, der ihm dann jedoch nicht gefiel. Er hat nie darin gewohnt, sondern sofort mit den Arbeiten am Vijay Mandir begonnen. Der Palast kann zwar nicht mehr besichtigt werden, aber allein der äußere Anblick vom Ufer des Sees hinter dem Palast ist beeindruckend.

Rajgarh

Durch die Aravallis werden die vom Arabischen Meer kommenden Monsunwolken zum Aufsteigen gezwungen und bringen der Landschaft reichere Niederschläge als den westlich liegenden Wüstenzonen, sodass die Landwirtschaft hier im östlichen Rajasthan besser gedeihen konnte als jenseits der Berge. Am Fuße einer Anhöhe liegt Rajgarh mit engen Gassen und alten Havelis inmitten der Zitrushaine.

Im gesamten Umland gibt es zahllose Ruinen alter Hügelforts. Das alte **Rajgarh Fort** beispielsweise, das Raja Pratap Singh 1771 errichten ließ, erhebt sich 35 Kilometer südlich von Alwar inmitten bewaldeter Täler. Vor der Gründung von Alwar war dieser Ort der Sitz der alten Hauptstadt gewesen. Später wurde das Fort in einen Sommerpalast umgestaltet. Ein britischer Reisender beschrieb dieses Tal im 19. Jahrhundert als ›ein vollkommenes irdisches Paradies‹: »Malerisch überragen die Mauern des gut erhaltenen Rajgarh Fort die Anhöhe, die aus einem grünen, fruchtbaren, baumüberdachten Tal emporsteigt.« Heute ist das Fort weitgehend verfallen. Mit seinen eigenartigen, verblassten Fresken und seinem Sheesh Mahal (Spiegelsaal) ist es jedoch immer noch ein interessantes Ausflugsziel.

Bairat

Das Dorf Bairat (Viratnagar), 64 Kilometer südwestlich von Alwar, kann mit monumentalen Bauwerken sowie Legenden aus mindestens drei verschiedenen Epochen aufwarten. Aus dem 3. Jahrhundert vor Christus stammt eine buddhistische Chaitya (Gebetshalle), die als älteste freistehende Konstruktion Indiens gilt. Die Ruinen in einem niedrigen Hügel sind zu besichtigen. Man erkennt die Grundmauern des Rundbaus und die Nischen für 26 hölzerne Pfeiler.

Zwischen den riesigen Felsbrocken weiter oben befinden sich die Ruinen eines buddhistischen **Klosters**. Unweit weist auf dem Hügel **Bijak-ki-pahadi** ein auf das 3. Jahrhundert vor Christus zurückgehendes, in den Stein gehauenes Edikt des Herrschers Ashoka auf die damalige Bedeutung der Stadt hin. Ihre Geschichte lässt sich jedoch noch weiter zurückverfolgen, bis in die Entstehungszeit des Mahabharata-Epos, um 1100 vor Christus, denn es heißt, dass hier die Stadt Viratnagar lag, in der die Pandava-Helden das 13. Jahr ihres Exils verbrachten. In der Nähe steht ein **Chattri** aus dem 16. Jahrhundert mit einigen der ältesten Wandgemälden Rajasthans. Es hat angeblich dem Mogulherrscher Akbar als Jagdhaus und als Nachtquartier auf seiner Pilgerreise nach Ajmer gedient.

Bhangarh

Am Rand des Sariska-Reservats stößt man – 53 Kilometer von seinem Eingangstor entfernt – auf die Ruinenstadt Bhangarh. Hier befinden sich – inmitten der Wildnis, vor einer Kulisse aus bewaldeten Hügeln – die verfallenen Pavillons, Mauern und Tempel einer unheimlichen Geisterstadt.

▲ *Die Geisterstadt Bhangarh*

Die angeblich 1573 während der Regentschaft von Maharaja Bhagawant Das (1574–1589) erbaute Stadt wird heute von rund 1300 Menschen bewohnt. Madho Singh, der zweite Sohn des Mogul-Armeeführers Maharaja Man Singh von Amber (1550–1614), wurde 1613 Regent von Bhangarh.

Innerhalb des Bhangarh-Forts befindet sich der **Rajputana-Palast**, der nochmals von zwei Festungen umgeben ist. Zu den beeindruckenden Gebäuden innerhalb des Forts gehört der von einer Kragsteinkuppel überwölbte Gopinath-Tempel und des Someshvar-Tempels (Shiva-Palast) mit kunstvollen Steinmetzarbeiten. Ein weiteres verfallenes Bauwerk, heute **Randiyon ka Mahal** (Palast der Prostituierten) genannt, befindet sich in der Nähe. Der Name verweist auf die Kurtisanen, für die der Palast angeblich gebaut worden sein soll. Über allem ragt eine Kuppel auf der Anhöhe empor, von der aus sich eine einmalige Aussicht über die herrliche Landschaft bietet.

Angriffe auf Touristen haben die Regierung veranlasst, den Zugang zum Fort von Sonnenuntergang bis Sonnenaufgang für Besucher zu sperren.

Sariska-Wildreservat

40 Kilometer südwestlich von Alwar signalisiert hoher Baumbestand die Nähe des Wildschutzreservats Sariska, ehemaliges Jagdgebiet des Maharajas von Alwar in den Aravallibergen. Das Sariska Reserve wurde 1955 zum Schutzgebiet erklärt und 1979 in das ›Project Tiger‹ einbezogen. Das romantische, sich zwischen zwei Gebirgszüge der Aravallis schmiegende Revier wurde in einen Nationalpark und der Jagdpalast in ein Hotel verwandelt.

Der Abstecher zum Reservat lohnt für eine Teepause in dem über dem See gelegenen ehemaligen Jagdschloss, dem

Das Sariska-Reservat ist für seinen Vogelreichtum bekannt

Sariska Palace, heute ein elegantes Luxushotel. Insgesamt umfasst der Park rund 830 Quadratkilometer, davon 480 Quadratkilometer als besonders geschützten Kernraum.

Das Reservat war einst berühmt wegen seines Bestandes an vierhörnigen Antilopen, Tigern und Leoparden, doch wurden zumindest die Raubkatzen völlig ausgerottet. Der berüchtigte Maharaja Jay Singh, der 40 Jahre regierte, bevor er von den Briten abgesetzt wurde, trug mit seinen Gästen, vornehmlich den Vizekönigen, den Herzögen und Lords der Kolonialmacht, ausgiebig dazu bei, dass Tiger, Panther und Leoparden in diesem Aravallital dezimiert wurden. Seine große Leidenschaft war die Tigerjagd, und er wehrte sich lange dagegen, dass eine öffentliche Straße durch sein Gebiet geführt wurde, weil das seine Raubkatzen stören könnte, für deren ungehinderten Abschuss bei Treibjagden er breite Schneisen in den Wald schlagen ließ.

Der **Tiger Tower** ist für nächtliche Beobachtungen mit Matratzen ausgerüstet. Im Winter muss man zudem an Wolldecken denken. In den frühen Morgenstunden und vor Sonnenuntergang kann man im Jeep Streifzüge unternehmen. Abseits der asphaltierten Straße, die durch den Park führt, wird man an den Wasserstellen auf einiges Wild stoßen. Im Winter bedienen sich Zugvögel aus dem Nordosten Asiens am Fischreichtum des zehn Quadratkilometer großen Stausees, in den Monaten vor dem Monsun ziehen die Kühe auf dem weithin ausgetrockneten Seeboden zur Weide, und den Fischern bleiben die tieferen Wasserstellen. Überdies ist der mit Bäumen, Büschen und sogar Palmen bewachsene Sariska-Park auch landschaftlich reizvoll.

Der Name des Tiger Towers muss allerdings demnächst wohl geändert werden: Durch Wilderer wurde der Bestand an Tigern in den letzten Jahren derart dezimiert, dass angeblich nur noch drei dieser herrlichen Tiere hier leben. Weiter verbreitet sind hingegen gefleckte indische Axis-Hirsche und große Nilgau-Antilopen, dazu eine aus 300 Arten bestehende Vogelweit. Auch Leoparden und Panther, Schakale, Hyänen, Wild- und

Stachelschweine sollen im Reservat zu finden sein.

Nahe dem Wachturm, etwa zehn Kilometer vom Parkeingang entfernt, befindet sich der **Hanuman-Tempel** (auch Pandu Pol genannt). Um ihn herum tummeln sich hunderte von Affen.

Tief im Wald dagegen versteckt sich das ehemalige **Fort Knakwari** (19 Kilometer vom Einfahrtstor des Wildreservats). Dort soll der Kronprinz Dara Shukoh nach der Schlacht von Deorai bei Ajmer (1659) von seinem Bruder Aurangzeb gefangengehalten worden sein.

Außerhalb des Wildparks, 32 Kilometer vom Tor des Sariska-Wildschutzgebiets entfernt, befinden sich die **Ruinen des Shivatempel Neelkanth**, der auch erotische Skulpturen im Khajuraho-Stil zeigt. Es ist verboten, hier zu fotografieren. In Neelkanth erhoben sich einst über 80 prachtvoll skulptierte Tempel, die zwischen dem 6. und 9. Jahrhundert erbaut wurden.

Wieder zurück auf der Straße nach Jaipur, weichen die Berge zurück, das Tal wird breiter und grüner.

 Sariska-Wildreservat

Vorwahl: +91/144.
Forest Reception Centre, Jaipur Road, Tel. +91/144/2841333. Jeeps für die Parkbesichtigung.

Das Reservat ist ganzjährig geöffnet, im Sommer 6–17 Uhr, im Winter 7–16 Uhr. Eintritt pro Fahrzeug 250 Rs, pro Person 450 Rs, Video 200 Rs.

Von Alwar (37 km) stehen Busverbindungen und Taxis nach Sariska zur Auswahl. Busverbindung von Alwar (1 Std.) und Jaipur (3 Std.) bis zum Parkeingang am Forest Reception Center, dort Mietjeeps für die Fahrt durch den Park.

Sariska Palace (****), Banar Road, Distrikt Alwar-3010022, Tel. +91/144/2841323, www.thesariskapalace.in; 75 Zimmer. Heritage-Hotel. Die riesige Jagdhütte mit Ecktürmen und Erkern, die einst den Herrschern Alwars gehörte, liegt direkt am Eingang zum Sariska-Nationalpark. Das Hotel hat Zimmer mit Art-déco-Möbeln und geschmackvollen Einrichtungsgegenständen, ein Restaurant, weitläufige Rasenflächen im großem Garten, einen Konferenzsaal und einen Tennisplatz.

RTDC Tiger Den Sariska (*),Tel. +91/144/2841342, www.rtdc.in/tigerden.htm: 8 Zimmer. In dem modernen Sandsteinbau der einfachen staatlichen Unterkunft direkt neben dem Parkeingang befinden sich schmucklose Zimmer mit Balkon.

Jaipur

Die rajputische Hauptstadt Jaipur ist eine relativ neue Stadt, zu der bereits Maharaja Sawai Jay Singh II. (1688–1743, regierte 1699–1743) Ende November 1727 den Grundstein legte. Auf der Grundlage der hinduistischen Schrift ›Shilpa shastra‹, einer Art indischen Lehrbuch für Baukunst, wurde eine Stadt am Reißbrett entworfen. Sie ist schachbrettartig in neun quadratische Viertel aufgeteilt und ist heute mit etwa drei Millionen Einwohnern die größte Stadt Rajasthans. Den Namen ›Pink city‹ verdankt die Stadt allerdings der Tatsache, dass der Maharaja anlässlich des Besuchs des Prince of Wales, dem späteren König Edward VII. (1841–1910), im Jahr 1876 alle Häuser einheitlich in Rosa streichen ließ. Seither sieht man überwiegend die satt rosa-orange gefärbten Häuser, an denen allerdings schon der Zahn der Zeit nagt und an denen die Farben allmählich verblassen.

Basare

In Jaipur lohnt es sich, einmal die Erkundung von Sehenswürdigkeiten beiseite zu lassen und in das Gewühl der Basarstraßen einzutauchen. Man entkommt

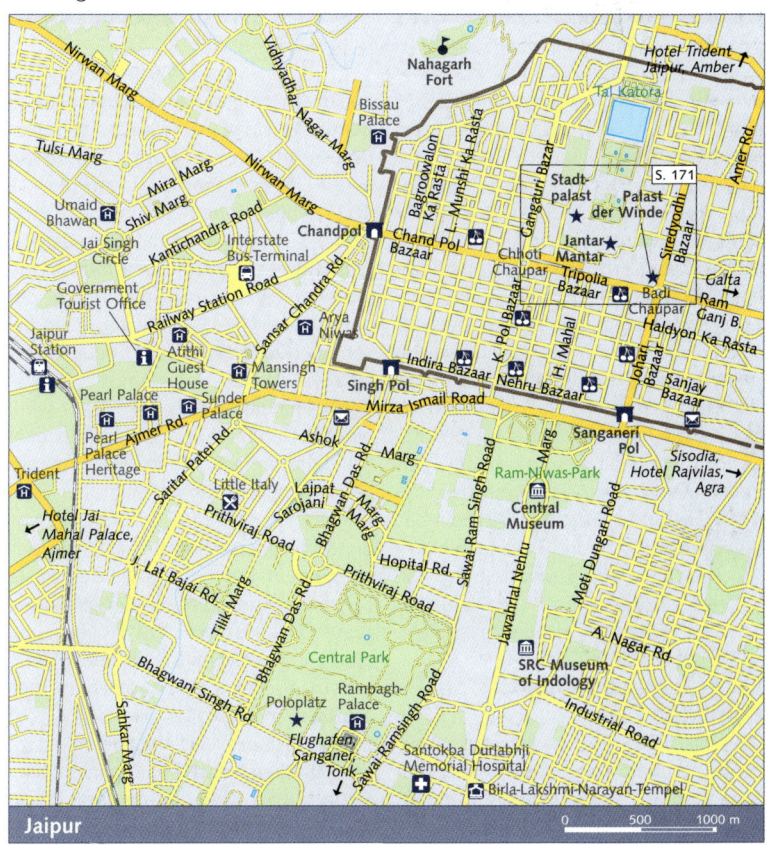

Jaipur

0   500   1000 m

Das Wahrzeichen Jaipurs: der Palast der Winde

ihm ohnehin nicht, wenn man sich auf den Weg zum Stadtpalast macht. Wie in orientalischen Ländern üblich, sind die Handwerksbereiche nach Branchen zusammengefasst. Im **Johri-Bazaar** (Juweliermarkt) findet man Silberschmuck und Minakari-Arbeiten (Emaille), im **Kishanpol-Bazaar** hat man sich auf Messingwaren spezialisiert, zudem wird *ittar*, das schwere indische Parfüm, angeboten. **Bapu-**, **Nehru-** und **Indira-Bazaar** sind auf Textilien spezialisiert, der **Tripolia-Bazaar** auf die für Jaipur typischen blauen Keramiken. Und dazwischen findet man immer wieder die Stände mit fremdartigen Gewürzen, Früchten, Artikeln des täglichen Bedarfs und Heiligenbildern. Auf dem **Chandpol-Bazaar** ist von Gewürzen bis zu kitschigen Lithographien beliebter Götter nahezu alles zu erhalten.

Central Museum und Rambagh-Palast

Über die breite Straße Johari Bazaar gelangt man vom Palast der Winde zum Sanganeri Pol. Jenseits dieses Tores beginnt der **Ram-Niwas-Park**, beherrscht von der mächtigen **Prince Albert Hall**, zu der der Prince of Wales anlässlich seines Besuchs im Jahre 1876 den Grundstein legte. Der von Swinton Jacob (1841–1917) entworfene Bau beherbergt heute das Central Museum, eines der bedeutendsten Kunstmuseen Indiens mit umfangreicher Miniatursammlung der unterschiedlichen Malschulen. Eine besondere Kostbarkeit ist ein neun Meter langes Gemälde, mit dem die Ballade des heldenhaften Pabuji illustriert wird, einer volkstümlichen Gottheit aus dem 14. Jahrhundert. In der wissenschaftlichen Abteilung findet man aber auch Skelette, ausgestopfte Tiere und ein Modell mit Folterszenen britischer Kolonialherren. Im Erdgeschoss werden einige Szenen in Form lebensgroßer Dioramen präsentiert, darunter das Holifest und eine Hochzeitsgesellschaft. Auch dem rajasthanischen Kunsthandwerk ist breiter Raum gewidmet.

Südwestlich des Museums befindet sich der **Rambagh-Palast**, den Maharaja Ram Singh (1833–1880) für die Jagd errichten ließ, ehe ihn Maharaja Sawai Man

Karte S. 169

Singh II. (1911–1970) zur luxuriösen Residenz erkor. Der neue Palast war die letzte Hauptresidenz unter den zahlreichen Schlössern der Könige von Jaipur aus der Kachwaha-Dynastie, die zu den reichsten Großkönigen Indiens zählen, und wurde – zusammen mit weitläufigem Park und der Schwimmhalle – von der Familie als Luxushotel verpachtet. Häufig finden hier Hochzeiten statt, die auch im modernen Indien als wichtige gesellschaftliche Gradmesser der gesellschaftlichen Bedeutung gelten. Die Brauteltern haben alle Kosten für Beherbergung, Bewirtung und Unterhaltung einer oft großen Gästeschar bei mehrtägigen Hochzeitsriten und dem anschließenden Gratulationsempfang zu tragen. Der Rang einer Familie wird nach der von der Braut präsentierten Goldmenge bewertet.

Man sollte auf jeden Fall auf der Terrasse unter den kreisenden Ventilatoren einen Tee nehmen oder der Polo-Bar mit den Sporttrophäen des letzten regierenden Maharajas einen Besuch abstatten.

Stadtpalast

Der Stadtpalast ist der Mittelpunkt der Stadt, zumal zwei von den neun Stadtvierteln zum Palastbezirk zählen. Er besteht aus verschiedenen Gebäuden und bildet nahezu eine eigene Stadt in der Stadt. Seine Pracht steht jedoch im Widerspruch zu den Märkten und Wohnblocks, die sich innerhalb der mit Zinnen bewehrten Mauer mit ihren sieben Toren befinden, die einst die Stadtgrenze bildete.

Der weitgehend aus rotem Sandstein errichtete Stadtpalast bildete bereits im Entwurf von Maharaja Sawai Jay Singh II. das Zentrum von Jaipur. Von 1727 bis 1947 war der Stadtpalast die Residenz der Könige von Jaipur. Derzeit wird nur noch der zentrale **Mondpalast** von der ehemaligen Herrscherfamilie bewohnt; einige Hallen und Höfe des riesigen Stadtpalastes bergen kostbare Sammlungen von Prunkwaffen, Miniaturmalereien, Schmuck, Musikinstrumenten und höfischen Gewändern.

Das nordöstliche Rajasthan

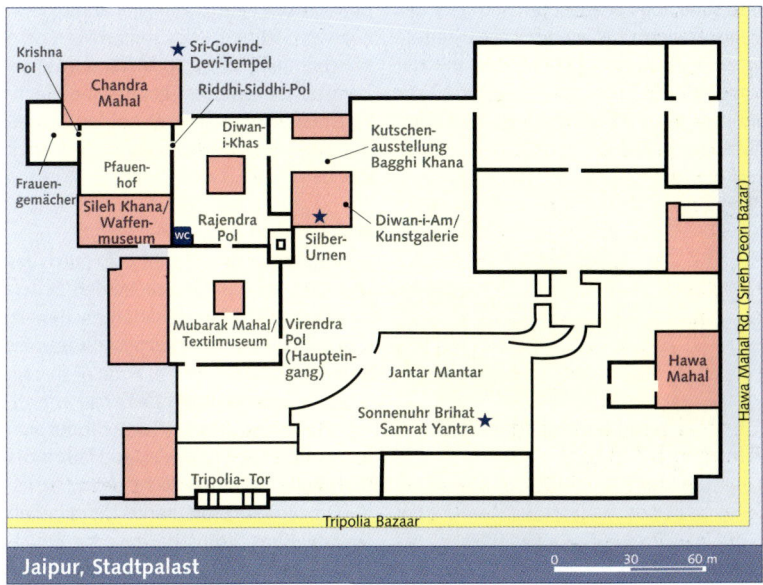

Jaipur, Stadtpalast

■ Mubarak Mahal

Man erreicht den Stadtpalast, wenn man vom sieben Meter hohen und drei Meter dicken **Singh Pol** die nördlich sich anschließende Khajane Walon Ka Rasta mit seinen Werkstätten zum Chand Pol Bazaar entlangwandert. Folgt man diesem rechts weiter, gelangt man zum Cchoti Chaupar. Geradeaus weiter käme man zum Badi Chaupar und zum Palast der Winde. Um zum Stadtpalast zu gelangen, biegt man kurz vor dem **Tripolia-Tor** nach links in eine schmale Gasse ein, die nicht leicht zu finden ist. Das große dreibogige Tripolia-Tor an der Südseite des Palastes ist heute der Maharaja-Familie vorbehalten. Touristen betreten den Stadtpalast durch das **Virendra Pol**, das **Udai Pol** oder das **Atish Pol** (Stalltor). Durch das **Virendra Pol**, dem Hauptzugang zum Palast, gelangt man zunächst zum eleganten Marmorbau **Mubarak Mahal** (Palast der Begrüßung) von 1890, der als Gästehaus errichtet wurde. Dieses erste frei stehende, mehrstöckige Gebäude, das man beim Betreten des Palastes sieht, hat eine fein gearbeitete Fassade. Der zweistöckige Bau mit der umlaufenden Veranda war zuerst Gästehaus, dann das fürstliche Sekretariat (Mahakma Khas).

Wächter am Rajendra Pol

In diesem Palast befindet sich im ersten Stock das **Textilmuseum** (Toshakhanai), in dem man kostbare Gewänder der Fürstenfamilie aus Brokat, Seide und feinem Musselin bewundern kann. Darunter befindet sich eine wertvolle, mit Gold durchwobene und mit Perlen und Edelsteinen besetzte Brokatrobe für den schwergewichtigen Maharaja Sawai Madho Singh II., der immerhin einen Bauchumfang von 1,80 Meter aufweisen konnte. Zu sehen ist auch seine Hochzeitsbekleidung, ein rot-goldenes Kleidungsstück mit einem gefalteten Rock aus dem Jahre 1790.

■ Diwan-i-Khas

Vom Mubarak Mahal geht man durch das **Rajendra Pol**, an dessen beiden Seiten riesige, weiße Marmorelefanten stehen. Anlässlich der Geburt seines Sohnes, des Maharaja Bhawani Singh, hatte Maharaja Sawai Man Singh II. sie 1931 hier aufstellen lassen. Hinter dem Tor befindet sich in der Mitte des dunkelroten Haupthofs die ehemalige öffentliche Audienzhalle (Diwan-i-Am), die heute den Namen **Diwan-i-Khas** (Empfangshalle für Privataudienzen) hat. Diese Säulenhalle in den

Karte S. 171

▲ *Der Diwan-i-Kas*

Farben pink und weiß ist auch bekannt unter dem Sanskritnamen ›Sarvato Bhadra‹ (auch Sharbata Bhadra). Marmorsäulen und Bögen tragen das prachtvolle Pavillondach. In der Mitte des Hofes befinden sich zwei **Silberurnen**, die 1896 in Jaipur hergestellt wurden und mit je 345 Kilogramm angeblich die größten der Welt sein sollen. Mit 9000 Litern Wasser aus dem heiligen Fluss Ganges gefüllt, enthielten sie den sechs Monate reichenden Vorrat für Madho Singh II., als er 1902 zur Krönung Edwards VII. nach England reiste.

■ Diwan-i-Am

Rechts vom Diwan-i-Khas führt eine kleine Tür zum Sabha Niwas. Er ist der heutige Diwan-i-Am (Hof für öffentliche Audienzen), wurde von Maharaja Sawai Pratap Singh (1778–1803) gebaut und befindet sich an der Nordseite des Hofes. In diesem Hof wurde 1949 der Maharaja Sawai Man Singh II. feierlich zum Gouverneur des indischen Bundesstaates Rajasthan ernannt.

Im Diwan-i-Am ist heute die **Kunstgalerie** untergebracht. Diese beherbergt einen bedeutenden Teil des Palastmuseums, beispielsweise Kronleuchter, Wandbehänge und sogar Elefantensänften sowie eine umfangreiche Sammlung alter Teppiche, Miniaturmalereien und Manuskripte. Die Manuskriptsammlung ist besonders wertvoll, birgt sie doch eine wunderbare, mit Bildern verzierte Schriftrolle der Bhagavadgita und ein Exemplar des alten Shivapurana in winziger Kalligraphie. Zwei der bemerkenswerten Miniaturen sind von besonderem Interesse. Auf einem Gemälde der Madonna mit Kind wurde Josef im Stil der europäischen Renaissance dargestellt, während Maria den für die Mogulzeit charakteristischen Kopfschmuck und Ohrringe trägt. Zu den besten Kunstwerken zählt das fast vollständig in Schwarz und Weiß ausgeführte Bild eines Liebespaars bei stimmungsvollem Mondschein. Die kostbaren Teppiche stammen aus Herat (im Iran) und Lahore (in Pakistan) und wurden im 17. Jahrhundert gefertigt. Bei einem Exemplar dieser Sammlung soll es sich gar um den Thronteppich des Moguls Jahangir handeln. Während man florale goldene, grüne und rote Motive an der in den 1870er Jahren bemalten Decke bestaunen kann, bemerkt man kaum eine mit Gitterwerk versehene Galerie, die an einer der Seiten entlang verläuft. Von hier aus konnten die Frauen das Geschehen verfolgen, ohne selbst gesehen zu werden.

An derselben Seite des Hofes befindet sich auch die **Kutschenausstellung** (Bagghi Khana).

■ Sileh Khana

Quer über den Hof gelangt man an der westlichen Ecke zum Eingang zur Sileh Khana, der früheren Residenz der Maharani. Sie beherbergt heute auf zwei Etagen das **Waffenmuseum** (Armoury Museum) mit einmaligen Sammlungen, zum Beispiel eine wuchtiges, fünf Kilogramm wiegendes Schwert und einen Helm, der wie ein Turban gestaltet wurde. Es lassen sich auch echte Kuriositäten bewundern, wie der Dolch mit den beiden in die Griffteile eingebauten Minipistolen. Recht blutrünstig mutet eine schwertartige Waffe an, deren Klinge, sobald sie dem unglücklichen Opfer in den Leib gestoßen worden war, aufsprang und die so als eine Art Vorläufer der Dumdum-Geschosse gelten kann. Einigermaßen pervers mutet an, dass diese Tötungswerkzeuge mit kostbaren Edelsteinen verziert und die Golddolche mit Kristallgriffen versehen waren. Es überrascht nicht, dass man auch Kanonen für Kamelreiter sehen kann. In den Räumen des Museums darf nicht fotografiert werden.

Das nordöstliche Rajasthan

■ Pritam Niwas Chowk

Links vom Diwan-i-Khas geht es zum bezaubernden Pfauenhof (Pritam Niwas Chowk). Am Zugang, dem **Riddhi-Siddhi-Pol** stellen sich einige Wächter in blauen Anzügen und leuchtend roten Turbanen für ein Erinnerungsfoto in Positur. Dieser geschlossene Hof besitzt vier in leuchtenden Farben kunstvoll verzierte Tore, die den vier hinduistischen Gottheiten geweiht sind. Sie stellen zugleich die vier Jahreszeiten dar und sind übersät mit Glasmosaiken und glänzendem Messing. Ursprünglich fanden hier Tanzaufführungen für die Fürstenfamilie statt. Das **Nordwesttor** (Green Gate, auch Leheriya-Tor/Wellentor) in grüner Farbe repräsentiert den Frühling, führt in die Frauengemächer des Palastes und ist dem Elefantengott Ganesha gewidmet. Das **Südwesttor** (Lotus Gate) mit Blütenblattmustern zeigt den Sommer, ist Gott Shiva-Parvati geweiht und führt in den Shivatempel des Palastes. Das **Südosttor** (Rose Gate) mit Blumenmustern symbolisiert den Winter und ist der Göttin Devi gewidmet. Das **Nordosttor** (Peacock Gate) oder Pfauentor (mit Motiven von Pfauen über der Tür), das den Herbst darstellen soll, ist Shiva gewidmet und dient als Durchgang zum Hof mit der privaten Audienzhalle.

Der Mondpalast, Chandra Mahal

■ Chandra Mahal

Hinter diesem Quartier befindet sich der siebengeschossige, stufenförmige Chandra Mahal (Mondpalast). Dieser Gebäudekomplex wurde zwischen 1727 und 1734 erbaut. Als Wohnbereich der Maharajafamilie ist er für Besucher nicht zugänglich, neuerdings ist es auch schwierig, ihn aus den gegenüberliegenden Fenstern zu fotografieren. Eifrig wachen Wächter über jede Kamerabewegung. Falls die Flagge aufgezogen ist, ist die Familie im Palast anwesend. Im nördlichen Erdgeschoss befindet sich der **Pritam Niwas** mit italienischen Wandmalereien. Der Hauptteil des Erdgeschosses ist eine Audienzhalle. Der mit Blumenmotiven bemalte **Sukh Niwas** im zweiten Stockwerk erfuhr eine viktorianische Rekonstruktion. Darüber befinden sich im dritten Stock der **Rang Mandir** (Tempel der Farbe), ein prächtiger **Spiegelsaal**, der dem im Roten Fort in Delhi ähnelt, und der **Sobha Niwas** (Haus der Schönheit) mit blauen Fliesen. Die zwei obersten Stockwerke mit dem blauen **Chavi-Niwas-Saal** (Halle der Bilder) im fünften Stock und dem **Sri Niwas** (Leuchtende Halle) mit Spiegeldecken im sechsten Stock sowie der kleine Marmorpavillon **Mukat Niwas** (Haus der Krone) im siebenten Stock sind sehr viel kleiner. Die oberste, spiegelbedeckte Kammer gewährt schöne Ausblicke auf die Niwas-Gärten, den **Sri-Govind-Devji-Tempel** aus dem 18. Jahrhundert und den hochragenden Glockenturm. Der Tempel ist dem Gott Krishna geweiht, dessen Statue um 1730 aus Mathura hierher gebracht wurde, es gibt wunderschöne Teppiche, vergoldete Throne, verzierte Tür- und Fensterstöcke und eine Fülle prächtiger Accessoires zu sehen.

In der Nordwestecke des Pritam Niwas Chowk befindet sich das **Krishna Pol**, das zur Zenana führt.

Durchgang zum Pfauenhof

Hawa Mahal

Den nahegelegenen fünfstöckigen Hawa Mahal (Palast der Winde) errichtete Maharaja Sawai Pratap Singh im Jahre 1799, um den Haremsdamen ungesehen die Beobachtung der Prozessionen zu ermöglichen. Der Name ›Palast der Winde‹ beschreibt die Kühlung, die der durch das Gitterwerk und die Fenster streichende Ostwind erzeugt. Doch der ›Palast‹ ist eigentlich nur eine Potemkinsche Kulisse, denn hinter der Fassade verbergen sich allein schmale Balustraden, von denen aus die Haremsdamen früher durch die vergitterten Fenster einen Blick auf das Treiben der Stadtbewohner erhaschen konnten. Und so sieht der Besucher nur eine Schaufront mit rund 950 Erkern (*jharokhas*) und kleinen Fenstern, welche die Häuserfront gliedern, wobei die rosafarbenen Sandsteinfenster die Form eines wabenartig durchlöcherten halben Achtecks haben. Zusätzlichen Reiz verleihen dem Hawa Mahal die glitzernden Messingspitzen auf den Miniaturdächern. Zudem zieren weiße Konturlinien und Ornamente die vom Maharaja einheitlich für alle Gebäude der Stadt ziegelrot

verordnete Fassade. Das Hawa Mahal ist Jaipurs Wahrzeichen und dürfte nach dem Taj Mahal in Agra das am meisten fotografierte Bauwerk Rajasthans sein. Der Eingang liegt etwas schwer zu finden an der Rückseite. Einen besonders schönen Blick hat man am frühen Morgen von der Dachterrasse der gegenüberliegenden Souvenirgeschäfte.

Jantar Mantar

Gegenüber dem Palasteingang liegt das Jantar Mantar, das Observatorium, das Maharaja Sawai Jay Singh im Jahr 1728 anlegen ließ und das noch heute vollständig mit Instrumenten ausgestattet ist. Das Freiluft-Observatorium steht zwischen dem Stadtpalast und dem Palast der Winde, dem Hawa Mahal und zählt seit 2010 zum UNESCO-Weltkulturerbe. Nach indischen Mythen erklärte der Sonnengott Surya dem Dämonen Maya das Himmelsgetriebe in Romaka-pura, der Stadt Rom – gemeint ist wohl das damals römisch regierte Alexandria in Ägypten. Neben indischen Namen der Gestirne blieben griechische, wie Ära = Ares für Mars oder Hell = Helios für die Sonne, erhalten. An nordindischen Tempeln, besonders in Rajasthan, erhielten die neun Planetengötter (Navagrahas)

Ajmeri-Tor des Stadtpalastes

Teil des Observatorium Jantar Mantar

einen Ehrenplatz auf dem Türsturz zur Cella. Neben Sonne (Surya oder Ravi) und Mond (Soma oder Chandra) erscheinen der weise Buddha, der ›Verständige‹ (Merkur), der freundliche Dämonenlehrer Shukra (Venus), der kriegerische Mangala (Mars), der Götterlehrer Brihaspati (Jupiter), der unheilvolle Shani (Saturn) und die nur in Indien bekannten ›Schattensterne‹ Rahu und Ketu, die Dämonen der Sonnen- und Mondfinsternisse. Am höchsten ragt das futuristisch wirkende **Brihat Samrat Yantra** in den Himmel, eine 44 Meter lange und 27 Meter hohe Sonnenuhr, eine dreieckige Konstruktion mit einer Treppe, die der exakten Ermittlung der Ortszeit diente. Jay Singhs astronomische Theorien gehen (wie die frühe christliche Vorstellung) von dem indischen Weltbild aus, nach dem die Erde das Zentrum des Universums ist. Von der Spitze der Sonnenuhr hat man eine schöne Aussicht über die Gesamtanlage und den Palast bis hinüber zur Tigerfestung. Die beiden in die Erde eingelassenen halbkugelförmigen Marmorschalen (Jai Prakash Yantra) stellen gewissermaßen den auf den Kopf gestellten Himmel dar.

Nahagarh Fort

So, wie hoch über den Palästen von Amber das Fort Jaigarh thront, so wird Jaipur von dem mächtigen Nahagarh-Fort (Tigerfestung) bewacht. Die Zufahrt zu beiden zweigt von der Straße Jaipur-Amber kurz vor dem Tor ab. Wegen des prächtigen Ausblicks ist der zwei Kilometer lange Aufstieg durchaus lohnend. Das Fort ließ Maharaja Sawai Jay Singh 1734 als Höhenfestung für seine neu gegründete Stadt errichten. Die starken, mit Zinnen bekrönten Wälle machten die Festung fast uneinnehmbar.

Innerhalb des Forts befindet sich der Palast **Madhavendra Bhawan**, der mit schönen Freskenmalereien und Marmorsäulen in den neun Apartments, neun anderen Zimmern und der separaten Suite errichtet wurde. Die Zimmer sind mit zahlreichen Korridoren verbunden, die ermöglichen sollten, dass der König unbemerkt zu einer der Frauen gelangen konnte. Zur Palastanlage gehört auch das **Hawa Ghar** (Windzimmer), von dem man bei Sonnenaufgang einen atemberaubenden Blick auf Jaipur genießen kann.

Jaipur-Informationen

Allgemeines

Vorwahl: +91/141.

Bei der **Rajasthan Tourism Development Corporation RTDC** (Tel. +91/141/2202586) und dem **RTDC Tourist Reception Centre** auf Bahnsteig 1 des Bahnhofs (Tel. +91/141/2315714) bekommt man einen übersichtlichen Stadtplan, auch Unterkünfte bei Familien werden vermittelt. Auch im **Government Tourist Office** (Tel. +91/141/2365256, Mo–Fr 9–18 Uhr) Tourist Hotel, Mirza Ismail Marg, erhält man allgemeine Informationen.

Internet: www.pinkcity.net.

■ Telefonnummern

Polizei: 100
Notfall: 101
Krankenwagen: 102

■ Öffnungszeiten und Preise

Central Museum; tägl. 9.30–17 Uhr, Eintritt 150 Rs.

Stadtpalast; tägl. 9.30–16.45 Uhr, Eintritt 300 Rs, Kamera 50 Rs, Video 200 Rs.

Palast der Winde; tägl. Mo und Fr 9–16.30Uhr, Eintritt 50 Rs, Kamera 30 Rs, Video 70 Rs.

Jantar Mantar; tägl. 10–16.30 Uhr, Eintritt 100 Rs, Kamera 50 Rs, Video 100 Rs.

Nahagarh Fort; 10–17.30 Uhr, Eintritt 30 Rs, Kamera 20 Rs, Video 70 Rs.

■ Reiseagenturen

Forts & Palaces Tours Ltd., S-1 Prabhakar Apartment, Vaishali Nagar, Tel. +91/141/2344508, 2352835, www.palacestours.com. Kamelsafaris und Palast-Touren.

Rajasthan Royal Tour, New Loco Hasanpura, nahe G.M. Nursing Home, Tel. +91/141/2220146, www.rajasthanroyaltour.com. Organisiert Rundreisen in Rajasthan.

Rajasthan Travel Service, Ganpati Plaza, Erdgeschoss, an der Mirza Ismail Marg, Tel. +91/141/2389408, www.rajasthantravelservice.com. Organisiert regionale

und Indien-Touren. Verspricht auch Begegnungen mit indischen Frauen verschiedener sozialer Herkunft und beruflicher Tätigkeit.

■ Banken

Thomas Cook, Mirza Ismail Marg, Jaipur Towers, 1. Stock, Tel. +91/141/2360801; tägl. 9.30–18 Uhr.

■ Post

Hauptpost, Mirza Ismail Marg, Tel. +91/141/2368740; Mo–Fr 8–19,45, Sa 10–15.45 Uhr.

DHL Express, G8 Geeta Enclave, Vinobha Road, Tel. +91/141/2361159, www.dhl.co.in; tägl. 10–20 Uhr.

Anreise

■ Mit dem Flugzeug

Sanganer Airport, ca. 10 km südlich von Jaipur. Terminal 1 für internationale Flüge und Air India, Terminal 2 für nationale Flüge. Flugverbindungen mit Delhi (ca. 1 Std.), Jodhpur (1 Std.), Udaipur (1–2,5 Std.) und Mumbai (1,5–2,5 Std.).

■ Mit der Bahn

Bahnverbindung mit New Delhi (5 Std.); Züge auch nach Mumbai (ca. 24 Std.), Jodhpur (ca. 6 Std.), Varanasi (ca. 13 Std.) und Udaipur (ca. 9 Std.).

Links vor dem Bahnhof befindet sich das **Railway Reservation Office**, wo man als Tourist am Schalter 749 Tickets erstehen kann (bis 5 Std. vor Abfahrt).

■ Mit dem Bus

Der **Interstate Bus-Terminal**, etwa 1 km von der Bahnstation entfernt. Gute Busverbindungen bestehen in alle Teile Rajasthans und in die benachbarten Bundesstaaten Uttar Pradesh, Harayana und Punjab. Deluxe-Busse und klimatisierte Luxusbusse von **Rajasthan Roadways** (RSRTC http://rsrtc.rajasthan.gov.in) starten vom Bussteig Nr. 3 in der rechten hinteren Ecke des Busbahnhofs, wo sich auch das Reservierungsbüro befindet, nach Delhi (5 Std.), Jodhpur (7,5 Std.), Agra (5,5 Std.), Chittaurgarh (7 St.), Udaipur (10 Std.) und Nawalgarh bzw. Jhunjhunun (4–5 Std.).

■ Mit dem Auto

Die 300 km lange Straße von Delhi nach Jaipur ist gut ausgebaut.
Mericar, Tel. +91/141/4188888, www.mericar.in. Kleinwagen für Touren in Jaipur und Umgebung.

Unterkünfte

■ Oberster Preisbereich

Jai Mahal Palace (*****), Jacob Road, Civil Lines, Jaipur-302006, Tel. +91/141/6601111, www.tajhotels.com; 102 Zimmer und 5 Suiten. Der ehemalige Palast der Maharajas von Jaipur aus dem 18. Jahrhundert ist heute ein Heritage-Hotel mit einem solarbeheizten Schwimmbad, Schönheitssalon, Bar, Lounge und Restaurant.
Rajvilas (*****), Goner Road, Jaipur-302012, Tel. +91/141/2680101, www.oberoihotels.com/oberoi_rajvilas; 54 Zimmer, 14 Zelte, 2 Villen. Luxuriöse Oase in einer exotischen Gartenanlage, ca. 5 km außerhalb des Stadtzentrums, die im Jahr 2000 eröffnet wurde. Das Hotel der Oberoi-Hotelkette stellt Deluxe-Zimmer und Luxuszelte mit bambusgestütztem Pyramidendach sowie Villen mit eigenem Pool einschließlich Butlerservice zur Verfügung. Es gibt zwei Restaurants, Bar, Fitness- und Wellnessbereich sowie einen Pool. Stimmungsvoll ist der abends mit Fackeln erleuchtete Hof. Tennis- und Minigolfplatz sowie ein Joggingpfad bieten vielfältige Betätigungsmöglichkeiten.
Rambagh Palace (*****), Bhawani Singh Marg, Jaipur-302005, Tel. +91/141/2211919, www.tajhotels.com; 106 Zimmer und 4 Suiten. Der frühere Palast der Maharaja-Familie ist seit 1950 eines der landesweit besten Palasthotels. Die Suiten sind in ihrer Pracht erhalten, und das Restaurant hat eine bemalte Decke, die an Versailles erinnert. Der Palast, heute unter Verwaltung der Heritage-Hotelkette.

Butler-Service, Tea time auf der Terrasse, Tennis- und Golfclub, Cafeteria, Bar und Einkaufspassage.
Trident Jaipur (*****), Ajmer Road, zwischen Jaipur und Amber, Jaipur-302002, Tel. +91/141/2670101, www.tridenthotels.com; 134 Zimmer. Palastähnliches Hotel von 1977 im internationalen Stil gegenüber dem Wasserschloss Jal Mahal mit schönen großen Balkonzimmern.

■ Oberer Preisbereich

Mansingh Towers (****), Sansar Chandra Road, Jaipur-302001, Tel. +91/141/2378771, www.mansinghhotels.com. 45 Zimmer. Modernes Geschäftshotel, mit Dachrestaurant.

■ Mittlerer Preisbereich

Bissau Palace (***), Nördlich vom Chand Pol, Jaipur-302 016, Tel. +91/141/2304371, +91/141/2304391, www.bissaupalace.com; 36 Zimmer. Das Hotel der Heritage-Hotelkette befindet sich inmitten von Orangen- und Zitronenanlagen und ist umgeben von den Hügeln des Aravalli. Schön sind vor allem die teuren Zimmer im Obergeschoss. Eine charmante Lounge, ein Dachrestaurant, ein Pool und ein Tennisplatz komplettieren das Angebot.
Umaid Bhawan (***), Kali Das Marg, gegenüber vom Bani Park, Tel. +91/141/2316184, +91/141/2206426, www.umaidbhawan.com. Heritage-Hotel mit wertvollem Interieur und geschmackvoll möblierten Zimmern. Mit hübschem Dachrestaurant und Pool.

■ Unterer Preisbereich

Arya Niwas (**–***) Sansar Chandra Marg, Jaipur-303001, Tel. +91/141/2372456, www.aryaniwas; 94 Zimmer. Seit langem bei Globetrottern beliebtes Touristenhotel, mit vegetarischem Selbstbedienungsrestaurant und Fahrradverleih.
Pearl Palace Heritage (**–***), 54 Gopal Bari Lane No. 2, Ajmer Road, Tel. +91/141/2375242, www.pearlpalaceheritage.com. ›Filiale‹ des ›Pearl Palace‹-Hotels. Geräumi-

ge, sehr schöne, mit traditionellen Möbeln und viel Liebe zum Detail ausgestattete Zimmer mit Bad, Wi-Fi; Wäscheservice und Geldwechsel. Sehr gutes Preis-Leistungsverhältnis.

Pearl Palace (*–**), Hari Kishan Somani Marg, Hathroi Fort, Tel. +91/141/2373700, www.hotelpearlpalace.com. Zimmer mit und ohne Bad/Klimaanlage, freundliche Mitarbeiter. Mit schönem Dachrestaurant ›Peacock‹.

Sunder Palace (*–**), Sanjay Marg, Hathroi Fort, Ajmer Road, Tel. +91/141/2360878, www.sunderpalace.com. Beliebtes Budget-Hotel mit großen, schön eingerichteten Zimmern. Mit Restaurant im Garten und auf dem Dach, Geldwechsel.

Atithi Guest House (*), 1 Park House Scheme Road, gegenüber ›All India Radio‹, Tel. +91/141/2378679; 24 Zimmer. Sehr empfehlenswerte, saubere und freundliche Unterkunft, schöne Dachterrasse.

Gastronomie

Copper Chimney, Maya Mansions, Mirza Ismail Marg, Tel. +91/141/2372275; tägl. 12–15, 18.30–23 Uhr. Gepflegtes Restaurant mit angenehmer Atmosphäre und Blick auf die geschäftige Hauptstraße. Hier serviert man indische, europäische und chinesische Küche; auch Bier und andere Alkoholika.

Four Seasons, D-43A2 Subhash Marg, Bhagat Singh Marg, Tel. +91/141/2373700, +91/141/2275450. Eines der besten vegetarischen Restaurants der Stadt mit nordindischer Küche sowie einigen chinesischen Gerichten.

Little Italy, KK Square, C-11, Prithviraj Marg, 3. Stock, Tel. +91/141/4022444; tägl. 12–15.30, 18.30–23 Uhr. Eines der besten italienischen Restaurants der Stadt mit Pizza, Pasta, Risotto sowie mexikanischen Snacks.

Peacock, Hotel ›Pearl Palace‹, Tel. +91/141/2373700. Besonders abends sehr stimmungsvolles Dachrestaurant mit indischer und westlicher Küche.

LMB (Lakshmi Misthan Bandar), Johari Bazaar, nahe Palast der Winde, Tel. +91/141/2560845, +91/141/2578845; 11.30–15.30, 19–23 Uhr. Alteingesessenes vegetarisches Restaurant in der Altstadt, auch bekannt für seine Süßigkeiten. Das Angebot ist nicht allzu aufregend.

Natraj, Mirza Ismail Marg, Tel. +91/141/2375804. Alteingesessenes vegetarisches Restaurant, bietet auch einige chinesische Gerichte und gute Desserts an.

Niro's, Mirza Ismail Marg, Tel. +91/141/2374493; bis 23 Uhr geöffnet. Populäres, bereits 1949 eröffnetes Restaurant mit großem Angebot an indischen, chinesischen und Gerichten der internationalen Küche.

Surya Mahal, Mirza Ismail Marg, Tel. +91/141/2369840. Modernes vegetarisches Restaurant, serviert auch mexikanische Gerichte und Pizza.

Museen und Tempel

Government Central Museum and Modern Art Gallery, Albert Hall, Ram Niwas Bagh; tägl. 9.30–17 Uhr, Eintritt 150 Rs, Audio Guide 110 Rs. Englische und indische Architektur, Volkstrachten, Miniaturmalereien, Skulpturen, Musikinstrumente und ägyptische Mumien.

Philatelic Bureau & Museum, Mirza Ismail Road, Main Post Office; Mo–Sa 10–17 Uhr. Das kleine Museum zeigt historische Briefmarken.

SRC Museum of Indology, Prachaya Vidya Path, 24 Gangwal Park; tägl. 8–18 Uhr, Eintritt 40 Rs. Eine Privatkollektion zur Volkskunst mit Manuskripten von Aurangzeb.

Birla-Lakshmi-Narayan-Tempel, Jawahar Nehru Road; 6–12, 15–20.30 Uhr.

Jaipur am Abend und bei Nacht

■ **Kinos**

Inox Cinema, Crystal Palm Complex, Basis Godam Circle, Tel. +91/141/2379372, www.inoxmovies.com. Bollywood-Blockbuster.

Raj Mandir, Mirza Ismail Marg/Baghwan Das Marg, Tel. +91/141/2379372. Riesiger Kinopalast.

■ Bars

Indian Coffee House, Mirza Ismail Marg, 8–21.30 Uhr. Traditionelles Kaffeehaus mit Snackmenüs.

Lassiwala, Mirza Ismail Marg, gegenüber von ›Niro's‹; ab 19.30 Uhr. Beste Lassis.

Reds, Mall 21. Baghwan Das Marg, 5. Stock, Tel. +91/141/4007710; So–Fr 11–24 Uhr, Sa 11–1.30 Uhr. Mit Blick zum Tiger Fort kann man auf rot-weißen Couches die DJ-Musik genießen.

Veranstaltungen, Feste

Elefantenfest; März. Farbenprächtiger Umzug mit geschmückten Elefanten, einen Tag vor dem Holi-Fest.

Gangaur-Festival; März/April. Fest der Frauen mit Prozession zu Ehren Parvatis.

Einkaufen

Jaipur ist ein Zentrum der Schmuckherstellung. Die größte Auswahl findet man im **Johari Bazaar**. Drucke und Stoffe gibt es in den **Chaupar Stalls**. Die Basare sind eine Freude für alle Sinne, doch wer kaufen will, sollte auf die Qualität achten. Viele Textilien sind nicht waschbeständig und bleichen aus. Sachkenntnis und hartes Feilschen sind notwendig. Schlepper sollte man wegen der hohen Provision (commission) meiden.

Anokhi, KK Square, Prithviraj Marg, 2. Stock, www.anokhi.com; tägl. 9.30–20 Uhr. Moderne Kleidung hoher Qualität mit traditionellen Anklängen und Mustern.

Art Age Ltd., 2 Bhawani Singh Marg. Figuren und Tempelkunst.

Bapu Bazaar (südliche Seite der Stadt, Saris) und Nehru Bazaar (*jootis,* Lederschuhe und Parfüms) bieten Textilien und Schuhe an.

Chandpol Bazaar, Marmorarbeiten.

Choti Chaupar, Gemüsemarkt.

Gem Palace, Mirza Ismail Marg, Tel. +91/141/2374175, www.gempalacejaipur.com. Bekanntes, exquisites Schmuckgeschäft.

Jaisalmer Arts and Crafts, 7–8 Amer Road, Tel. +91/141/2630233. Schmuck und Textilien der Ethnien.

Kishanpol Bazaar, hat sich auf Messingwaren und Textilien spezialisiert.

Kothari Jewellery, 883 Ganga Mata Ki Gali, Johari Bazaar, www.kotharijewellery.com. Tel. +91/141/2577777. Große Auswahl an Halbedelsteinen.

Satguru's, 36 Jagdish Colony, Mount Marg. Breite Auswahl an nach der traditionellen Holzblock-Drucktechnik gefertigten Textilien in schönen Farben.

Sireh Deohri Bazaar. Konzentriert sich auf Textilien, z. B. Turbane und Handarbeiten aus Wolle und Seide (meenakari).

Tholia's-Kuber, Tholia Building, Mirza Ismail Marg, Tel. +91/141/2377416. Geschäft mit großer Auswahl an Schmuck aus Halbedelsteinen.

Tripolia Bazaar. Blaue Töpferware, für die Jaipur bekannt ist, aber auch schlichte Tongefäße für den Alltagsgebrauch.

Jaipur Emporium, Rajasthali Emporium, gegenüber dem Ajmeri Gate, MI Road, Tel. +91/141/5103329; 11–19.30 Uhr. Staatsbetrieb, große Auswahl an Schmuck, Textilien und Kunsthandwerk.

Jodhpur Tailors, 9 Ksheer Sagar Hotel, Moti Lal Atal Marg. Hier bekommt man maßgeschneiderte Anzüge.

Kripal Kumbh, B-18A, Shiv Marg, Bani Park, Tel. +91/141/2201127. Hervorragende Keramiken.

Surana Bhuramal Rajmal, D-68, Jawahar Lal Nehru Marg, Tel. +91/141/257042931. Juwelier speziell für Email-Juwelen und Diamantschmuck.

Sport

Poloplatz, Bhawan Singh Marg, Rajasthan Polo Club, Tel. +91/141/2385380.

Rambagh Golf Club, Bhawan Singh Marg; 6–18.30 Uhr. 18-Loch-Anlage, war einst Teil der Polo-Anlage.

Medizinische Versorgung

Santokba Durlabhji Memorial Hospital, Bhawani Singh Marg, Tel. +91/141/25662518. Gilt als bestes Krankenhaus in Rajasthan.

SMS Hospital, Sawai Ram Singh Marg, Tel. +91/141/2560291. Staatliches Krankenhaus, für Unfälle.

Tagesausflüge von Jaipur

Die Umgebung von Jaipur eignet sich für Tagesausflüge, auf denen man Paläste, Forts, Grabstätten sowie Affentempel besuchen und kunstvolle Handwerkerarbeiten bewundern kann. Die faszinierende Landschaft mit ihren interessanten Städten und Dörfern ist leicht mit Bussen und Taxis zu erreichen.

Auf der Fahrt nach Samode und Amber kommt man am im Jahr 1799 unter Madho Sing I. (1751–1768) erbauten **Jal Mahal** (Wasserpalast) vorbei. Er liegt mitten im Mansagar-See und wird vom gleichnamigen Damm gestaut. Die ersten vier Stockwerke liegen unter Wasser, nur das oberste ragt noch heraus. Der Palast wurde als Jagdhaus genutzt, besitzt anmutige Kuppeln und ist dem Jag Mandir in Udaipur nachempfunden, in dem der Raja seine Kindheit verbrachte.

Samode

Durch Filme wie ›Palast der Winde‹ nach dem Roman von Mary M. Kaye wurde der romantische **Samode-Palast** bekannt. Die Stadt Samode liegt an der alten Karawanenstraße, die von Jaipur über Shekhavati nach Bikaner führt. Bei Chomun biegt man rechts nach Samode ab. Dann beginnt ein Ausflug, auf dem einem als Kurzprogramm einiges begegnet, was Rajasthan auch ausmacht: eine holprige Teerpiste, kleine Dörfer und bewässerte Gemüsefelder.

Dann taucht zu Füßen einer Bergfestung eine kleine, von Mauern umschlossene Ortschaft auf, an deren Ausgang nach windungsreicher Auffahrt sich der **Rang Mahal** (Farbenpalast) erhebt. Bauherr war der Rawal von Samode, Finanzminister in Jaipur im frühen 19. Jahrhundert. Von außen wirkt der 400 Jahre alte Palast, in den man über eine Treppe durch ein massives Tor gelangt, eher einfach. Doch wenn man vom weiten Innenhof in die über 40 geräumigen, exklusiven Räume mit antiken Möbeln und Balkonen gelangt, offenbart sich die ganze Pracht des Palastes. Der Besucher ist beeindruckt von den religiösen Fresken, den vergoldeten und bemalten Wänden sowie mit Spiegelarbeiten geschmückten Decken.

Im **Sheesh Mahal** an der Südseite des Palastes sieht man kleine Spiegelstückchen glitzern und flirren, man kann feine Fresken mit Jagd- und Durbar-Szenen bewundern, Wandmalereien mit Szenen aus Mythologie und höfischem Leben bestaunen. Ein Schmuckstück im Palast

Das nordöstliche Rajasthan

Der Wasserpalast Jal Mahal

ist auch die komplett mit Meenakari-Malereien (Emailletechnik) bemalte **Durbar Hall** (Empfangshalle). Oberhalb des Palastes liegt eine alte Festung, von der sich ein schöner Blick auf die Umgebung bietet.

Von den Bergen führte früher das Wasser in Tunneln zu den Terrassengärten des Palastes, der heute ein romantisches **Hotel** beherbergt.

Drei Kilometer südöstlich vom Samode-Palast befindet sich der **Samode Bagh**, ein 400 Jahre alter Mogulgarten mit 50 Zelten sowie angeschlossenen Bädern mit fließend warmem und kaltem Wasser.

Der Rang Mahal von Samode

 Samode

Vorwahl: +91/1423.

Palast; Eintritt 500 Rs, kann mit einem Essen im Restaurant verrechnet werden.

Samode Haveli (*****), Gangapole, Tel. +91/1423/2632370, www.samode.com; 35 Zimmer. In einer 150 Jahre alten Residenz untergebrachtes Hotel mit exquisit eingerichteten Zimmern. Hervorragend sind auch die zeltdachüberspannten Bungalows. Eine schöne Terrasse in einem Garten, Restaurant und Pool machen den Aufenthalt angenehm.

Samode Palace (****), Distr. Jaipur, Samode-303806, Tel. +91/1423/240014, www.samode.com; 43 Zimmer. Der Palast wurde in ein Heritage-Hotel mit umgebaut und verfügt über große, schön ausgestattete Zimmer.

Samode Bagh (****), Village Fatehpura Bansa, Jaipur-303806, Tel. +91/1423/240235, www.samode.com; 50 Zelte. Der Palast im Mogulstil befindet sich in einer Anlage mit großen Bäumen, Wasserkanälen und Pavillons, hierher flüchteten einst die Mitglieder der Samode-Familie vor der Sommerhitze. Die luxuriösen Zelte haben eigene Badezimmer.

Gaitor

In Gaitor, etwa sechs Kilometer nördlich von Jaipur, liegen die Marmorgrabmale der Kachwaha-Herrscher. Da Hindus ihre Toten verbrennen, sind diese Grabstätten keine wirklichen Gräber, sondern Gedenkpavillons, so beispielsweise der mit mythologischen Szenen verzierte **Kenotaph des Stadtgründers Maharaja Sawai Jay Singh II.** (1688–1744), der von seinem Sohn Ishwari Singh erbaut wurde. Um seine Hauptkuppel herum, die von 20 skulptierten Säulen getragen wird, befinden sich weitere kleinere Chattris. Beachtung verdient auch das weiß-pink-farbene **Chattri des Maharaja Sawai Madho Singh II.** (regierte 1880–1922) mit einem schönen Pfauenfries.

Galta

Direkt am Palast von Jaipur zweigt die Straße nach Galta ab. Sie führt in eine malerische Schlucht mit den etwa zehn im 18. Jahrhundert erbauten, inzwischen verlassenen **Tempelpalästen** von Galta. Die teilweise aggressiven Affen in der Schlucht sollte man nicht füttern, obwohl sie als Tempelaffen für einen Pilgerort ein Statussymbol sind. Gebaut wurden die Tempel vor etwa 250 Jahren von Diwan Rao Kriparama, der unter Maharaja Sawai Jay Singh II. diente.

Hauptattraktion ist der Tempel **Galta Kund** (auch Galwar Bagh), der schon vor der Gründung Jaipurs und Ambers ein Wallfahrtsort war. An diesem heiligen Ort soll der Weise Galav gelebt und Buße getan haben. Das heilige Wasser im Teich springt aus dem Maul einer Kuh (*gaumukh*). Das Wasser schient nie zu versiegen, daher ist das Tal fast immer grün. Der einsame Ort vermittelt eine eigentümlich sakrale Stimmung.

Über der Schlucht steht ein dem Sonnengott Surya geweihter **Tempel**, den einer der Höflinge des Maharaja Sawai Singh II. erbauen ließ. Hierher führt ein steiler Weg, etwa zwei bis drei Kilometer. Von oben genießt man einen herrlichen Blick über die Stadt.

Sisodia

Auf der Straße nach Agra, vorbei an hohen Mauern, hinter denen die vom Architekten Jaipurs entworfene Gartenanlage **Vidyadhari-ka-bagh** liegt, gelangt man – acht Kilometer von Jaipur entfernt – zum Palast **Sisodia Rani ka Bagh**. Er wurde im Jahr 1728 für die zweite Frau von Maharaja Sawai Jay Singh II., eine Sisodia-Prinzessin aus Udaipur, angelegt und liegt in einem Terrassengarten. Der zierliche zweistöckige Palast verfügt über mehrere Galerien und Pavillons und zeigt schöne Wandmalereien mit Episoden aus dem Leben von Krishna. Auf den Wandmalereien im Obergeschoss sind Jagd- und Poloszenen, Fabeltiere und Episoden aus dem Leben Krishnas und Radhas dargestellt. Von hier blickt man auf einen **Terrassengarten**, in dem die Blüten der Blumen mit den Farben der Saris der Besucherinnen wetteifern, die besonders an Wochenenden dieses beliebte Ausflugsziel aufsuchen. Kein Wunder, dass hier viele Bollywood-Filme gedreht wurden.

Sanganer

Sechzehn Kilometer südlich von Jaipur gelangt man durch das dreibogige, reich verzierte **Tripolia-Tor** aus dem Jahr 1011 nach Sanganer, das den Namen des Kachwaha-Fürsten Rana Sanga (1484–1527) trägt. Es ist wegen des **Shri-Digamber-Jain-Tempels** der Pilgerort der Jain-Gemeinschaft. Der Tempel besitzt feine Gravierungen, eine steinerne Innenkammer mit acht Sikharas (Türmen) und einen Parshvanath-Schrein. Die Ruinen eines alten Palastes und von Hindutempeln können ebenfalls besichtigt werden. Die geschäftige Kleinstadt beherbergt eine weithin bekannte **Papier- und Textilindustrie**. Nach muslimischer Tradition wird handgeschöpftes Papier hergestellt, wobei Seiden- und Baumwollreste verwendet werden. Bekannt ist Sanganer auch für Stoffe, die ihre Muster durch den Blockdruck erhalten. Die Muster – Blumen, Bäume, Tiere, Vögel – werden in Holz geschnitzt und von Hand auf die Stoffbahn, möglichst feine Baumwolle, gedruckt. Eine besondere Spezialität sind goldene Muster, die auf neutralen oder auch auf schon farbig bedrucktem Stoff aufgetragen werden. Auch auf Kleider oder Röcke kann man sich solche Gold-

Der Shri-Digamber-Jain-Tempel in Sanganer

bordüren einarbeiten lassen. Dass man den Urheberschutz auch übertreiben kann, zeigt die Tatsache, dass Fotografieren verboten ist – aus Angst vor Musterspionage.

Sanganer ist ein Shoppingparadies für Touristen. Viel besucht wird zum Beispiel **Handmade Paper & Board Industry**, Gramodyog Road, Tel. +91/141/730222.

Tonk

Tonk war einst die Hauptstadt des einzigen muslimischen Reiches in Rajasthan und wurde 1806 von Nawab Mohammed Amir Khan (1768–1834) erobert.

Ein Besuch lohnt sich vor allem wegen des **Sunehri Kothi** (›Herrenhaus aus Gold‹), auch bekannt als Sheesh Mahal, in der Najar Bagh Road. Es ist ein Saal der alten Palastanlage mit durch Buntglasfenster beleuchteten Wänden und Decken, die überaus prunkvoll mit Spiegel- und Emaille-Arbeiten, vergoldetem und bemaltem Glas ausgestattet sind. Das Monument wurde von Nawab Mohammed Ibrahim Ali Khan (1867–1930) erbaut.

Für Kunstliebhaber durchaus lohnenswert ist auch der Besuch der **Bibliothek**, die eine hervorragende Sammlung arabischer und persischer Handschriften besitzt.

Amber

Amber (ausgesprochen Amer), die alte Hauptstadt des Kachwaha-Clans, wurde im Jahr 1592 unter Maharaja Sawai Man Singh I. (regierte 1590–1614) gegründet und unter Maharaja Sawai Jay Singh II. weiter ausgebaut. Der Name wird von der Göttin Amba Mata abgeleitet. Der Überlieferung nach hat der Maharaja, als er vom Mogul Aurangzeb gefragt wurde, wie denn seine Hauptstadt aussähe, einen Granatapfel aufgeschnitten, um ihre geschützte Lage im Tal anzudeuten. In der Tat liegt die Festung von Amber auf dem Kamm der Bergkette Kali Koh und ist von allen Seiten geschützt. Der Palast beeindruckt schon von weitem, denn die Burganlage zieht sich treppenförmig die Bergflanke empor. Der kleine Ort zu Füßen des Palastes lebt vom Tourismus. Sehenswert sind außer dem Palast der **Panna Mian ka Kund**, ein verziertes Wasserreservoir, und der **Jagat-Shiromani-Tempel** mit seinem eindrucksvoll skulptierten Torana-Portal, das von zwei marmornen Elefanten flankiert wird. Er wurde im Jahre 1601 von Shri Kankawati erbaut, der Maharani von Man Singh I.,

und zwar in Erinnerung an ihren Sohn Maharaja Kumar Jagat Singh.

Zu Füßen der Palastfestung, am nördlichen Ufer des Maota-Sees, liegen die 1568 angelegten **Gärten von Dilaram Bagh** mit einem kleinen **Archäologischen Museum** am Ufer. In der Mitte des Sees, der teilweise recht trocken sein kann, befindet sich ein weiterer Garten, **Kesar Kyari Bagh**. Die Gärten werden unterteilt durch gitterartig durchbrochenes Filigranwerk aus Marmor.

Palastfestung

Die Besichtigung der Festung Amber beginnt mit einem besonderen Erlebnis. Die zahlreichen Touristen werden von Elefanten auf einem steilen, kopfsteingepflasterten Serpentinenweg zum Fort hinaufgetragen, das phantastisch an einem felsigen Hügel oberhalb des Maota-Sees thront, in dem sich die Terrassen und Schutzwälle eindrucksvoll widerspiegeln. Das Ticket für den Elefantentransport gilt für Hin- und Rückweg, selbst wenn man es vorzieht, zurückzuwandern, was empfehlenswert ist.

Karte S. 185 ▲

Der Weg führt durch das Vorwerk **Suraj Pol** (Sonnentor) zum ersten Hof **Jaleb Chowk**, dem ›Platz, wo Pferde und Elefanten festgebunden werden‹. An der Elefantenplattform steigen die Touristen wieder von den Elefanten herab.

Rechts neben der zum nächsten Hof hinaufführenden Treppe befindet sich direkt hinter dem großen Eingangshof der wunderschöne **Shila-Devi-Tempel**. Er war der Göttin Devi (einer Inkarnation der zerstörerischen und blutgierigen Göttin Kali oder Durga) geweiht. Der Zugang wird von zwei Löwen aus Silber flankiert. Die aus edlem grünem Marmor gearbeiteten Pfeiler haben die Gestalt von Bananenstauden. Im Schrein steht die schwarze Skulptur der Shila Mata, die Anfang des 17. Jahrhunderts als Kriegsbeute hierher gelangte.

Eine steile Treppe führt zum **Singh Pol** (Löwentor), durch das man die erste von drei Hofanlagen betritt. Schmuck-

stück dieses Hofs ist der im Jahr 1639 errichtete **Diwan-i-Am** (Öffentlicher Audienzsaal). Die 27 äußeren Säulenreihen (*sattais katcheri*) sind nach dem Vorbild der Mogularchitektur aus cremefarbenem Sandstein errichtet, die inneren bestehen aus cremefarbenem Marmor. Sie sind mit schön gearbeiteten Basen und Kapitellen versehen. Darauf ruht eine Galerie aus feinstem Marmorfiligran. Das baldachinartige Dach mit einer Spiegeldecke und die von den Kapitellen ausgehenden Konsolen hat Ähnlichkeiten mit den älteren Bauten in Fatehpur Sikri. Als der Mogulherrscher Jahangir von der gelungenen Fertigstellung des Saals hörte, soll er den Abriss angeordnet haben, da er nicht duldete, dass der Bau eines Untergebenen prachtvoller sein sollte als seine eigenen Bauten. Seine Abgesandten, die zur Überprüfung der Gerüchte aus Agra anreisten, sahen jedoch nur Säulen aus unansehnlichem

Das nordöstliche Rajasthan

Amber, Festung

0   20   40 km

Kalkstuck – damit hatte der Herrscher von Amber die Säulen überziehen lassen, um die Hofbeamten zu täuschen. Diese konnten Jahangir nur vermelden, dass die Erzählungen von der Baukunst in Amber wohl doch übertrieben wären – die Empfangshalle war gerettet.

Der **Palast** selbst liegt eine Etage höher und wird durch das prächtige dreistöckige **Ganesh Pol** (Elefantentor) betreten, das zu den schönsten Torbauten der Welt zählt. Das Tor zum inneren Palastbereich wurde zwischen 1611 und 1667 im indo-islamischen Mischstil erbaut und führt in einen anmutigen Garten im Mogulstil (Dilaram Bagh), auf den man von den fürstlichen Gemächer blickte. Während das Dach als rein hinduistisches Gewölbe mit Lotoskranz und Dachaufsätzen ausgeführt wurde, folgt die Fassadengestaltung mit Liwan, Nischen, Mihrab-Bögen, floraler und ornamentaler Bemalung islamischen Vorstellungen. Der elefantenköpfige Gott Ganesha über dem Eingang ist als Patron von Klugheit und Wohlstand ein beliebtes Idol.

Oberhalb des Ganesh Pol befindet sich die **Sohag Mandir**, ein rechtwinkeliger Raum mit wunderschönen Fenstern und Räumen an jeder Seite.

▲ *Touristentransport an der Festung*

An die Ostwand des von einer hohen Mauer umschlossenen Hofes ist der Doppelpalast **Jai Mandir** (Siegeshalle) angebaut, der fürstliche Wohnsitz mit Spiegeldekorationen an der Decke und hübschen Pflanzenmotiven an den Wänden. Die als private Audienzhalle genutzte Siegeshalle, die auch unter der Bezeichnung Diwan-i-Khas bekannt ist, besteht ganz aus weißem Marmor. Kunstvoll angeordnete Spiegel schmücken die Decke, erlesene Malereien mit Zypressen- und Blütenmotiven zieren die Wände. Unmittelbar oberhalb des Jai Mandir befindet sich die **Jas Mandir** (Ruhmeshalle), deren als Terrasse ausgebildetes Dach mit glitzernden Spiegeln und herrlichen Mosaiken erstellt wurde. Die gesamte Ostfassade, die durch Gitterfenster einen atemberaubenden Blick auf den Maota-See und die rauen Hügel bietet, ist ein Marmorfiligranwerk, das 1635 bis 1640 dafür entworfen wurde, den Seewind zur Kühlung in die Halle leiten zu können. Durch den Jai Mandir kommt man in die kleine **Sheesh Mahal** (Spiegelhalle), das Juwel dieses Gebäudekomplexes. Über Alabaster-Paneelen mit Pflanzen- und Rankenwerk sind Wände, Decken und Ziernischen mit Ornamenten, vor allem mit Blumenmotiven, ausgelegt. Dazu werden bunte Glas- oder Spiegelglasstückchen, zuweilen auch Glimmer, zu Mustern angeordnet und mit Gips oder Stuck fixiert. Die Buntglasfenster wurden erst im späten 18. Jahrhundert eingesetzt, sie stammen aus Europa. Die Fugen sind oft rot, golden oder silbern ausgemalt. Dieser Anlage gegenüber, auf der anderen Seite des als Garten gestalteten Hofes **Aram Bagh** (Lustgarten), steht der **Sukh Niwas** (Saal der Zufriedenheit), ein treffend bezeichnetes Vergnügungszimmer, durch das sich kühlende Wasserkanäle ziehen. In den Marmorräumen befinden sich Vasen mit blauen, gelben und roten

Das Elefantentor

Das nordöstliche Rajasthan

Schriftfarben. Die Türen bestehen aus duftendem Sandelholz mit Einlegearbeiten aus Elfenbein. Zum öffentlichen Audienzhof hin befinden sich wie üblich kunstvoll durchbrochene Fensteröffnungen für die dahinter unsichtbar bleibenden Damen. Durch einen schmalen Gang erreicht man den kunstvoll vergitterten **Palast der Frauen** (Zenana), der allerdings ein wenig düster wirkt. Hier lagen damals um einen großen Innenhof herum die Gemächer der Ranis und im Obergeschoss die Zimmer der Konkubinen. Im Hof ruht ein eleganter Pavillon (*baradhari*) auf prachtvoll skulptierten Pfeilern.

Jaigarh-Fort

Vom Jaigarh-Fort sind nur wenige historische Bauten erhalten. Man erreicht es auf einer kurvenreichen Bergstraße, die etwa zwei Kilometer südlich von Amber von der nach Jaipur führenden Straße abzweigt. Der Ausflug lohnt sich allein schon wegen des großartigen Blicks auf den Palast von Amber. Bemerkenswert ist auch die 1720 gegossene Riesenkanone **Jaiban**, die glücklicherweise allerdings nie in Aktion trat. Die Festung Amber war derart wehrhaft ausgebaut, dass der Ernstfall nie eintrat.

Die Befestigungsanlage des Forts birgt den noch gut erhaltenen **Jaigarh-Palast** mit einem alten Mangogarten, der von Wasserkanälen und Fontänen durchzogen wird. In den Gebäuden um den großen Hof mit einer Cafeteria sind eine Waffensammlung und eine Ausstellung historischer Fotografien der Maharajas untergebracht. Hier oben soll noch immer der Schatz der Kachwahas versteckt sein. Nur der jeweils letzte Herrscher kennt angeblich den Platz. Der Stamm der Mina, die die ursprünglichen Besitzer dieser befestigten Passhöhe waren, stellt traditionell die Wächter des Schatzes. Eine Besonderheit bildet der befestigte Gang, der sich zu einem nahe gelegenen See hinunter schlängelt.

Jaigarh-Fort

⊙ Amber

Palast; tägl. 9–18 Uhr, Eintritt 150 Rs, inkl. Kamera und Video.

Amber Fort; tägl. 8–18 Uhr, Eintritt 200 Rs, Audio-Guide 200 Rs.

Jaigarh Fort; tägl. 9–17 Uhr, Eintritt 75 Rs, Kamera und Video 50 Rs.

Elefantenritte zur Festung Amber werden nur noch vormittags angeboten. Jeder Elefant darf nur noch dreimal pro Tag den beschwerlichen Aufstieg zum Fort machen.

Auf dem Weg nach Ajmer

Auf dem Weg von Jaipur nach Ajmer kommt man an der einstigen Hauptstadt Kishangarh vorbei. Will man aber vom Shekhavati-Ort Sikar nach Ajmer gelangen, nimmt man eine holprige Piste, die an Kuchaman vorbei führt.

■ Kishangarh

Rund 30 Kilometer nördlich von Ajmer befindet sich Kishangarh, einst die Hauptstadt eines vom jüngeren Bruder des Raja von Jodhpur, Kishan Singh, 1597 errichteten kleinen Fürstentums. Jahangir verlieh Singh im Jahre 1611 den Titel eines Maharaja. Kishangarh verdankt seinen Ruf vor allem der Miniaturenmalerei des 18. Jahrhunderts, die insbesondere das weibliche Schönheitsideal der mandel-

förmigen Augen unter hochgeschwungenen Brauen sowie gerader schmaler Nase herausstellte. Um das bevorzugte Modell dieser Kishangarh-Schule, Bani Thani, rankte sich eine Romanze. Sie war die Geliebte des Raja Kishan Singh. Dieser war selber Dichter und Maler und dankte ab, um mit ihr zusammen leben zu können. Bani Thanis berühmtes Profilporträt existiert in vielen Kopien, Maler im Ort fertigen es heute noch an. Auch die Verehrung, die Krishna hier genoss, zeigt sich bei der Motivwahl der Miniaturen, denn der blauhäutige Gott wird wie ein weltlicher Prinz mit seiner Gespielin Radha dargestellt. Die besten Bilder sind Privatbesitz des Maharajas und befinden sich in seiner Villa außerhalb der Neustadt, in einem Seitental der Aravallis.

Etwa 25 Kilometer außerhalb der Stadt gibt es zwei schöne Hotels. Das **Phool Mahal Palace** (Palast der Blumen) an einem See ist eine Picknickpause wert. Man gelangt durch ein zu beiden Seiten von Wandbildern mit Elefantenmotiven flankiertes Portal in die Höfe. Sie sind von grazilen Pavillons und Fenstern umgeben, die mit Gitterwerk geschmückt sind. Roopangarh war im 17. und 18. Jahrhundert die Hauptstadt der Kishangarh-Familie. Das majestätische **Roopangarh Fort** befindet sich 25 Kilometer nördlich von Kishangarh und wurde bereits 1649 erbaut.

■ Kuchaman

Wie ein Adlerhorst thront auf einem Berg inmitten der Wüstenlandschaft das **Fort von Kuchaman**. Mit seinen massiven Mauern, den 32 Bastionen, zahlreichen Wehranlagen und zehn Toren kontrollierte das Städtchen mehr als 1250 Jahre lang den Salzhandel. Das Fort ist ein Irrgarten mit zahlreichen Treppen, Dachterrassen und Innenhöfen auf etlichen Etagen. Es bietet einen eindrucksvollen Kontrast zwischen nüchternen

Karte S. 155

Befestigungsanlagen, den unterirdischen Fluchtwegen und Kerkern einerseits sowie den prunkvollen Palästen andererseits.

Der quirlige **Meena Bazaar** im Fort bietet die üblichen Souvenirs für Touristen. Er befindet sich dort, wo auch schon früher Kaufleute und Handwerker ihre Waffen, Haushaltsgegenstände und ihren Schmuck feilboten.

Die unterhalb der Burg gelegene prachtvolle Audienzhalle **Sabha Prakash** aus dem Jahr 1832, die heute als Foyer des in ein Hotel umgewandelten Forts dient, ist mit schönen Miniaturmalereien und kostbaren Deckengemälden ausgestattet. Als Speisesaal und Bar dienen heute die früher nur den engsten Vertrauten des Herrschers vorbehaltenen **Privatgemächer** (Diwan-i-Khas).

Im Hof vor dem **Spiegelpalast** (Sheesh Mahal) spielte man früher Schach, und zwar mit Menschen als Figuren. Dieser Palast besteht aus in Gold eingelassenen Spiegeln mit wunderschönen Mustern. Schöne, im chinesischen Stil gehaltene Malereien findet man am **China Gate**, und Miniaturbildnisse im **Meera Mahal** stellen das Leben der Heiligen Meera Bai dar, die als Rajputen-Prinzessin einen einfachen Flickschuster erwählte, der zur Kaste der Unberührbaren zählte. Innerhalb dieses Palastes wurde der weiße **Lok-Davatas-Tempel** errichtet, bei dem man darauf achten sollte, dass man nicht an die sehr niedrigen Türstürze stößt oder über die hohen Schwellen stolpert.

Sehenswert ist auch der **Goldene Palast** (Sunhari Burj) mit hervorragenden Goldmalereien, die verschiedene Vögel und andere Tiere bei der Paarung zeigen. Der Raum ist hervorragend erhalten und wird nur mit Glühbirnen beleuchtet, trotzdem erstrahlt er in hellem Glanz.

■ Tempel

Die Stadt wird zwar vom Fort beherrscht, besitzt aber auch einige Tempel auf recht steilen Felsen. So enthält der **Kalimata-Ka-Mandir-Tempel** eine etwa 1200 Jahre alte Statue von Kali, die aus schwarzem Stein gemeißelt ist und von Raja Shivnath Singh (1826–1843) nach einer siegreichen Schlacht vom südindischen Karnataka hierher gebracht wurde.

Auch der Tempel **Natwar Lal Ji ka Mandir** von 1814 mit einer etwa 2000 Jahre alten Krishna-Statue, die 1741 nach einer siegreichen Schlacht hierher gebracht wurde, sowie der **Shivatempel** mit elf Shiva-Figuren sind sehenswert.

Das nordöstliche Rajasthan

🛏 Kishangarh

Roopangarh Fort (***), Roopangarh-305814, Tel. +91/1463/220444, +91/1497/220217, www.royalkishangarh. com; 20 Zimmer. Die Mauern des Forts zeigen noch einige schöne Beispiele der Malereischule. Ein Teil des ehemaligen Palastes ist 1997 in ein Heritage-Hotel umgewandelt worden. Die Zimmer sind im rustikalen Stil eingerichtet, die sanitären Anlagen sind einfach. Besondere Highlights sind eine zauberhafte Queen Suite und große Terrassen. Es können Kamelsafaris arrangiert werden.

Phool Mahal Palace (***), Kishangarh-305802, Tel. +91/1463/247405, +91/ 1463/247505, www.royalkishangarh. com; 21 Zimmer. Unterhalb des Kishangarh Forts gelegen, Zimmer mit antiken Möbeln und Marmorböden. Mit Speisesaal, Swimmingpool, Bibliothek und eleganter Lounge.

🛏 Kuchaman

Fort Kuchaman (****), Kuchaman, Tel. +91/1586/20882, Tel. +91/22/2404211, www.kuchamanfort.com; 51 Zimmer. Das Fort, heute ein Heritage-Hotel, enthält sehr unterschiedlich ausgestattete Zimmer sowie Restaurant, Bar und zwei luxuriöse Pools. Geboten werden auch Ausflüge auf dem Rücken von Kamelen und Pferden.

Ajmer

Durch das Hochtal schallt das Echo der Gläubigen beim Morgengebet. Manchmal in monoton-trägem Gemurmel, manchmal in frenetisch aufbrausendem Chor der Stimmen erschallen die Suren des Koran hinauf in den beginnenden Tag. Als sich das Gebet in ein ›Allah-u-Akbar‹-Stakkato hineinsteigert, zeigen sich die ersten Sonnenstrahlen am Morgenhimmel. Hier, in einem 486 Meter hohen Tal im Aravalli-Gebirge, liegt von Bergen umschlossen und praktisch im Zentrum Rajasthans die verschlafene Stadt Ajmer-Sharif (Heiliges Ajmer), die etwa 543 000 Einwohner zählt. Sie ist für die Muslime der heiligste Ort in Indien, die zu Urs, dem Todestag des 1256 hier verstorbenen Sufi-Heiligen Muin-ud-din Chishti, sechs Tage lang hier feiern. Um 1024 überfiel Mahmud von Ghazni aus Afghanistan die hier vorher existierende Siedlung, 1192 eroberte Mahmud von Ghauri die Stadt und schlug noch im selben Jahr Raja Prithviraj Chauhan von Delhi (1149–1192), der mit glühendem Eisen geblendet wurde. Nach dem Einfall Tamerlans (auch Timur, 1336–1405) in Nordindien im Jahr 1398 gelangte der Ort unter die Herrschaft des muslimischen Rana Kumbha (regierte 1433–1468). Danach blieb Ajmer rund 200 Jahre lang in muslimischer Hand, bis es von Rana Kumbha von Mewar erobert wurde. Zwischen 1470 und 1531 regier-

▲ *Blick auf Ajmer*

ten die islamischen Herren von Malwa die Stadt, gefolgt von den Rathorfürsten von Marwar. Auch der Mogulherrscher Akbar zog 1556 gegen die Rajputen und machte die Stadt 1570 sogar zu einer seiner Residenzen. Zwar stand die Stadt unter islamischen Einfluss, doch hatten Hindus die gleichen Rechte wie Muslime. Akbars Nachfolger setzten zunächst die-

se Politik fort, bis schließlich der religiöse Fanatiker Aurangzeb dieses friedliche Zusammenleben beendete. Im Jahr 1734 drangen die Marathen in Rajputana ein und machten Ajmer zu ihrem Stützpunkt, von dem aus sie immer wieder Kriege mit benachbarten Rajputen-Staaten führten. Im Jahr 1815 gelang es Lord Wellesley (1760–1842), dem Generalgouverneur

Das nordöstliche Rajasthan

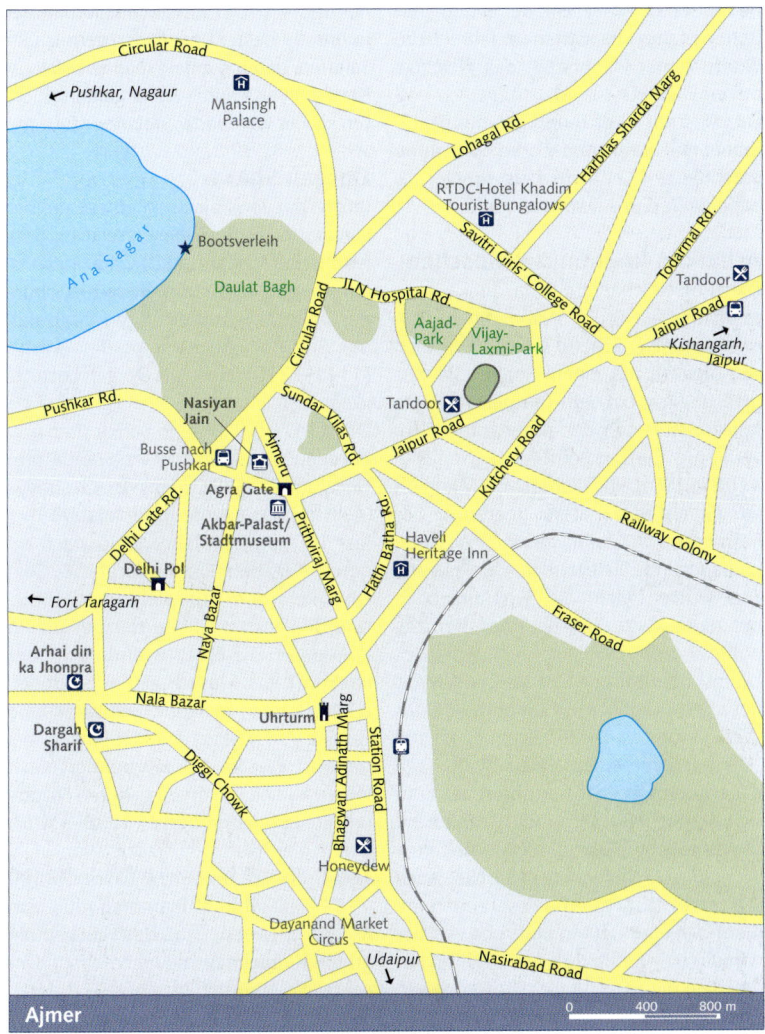

Ajmer

0   400   800 m

von Indien von 1798 bis 1805, die Marathendynastie der Sindhias von Ajmer und Gwalior zu besiegen. Erst 1818, nachdem die Marathen auch auf dem Dekkan geschlagen waren und die Briten neue Verträge mit den Rajputen schließen konnten, übergab Daulat Rao Sindhia (1779–1827) die Stadt Ajmer an die Briten; von nun an bildete sie eine britische Enklave. Mit der Bildung des Bundesstaates Rajasthan im Jahre 1956 wurde Ajmer Hauptstadt des gleichnamigen Distrikts.

Die Altstadt liegt innerhalb der Stadtmauer mit ihren fünf Toren. Mit ihren verwinkelten Gassen ist sie ruhiger als diejenigen von Alwar und Jaipur.

Arhai-din-ka-Jhonpra-Moschee

Die stark beschädigte Arhai-din-ka-Jhonpra-Moschee (auch Adhai-din-ka-Jhopra-Moschee) erhebt sich südwestlich der Altstadt auf einem Hügel. Sie war ursprünglich ein Jain-Tempel aus dem Jahre 1153, den der sogenannte Sklavenkönig Qutb-ud-din Aibak (regierte 1206–1210), ein Feldherr von Mahmud von Ghauri und späterer Begründer des Sultanats von Delhi, in eine Moschee umbauen ließ. Den Namen ›Zweieinhalb-Tage-Hütte‹ bekam sie, weil angeblich nur diese kurze Zeit für ihren Bau benötigt wurde. Der Sage nach waren es Djinns, überirdische Geister in der Welt des vor-muslimischen Glaubens, die das Werk besorgten. Die Bezeichnung könnte aber auch von einem zweieinhalb Tage dauernden Urs-Fest herrühren, zu dem sich hier im 18. Jahrhundert zahlreiche Bettelmönche (Fakire) versammelten. Wenn die 60 Meter lange Moschee auch arg zerstört ist, so erhält man doch immer noch einen guten Eindruck von der damaligen Architektur. Die Architekten bezogen die Säulenhalle des Tempels in den Komplex ein und verblendeten die

Front mit sieben Torbögen von angeblich 30 zerstörten Hindutempeln mit schön skulptierten Säulen, auf denen feine Koransprüche eingemeißelt wurden.

Im großen, ummauerten Hof sind noch Reste des ursprünglichen Jain-Tempels zu sehen. Der Figurenschmuck wurde aber von den Moslems komplett zerstört. Den überhöhten zentralen Bogen flankieren nur noch als Torsi vorhandene Minarette. Im Innern besteht die Moschee aus vier Schiffen, deren Kuppeln man ebenfalls in Kragbauweise durch Aufeinanderschichten kleiner werdender Steinringe fertigte.

Dargah Sharif

Im Herzen von Rajasthan, dem Land der Hunduritter, liegt wie eine Insel die größte islamische Wallfahrtsstätte ganz Indiens. Unzählige Pilger strömen seit Jahrhunderten zum ›wundertätigen Grabmal‹ des Sufi-Heiligen Muin-ud-din Chishti (1141–1230), einen als Dargah bezeichneten Bereich.

Der 1142 oder 1138 in Sanjar (Iran) geborene Perser kam 1191 als berühmter Derwisch des Sufi-Ordens der Chishtiyya (Chisthi) nach Ajmer und verstarb hier fast 100-jährig im Jahre 1236, nach anderen Angaben 1230 oder 1256. Sein Mystikerorden trug viel zur Islamisierung Indiens und Blüte der persischen Poesie bei. Die Chishtis sind nach ihrer Herkunft aus Chishti, einem Stadtviertel von Sanjar, benannt. Sie waren eine Familie von Heiligen und Höflingen, deren Vertreter im 12. Jahrhundert nach Indien kamen. Zu ihnen gehören Nizam-ud-Din oder Nizamuddin (1238–1325), der im gleichnamigen Stadtteil von Delhi sein Grab hat, und Sheik Salim Chishti. 1464 ließ Sultan Muhammad Khilji von Malwa über dem Grab des Heiligen ein großes **Kuppelmausoleum** errichten. Der echte Wölbungsbau gelangte erst durch den Islam nach Indien. Leicht schräge

▲ Karte S. 191

Eingang zur Moschee

Mauern des kubischen Unterbaues sind typisch für den indo-islamischen Stil vor den Mogulkaisern.

Akbar unternahm wohl sechsmal die Reise von Agra nach Ajmer, mehrfach sogar zu Fuß. Die von ihm benutzte Straße erhielt in regelmäßigen Abständen (drei Kilometer) gemauerte Meilensteine, einige säumen heute noch diese Straße. Er ließ sich 1572 in Ajmer einen Palast errichten, der heute das **Government Museum** beherbergt und die Vergangenheit vor allem durch Waffen und Skulpturen dokumentiert. Auch sein Sohn Shah Jahangir sowie sein Enkel Shah Jahan weilten länger in Ajmer, und hielten hier Darbars (öffentliche Audienzen am Hof) ab, zu denen auch Gesandte aus Europa erschienen.

■ Tore

Das erste Tor ist das **Nizam-Tor**, das 1915 erbaut wurde. Den dunklen Weg zum Heiligtum säumen hell erleuchtete Geschäfte. Im Widerschein der warmen Beleuchtung spiegeln sich silber- und goldglänzende Gefäße, funkeln winzige Parfümflakons neben Tellern und Töpfen. An den großen Torbögen werden Besucher um Spenden gebeten. Der heilige Bezirk hinter dem mächtigen Eingangstor gleicht einer Stadt. Man geht vorbei an Ständen der Souvenirhändler, einer Küche für die Armen, durchquert im Halbdunkel liegende Vorhallen, bis man in den letzten Vorraum aus weißem Marmor ins Licht tritt.

Hinter dem Nizam Gate befindet sich das kleinere **Shahjahani-Tor**, das von Shah Jahan erbaut wurde.

■ Akbar Masjid und Mehfil Khana

Gleich hinter dem Shahjahani-Tor geht es einige Stufen hinauf zu einer schlichten grün-weißen Moschee. Diese **Akbar Masjid** wurde von Akbar 1571 gebaut und ist heute eine Koranschule. Farbige Steinbänder zieren den zentralen Bogen des Gebäudes.

Neben Akbars Moschee steht die **Mehfil Khana**, eine Halle, die Nawab Bashir-ud-Dowla Sir Asmaan Jah aus Hyderabad stiftete. Erbaut wurde sie zwischen 1888 und 1891. Die Halle wird nur an sechs Tagen im Jahr während der Urs-Feierlichkeiten für Lobpreisungen und spezielle ›Qawwali‹-Gesänge genutzt, durch die in ekstatischer Form des Gesanges mit Trommeln und Händeklatschen eine Annäherung an Allah erreicht werden soll. Jenseits der Halle befindet sich ein Hof mit dem **Mausoleum Mazar Sharif**, in dem das Grab von Khwaja Sahib liegt. Im inneren Hof gibt es Nebenschreine mit Chimni Begum, einer Tochter von Shah Jahan, sowie einer weiteren Tochter, die wahrscheinlich an Tuberkulose starb.

■ Jami Masjid

Weiter rechts, jetzt neben Mehfil Khana, folgt die 30 Meter lange **Jami Masjid** (Shah Jahans Moschee), die 1628 bis 1637 von Shah Jahan, dem Schöpfer

Das nordöstliche Rajasthan

des Taj Mahal, gebaut wurde. Die Moschee besteht aus weißem Marmor und ist mit den 99 Namen Allahs sowie den 33 Suren des Korans verziert. Die zweischiffige Moschee wird von zierlichen Säulen getragen, er ist mit elf elegant geschwungenen Bögen versehen. In die Wand eingelassen ist eine Gebetsnische und eine persische Inschrift zwischen dem Gesims an der Ostseite. Aus ihr geht hervor, dass Shah Jahan die Moschee aus Dankbarkeit für den Sieg über den Rana von Mewar (1615) hat errichten lassen. Das nächste Tor wird **Nakkarkhana** (Trommeltor) genannt, weil es zwei Trommeln (*nakkharas*) zeigt. Diese wurden auf dem Rücken von Pferden und Kamelen für Schlachtmärsche und Paraden gespielt.

■ **Grab des Muin-ud-din Chishti**
Man betritt den Dargarh-Komplex durch das **Buland Darwaza**. Zwei große Kessel (*degs*) mit Feuerstellen begrenzen den Vorhof. Es handelt sich um Nachbildungen, die von den Mogulherrschern Akbar und Jahangir gestiftet worden waren. Der rechte, größere wurde von Akbar nach der Schlacht von Chittaurgarh 1567 gestiftet, der linke von Shah Jahangir nach seiner Machtergreifung 1605. Hier werden von wohlhabenden Pilgern gespendete Reisgerichte zubereitet und kostenlos verteilt. Von dort führt eine niedrige Tür in den winzigen Raum mit dem wuchtigen Marmorschrein, in dem der **Sarkophag des Muin-ud-din Chishti** steht. Man befindet sich in einem mit Silber ausgeschlagenen Raum, dessen hohe Kuppel erst 1464 hinzugefügt wurde. Das **Grab des Heiligen** ruht im zweiten Innenhof. Der Hauptschrein ist ein quadratischer Marmorbau mit zwei Eingängen und einer Kuppel. Eine goldene Turmspitze, die aus einem Blumenkelch ragt, krönt das Bauwerk.

Blick von der Moschee auf das Fort Taragarh

Innen befindet sich das eigentliche **Grab**, umgeben von einer Silberplattform. Die Türen des Schreins sind mit Hufeisen beschlagen; erfolgreiche Pferdehändler nagelten sie an. Vor die Halle stellte man eine große **Bogenfassade** (Liwan-Mauer), die beiden Minarette sind abgebrochen. Etwa um das Jahr 1200 gab Qutb-ud-Din Aibak den Auftrag für die Quwwat-ul-Islam Masjid mit dem weltberühmten Outb Minar in Delhi.

Fort Taragarh

Oberhalb der Moschee thront auf vorgeschobenem Posten das vom Rajputenfürsten Raja Ajapal Chauhan errichtete Fort Taragarh (Sternenfort), zu dem man durch fünf Tore gelangt. Erhalten geblieben ist wenig, sodass sich der Ausflug eigentlich nur wegen der Aussicht lohnt. Von der Festung auf kahlem Berg 300 Meter über der Stadt sieht man in den Dargah-Bezirk zu Füßen des Forts und auf die Kette der vielfältig gegliederten Aravalliberge um Ajmer.

Im 7. Jahrhundert gründeten die Chauhan hier einen Stützpunkt, den sie bis 1193 hielten, als Raja Prithviraj Chauhan (1149–1192), der letzte Hindu-Herrscher von Delhi, ihn an die islamischen Eroberer verlor. Rajputen, Moguln und Marathen umkämpften es, nahmen es einander immer wieder ab. 1818 fiel es an die Briten, im Gegensatz zu den Rajputenstaaten, die nominell ihre Unabhängigkeit bewahrten. Damit bot sich dann Ajmer, das auch verkehrsmäßig gut erschlossen war, zum Kommunikationsort zwischen dem kolonialen Britisch-Indien und den Fürstenstaaten an.

Taragarh ist sehenswert wegen einer **Moschee** und dem **Schrein von Hazrat Miran Sayyid Hussain**, dem 1202 gestorbenen Gouverneur des Forts.

Akbar-Palast

Im Akbar-Palast (Daulat Khana) aus dem Jahre 1570 ist heute das **Städtische Museum** untergebracht, das über eine Sammlung von Skulpturen aus dem 6. und 7. Jahrhundert mit einer kostbaren Kali-Darstellung aus schwarzem Mar-

Die Kuppel des Chishti-Grabs

mor sowie einen vierarmigen, auf einem Garuda sitzenden Vishnu verfügt. Zudem findet man Gefäße, Tierfiguren und Siegelabdrücke aus Mohenjo Daro, einer Siedlung am Unterlauf des Indus im heutigen Pakistan, sowie eine Inschrift in Brahmi aus dem 3. Jahrhundert vor Christus. Der Palast besitzt einen schönen Torbau, durch den man das Fenster erkennen kann, an dem die Mogulen die Bittsteller anhörten.

Nasiyan-Jain-Tempel

Einen Blick sollte man in den nicht weit davon entfernten 1864 gegründeten Nasiyan-Jain-Tempel (Roter Tempel) aus rotem Sandstein werfen, von dem allerdings nur ein kleiner Teil zugänglich ist. Das **Hauptgebäude** besteht aus zwei übereinander gebauten, hohen Hallen, die je zwei Stockwerken von Galerien entsprechen. Im zweiten Stock kann man auf einer Galerie den unteren Saal umrunden. Im ersten Stock befindet sich eine Rekonstruktion der Jain-Auffassung vom Universum mit 13 Kontinenten und Ozeanen, der goldenen Stadt Ayodhya und vergoldeten Elefanten. Die fünf Stadien im Leben von Adinath werden in Form von Statuen dargestellt. Wunderbare Goldrepliken von jedem Jain-Tempel in Indien finden sich ebenfalls in diesem Teil des Tempels. Die Innenwände sind bedeckt mit Silberauskleidungen.

Ana-Sagar-See

Am nordöstlichen Stadtrand liegt der künstlich aufgestaute See Ana Sagar. Raja Anaji (das ›-ji‹ wird häufig als Ehrenbezeigung einem Eigennamen angehängt) ließ hier etwa um 1150 die Wasser des Luni aufstauen.

Am Ufer des Sees wurde ein Park angelegt, der **Dault Bagh**. Darin stehen im Schatten der Bäume vier von ursprünglich fünf **Pavillons** aus Marmor (*bara-*

Das nordöstliche Rajasthan

daris), die 1637 von Shah Jahan nach dem Vorbild des Diwan-i-Am im Roten Fort in Delhi erbaut wurden. 1899 ließ Lord Curzon diese Pavillons restaurieren. Auf dem zu einem Freizeitpark mutier-

 Ajmer

Vorwahl: +91/145.

Government Tourist Office, Khadim Tourist Bungalows, Civil lines, Tel. +91/145/2627426; Mo–Sa 8–12, 15–18 Uhr.

Internet: http://ajmer.nic.in.

Dargarh Sharif; Juli–März 5–21 Uhr, April–Juni 4–21 Uhr.

Museum in Akbars Palast; Sa–Do 10–16.30 Uhr.

Nasiyan-Tempel; tägl. 8.30–16.30 Uhr, 10 Rs, Fotoverbot.

Ajmer liegt am National Highway Nr. 8, der Delhi mit Mumbai (Bombay) verbindet, via Jaipur, Ajmer, Udaipur und Ahmedabad. Die Entfernung zwischen Ajmer und Delhi (via Jaipur) beträgt 400 km, von Ajmer bis Jaipur sind es 140 km.

Busbahnhof, am Ostrand der Stadt, in der Nähe der Tourist Bungalows. Schnelle und häufige Busverbindungen nach Jaipur (3 Std.) und Delhi (9 Std.), Busse auch nach Udaipur (8 Std.), Bikaner (8 Std.), Jaisalmer (10 Std.) und Agra (10 Std.). Nach Pushkar alle 30 Min. von der Haltestelle am Nasiyan-Jain-Tempel (30 Minuten).

Ajmer liegt auf der Delhi–Ahmedabad-Strecke und ist durch mehrere Züge, die auf dieser Strecke verkehren, erreichbar. Gute Bahnverbindungen mit New-Delhi und Jaipur (New Delhi–Ajmer Shatabdi Express, ca. 7 Std.), Abu Road und Ahmedabad (Ashram Express, ca. 7 Std.) und Udaipur (Chetak Express, nachts).

ten Gelände kann man auch Motorboote und Tretboote mieten. Von den Hügeln neben dem Dault Bagh ergeben sich herrliche Aussichten auf die Umgebung.

Der nächstgelegene Flughafen ist Jaipur (130 km).

Mansingh Palace (****), Ana Sagar Circular Road, Ajmer-305001, Tel. +91/145/2425702, +91/145/2425855, www.mansinghhotels.com/ajmer-rooms.aspx; 60 Zimmer. Schön am Ana Sagar an der Straße nach Pushkar gelegenes Hotel mit schattigem Garten und Pool, dem guten Restaurant ›Sheesh Mahal‹ und einer Bar.

Haveli Heritage Inn, (**–***), Kutchery Road, Phul Nawas, Tel. +91/145/2621607, www.haveliheritageinn.com. Geräumige Zimmer, freundliche Mitarbeiter und gute Hausmannskost.

RTDC-Hotel Khadim Tourist Bungalows (*), Savitri Girl's College Road, nahe Busbahnhof, Tel. +91/145/2627490, www.rtdc.in/khadim.htm; 55 Zimmer. Etwas abgewohnte staatliche Unterkunft.

Honeydew, Station Road, Tel. +91/145/2622498; tägl. 9–23 Uhr. Das älteste Restaurant der Stadt mit kleinem Garten liegt schräg gegenüber dem Bahnhof und serviert indische sowie chinesische Gerichte.

Tandoor, Jaipur Road. Auf Tandoori-Küche spezialisiert.

Sheesh Mahal. Ausgezeichnetes Restaurant im Hotel ›Mansingh Palace‹. Auch chinesische und internationale Küche, mit Begleitmusik.

Urs-Fest; 6. Tag des 7. Monats im islamischen Kalender 2014: 5. Mai, 2015: 25. April), www.ursajmersharif.com. Fest mit Gesängen im Gedenken an den Tod von Sufis.

Karte S. 191

weise ging lieber seiner Jagdleidenschaft nach, was in den Augen der Hindus eine Gotteslästerung war. Er ließ sogar eine Plastik von Varaha, der Eber-Inkarnation des Gottes Vishnu, in den See werfen. Ein Bad im See gilt als ebenso wirksam wie ein Bad im Ganges bei Varanasi. Die Männer schwimmen oft mit raschen Stößen schnell hinaus und umkreisen die kleine **Insel** mit dem 1848 vom Thakur von Khimsar wieder aufgebauten Chattri. Die Frauen verweilen vorn an den Treppen, wo sie im flacheren Wasser stehen können, und tauchen mit ihren leuchtend farbigen Saris ins Wasser. An jedem Durchgang zum See bekommt man Blüten in die Hand gedrückt, verbunden mit dem Hinweis, sich auf den Stufen zum Wasser den glückverheißenden Segen eines Brahmanen zu holen. Die Geldforderung folgt prompt. Das Geschäft mit den ungläubigen Ausländern ist ge-

winnbringend, denn diese genießen nur allzu gerne das exotische Ritual an einem Badesee unter freiem Himmel. Die Baderituale erreichen zur Vollmondnacht (Kartik Purnima) ihren Höhepunkt, da dann das Bad angeblich auch von Krankheiten und Unglück befreien soll. Tatsächlich bietet Pushkar in dieser Nacht einen besonders romantischen Anblick, denn auf dem Wasser treiben große Blätter als Unterlage für Rosenblütenblätter sowie kleine Kerzen. Die ganze Nacht ertönt Tempelmusik, unaufhörlich schlägt die Tempelglocke. Das Fotografieren an den Ghats ist verboten.

Tempel

Von den heutigen rund 400 Tempeln, die zum Teil im südindischen Stil mit Figuren überladen sind, ist keiner älter als 200 Jahre. Die früheren Tempel waren im späten 17. Jahrhundert von Kaiser Aurangzeb zerstört worden. Die Pilger sitzen vor den Dharamshalas, den ›Gästehäusern‹ der Tempel. Hier gibt es Räucherstäbchen, Girlanden und metallene Kultbildchen sowie Häufchen mit rotem und gelbem Farbpulver.

■ Brahma-Tempel

Sehenswert ist der einzige Brahma-Tempel Indiens und der bedeutendste Tempel Pushkars, der am westlichen Ortsrand liegt und in seiner heutigen Form mit der roten Turmspitze 1809 von Gokul Chand Parikh, einem Minister des Maharajas von Gwalior, errichtet wurde. Den beiden anderen Göttern, die mit Brahma (dem Schöpfer) zur hinduistischen Dreiheit zählen, nämlich Shiva (dem Zerstörer) und Vishnu (dem Bewahrer) wurde hingegen überall in Indien eine Vielzahl von Tempeln gewidmet. Am Eingang des Tempels ist eine von einem reichen Pilger gestiftete **silberne Schildkröte** in den Boden eingelegt. Über dem Tor ist

Der Brahma-Tempel in Pushkar

das Symbol einer Gans zu sehen, dem Begleittier von Brahma. Der Tempel steht erhöht auf einer Plattform im Zentrum eines Hofs und ist an drei Seiten von kleineren Schreinen mit flachen Dächern umgeben. Bilder von Pfauen schmücken die Wände. Im Inneren des Tempels steht die viergesichtige **Statue des Gottes Brahma** mit vier Händen. Stufen führen hinunter in eine kleine Höhle, in der sich ein Tempel für Shiva befindet.

■ Mahadeva-Tempel

Der Mahadeva-Tempel östlich vom See ist Shiva geweiht und stammt aus dem 12. Jahrhundert, wurde aber im 19. Jahrhundert restauriert. Im schmalen Innenhof mit einer Vielzahl von pinkfarbenen Säulen befindet sich eine Figur der heiligen Kuh. Im inneren Schrein sieht man die marmorne **Mahadeva-Statue** mit der traditionellen Haartracht.

■ Varah-Tempel

Nordöstlich vom See gelangt man zum ursprünglich vom Chauhan-Herrscher Anaji (1123–1150) zu Ehren von Vishnu in seiner Inkarnation als Wildschwein erbauten Varah-Tempel. Er fiel der Zerstörungswut von Aurangzeb zum Opfer, weil das riesige Kultbild des Varah, das einen Gott mit dem Leib eines Menschen und dem Kopf eines Ebers darstellt, seinen Zorn erregt hatte. Der Tempel wurde von Maharaja Sawai Jay Singh II. aus Jaipur 1727 wieder aufgebaut und besitzt eine sehenswerte **Kammer mit Statuen**. Wie der Brahma- und der Mahadeva-Tempel ist auch er oberhalb der Straßenebene gebaut.

■ Raghunath-Tempel

Der Raghunath-Tempel von 1823 in der Pushkar Palace Road ist Vishnu geweiht, in ihm befinden sich Bildnisse von Narasimha (der vierten Inkarnation) und der

Laxmi (Gottheit der Gesundheit). Es gibt einen hoch aufragenden **Torturm** (gopuram) und Pfeiler, die mit einem goldglänzenden mythischen Vogel verziert sind. Im Tempel finden sich sieben **Schreine**, jeder mit einem eigenen Turm (shikhara). Fremden bleibt der Zugang leider verwehrt.

■ Sarasvati-Tempel

Ein etwa einstündiger steiler Anstieg über eine Treppe aus dem 4. Jahrhundert etwa drei Kilometer südwestlich der Stadt führt hinauf zum auf der Spitze des **Ratna Gir** (Juwelenhügel) gelegenen kleinen Sarasvati-Tempel (auch Savitri-Tempel). Der Hindutempel ist Savitri, der ersten Frau Brahmas, geweiht und wurde 1922 erbaut. Er wird überwiegend von Männern besucht, die Opfer bringen, damit sie nicht vor ihren Ehefrauen sterben. Vor allem die Hindu-Frauen sind daran interessiert, dass ihre Männer den Aufstieg auf sich nehmen, damit sie nicht vor ihnen sterben – indische Witwen führen ein karges Dasein. Doch auch für alle anderen, die nicht auf soziale Absicherung angewiesen sind, lohnt sich der Weg wegen des großartigen Ausblicks auf den Pushkar-See und die von Bergketten gesäumte Wüstenlandschaft.

■ Ramavaikunth-Tempel

Der Ramavaikunth-Tempel, einer der größten und aufwendigsten Tempel Pushkars, besitzt einen skulptierten steinernen Torturm (gopuram) mit den Bildnissen von 361 Gottheiten. Der Hindutempel ist Gayitri, der ersten Frau Brahmas, geweiht und zeigt einen südindischen Baustil. Der etwa halbstündige Aufstieg beginnt hinter der Marwar Busstation im Norden Pushkars. Von oben bietet sich dann allerdings ein fantastischer Blick auf den Pushkar-See und die ihn umgebenden Sanddünen.

Karte S. 198

Pushkar

Vorwahl: +91/145.

Tourist Reception Centre, im RTDC-Hotel ›Sarovar‹, Tel. +91/145/2772040; 10–17 Uhr.

In kurzen Abständen Busse nach Ajmer (45 Min., 14 km entfernt), die meisten Langstreckenbusse starten in Ajmer, Jeep-Taxis befördern Passagiere. In Ajmer befindet sich auch der nächstgelegene Bahnhof.

Als Treffpunkt der Rucksacktouristen auf ihrem Weg zwischen Kathmandu und Goa hat Pushkar vor allem ein großes Angebot an Billigunterkünften.

Jagat Palace (*****), Ajmer Road, Pushkar-305022, Tel. +91/145/2772001, www.hotelpushkarpalace.com/jspfac.htm; 52 Zimmer. Etwas außerhalb gelegenes, neues Heritage-Hotel in traditionellem Stil unter dem Management des ›Pushkar Palace‹. Die geräumigen Zimmer haben einen Balkon. Mit gepflegtem Garten und Pool.

Pushkar Palace (****–*****), Pushkar-395033, Tel. +91/145/2773001, +91/145/2773401, +91/145/2773953, +91/145/2773954, www.hotelpushkar palace.com; 4 Einzel- und 32 Doppelzimmer. Das Heritage-Hotel ist ein alter, 400 Jahre alter Palast nahe dem Pushkar-See. Es bietet einen schönen Blick auf den Tempel und die Ghats. Trotz der kleinen Zimmer ist es aufgrund der Lage unmittelbar am See sehr populär. Das Hotel besitzt neben einem mehrstöckigen modernen Neubau einen hübschen Garten und ein vegetarisches Restaurant, am Abend gibt es Kulturveranstaltungen.

RTDC Hotel Tourist Village (***), gegenüber Mela Ground, Tel. +91/145/2773074, Tel. RTDC +91/1800/1033500; Cottages und Zelte. Das Restaurant reicht nur vegetarische Gerichte; striktes Alkoholverbot.

Pushkar Resorts (***), Village Ganhera, Motisar Road, Pushkar-305022, Tel. +91/145/2772944, +91/11/26494531, www.sewara.com; 40 Cottages. Etwa 5 km nordwestlich vom Ort, renovierte Cottages mit Pool. Mit Restaurant (vegetarische, indische und europäische Spezialitäten). Kamelsafaris werden arrangiert.

RTDC Hotel Sarovar (Tourist Bungalow) (**–***), Pushkar 305022, Tel. +91/145/2772040, http://www.rtdc.in/sarover.htm; 38 Zimmer. Sarovar wurde von Raja Man Singh von Amber gebaut. Das Hotel ist nur wenige Gehminuten vom See und den Tempeln entfernt. Dieser Palast war ein königliches Gästehaus und wurde in ein Hotel mit schlichten Zimmern umgewandelt. Es hat in den letzten Jahren leider etwas nachgelassen, ist aber dennoch häufig ausgebucht.

Om (*–**), Ajmer Road, Tel. +91/145/2772672, www.hotelompushkar.net. Ruhiges Hotel nahe der Busstation. 25 einache, unterschiedlich große Zimmer, alle mit Bad, einige mit Balkon. Mit Restaurant im Garten und kleinem Außenpool.

Shyam Krishna Guest House (*–**), Main Bazaar, beim Raghunath-Tempel, Tel. +91/145/2772461, skguesthouse@yahoo.com. Zentrales, aber ruhiges Guest House mit Garten, Zimmer teilweise mit Bad.

Ambika (*), gegenüber vom Raghunath-Tempel, Tel. +91/145/2773154. Einfache Zimmer, alle mit Bad, kann laut sein.

Gute Restaurants in den Hotels ›Pushkar Palace‹ und ›Sarovar‹, zahlreiche kleine, auf westliche Besucher eingestellte Restaurants im **Sadar Bazaar**, beispielsweise **Raju Terrace Garden**, Tel. +91/145/5105119; tägl. 10–22 Uhr. Dachrestaurant mit indischen und italienischen Gerichten, typisches Traveller-Restaurant.

Sunset Café, direkt neben dem Hotel ›Pushkar Palace‹; tägl. 7.30 Uhr bis Mitternacht. Beliebter Treffpunkt bei Sonnenuntergang, es gibt nicht nur Curries, Pizza und Pasta, sondern in einer deutschen Bäckerei auch guten Kuchen.

Zu beachten: In Pushkar herrscht **striktes Alkoholverbot**.

Pushkar Mela ist ein über die Grenzen hinaus berühmter **Kamelmarkt** (Oktober/November), www.pushkarfestivals.com (2014: 30. Okt.–6. Nov., 2015: 18.–25. Nov., www.pushkarfestivals.com).
Die Übernachtungspreise steigen erheblich, für Touristen werden zusätzlich Zeltstädte errichtet (teuer).

✚

Das **Pushkar Raj Hospital** (tägl. 8–20 Uhr) befindet sich im Hotel ›Om‹ (*), das in der Traveller-Szene beliebt ist (250–750 Rs).

Groß ist das Angebot an Silberschmuck, Stoffdecken und hübschen Rajasthan-Kleidern; fast jedes Haus entlang der Hauptstraße **Sadar Bazaar Road** beherbergt im Erdgeschoss ein Geschäft. Beispielsweise **Antique Boutique** (Silberschmuck), **Kamna Handicraft** (Holzspielzeug), **Ram Crafts** (Miniaturmalereien, Tel. +91/145/2772890), **Shiva Silk Emporium** (Kleidung aus Seide und Wolle, Tel. +91/145/2772150). Preisvergleiche lohnen sich!

Nagaur

Auf dem Weg von Ajmer nach Bikaner gelangt man nach Nagaur. Die Kleinstadt verwandelt sich im Januar/Februar jeden Jahres in einen farbenprächtigen, lebhaften Viehmarkt (Nagaur Fair), zu dem tausende von Dorfbewohnern der näheren und weiteren Umgebung mit ihren Herden anreisen. Prachtvoll mischen sich farbige Männerturbane und grellbunte Frauentrachten aus durchwirkten Schleiern, spiegelbesetzten Miederleibchen und weitschwingenden Röcken unter die Menge. Die Frauen zeigen stolz ihren reichen Silberschmuck an Arm- und Fußgelenken, Fingern und Zehen, in Ohren und Nase, auf Brust und Stirn. Das Brautgeschmeide, der sogenannte ›Frauenwohlstand‹, bleibt zeitlebens ihr Eigentum und wird als Statussymbol ständig getragen. Der Markt ist wesentlich ursprünglicher als der von Pushkar. Zur Nagaur Fair wird für die Unterbringung der Touristen eine Zeltstadt errichtet.

Wer das World Spirit Festival erleben will, findet (neben Jodhpur) auch in Nagaur dazu Gelegenheit. Dargeboten werden Tänze, Gesänge und literarische Vorträge aus der nomadischen Tradition. Auch außerhalb der Festtage lohnt der Besuch der von einer 7,5 Kilometer langen Mauer umschlossenen, malerischen Rajputenstadt mit dem **Ahhichatragarh Fort** (Fort der Kobra mit der Haube) und zwei sehenswerten Hindutempeln durchaus. Im 1122 gegründeten Fort sieht man schöne Wandmalereien. Die schönsten Fresken befinden sich im Hadi Rani Mahal, dem Palast von Amar Singhs Frau. Sie zeigen Frauen beim Haarkämmen, beim Schwimmen im Pool und auf einer Schaukel.

Karte S. 155

Fensterfront im Ahhichatragarh Fort

Die Shiva-Statue des **Muralidhar-Tempels** steht in einer Grube, die als Nagapuri bezeichnet wird und dem Ort nicht nur den Namen gegeben hat, sondern auch auf eine Schlangenverehrung zurückgeht. Der Naga-Kult steht häufig in Zusammenhang mit einem Becken oder einer Grube, der Heimstatt der Schlangen, die über die Schätze der Erde wachen.

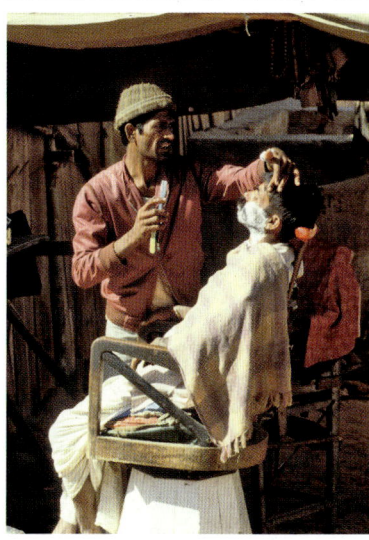

Friseur in Nagaur

■ Ahhichatragarh Fort
Das Ahhichatragarh Fort bietet die eindrucksvolle Kulisse für einen stimmungsvollen Abend. Die Nacht ist stockdunkel, der Raum nur von wenigen Fackeln erhellt. Weißgekleidete Musiker mit roten Turbanen spielen auf, ein Knabe tanzt wirbelnd zu den Rhythmen der Musikanten. Diener in farbenfrohen Gewändern bedienen die Gäste mit Köstlichkeiten der einheimischen Küche. Dazu spielen die Musiker, bärtige Gestalten mit mächtigen, um den Kopf gewundenen Turbanen, grellbunten Wollschals und Militärjacken auf der Morchang, einer Maultrommel, einer Kamacha genannten Laute und der bauchigen Sihcnai sowie der trompetenförmigen Murli-Flöte gewaltig auf. Ein Sänger singt von der Einsamkeit eines Hirten, vom Lieblingskamel und der leidvollen Liebe, von den

Beschwernissen des Wüstenlebens und den Heldentaten längst verstorbener Rajputen-Fürsten. Es ist eine monotone Weise, weit gedehnt wie die Wüste Thar. Die Trommeln schlagen den Rhythmus, und die Maultrommel füllt die dunkle Nacht mit süßer Melancholie und schmerzlicher Sehnsucht. Man fühlt sich in die Zeit von Tausendundeiner Nacht zurückversetzt.

 Nagaur

Ahhichatragarh Fort, Tel. +91/1582/241271; tägl. 9–17 Uhr, Eintritt 50 Rs, Kamera 50 Rs, Video 150 Rs.

Royal Tents Camp (****), Nagaur Fort, Tel. +91/291/2572321, www.royaltentsnagaur.jodhanaheritage.com; 100 luxuriöse Zelte. Pferde- und Kamelsafaris, Restaurant.
Royal Camp, Nagaur Fort, Nagaur-341001, Tel. +91/69/380789655, www.hotelsone.com/nagaur-hotels-in/royal-camp.de.html; 20 Luxuszelte mit Badezimmern, Spielhalle, Schönheitscenter, Restaurantzelt und Foyerzelt.
Ranwas-Hotel, im Fort, Buchung über Tel. +91/291/25723217, www.ranvasnagaur.com; 33 Zimmer und Suiten. Hinter drei bis vier Meter hohen Mauern befindet sich jetzt ein Hotel mit Pool und zwei Restaurants.

Naguar Fair, Viehmarkt; 2014: 6.–9. Februar, 2015: 26.–29. Januar.
Sufi-Festival; Februar (auch in Jodhpur), www.worldsufispiritfestival.org. Religiöse Folkloreveranstaltung.

Der Besuch der zwischen Jaipur und Bikaner liegenden Region ist sehr zu empfehlen, obwohl die öffentlichen Verkehrsanbindungen hier noch nicht optimal sind. Wer nur einen ersten touristischen Überblick gewinnen und nicht eingehendere kunsthistorische Studien betreiben will, dem dürften zwei bis drei der wichtigsten Havelis in den Hauptorten Mandawa, Nawalgarh und Fatehpur oder Jhunjhunu genügen.

Wandbilder in einem Haveli in Mandawa

Land der Havelis

Die öffentlichen Verkehrsanbindungen in der Region sind leider noch nicht ausreichend entwickelt, sodass sich das Mieten von Sammeljeeps oder Taxis anbietet, was eine Reise durch Shekhavati etwas verteuert. Doch es lohnt sich, und so wird diese einzigartige Region in letzter Zeit auch immer öfter in die Routenplanung der Reiseunternehmen einbezogen.

Das Gebiet östlich der Aravalli-Berge war anfangs zwischen den Fürstentümern Bikaner und Jaipur aufgeteilt, nach dem Niedergang der Moguln im 17. Jahrhundert entstanden mehrere kleine Fürstentümer. Die Besteuerung von Handelswaren, die die Fürsten zur Sicherung ihres luxuriösen Lebens zu Beginn des 19. Jahrhunderts erhoben, führte dazu, dass die Handelskarawanen, die zwischen Afghanistan und Nordwestindien unterwegs waren, sich neue Wege suchten, um den hohen Steuern zu entgehen. Im Laufe der Zeit ließen sich immer mehr Kaufleute im Shekhavati-Gebiet nieder. Ihren dort erworbenen Reichtum nutzten sie zum Bau der herrlichen Havelis, der Wohn- und Handelshäuser.

Karte S. 207

Malereien in einem Haveli von Fatehpur

Da zudem seit Mitte des 19. Jahrhunderts immer mehr englische Waren den indischen Markt beherrschten und obendrein der chinesische Opiumkrieg (1839–1842) den florierenden Opiumhandel des Fürstenstaats Mawar behinderte, mussten die Marwari sich andere Geldquellen suchen. Und so verlegten die Händlerfamilien sich auf das Bankgeschäft und zogen in die neuen aufblühenden Handelsmetropolen.

■ Havelis

Das Wort Havelis kommt aus dem Persischen und bedeutet ›umschlossener Platz‹. Man kann Gemeinsamkeiten bei der Anlage der Bauwerke erkennen. So führt in den Shekhavati-Havelis das erste Tor zu einem äußeren umbauten Hof, der noch allgemein zugänglich ist. Erst dahinter wird durch einen tiefen Torbau der Innenhof erreicht. Manche Häuser haben bis zu vier solcher Höfe; es ist der Bereich der Großfamilie und vor allem der Frauen, die diesen inneren Bezirk selten verließen.

Die Fassadenmalereien an den Haveli begannen um 1800, ihren Höhepunkt erlebten sie dann zwischen 1830 und 1900, als überwiegend Pflanzenfarben verwendet wurden. Um die Jahrhundertwende zeigt sich der Einfluss der westlichen Technik auch in der Freskenmalerei, und seit den 1870er Jahren wurde synthetischer blauer Farbstoff importiert. Beiderseits der schweren Eingangstore sieht man oft Wächter gemalt, und über dem Tor findet sich unweigerlich Ganesh, der elefantenköpfige Gott auf seinem Reittier, der Ratte. Ebenfalls in vielen gemalten Szenen aus der Legende vertreten ist der blauhäutige Krishna, der beliebteste Gott in Rajasthan, zusammen mit seinen Gespielinnen, den Go-

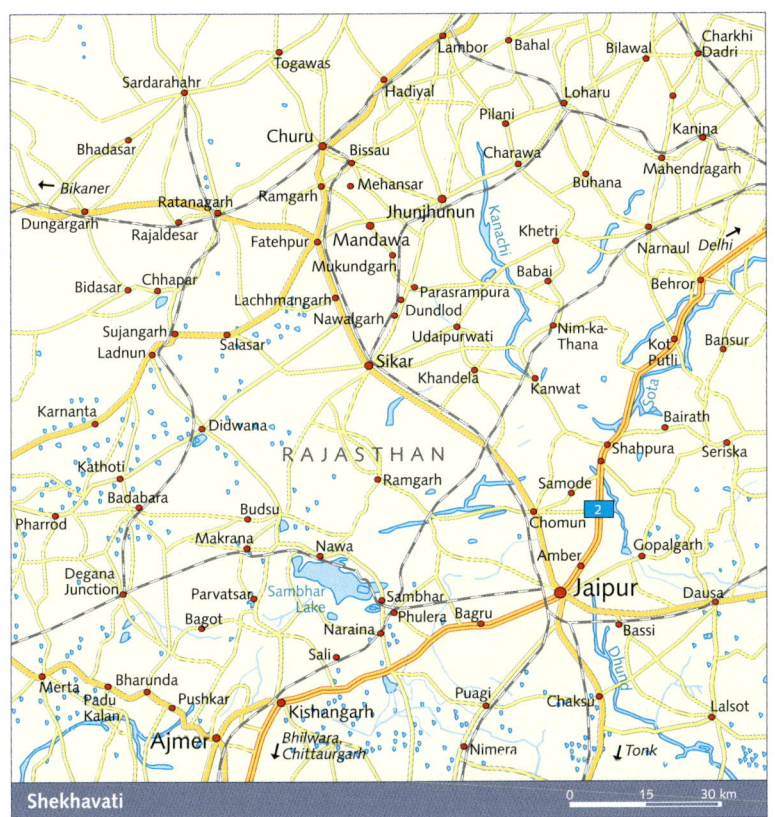

Shekhavati

Shekhavati

pis. Auch die Sage von Dhola und Maru – die indische Variante von Romeo und Julia – erscheint an den Fassaden.

Sikar

Nordöstlich von Jaipur liegt an der Straße nach Bikaner die 238 000 Einwohner zählende Stadt Sikar. Sie wurde angeblich 1687 von Rao Daulat Singh (regierte 1687–1721) gegründet und von Rajputen des regionalen Shekhawat-Clans nach dem Vorbild von Jaipur rechtwinklig angelegt. Doch eine auf das Jahr 1278 datierte Säule deutet darauf hin, dass die Besiedlung offenbar schon sehr viel früher begann. Obwohl die 115 Kilometer von Jaipur gelegene Distrikthauptstadt zu den reichsten Handelsposten des Staates Jaipur zählte, haben nur recht wenige Havelis die unruhigen Zeiten überdauert. Auch das Fort ist fast vollständig zerstört. Die etwa 700 mal 300 Meter messende Altstadt wird noch von mehreren Toren gesäumt, die den Verlauf der ehemaligen Stadtmauer markieren. Am zentralen Platz befindet sich der **Chini Mahal**. Seinen Namen (China) verdankt es den gemalten blauen und weißen Porzellankacheln mit Darstellungen eines Pferdehändlers, einer Elefantenprozession mit Rao Raja und etlichen Portraits von Europäern und Tänzerinnen am Hof.

Geht man nach Süden durch das Fatehpur Pol, kommt man zum **Ragunath-Tempel** aus dem Ende des 18. Jahrhunderts. Er besitzt einige schöne Malereien vorwiegend religiöser Thematik.

Sehenswert ist auch das **Biyani-Haveli** mit seinen blaugrundierten Fresken. Die **Jubilee Hall** wurde von Raja Madho Singh 1897 zur Feier der 50-jährigen Thronbesteigung von Queen Victoria (1819–1901) errichtet.

Östlich des Baori-Stadttors befindet sich ein **Stufenbrunnen** aus dem Jahre 1750, der mit einigen hübschen Steinreliefs versehen wurde.

Lachhmangarh

Etwa 30 Kilometer nördlich von Sikar befindet sich die rechtwinkelig wie ein Schachbrettmuster angelegte Ortschaft Lachhmangarh (Lakshmangarh, Laxmangarh). Sie wurde nach ihrem Gründer Lachhman Singh (Lakshman Singh) benannt, und besitzt noch viele gut erhaltene **Havelis**.

Nach wie vor wird das Stadtbild von dem auf einer Anhöhe thronenden **Fort** beherrscht, dessen Innenhof als lokaler Marktplatz genutzt wird. Die wehrhafte Burg befindet sich noch in Privatbesitz und ist nicht zugänglich. Es lohnt sich dennoch, zum hochgelegenen Fort hinaufzusteigen, denn vom Burggarten aus schaut man hinein in die vier Höfe der **Char Chowk Havelis** (Haveli mit vier Höfen) und hat einen weiten Blick über die Landschaft Shekhavatis. Das zu Füßen der Festung liegende Kaufmannshaus der Familie Ganeriwala mit pavillonartigen Abschlüssen der Treppenaufgänge ist die wichtigste Sehenswürdigkeit der Ortschaft. Von außen erscheint das Haveli, das – wie schon der Name sagt – aus vier Innenhöfen besteht, wie eine Zitadelle. Die Malereien des Mitte des 19. Jahrhunderts entstandenen Haveli haben vor allem religiöse Themen zum Inhalt. An den Außenwänden sind die Malereien nahezu vollständig abgeblättert, im Inneren sind aber noch schöne Abbildungen erhalten. Ein Geheimtipp ist ein vollständig ausgemaltes Zimmer im Obergeschoss an der Ostseite des nördlichen Gebäudes; hier finden sich auch einige erotische Motive. Ansonsten herrschen Pflanzen, Götter und Porträts britischer Offiziere vor. Das südliche Gebäude ist völlig unbewohnt.

▲ *Wandbild in einem Haveli in Fatehpur*

Eingangstor zu einem Haveli in Fatehpur

kiert von Einhörnern. Beachtenswert ist auch das Fresko mit einem Trichtergrammophon.

Hinter dem Haveli, ein kurzes Stück ostwärts, befindet sich das **Shyonarayan Kyal Haveli** aus der Zeit um 1900. Unter dem Dachvorsprung an der Ostmauer ist ein Paar in Umarmung zu sehen, während ein Dienstmädchen mit einem Weinglas daneben steht. Auf anderen Abbildungen sieht man Frauen, die sich im Spiegel bewundern und Europäer, die von Pferden mit einer winzigen Kutsche gezogen werden.

Rot und blau sind die Farben des **Sanwatram Haveli** mit einem schönen Fresko, das den halb weiblichen und halb männlichen Gott Ardhanareshvara (Shiva und Parvati in einer Person) darstellen soll.

Etwa 50 Meter östlich von diesem Haveli befindet sich der lange **Radhi-Murlimanohar-Tempel**, der 1845 von der Poddar-Familie gestiftet wurde. Er enthält einige Gemälde nahe den Dachvorsprüngen und einige Skulpturen von Gottheiten an den äußeren Wänden.

Südlich dieses Tempels kommt man zum üppig ausgemalten **Sanganeria Haveli**. Der Name soll sich herleiten vom Erbauer, der aus der Stadt Sanganer stammte. Dargestellt ist eine Frau mit einer Schaukel, die an einem Baum aufgehängt ist, und ein Mann, der einen Baumstamm sägt. Man sieht Frauen beim Spinnen, Menschen beim Radfahren oder einen Mann, der mit einem Ochsen ein Feld pflügt.

Noch deutlicher sind die europäischen Einflüsse am **Rathi Haveli** (auch Baithak genannt) neben dem Uhrturm, 100 Meter südlich des Tempels. An der Westwand sieht man eine Europäerin an einer Nähmaschine, an der Südseite englische Soldaten und die britische Krone, flan-

Fatehpur

Rund 20 Kilometer nördlich von Lakshmangarh erreicht man die Kleinstadt Fatehpur, die 1451 bereits der Kaimkhani-Nawab Fateh Khan, ein Muslimherrscher, zu seiner Residenz bestimmt und mit einer Festung gesichert hatte. Die Stadt wurde bis 1731 von muslimischen Nawabs regiert, die im Namen des Mogulkaisers ihre Fürstenherrschaft ausübten. Im Jahre 1799 zog der irische Söldner George Thomas, der im Dienst der Marathen stand, in die Stadt ein, musste aber bald den Truppen des Maharajas von Jaipur weichen. Die britische Herrschaft seit Beginn des 19. Jahrhunderts begünstigte den Handel, sodass der einflussreiche Poddar-Clan sich auch in Fatehpur niederließ.

■ Devra-Lal-Haveli

Zu den schönsten Bauten zählt das aus dem Jahre 1880 stammende Devra-Lal-Haveli in einer Querstraße der Churu Sikar Road. Es besitzt herrliche Deckenmalereien, deren Medaillons mit verschiedenen Persönlichkeiten geschmückt sind, beispielsweise einem Mogul oder einem englischen Gentleman mit Hund. Zu sehen ist auch König Georg V., umgeben von verdienten Freiheitskämpfern, der ›Mother India‹ ein Dokument übergibt. Im vorderen Hof erwarten den Besucher Fresken von Lakshmi, der Göttin des Reichtums, zusammen mit ihren Elefanten.

■ **Nadine Le Prince Cultural Centre**
Das Nadine Le Prince Cultural Centre gegenüber war ein 1802 errichtetes Haveli und wurde ab 1999 von der französischen Künstlerin Nadine Le Prince aufwendig restauriert. Als Galerie mit Kulturzentrum für französische und indische moderne Kunst wurde es wieder eröffnet. Es ist geplant, weitere kulturelle Ereignisse wie Tanz und Musikshows zu veranstalten. Ein angeschlossenes Café lädt zur Erholung bei einem Snack ein. Gleich daneben befindet sich das **Saraf-Haveli**, an dessen Fassade Vishnu auf einer Schlange zu sehen ist.
An der Fassade des 1855 erbauten **Jagannath-Singhania-Haveli** der Singhania-Familie auf der anderen Seite der Churu Sikar Road sind sowohl religiöse Bilder mit Lakshmi, Radha und Krishna als auch Szenen aus der modernen Zeit mit bewaffneten britischen Soldaten, Autos und Flugzeugen zu sehen.

■ **Mahavir-Prasad-Goenka-Haveli**
Zu den sehenswertesten Havelis entlang der Mandawa Road gehört östlich der Churu Sikar Road das sehr zerbrechlich wirkende **Choudhari-Haveli**, das aber an der Außenfront noch einige erotische Malereien aufweist.
Westlich dieser Straße findet man an der Mandawa Road das um 1870 entstandene Mahavir-Prasad-Goenka-Haveli. Das leider meist verschlossene Haveli

hat besonders ausdrucksvolle Wandmalereien mit religiöser und folkloristischer Thematik, so Krishnas Flirt mit Radha. Die Räume auf der ersten Etage sind voll glitzernden Spiegelschmucks. Hier befindet sich auch ein Gemälde, das Krishna reitend auf einem Elefanten zeigt, in dem Spiegelzimmer im zweiten Stock befinden sich besonders eindrucksvolle Malereien.

■ **Weitere Havelis**
Noch weiter westlich gelangt man zum **Geori-Shankar-Haveli**, das an der Decke des Haupteingangs schöne Spiegelmosaiken zeigt. Im Innenhof der Frauengemächer sieht man das Liebespaar Dhola und Maru bei der Flucht auf einem Kamel. An der Südfassade des **Gopiram-Jalan-Haveli** weit im Süden lassen sich anhand von Fresken aus dem Jahr 1912 frühe europäische Autotypen studieren, im Hof ist der Raja von Sikar im Kreis britischer Adliger verewigt.

ℹ️ **Fatehpur**
Vorwahl: +91/1571.

🚌
Verbindungen mit Jaipur (4 Std.), Delhi (6 Std.), Churu (1 Std.), Mandawa und Ramgarh (je 30 Min.).

🛏️
RTDC Hotel Haveli (*–**), Sikar Road, etwa 500 m südlich der RSRTC-Bushaltestelle, Tel. +91/1571/230293, www.rtdc.in/haveli.htm; 8 Zimmer. Saubere Unterkunft, einige Zimmer mit Bad.

🍴
Rendezvous. Familiäres Restaurant nördlich des Nadine Le Prince Cultural Centre, vegetarische Küche.

🏛️
Nadine Le Prince Cultural Centre, Tel. +91/1571/233024, www.cultural-centre.com; tägl. 10–19 Uhr, Eintritt 100 Rs.

Karte S. 207

Ramgarh

Besonders prachtvolle Havelis mit vielen Wandmalereien gibt es in Ramgarh, leider können nicht alle besichtigt werden. Ramgarh ist eine von etwa 20 kleinen Städten des ehemaligen Fürstentums Shekhavati an der alten Hauptroute von Delhi zum Indus oder nach Gujarat. Um 1470 konnte Rao Shekha (1433–1488) die Unabhängigkeit von den Kachwahas in Amber erlangen; 1738 wurde Shekhavati dem Königreich Jaipur eingegliedert. Im Jahre 1790 erhöhte der Herrscher von Churu die Steuern auf den Wollhandel, woraufhin die einflussreiche Poddar-Familie die Stadt verließ und mit Hilfe des Rajas von Sikar 16 Kilometer weiter südlich die Ortschaft Ramgarh gründete. Hier errichteten sie besonders prachtvolle Havelis, und Ramgarh wuchs rasant.

Die meisten der oft mit herrlichen Malereien geschmückten Adels- und Patrizierpaläste, Tempel und Kenotaphe liegen entlang der Basarstraße.

■ Havelis

Das **Tarachand-Ghanshyamdas-Haveli** von 1853 parallel zum Basar hat einen wunderschön bemalten Raum und vorwiegend in Ockerfarben gehaltene Wandmalereien an der Fassade. Drei Ausgänge befinden sich in verschiedenen Himmelsrichtungen – das Fatehpur-Tor, das Churu-Tor und das Bissau-Tor. Das kleine **Poddar-Haveli** beim Churu-Tor ist mit geometrischen Mustern bemalt, bei denen Naturfarben verwendet wurden, die vor 1850 üblich waren. Populäre Motive sind hier Soldaten und Eisenbahnen. Schön anzusehen sind auch die Malereien von Frauen, die Wasser in Kannen füllen, und an der Westmauer Szenen aus der Dhola-und-Maru-Legende. Die zwei **Ruia-Havelis** der Ruia-Familie, ebenfalls einer Kaufmannsfamilie, wurden um 1890 erbaut. Sie sind mit Wandgemälden in roten und blauen Farben geschmückt.

Zwischen diesen Havelis steht das **Surolia-Haveli**, eines der schönsten Kaufmannshäuser von Ramgarh.

■ Tempel und Chattris

Ramgarh besitzt auch einige hübsche Tempel. Der **Ram-Lakshmana-Tempel** von 1860 beispielsweise wurde über einem früheren Heiligtum errichtet. Dieses ist heute noch als Kellergeschoss erhalten und enthält religiöse Malereien, die noch mit Indigo-Farben geschaffen wurden.

Der **Ganga-Tempel** nördlich der Stadtmauer wurde von den Poddars 1845 erbaut und besitzt eine Vielzahl von Bögen, durch die man schreitet. An der schwer beschädigten Fassade befinden sich zahlreiche Abbildungen von Krishna. Zwei steinerne Elefanten bewachsen den Eingang.

Der kleine, verzierte **Shani-Tempel** für Gott Saturn wurde von der Khemka-Familie im Jahr 1840 erbaut. Außen eher unscheinbar, entfaltet er im Innern seine Pracht mit ultramarinen Wandgemälden und fantastischen Spiegelwerken. In dem Raum vor dem inneren Sanktum befinden sich einige aus Gold gearbeitete Wandgemälde.

Der **Hanuman-Temple** wurde von den Ruias um 1885 gebaut und besitzt einen unterirdischen Gang. Bei den Einheimischen ist der Tempel auch unter dem Namen Lal Kuan Mandir (Red Well Temple) bekannt. Die gewölbte Decke in Front des Schreins zeigt einige feine Wandmalereien, aber sie sind durch Feuchtigkeitsschäden stark angegriffen. Den von den Poddars um 1844 gestifteten Tempel **Natwar Niketan** in der Nähe der Grabstätten zeigt an seinen Außenwänden die üblichen Elefanten und Kamele.

Shekhavati

Sehenswert sind auch die **Ram-Gopal-Poddar-Chattris**, die Begräbnisstätten der einflussreichen Händlerfamilie von 1872, die allein über 500 Malereien aufweisen. Man kann drei Gruppen unterscheiden: die Ramayana-, die Krishna- und die Ragamala-Chattris. Das Ramayana Chattri ist einfacher gehalten, hat dafür aber umso reichhaltigere Wandmalereien in kastanienbraun und blau, die Szenen aus dem Epos Ramayana zeigen.

> 🛏 **Ramgarh**
>
> **Ramgarh Fresco** (***), 10/19 Subhash Chowk, Tel. +91/1571/240595; Reservierungen über Tel. +91/9971133230, www.ramgarhfresco.com; 14 einfache Zimmer. Hübsch restauriertes Haveli, mit Café und Restaurant.

Churu

Etwas aus dem üblichen Besichtigungsrahmen heraus fällt Churu, denn es ist eine Großstadt und befindet sich ganz im Norden, wo sich bereits die Dünenketten der Thar ausbreiten.

Als der lokale Herrscher, wie bei den Herrschern damals üblich, die Steuern auf Handelswaren einführte, verließen die Poddars und andere Kaufleute die Stadt. Als sich Shyam Sher Singh einige Jahre später auch noch mit seinem Herrn in Bikaner anlegte, griff dieser die Stadt an und zerstörte sie. Von dem 1713 erbauten Fort sind nur noch spärliche Überreste geblieben, die keinen speziellen Besuch lohnen.

Folgt man der Bazaar Road westwärts zum Clock Tower, gelangt man zum **Balayi-Tempel**. Am Torbogen des Eingangs sind die Gottheiten Krishna und Radha, Rama und Sita abgebildet.

Im Herzen der City befindet sich das **Malji-ka-Kamra** (Majis Haveli), gebaut um 1925 im italienisch-rajasthanischen Architekturstil der Fresko-Kunst. Das 1860 entstandene **Haveli der Mantri-Familie** und das schöne **Poddar-Haveli** mit Bildern, die teilweise mit synthetischen Farben gemalt wurden, sind weitere Sehenswürdigkeiten.

Interessant ist das am südlichen Ortsende gelegene palastähnliche sechsstöckige **Surama-Doppel-Haveli** der Familie Surana mit angeblich 1111 Fenstern, weshalb es den Beinamen Surana Hawa Mahal (Palast der Winde) erhielt. Es entstand um 1870 und war eine Art Mietshaus für Mitglieder der Familie. Wenn es offen ist, kann man innen einige bemalte Räume sehen und vom Dach einen guten Blick genießen.

Einige Gassen weiter nordwestlich vom Doppel-Haveli kann man an der Nordwand des 1925 erbauten **Surajmal-Banthia-Haveli** ein Bild von Jesus bestaunen, der eine Zigarette raucht. Unbeeindruckt davon scheint eine britische Lady zu sein, die gegenüber abgebildet ist.

Gut 200 Meter nördlich sieht man an der Südfassade des 1880 erbauten **Kanhaiyalal-Bagla-Haveli** wieder einmal die Darstellung der Ballade des rajasthanischen Liebespaares Dhola und Maru, der indischen Variante von Romeo und Julia.

Ausläufer der Thar-Wüste bei Churu

Karte S. 207

Churu

Vorwahl: +91/1562.

Tägl. Verbindung mit Fatehpur, Sikar und Jaipur.

Tägl. Verbindung nach Jaipur, Fatehpur, Jodhpur, Alwar, Delhi und Bikaner.

Rama Mandir (*), an der Hauptstraße, Tel. +91/1595/25024. Einfache Zimmer mit Gemeinschaftsduschen und -toiletten.

 Mehansar

Vorwahl: +91/1595.

Narayan Niwas Castle (**–***), Jhunjhunu-331030, Tel. +91/1595/264322, www.mehansarcastle.com; 12 Zimmer. Lehmpalast des ehemaligen Thakus von Mehansar, aufgeteilt in zwei private Teile, einen verlassenen Bereich und das Hotel. Einfache Zimmer, gute Mahlzeiten. Pferde- und Kamelsafaris.

Mehansar

Der kleine Weiler Mehansar (Mahansar) zwischen Churu und Ramgarh ist von Mandawa aus auf einer sandigen Piste erreichbar. Der Ort wird selten besucht, was angesichts der kostbaren Fresken, die man kaum irgendwo sonst findet, kaum verständlich ist.

Schöne Fresken sind zum Beispiel im **Sone-ki-Dukan-Haveli** der Juweliersfamilie Poddar zu sehen, dem ›Herrenhaus aus Gold und Silber‹ aus der Zeit um 1850. Derart interessant ist der Fries mit der Schlachtszene, der in der Feinheit seiner Pinselführung einer Miniatur gleicht. Wunderschön anzusehen sind die teilweise mit Blattgold verzierten Darstellungen, die das Leben von Vishnu und Krishna darstellen. Die Wände sind reichlich bemalt mit floralen und Vogelabbildungen. Etwas südlich hiervon befindet sich der **Raghunath Mandir**, ein Tempel aus der Mitte des 19. Jahrhunderts, der in der Architektur einem Haveli ähnelt. Er hat schöne florale Arabesken sowohl unterhalb der Gewölbebögen rund um den Hof als auch an der großen Fassade. An den unteren Mauern des **Sahaj Ram Poddar Chattri**, nahe der Ramgarh Road, sind noch einige gut erhaltene Malereien zu finden.

Bissau

Die kleine Ortschaft Bissau, etwa zwölf Kilometer von Churu entfernt, wurde 1746 von Keshri Singh (1728–1768), einem Sohn von Sardul Singh, gegründet. Auch Shyam Sher Singh, der Enkel des Gründers, vergraulte 1788 die Kaufleute durch überzogene Steuerforderungen – die Herrscher scheinen auch damals schon wenig weitsichtig gewesen zu sein. An der von Nord nach Süd verlaufenden Basarstraße befinden sich mehrere interessante Gebäude wie beispielsweise das **Jainarayan-Tibrevala-Haveli** von 1885. Im Innenhof sieht man Ganesha, im oberen Stockwerk befindet sich ein Schlafzimmer mit Gemälden, die Krishna und die Geburt Ramas zeigen und eine große Hochzeitsprozession darstellen. Im benachbarten **Girdarilal-Sigtia-Haveli** sind die Gemälde an der Außenmauer zwar zerstört, doch finden sich im ersten Stock noch sehr gut erhaltene Wandbemalungen mit Personenporträts und Szenen aus dem religiösen Leben. Ein Raum an der nordöstlichen Ecke zeigt Shiva mit dem Ganges, der aus seinem Haar fließt. Im **Motiram-Jasraj-Sigtia-Haveli** sieht man an der Nordwand die Szene mit Krishna, der den im Fluss badenden Hirtenmädchen (*gopis*) die Kleider stiehlt.

Shekhavati

Während am Südende der Basarstraße die Begräbnisstätte **Chattri von Hamir Singh** zu finden ist, die angeblich 1875 von seiner Konkubine finanziert wurde, findet man an der Nordwestecke im **Tibrevala-Haveli** überwiegend religiöse Motive.

Wenn man vom Fort in Richtung Basarstraße geht, gelangt man in eine Seitenstraße mit dem **Kemka-Haveli**, das Wandbilder und Holzschnitzereien aufzuweisen hat. Am **Kedia-Haveli** wiederum sind vor allem Fresken interessant, die in Ockerfarben gemalt wurden.

Jhunjhunun

Die Ursprünge der nach einem Jat-Herrscher benannten Distrikthauptstadt Jhunjhunun (auch Jhunjhunu), die 25 Kilometer nordöstlich von Mandawa liegt, sind unbekannt. Bekannt ist lediglich,

dass sie von 1450 bis 1730 vom Clan der Kaimkhani regiert wurde, danach von dem Rajputen Sardul Singh. Heute ist die Distrikthauptstadt mit ihren akzeptablen Hotels neben Mandawa ein geeigneter Ort, um von hier aus weitere Sehenswürdigkeiten der Shekhavati-Region aufzusuchen.

Die Attraktion der Ortschaft bilden die **Chhe Haveli** (Sechs Haveli). Die Modi-Havelis, Kaniram-Narasinghdas-Tibrevala-Haveli, Nuruddin-Farooqi-Haveli und Khetri Mahal liegen alle im Altstadtbereich nebeneinander.

Überragt wird der Ort mit etwa 100000 Einwohnern von dem Hügel Kana Pahar. Den besten Rundblick genießt man vom **Badalgarh Fort** (auch als Fazalgarh bekannt). Es wurde Ende des 17. Jahrhunderts von Fazl Khan als Stallung für seine Pferde errichtet und enthält mehrere

Der Rani-Sati-Tempel

Grabstätten muslimischer Heiliger sowie das Grab des Sohnes von Major Henry Foster. Der befehligte hier die britische Truppe zur Bekämpfung lokaler Räuberbanden, beispielsweise der berüchtigten Dacoit-Bande, die von zwei französischen Söldnern befehligt wurde.

Sehenswert sind die zahlreichen **Brunnenanlagen**, die sich in der ganzen Stadt finden. Der **Mertani Baori** ist ein mit einem Tempel verbundener Stufenbrunnen zu Füßen des Kana-Pahar-Hügels. Zu dem Brunnen führen 159 Stufen hinunter. Man erreicht ihn vom Bihari-Tempel in Richtung Churu.

■ **Havelis und Tempel**

Wer von Mandawa nach Jhunjhunu anreist, kommt über den Mandawa Circle in die Altstadt. Hier bietet zunächst das **Khetri Mahal** von 1760 von seiner Dachterrasse aus einen schönen Rundblick über die Stadt bis hinüber zum Badalgarh-Fort. Um mit seinem Pferd in die oberen Stockwerke reiten zu können, ließ sich der damalige Herrscher eine Rampe statt Treppen einbauen. Im Haveli selbst kann man noch Reste von Wandmalereien erkennen.

Im Altstadtzentrum an der Nordseite des Nehru-Bazaar befinden sich die be-

Shekhavati

Jhunjhunun

0   200   400 m

eindruckenden **Modi-Havelis** aus dem Jahr 1896. Durch zahlreiche Fenster, die meist mit Holzläden verschlossen sind, erscheint die Fassade stark gegliedert. Der Zugang erfolgt hier ebenfalls über eine breite drei Meter hohe Rampe und durch ein hohes metallbeschlagenes Tor mit seitlichen Arkaden.

Sehenswert ist auch der nicht weit entfernte große **Bihari-Tempel** aus dem Jahr 1776 mit gemalten Szenen aus dem Ramayana an der Südwand, beispielsweise Krishna mit Gopis.

Ein Stück weiter südöstlich kommt man zum **Kaniram-Narasinghdas-Tibrevala-Haveli** aus dem Jahre 1883. Auch hier sieht man wieder Wandbilder, die Eisenbahnen darstellen und Szenen aus dem Alltag, beispielsweise Handwerker bei der Arbeit oder einen Briten mit einem Hund auf seinem Schoß.

An der Nordseite vom Nehru Bazaar befindet sich das **Mohanlal-Ishwardas-Modi-Haveli** aus dem Jahr 1896. Über dem Eingang der Außenwand sind Szenen aus dem Leben von Krishna zu sehen. Auf einem kleinen, angrenzenden Torbogen sind britische Kolonialherren, einschließlich Monarchen und Richter in Robe, abgebildet. Zwischen der Innen- und der Außenmauer befinden sich Porträt-Miniaturen. Der Innenhof zeigt den Aufbau des Universums mit den Göttern im oberen Fries, den Menschen im mittleren Bereich und Tier- sowie Pflanzenmotiven darunter.

Das aus zwei Höfen bestehende hübsche **Nuruddin-Farooqi-Haveli** in der Nähe des Gandhi Chowk weist als muslimisches Kaufmannshaus keine menschliche Abbildungen, sondern nur dekorative Muster und Blumen auf. Es befindet sich etwa 100 Meter östlich vom Kaniram-Narasinghdas-Tibrevala-Haveli.

Der **Rani-Sati-Tempel** ganz im Nordosten der Stadt an der Straße gleichen Namens wurde in Erinnerung an eine Kaufmannsfrau errichtet, die 1595 Sati beging. Er verherrlicht die Witwenverbrennung und wird von traditionellen Frauen verehrt und von modernen Frauen als frauenfeindlich verdammt. Der Tempel selbst enthält keinerlei Malereien oder Statuen, jedoch an der Hallendecke ein Mosaik der Gottheit Shri Rani Sati mit Durga und Ganesha.

 Jhunjhunun

Vorwahl: +91/1592.
Government Tourist Office, Mandawa Circle, Tel. +91/1592/232909; Mo–Sa 10–17 Uhr.

Rani-Sati-Tempel; 4–22 Uhr.

Busverbindungen u. a. mit Jaipur (4 Std.), Delhi (5–7 Std.) und Bikaner (6 Std.).

Jamuna Resort (**), Nahe Nath Ka Tilla, Jhunjhunun-333001, Tel. +91/1592/23-2871, +91/1592/512696, www.shivshekhawati.com. Im traditionellen Stil angelegte strohgedeckte Bungalows im Garten, mit Klimaanlage. Pool, sehr gutes Restaurant, gleicher Eigentümer wie bei Shiv Shekhavati.

Shekhawati Heritage (**), Jhunjhunun, nahe dem Busbahnhof, Tel. +91/1592/237134, www.hotelshekhawatiheritage.com. 20 saubere Zimmer in ruhiger Lage.

Shiv Shekhawati (*), Khemi Shakti Road, Nahe Muni Ashram, Jhunjhunun-333001, Tel. +91/1592/2322651, www.shivshekhawati.com; 20 Zimmer. Ein Stück östlich des Zentrums, sehr saubere Zimmer, um einen Innenhof gruppiert. Der Eigentümer des Hotels ist ein ausgezeichneter Kenner der Region und betreibt im Hotel ein Informationsbüro.

Karte S. 215

Mandawa

Nur 24 Kilometer von Jhunjhunu entfernt liegt Mandawa, der touristische Mittelpunkt des Shekhavati-Gebiets. Die Stadt mit den ungepflasterten Gassen zählt mit ihren 92 reich verzierten Havelis zu den schönsten Ortschaften der gesamten Region.

Vom unbedeutenden Wüstenort zur Stadt wurde Mandawa durch Nawal Singh (1742–1780), einen Sohn von Sardul Singh, der das Fort und die Stadtmauer bauen ließ. Im Jahre 1828 konnte die Festung erfolgreich gegen den Raja von Sikar verteidigt werden.

■ Mandawa Fort

Im Mittelpunkt der Stadt thront unübersehbar das Mandawa Fort, von dem der größte Teil zu einem stilvollen Hotel (Castle Mandawa) umgebaut wurde. Jedes Zimmer ist anders, vom umgebauten Stall bis zur komfortablen Suite im Turm. Wie alle Paläste in Rajasthan gleicht das Haus von außen einer Burg, innen hingegen verwandeln sich die schweren, dicken Mauern in zierliche Säulen mit filigranem Schnitzwerk. Über mit Teppichen ausgeschlagene Mauernischen, verwinkelte Treppchen und geheimnisvolle Gänge, die plötzlich vor einer Wand enden, gelangt man zu den Zimmern oder Suiten. Besonders faszinierend ist die Suite im Turm. Man muss über Brückchen und kleine Treppen, über das Dach, über eine Leiter wieder herunter und noch einmal ein Treppchen hoch, dann steht man vor einem runden Turmbau; ein kiloschweres Schloss hängt vor der Tür. Drinnen eröffnet sich ein Wohnparadies, Kissensitze und geschnitzte Tischchen mit Intarsien in einer Fensternische aus farbigem Glas, antike Möbel, ein Bett in einem Alkoven. Das große Badezimmer ist wiederum über ein Treppchen und durch eine niedrige Pforte zu erreichen.

Das Tor des Forts war früher mit Spitzen bewehrt, so sollten Angriffe mit Elefanten abgewehrt werden.

Havelis

Die meisten bemalten Havelis liegen an der von Ost nach West verlaufenden

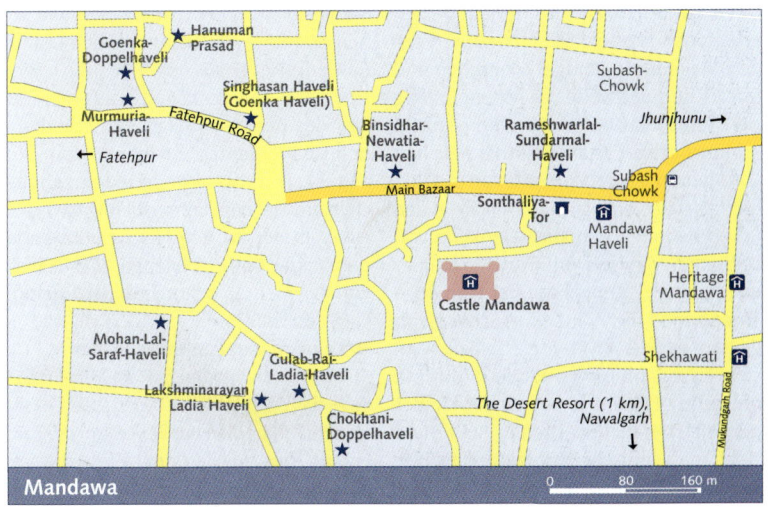

Mandawa

Der Turm des Castle Mandawa

Hauptstraße (Main Bazaar), die an ihrem östlichen Ende vom 1930 erbauten **Sonthiya-Tor** mit einer Krishna-Figur abgeschlossen wird.

■ Sneh-Ram-Ladia-Haveli

Das Sneh-Ram-Ladia-Haveli aus dem Jahre 1906 gilt als eines der am besten erhaltenen Havelis. Die Hofmauern zeigen Malereien wichtiger Menschen und Plätze, beispielsweise die ›Versammlung der Rajputen-Chefs‹ mit einer Anzahl schnurrbärtiger Männer in königlichen Gewändern. Daneben sieht man das Porträt des Raja von Bilaspur (Kahlur). In den Ecken befinden sich auch Gemälde von britischen Männern und Frauen. Auf der ersten Etage, erreichbar über eine enge Treppe, sind die Wände mit Szenen von Göttern aus der Mythologie bemalt. Man sieht Yasoda mit ihren Kindern, Krishna mit seiner Flöte und wie er die Kleider der Hirtenmädchen stiehlt. Außerdem sieht man indische Könige auf Elefanten und Pferden, britische Soldaten mit

ihren Gewehren, einen König mit Musikanten während einer Prozession. Die Wände sind komplett bemalt, die Stellen zwischen den Gemälden wurden mit Mustern und floralen Motiven gefüllt.

■ Gulab-Rai-Ladia-Haveli

Südwestlich des Forts gibt es einige sehenswerte Haveli, besonders den Gulab-Rai-Ladia-Haveli aus dem Jahr 1870. Hier sind unter anderem Motive aus dem Leben des Besitzers Gulab Rai, Eisenbahnen und Elefanten zu sehen. Von den angeblich früher vorhandenen zahlreichen erotischen Bildern ist lediglich noch eines an der fünften Nische vom Ende der Mauer übrig geblieben. Das Haveli gilt als einer der schönsten der Region.

■ Lakshminarayan-Ladia-Haveli

Südwestlich vom Gulab-Rai-Ladia-Haveli liegt das ebenfalls reich bemalte Lakshminarayan-Ladia-Haveli (Laxmi Narain Ladia), das zwei Reiter zeigt, die angeblich Dungar und Jawahir darstellen

Karte S. 217

sollen, bis heute in Balladen besungene Räuber. Auch Rama ist zu sehen, wie er den Dämon Ravana besiegt.

Das **Mohan-Lal-Saraf-Haveli** nordwestlich hiervon zeigt an der südlichen Mauer einen Maharaja mit einem langen Bart. Am Hofeingang befindet sich eine Abbildung des Sonnengottes Surya.

■ Chokhani-Doppelhaveli

Das Haveli südöstlich des Gulab-Rai-Ladia-Haveli besitzt einige der besten Fresken von Mandawa in vorherrschend blau-, grün-, kastanienbraun- und goldfarbenen Tönen. Man kommt zunächst in einen Innenhof, der von Veranden umgeben ist, die in einen größeren Hof führen. Der zweite Hof war das Zentrum häuslicher Aktivitäten. Er führt zu den eigentlichen Wohnräumen mit langen umliegenden Veranden.

›Versammlung der Rajputen-Chefs‹ im Sneh-Ram-Ladia-Haveli

■ Binsidhar-Newatia-Haveli

Nur wenige Meter weiter westlich befindet sich das Binsidhar-Newatia-Haveli (auch Naveti Haveli) aus dem Jahr 1921 mit einigen kuriosen Malereien, die beispielsweise die Gebrüder Wright in einer Flugmaschine zeigen, die nur einen einzigen Flügel hat. Zu den zahlreichen Gemälden gehören ein Junge mit Telefon, eine europäische Frau in einem Auto mit Chauffeur. Das verschwenderische Dekor und die schönen Porträts in den Räumen beeindrucken ebenso wie die Fresken an den Wänden. Heute befindet sich in dem Gebäude die State Bank of Bikaner and Jaipur.

■ Weitere Havelis

An der Hauptstraße befindet sich auch das **Rameshwarlal-Sundarmal-Haveli** mit Jagdszenen und folkloristischen Darstellungen.

Weitere interessante Havelis findet man am westlichen Stadtrand in Richtung Fatehpur. Ins Auge fällt das um 1900 entstandene **Hanuman-Prasad-Goenka-Haveli** mit gemalten Fensterdarstellungen von Shiva auf seinem Bullen Nandi und Vishnu auf einem Elefanten.

Fresken im Chokhani-Haveli

Am **Murmuria-Haveli** hat der Künstler Balu Ram 1935 vorwiegend europäische Motive gemalt: Es gibt Autos zu sehen, eine Eisenbahn mit einer fliegenden Kuh darüber und Nehru auf einem Pferd mit wehender Flagge. Über dem Bogen an der Südseite des Hofes befinden sich Malereien von Gondeln auf den Kanälen von Venedig.

Nebenan liegt das große **Goenka-Doppelhaveli** der einflussreichen Goenka-Familie. Es vereint das Vishwanath-Goenka- und das Tarkeshwar-Goenka-Haveli. Es besitzt zwei Eingangstore und monumentale Gemälde mit Elefanten und Pferden an der Fassade.

Ebenfalls an der Fatehpur Road befindet sich das ehemalige Goenka-Haveli, das in das **Heritage-Hotel Singhasan Haveli** umgewandelt wurde (www.singha sanhaveli.com). Es besitzt wunderbare gemalte Fresken.

Mandawa

Vorwahl: +91/1592.
Internet: www.indiasinvitation.com/man dawa.

Busse nach Fatehpur (40 Min.), Nawalgarh (1 Std.) und Jhunjhunu (45 Min.).

Castle Mandawa (****–*****), Mandawa-333704, Tel. +91/1592/2371194, www.mandawahotels.com; 74 Zimmer und Suiten. Das Mandawa Castle wurde 1755 gebaut, mehrere schmale Treppen und Höfe verbinden die Zimmer, eine Terrasse auf dem Hoteldach bietet einen Blick über die ganze Stadt. Sehr stimmungsvolles Heritage-Hotel mit gutem Service und viel Atmosphäre. Das Abendessen wird unter freiem Himmel im Garten bei Live-Musik serviert. Die Zimmer und Suiten sind sehr unterschiedlich ausgestattet.
The Desert Resort (****–*****), Mukandgarh Road, Mandawa-333704, Tel. +91/ 1592/223151, www.mandawahotels. com; 61 Zimmer, 6 Suiten. Lehmbungalows in hinduistischer Bauweise mit modernem Komfort. Luxushotel inmitten der Wüste mit viel Atmosphäre.
Mandawa Haveli (***), Tel. +91/1592/ 223088, www.hotelmandawa.com; 10 Zimmer. Nahe dem Sonthaliya-Tor. 180 Jahre altes Kaufmannshaus, im Jahr 2000 zum Hotel umgebaut. Die billigsten Räume sind sehr klein. Familiäre Atmosphäre, mit Restaurant.
Heritage Mandawa (***), nahe dem Subash chowk, Dist. Jhunjhunu-333704, Tel. +91/1592/223742, www.hotelheritage mandawa.com. Im 120 Jahre alten Haveli gibt es günstige Zimmer mit modernen Wandbildern und teurere große Suiten. Innenhof, kleines Restaurant.
Hotel Shekhawati (**), Mukundgarh Road, Mandawa, Distr. Jhunjhunu-333704, Tel. +91/1592/223036, www.hotelshekha wati.com. Billige und teuere Zimmer (klimatisiert). Schön mit Malerei geschmücktes Haus, mit Restaurant.

Parasrampura und Dundlod

Schmale Straßen führen durch Dörfer und Felder, vorbei an den typischen Brunnen mit den hohen Säulen. Stufen führen zu den Brunnen hinauf. Sie liegen so hoch, damit der Sand sie nicht zuweht. Immer wieder fallen die skurrilen Khejri-Bäume auf. Die Äste werden geschnitten, weil ihre Blätter begehrtes Viehfutter sind. Danach wachsen sie unregelmäßig wieder nach. Pfauen stolzieren mitten auf der Fahrspur, ihr schillerndes Türkis bringt Farbe in die Landschaft wie die Schleier der Frauen. In Shekhavati sind sie meist leuchtend rot, mit Silberborten und -sternen besetzt.

■ Parasrampura

20 Kilometer südöstlich von Mandawa, in Parasrampura (Parsurampuram),

Karte S. 207

sind in einem Tempel und in der Kuppel des **Chattri von Thakur Sardul Singh** (1681–1742), dem achten Nachfahren des Rao Shekha, die frühesten Fresken Shekavatis erhalten. An der Decke kann man Szenen aus dem Ramayana- und dem Mahabharata-Epos bewundern. Die Schlachtenszenen aus dem Hindu-Epos Ramayana und Szenen der Liebesgeschichte von Dhola und Maru gelten als Vorläufer für die später entstandenen Wandmalereien von Mandawa.

Im **Shamji-Sharaf-Haveli** vom Ende des 18. Jahrhunderts sieht man Hindugötter und Europäer. In einer Ecke ist eine europäisch aussehende Frau in schwarzer Kleidung abgebildet, rechts darüber eine einheimische Frau mit einem Spinnrad. Sehenswert ist auch der **Gopinathji-Mandir-Tempel** aus dem Jahre 1742. Nach einer Legende spaltete der Sohn eines Adligen, der ein Chattri gebaut hatte, die Hand eines Künstlers. Er hoffte, ihn so daran zu hindern, die Tempelmalereien zu vollenden. Doch der Künstler vollendete die Tempelmalereien mithilfe seiner Füße.

■ **Dundlod**

Der kleine Ort Dundlod, 16 Kilometer südlich von Mandawa gelegen und um 1750 gegründet, hat eine sehr angenehme Atmosphäre. Die Sehenswürdigkeiten des Ortes, Festung, Tempel und Brunnen, liegen nicht weit auseinander und sind leicht auffindbar.

Das kleine **Dundlod Fort** wurde 1750 errichtet. Die meisten Gebäude wurden um 1840 erbaut, so auch eine Empfangshalle (*durbar*) im Mogulstil, die renoviert wurde.

Mittlerweile ist hierin ein stilvolles Hotel untergebracht. Man durchschreitet zunächst das Suraj Pol, danach den Bichla Dawarza und schließlich das Uttar Pol, bevor man den Innenhof erreicht. Einige Treppen führen zum Diwan-i-Khas, einer privaten Empfangshalle im Mogulstil, ausgestattet mit nachgebildeten Louis-quatorze-Möbeln und alten Familienporträts des hiesigen Fürsten, Buntglasfenstern und einer senffarbenen Kolonnade. Über dem Diwan-i-Khas befindet sich eine Galerie für Frauen, die von hier aus durch Netzvorhänge das Geschehen im Hof beobachten konnten. In der ehemaligen Zenana befindet sich ein Lesesaal. An der Straße, die zum Fort führt, befinden sich mehrere Havelis der Goenka-Familie. Das **Bhagirath-Mal-Goenka-Haveli** beispielsweise ist bekannt wegen seiner Spiegelarbeiten, welche die Fenster einfassen. Die Wände sind überzogen mit herrlichen Malereien und Fresken aus Rajasthans Folklore, den Legenden der Hindu-Mythologie, Kriegs- und Jagdszenen sowie Blumen- und Tiermotiven in den Farben Blau, Indigo, Grün, Gold und Kastanienbraun.

Das **Tuganram-Goenka-Haveli** wiederum hat wunderschöne Fresken und feine Spiegelarbeiten über den Fenstern der Wände des Innenhofs. Das unvollendete Haveli gegenüber ist interessant, weil man hier sehen kann, wie Künstler die Zeichnungen skizzierten, bevor die Farbe aufgetragen wurde. Die Motive zeigen Elefanten, Kamele und Pferde.

Auf einem kleinen Platz rechts vor dem Eingang zum Fort befindet sich der 1911 errichtete **Satyanarayan-Tempel**. Er zeigt an der westlichen Außenmauer beispielsweise Krishna, der seine Freunde vor einem Vogel-Dämon rettet, alles in kräftigen roten und grünen Tönen gemalt. Die Porträts unter dem Dachvorsprung bilden Adlige ab, die lesen oder an Blumen riechen. Ein anderes Gemälde stellt eine Frau dar, die sich in einem Spiegel bewundert.

Nicht weit davon entfernt steht das **Jagathia-Haveli**, auf das zunächst religiö-

Shekhavati

se Szenen gemalt wurden, später dann auch Szenen mit den Kolonialherren. Auf der östlichen Außenmauer sieht man eine europäische Eisenbahn und einheimische Tänzerinnen.

Am südlichen Ortsrand liegen große **Tiefbrunnen** (*baoris*). Direkt daneben befindet sich das auf das Jahr 1888 datierte **Chattri des Ram Dutt Goenka**. Vor allem die Kuppel des Gedenkpavillons ist mit Blumenmustern und einer Bildreihe von Krishna ausgemalt, wie er mit den Gopis tanzt. Zu sehen ist auch ein Selbstporträt der Steinmetze bei der Errichtung der Totengedenkstätten.

🛏️ Dundlod
Dundlod Fort (***), Dundlod, Jhunjhunu-333702 Tel. +91/1594/252519, 252199, www.dundlod.com; 45 Zimmer. Stilvoll eingerichtete, große Zimmer. Angeboten werden Shekhavati-Touren zu Pferde.

Nawalgarh

Nawalgarh liegt in einer weiten, spärlich bewachsenen Ebene, über die der Wind den Sand fegt. Die südöstlich von Mandawa gelegene Stadt gehört mit ihren angeblich 100 Havelis zu den lohnendsten Zielen im Shekhavati. Sie wurde 1737 vom Grundbesitzer Thakur Nawal Singh gegründet. Er befestigte die Stadt, indem er dicke Steinmauern um die Stadt und ein Fort baute. Nawalgarhs Altstadt hat besonders viele gut erhaltene Fresken und in seinen Basaren das Flair einer kleinen, abgelegenen Kaufmannsstadt bewahrt. Da Thakur Nawal Singh die Kaufleute nicht wie andere Herrscher mit überzogenen Steuerforderungen in die Flucht trieb, ließen sich bald etliche von ihnen in Nawalgarh nieder und verhalfen der Stadt zu einer wirtschaftlichen Blüte. Nawalgarh ist auch die Heimatstadt der reichen und mächtigen Kaufmannsfamilie Poddar.

Karte S. 223

■ Fort Bala Qila

Zentrum des Ortes sind der aus der Zeit der Gründung stammende, jedoch mehrfach umgebaute **Gopinath-Tempel** und das Fort Bala Qila, beide umgeben von einem Gemüsemarkt. Das Fort von 1737 erreicht man durch das **Roop Niwas Palace**, heute ein Hotel. Es sieht kaum noch aus wie eine Festung und wird von zwei Banken sowie einigen Verwaltungsstellen genutzt, besitzt aber noch einige Tempel aus dem 18. Jahrhundert.

Der **Sheesh Mahal** im südöstlichen Teil des Forts besitzt wunderschöne Gemälde an der Decke, die Straßenszenen aus Nawalgarh und Jaipur darstellen, sowie Spiegelarbeiten. Der Raum wurde früher einmal von der Maharani als Ankleidezimmer genutzt.

■ Havelis

Westlich des Bala Qila fällt besonders eine Gruppe von sechs Havelis auf, die als **Aath Haveli** (Acht Haveli) bekannt sind, weil ursprünglich acht Havelis geplant waren. In ihren Fresken aus der Zeit um 1900 sind europäische Themen aufgegriffen worden. Vom Innenhof gehen Veranden ab, die zu verschiedenen Räumen führen. Die Fresken im Inneren sind

Wandbilder im Fort Bala Qila

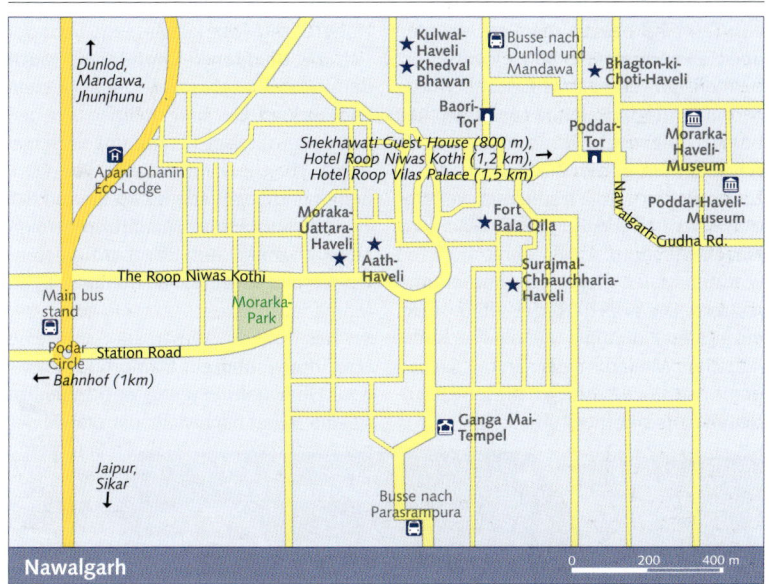

Nawalgarh

ein Augenschmaus in den Farben Rot, Gelb und Grün sowie in Gold.

Gegenüber den Aath Haveli befindet sich das **Morarka-Uattara-Haveli** mit einigen schönen Gemälden, einschließlich Miniaturen zur Krishna-Legende über dem Eingang. Das Haveli wird besonders gern für Hochzeiten genutzt.

Als eines der prachtvollsten Bauten gilt das südöstlich vom Fort gelegene **Surajmal-Chhauchharia-Haveli**. Ein massives Tor führt in den Hof, von dem man wiederum in einen weiteren Innenhof gelangt. In solchen Innenhöfen wurde nachts geschlafen, wenn die Räume sich tagsüber unerträglich aufgeheizt hatten. Eine Vielzahl schöner Havelis erstreckt sich östlich und westlich des nördlichen **Stadttors** (Baori Gate). Hier verdient das noch bewohnte **Khedval Bhawan** einen Besuch, das am Eingang zum Innenhof eindrucksvolle Spiegel- und Kachelarbeiten zeigt. Im blau gekachelten Innenhof sind an der Westmauer eine Lokomotive und an den nördlichen Außenwänden

schöne Fresken mit Motiven aus der Dhola-und Maru-Erzählung sehen. Zu sehen sind auch hübsche, von Frauenbildnissen eingerahmte Fenster und an der Nordmauer schöne Szenen vom Teej-Festival.

Nördlich davon steht das **Kulwal-Haveli**. Es ist erst 1931 entstanden und zeigt besonders schöne Verzierungen rings um die Fenster sowie Porträts der Kulwal-Familie, von Gandhi und Nehru. Sehenswert ist das reich verzierte silberne Eingangstor mit religiösen Motiven und farbigen Friesarbeiten. Eine silberne Tür, geschmückt mit Miniatur-Pfauen, führt zum Innenhof, dessen Malereien meist religiöse Themen darstellen.

Sehr gut restaurierte Malereien findet man im etwa 200 Meter östlich des Poddar-Tors liegenden **Poddar-Haveli** (früher Anandilal-Poddar-Haveli), das 1920 entstand und heute im Erdgeschoss das **Poddar-Haveli-Museum** sowie im ersten Geschoss bis vor kurzem eine Schule beherbergte. Die Malereien zeigen Szenen von Tempelprozessionen, Festumzügen und stellen Flugzeuge, Autos sowie Eisenbahnen dar. Die ganze Fassade wurde nach alten Techniken und Methoden neu bemalt. Die zwei Höfe sind besonders schön und in gutem Zustand.

Etwas weiter nördlich steht ein weiteres Haveli der Morarka-Familie, das **Morarka-Haveli-Museum**, eines der schönsten von den vielen steinernen Kaufmannshäusern. Die großzügig gestaltete Halle, die großen Hofräume und die Pracht der hübschen Miniaturmalereien mit Szenen der Krishna-Legende in diesem Kaufmannshaus sind beeindruckend.

Nahe dem Morarka-Museum befindet sich das **Bhagton-ki-Choti-Haveli** (auch Bansidhar-Bhagat-Haveli) mit herrlichen Fresken und Deckengemälden. Sie zeigen ein großartiges Panorama verschiedener Themen, von lokalen Begebenheiten und Legenden bis zu Szenen der Hindu-Mythologie. Miniaturmalereien stellen Szenen aus Kriegsereignissen, Jagden und Krishnas Abenteuer mit Hirtenmädchen dar.

An der äußeren Westmauer sind eine Lokomotive und ein Dampfboot zu sehen. Über dem Eingang zum Innenhof ist eine Heirat dargestellt, die Wände des

Frau mit Akkordeon im Bhagton-ki-Choti-Haveli

Karte S. 223

Salons vereinen Marmor mit gemalten schwarzen und weißen Einlegearbeiten. Ein Raum an der Westseite zeigt einen seltsamen Europäer mit einem Stock, einer Pfeife und einem kleinen Hund auf der Schulter. Daneben sieht man eine britische Frau, die ein Akkordeon spielt.

Mukundgarh

Wer noch etwas Zeit hat, mag noch Mukundgarh einen Besuch abstatten. Dies nicht so sehr wegen eventueller Sehenswürdigkeiten, sondern wegen der Möglichkeit, traditionelle, arbeitsintensive Handwerksmethoden kennenzulernen,

und zwar die Färberei. Hier werden Saris, Bett- und Turban-Tücher weiterhin mit Handdruckstöcken bedruckt oder in Abbinde-Technik gefärbt. Bei dem altertümlichen Bandhani-Verfahren — abgeleitet vom Sanskritwort bandha (= binden) — werden vom Stoff kleine Knötchen abgebunden und mit Wachs überzogen. Nach dem Färben und Entknoten zeigen sich phantasievolle Muster aus winzigen Tupfern. Bei Touristen sind diese Stoffe sehr beliebt.

Im 250 Jahre alten **Mukundgarh Fort** befindet sich eines der schönsten Hotels der Region.

ℹ️ Nawalgarh

Vorwahl: +91/1594.

⊘

Dr. Ramnath A Poddar Haveli Museum, www.podarhavelimuseum.org; Eintritt 100 Rs, Kamera 30 Rs; tägl. 8.30–18.30 Uhr. **Morarka-Haveli-Museum**; Eintritt 50 Rs.; tägl. 8–19 Uhr. **Bhagton-ki-Choti-Haveli**; Eintritt 50 Rs. **Poddar-Haveli**, früher Anandilal-Poddar-Haveli; Eintritt 50 R.

🚗

Entfernung nach Mandawa 30 km, Jaipur 140 km, Delhi 280 km, Samode 110 km, Bikaner 220 km, Roopangarh 190 km.

🚌

Busverbindungen mit Sikar, Jhunjhunu und Mandawa (jeweils 1 Std.), Jaipur (3 Std.), Delhi (8 Std.), Jodhpur (9 Std.).

🚆

Der Bahnhof ist 2,5 km entfernt, Verbindungen nach Jhunjhunun.

🛏️

Roop Vilas Palace (***), Rawal Sab ki Kothi, Distr. Jhunjhunu-333042, Tel. +91/1594/ 224321, www.roopvilas.com; 12 Zimmer, 14 Suiten. Ein Tipp sind die drei Luxus-

zelte im Garten. Jeep- und Kamelsafaris. **Roop Niwas Kothi** (***), Nawalgarh, Distr. Jhunjhunu-333042, Tel. +91/1594/ 222008, www.roopniwaskothi.com; 30 Zimmer. Heritage-Hotel, etwa 1 km östlich am Stadtrand gelegene ehemalige Residenz des Fürsten von Nawalgarh. Ruhig gelegenes Art-Déco-Landhaus von 1928 mit großem Garten und Pool, Restaurant. Pferdesafaris.

Apani Dhanin Eco-Lodge (**), Old Junjhunu Road, Tel. +91/1594/222239, www. apanidhani.com. Öko-Resort mit Dorfhäusern nachempfunden, nett eingerichteten Bungalows. Koch- und Handwerkskurse, Touren- und Ausflugsangebote. Gutes Bio-Essen mit Zutaten aus eigenem Anbau. **Shekhawati Guest House** (*), 200 m südlich vom Roop Niwas Kothi Palace, Distr. Jhunjhunu-333042, Tel. +91/1594/ 224658, www.shekhawatiguesthouse. com. Familiäres Gästehaus, Zimmer mit Klimaanlage im Haupthaus, teurere Garten-Cottages. Outdoor-Restaurant.

🛏️ Mukundgarh

Mukundgarh Fort (***) Mukundgarh-333705, www.hotelsrajasthan.net/ mukundgarhhotels; 45 Zimmer und 4 Suiten im alten Fort. Mit Restaurant, Konferenzraum und Swimmingpool auf dem Dach.

Shekhawati

Das ›Land des Todes‹ Marwar ist ein Wüstendreieck und reichte früher bis in das heutige Grenzgebiet zwischen Indien und Pakistan. Es wird im Süden von Mewar (Udaipur) begrenzt, von Jaisalmer im Nordwesten, von Bikaner im Norden und schließlich von Jaipur im Osten.

Die gewaltigen Festungsanlagen, die in Rajasthan am Rande der Wüste entstanden, zeugen noch heute von den Kämpfen der Rajputen sowohl untereinander als auch gegen die muslimischen Eroberer. Mit unermüdlicher Geduld wurden über die Jahrhunderte hinweg in diesem dürren Land einige der größten Festungsanlagen der Welt errichtet.

Frauen in der Wüste Thar

STÄDTE IN DER WÜSTE

Marwar

Während der Durchreise durch den Wüstenstaat kommt man durch öde Steppenlandschaft. Staubbedeckte Palmen huschen vorbei, die aussehen, als seien sie aus altem Papier. In der steigenden Hitze der Mittagssonne flimmern kleine Dörfer, einsame Gehöfte und klapprige Hütten auf. Die wenigen Dörfer liegen abseits der Straße, die immer wieder von Sanddünen bedroht wird. Auf der Straße tummeln sich vollbeladene Lastwagen, überfüllte Omnibusse und alte Kamel- oder Ochsenkarren. Im gleißenden Mittagslicht wirkt die Landschaft blass. Selbst das Grün der Dornbüsche und Akazien erscheint grau. Durch flimmernde Hitze und aufgewirbelte feine Staubwolken hindurch treiben die Rajputen ihre Viehherden über das Land – auf der Suche nach Weideplätzen für die Tiere, oder zum Viehmarkt, um für die Tiere noch einige Rupien zu erhalten. Mädchen schauen uns an, mit dunklen, schwermütigen Augen, durchgeistigt wie die schönen Fresken von Ajanta. Die ehemals leuchtend farbigen Saris sind oft nur noch Fetzen in verblichenen, verwaschenen Farben. Die Rajputen leben hier noch im Schatten ihrer großen Vergangenheit. Marwar oder Marudesh (auch Marusthali) wird denn auch dieser Landstrich genannt, ›Land der Toten‹. Er umfasst drei bedeutende touristische Ziele: Bikaner, Jodhpur und Jaisalmer.

Bikaner

Ringsum ist nichts als öde Steppe. In Bikaner mit 648 000 Einwohnern gehören im frühen Morgengrauen die Straßen noch den Kamelen. Hintereinander trotten sie vor den vollbepackten Wagen und lassen ahnen, welches Bild einst die Karawanen boten, die durch Rajasthans Steppen und Wüsten zogen. Verschiedene alte Handelsrouten durchquerten den Staat Bikaner, dessen Norden altes Siedlungsland war. Es war einst fruchtbar durch den vom Punjab kommenden Sarasvati-Fluss, der in den Indus mündete, später aber versickerte und den bestehenden Stadtkulturen buchstäblich das Wasser entzog.

Bikaner leitet seinen Namen von Rao Bika (regierte 1465–1504) her, der diese Stadt 1488 gründete. Dieser Herrscher aus dem Rathor-Geschlecht war nach einem Streit mit seinem Vater fortgegangen, um sich ein eigenes Reich zu erobern. Der Legende nach begegnete er der Karni Mata, der Inkarnation der Göttin Durga, die ihm weissagte, dass er eines Tages mehr Ruhm und Ehre ernten würde als sein Vater. Dies gelang ihm tatsächlich, und er konnte ein Reich aufbauen, das bis zu den südlichen Grenzen des Punjab reichte. Bei seinem Tode herrschte Rao Bika über 3000 Dörfer. Doch zugleich hatte Jumho-ji, ein anderer Heiliger, vorausgesagt, dass die Herrschaft seines Geschlechts nach 450 Jahren enden würde; eine Vorhersage, die sich ebenfalls bewahrheitete.

Das neue Reich Marwar, neben Mewar der bedeutendste Rajputenstaat, konnte lange den Mogulen trotzen und führte viele Jahre Krieg gegen sie, ging aber dann doch Bündnisse mit ihnen ein. Mit diplomatischem Geschick gelang es, die Selbständigkeit zu erhalten. Bikas Nachfolger traten sogar in den Dienst der Großmogul, sicherten sich hohe Stellungen am mogulischen Hof und häuften erhebliche Reichtümer an. Raja Raj Singh I. (1541–1612, regierte 1571–1612) wurde

Karte S. 231

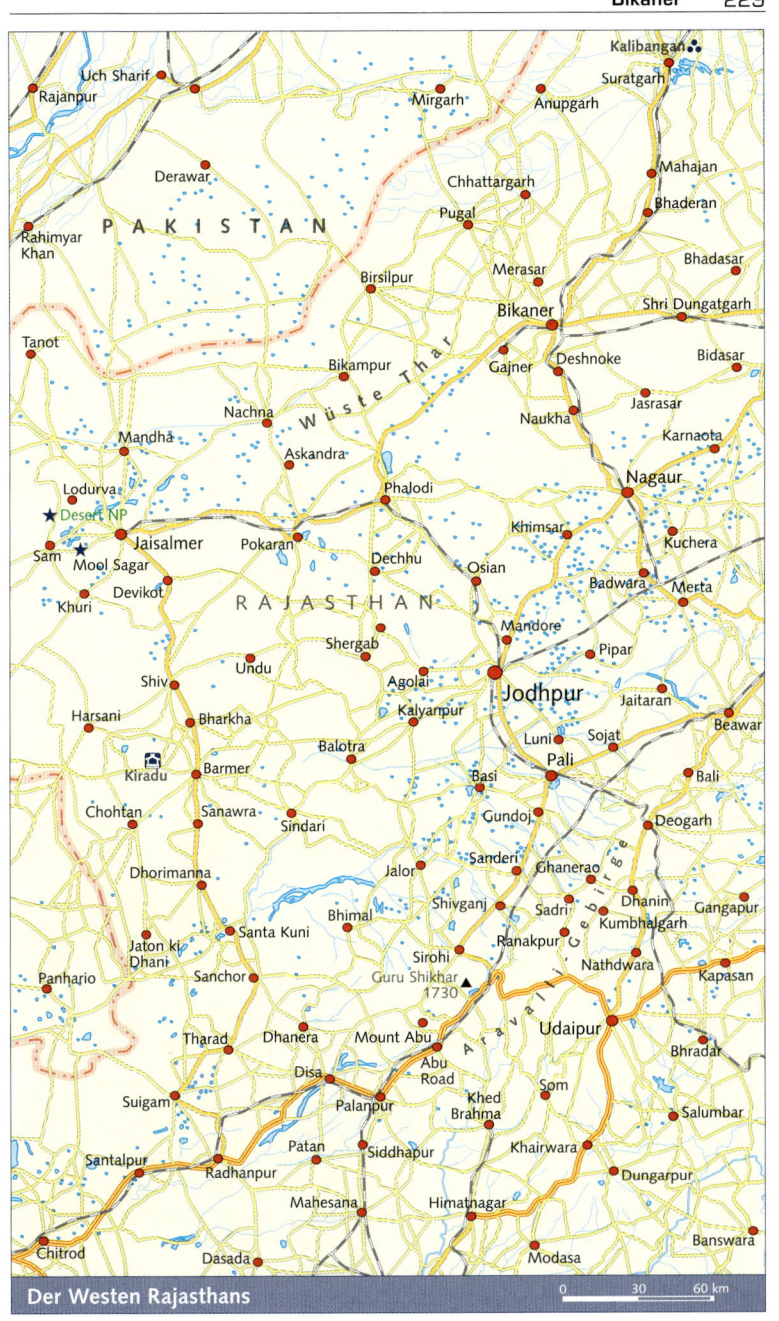

Städte in der Wüste

0   30   60 km

sogar einer der Heerführer des Großmoguls Akbar und baute in Bikaner zwischen 1588 und 1595 eine imposante
Festung. Während des Niedergangs der
Mogulherrschaft im 18. Jahrhundert
musste Bikaner als Folge seiner engen
Beziehung mit den Moguln die Belagerung durch Jodhpur hinnehmen, griff
aber 1808 seinerseits zusammen mit Jaipur die Feinde an. Doch als ihre Macht
zu zerfallen drohte, erhielt der damalige Maharaja Surat Singh (1788–1828)
im Jahre 1818 militärische Hilfe durch
die Briten, die mit ihm einen Vertrag
über ›immerwährende Freundschaft,
Bündnispartnerschaft und Interessen-
gemeinschaft‹ abschlossen. Und Maharaja Ganga Singh (1880–1943, regierte
1898–1943) genoss bei den Briten so
hohes Ansehen, dass er sogar als englischer Delegierter bei der Friedenskon-
ferenz von Versailles (1919) mitwirkte.

Altstadt

Nicht nur an den zahlreichen Garküchen,
über denen der weiße Dunst aus gewaltigen Pfannen steigt, auch in den kleinen
Restaurants lässt man sich gerne Zeit für
Thali, Tandoori, Nan und Custard. Meist
gemächlich und geduldig nehmen die
Kellner die Bestellungen auf, und gleich
neben dem Eingang residiert der Ge-
schäftsführer auf einem erhöhten Stuhl,
um den Überblick zu behalten.

Bikaner ist eine gemächliche Stadt, deren Reiz sich nur langsam entfaltet. Im
Gewirr der Altstadt verstecken sich einige sehenswerte Bauten, darunter das
Handelshaus **Rampuriya-Haveli** aus dem
Jahre 1880 in der Rampuriya Street. Diese teilweise reich dekorierten Häuserfas-
saden der Altstadt fallen in dem staubigen Gewimmel kaum auf. Allein die
fünf **Stadttore** aus dem 18. Jahrhundert
erinnern an schönere Zeiten.

Im Südwesten der Altstadt, an der alten

Stadtmauer, gibt es einige interessante
Tempel zu besichtigen. Der **Chintamani-
Tempel** aus dem Jahr 1505 und der etwas später entstandene **Adinath-Tempel**
tragen reiche Skulpturen. Der **Bhandasar-
Tempel** (auch Bhandeshvar-Tempel) mit
seiner vergoldeten Tempelfahnenstange
ist Parshvanath geweiht, dessen Marmorstatue sich im Sanktuarium befindet. Os-
wal Bhanda, ein reicher Jain-Kaufmann,
stiftete ihn 1468. Der Tempel wurde
nach seinem Tod 1514 vollendet und
ist mit Miniaturmalereien und kleinen
Spiegeln versehen, zeigt aber nicht die
Pracht von anderen Jain-Tempeln wie
beispielsweise in Ranakpur oder Dilwara. Vom Turm genießt man aber einen
schönen Blick über die Stadt.

Hinter dem Bhandasar-Tempel befindet
sich der **Lakshminath-Tempel**. Der nach
dem Schutzgott der Herrscher von Bikaner benannte Hindutempel wurde zwischen 1505 und 1526 erbaut. Fotografieren ist hier verboten.

Der **Sandeshvar-Tempel** (Neminath-Tempel) mit hohem Tempelturm aus dem
Jahr 1536 ist Neminath geweiht, dessen Marmorstatue man im Sanktum des

In der Altstadt von Bikaner

Karte S. 231

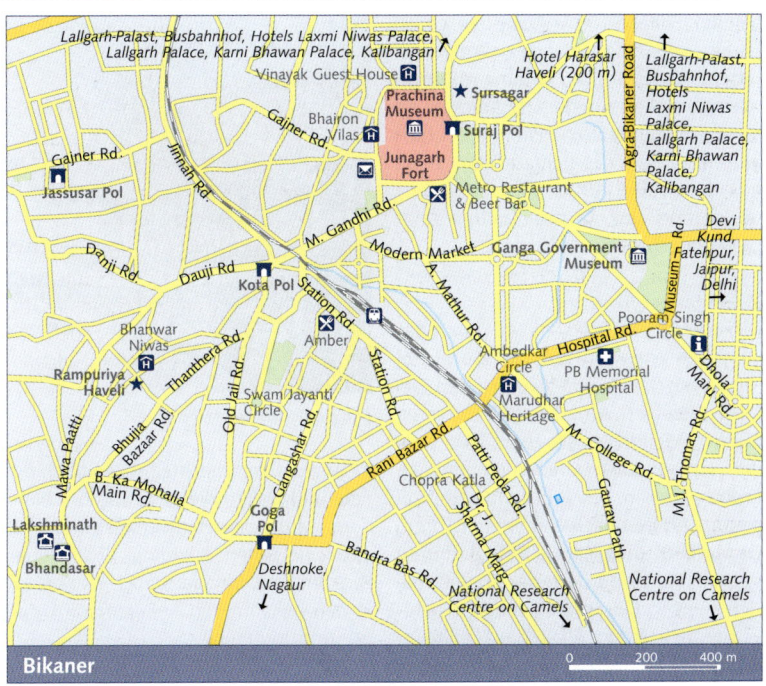

Bikaner

Tempels sieht. Auf einem Lotossockel flankieren Marmorstatuen weiterer jainistischer Heiliger den 22. jainistischen Furtbereiter.

Fort Junagarh

Bikas erstes Fort (nahe dem heutigen Lakshmi-Tempel) war zwar noch aus Lehm gebaut, doch dann ließ Raja Raj Singh I. zwischen 1588 und 1593 ein Fort errichten, das niemals erobert werden konnte. Von außen eine Festung mit seinen fast 1000 Meter langen Mauern und seinen Bastionen, war Fort Junagarh innen einst ein reizvoller Palast der Fürstenfamilie. Auch heute noch gehört das riesige Fort mit seinen gut erhaltenen, prunkvoll geschmückten Palastbauten zu den schönsten Festungen Rajasthans überhaupt. Doch anders als die meisten anderen Forts liegt es nicht auf einer An-

höhe, sondern im flachen Wüstenland. Die Anlagen wurden bis ins späte 19. Jahrhundert erweitert, und noch kurz vor der Unabhängigkeit fügte Maharaja Ganga Singh eine Audienzhalle hinzu. Angeblich hatte der Raja seiner Frau zuliebe den Marmor für den Bau des Forts aus ihrer Heimatstadt Jaisalmer heranschaffen lassen. Möglicherweise war der später verwendete rötliche Sandstein aus der Umgebung aber auch einfach noch nicht entdeckt worden. Jeder der im Laufe der Jahrhunderte entstandenen Paläste wurde von einem anderen Herrscher erbaut. Die Festung, die durch einen Wassergraben und eine hohe Mauer geschützt ist, umfasst 37 Paläste. Sie hat eine 986 Meter lange Mauer mit einer Breite von neun Metern und einer Höhe von 20 Metern und wird heute von der ehemaligen Herrscherfamilie noch für Feierlichkeiten genutzt. Ebenfalls im Festungsbereich gegenüber der Palastfassade befindet sich das 2000 eröffnete **Prachina-Museum** mit zahlreichen Ausstellungsstücken, an denen der europäische Einfluss deutlich wird. Hier befindet sich auch ein Salon aus dem Jahre 1900, der restauriert wurde und eine Textilsammlung zeigt (www.prachinamuseum.org).

■ Eingangstore

Man betritt die Palastanlage durch das wuchtige Marmor-Haupttor **Suraj Pol** (Sonnentor), das von zwei großen Elefanten flankiert wird. Die mit schweren Eisenschlössern verriegelten Tore wurden der von einem Graben umgebenen Festung erst im 17. Jahrhundert hinzugefügt. An den nächsten beiden Toren, **Daulat Pol** und **Karan Pol**, befinden sich die Handabdrücke der Frauen, die sich beim Tod ihres fürstlichen Gemahls verbrennen ließen. Allein das Daulat-Tor enthält 41 Handabdrücke in roter Farbe. Wie alle Rajputen-Paläste, an denen mehrere Generationen bauten, sind Höfe, Hallen, Galerien, Dachpavillons, Tempel

Handabdrücke von Sati-Frauen am Daulat Pol

Die Audienzhalle im Fort

ineinander verschachtelt. Wer durch die Säle und Hallen dieser Anlagen schlendert, fühlt sich zurückversetzt in mittelalterliche Zeiten. Allerdings bröckelt der Putz im Fort Junagarh auch stärker als in den bekannteren Anlagen von Udaipur und Jodhpur.

■ Audienzhalle

Durch einen kleinen Gang gelangt man zum Eingangshof und von ihm in den **Karan Mahal** (1631–1639), die öffentliche Audienzhalle (Diwan-i-Am). Man glaubt, Marmor mit Pietra-Dura (Einlegearbeiten mit Halbedelsteinen) zu sehen, doch bei näherem Hinsehen erkennt man, dass es sich nicht um Marmor, sondern um Kalkstuck und Verzierungen aus Blattgold handelt.

Die Audienzhalle hat Buntglasfenster, geschnitzte Balkone und Säulen aus Stein und Holz.

■ Fort-Museum

Der nächste Teil des Palastes, der **Ganga Niwas Chowk** mit der **Ganga Niwas Durbar Hall**, wurde von Maharaja Ganga Singh erbaut. Man erreicht ihn entweder durch die verschlungenen Gänge vom Gaj Mandir oder vom Hof Vikram

Vilas. Die Ganga Niwas Durbar Hall, eine Halle aus rosafarbenem Sandstein mit fein gemeißelten Wänden, wurde einst als Diwan-i-Am (Öffentlicher Audienzsaal) genutzt. In ihr befindet sich heute das Fort-Museum. Neben den üblichen Gewändern, Teppichen und Waffen der Rajputen kann man auch ein deutsches Maschinengewehr und ein Doppeldeckerflugzeug aus dem Ersten Weltkrieg bestaunen.

■ **Anup Mahal Chowk**

Der Anup Mahal Chowk besitzt wunderbare Balkonfenster und Jali-Trennwände, durch die die Frauen das Treiben unten beobachten konnten. Hier befindet sich der Anup Mahal (Diwan-i-Khas), die private Audienzhalle von 1669, die ihre aus Spiegeln, Einlegearbeiten und Malereien bestehende Dekoration unter Maharaja Surat Singh (regierte 1787–1828) erhielt. Die Decken sind mit den beliebten Mogulmotiven wie Blumen, Vasen und Blätterranken verziert. Man sieht kunstvoll in Rot und Gold lackierte Wände bis an die Decke sowie funkelnde Buntglaseinlagen über einem Sandelholzthron. Die Türen glänzen in Lack oder Einlegearbeiten aus Elfenbein.

Einer der schönsten Räume ist der **Badal Mahal** (Wolkenpalast) in Aquamarinblau. Er wurde für den Maharaja Sardar Singh (1851–1872) mit weißen Wölkchen auf blauem Grund ausgemalt. Man sieht Fresko-Malereien von Krishna und Radha inmitten von Regenwolken. Die Wände dieses kleinen Nebenzimmers sind mit prunkvollen Blattgoldeinlagen verziert.

■ **Privatgemächer des Gaj Mandir**

Der langgestreckte **Lal Niwas** aus dem Jahr 1595 mit niedriger Decke befindet sich an der Nordseite des Karan Mahal Chowk. Beim relativ schmalen Raum dürfte es sich um einen Versammlungs-

saal (*durbar*) gehandelt haben. Wenn man hinaufsteigt, gelangt man in die aus fünf Räumen bestehenden Privatgemächer von Maharaja Gaj Singh (regierte 1746–1787). Es gibt eine Schaukel, ein Bett in der Mitte, herrliche Goldarbeiten, wunderschöne Wandgemälde, Spiegel, Nischen und Buntglasfenster. Von hier hat man einen Blick auf den Palast der Winde.

Das etwas erhöht liegende **Spiegelzimmer** (Sheesh Mahal) war wohl das zentrale Schlafzimmer, während vier kleinere Zimmer ringsum miteinander durch Türen verbunden waren. Hier ist das beliebte Motiv von Krishna und den Hirtenmädchen zu sehen.

Auf dem Dach des Gaj Mandir befindet sich der in den 1880er Jahren erbaute, zeltartige **Chattar Niwas**, der wegen seiner blauweißen Kacheln auch Chinesenturm (Chini Burj) genannt wurde. Hier schmücken neben Krishna-Darstellungen englische Drucke mit Jagdszenen die Wände, die Samuel Howitt (1756/57–1822) zwischen 1805 und 1807 unter dem Titel ›Oriental Field Sports‹ geschaffen hat.

■ **Chandra Mahal und Phool Mahal**

Am Ende der üblichen Besichtigungstour werden den Touristen oft noch zwei Räume gezeigt, wenn der Guide eine Extragabe erwartet. Da ist einmal **Chandra Mahal** (Mondpalast), ein Juwel aus feiner Malerei, Spiegeln, gemeißelten Marmortafeln und gemalten Jagdszenen.

Und da ist zum andern der mit Spiegeln verzierte **Phool Mahal** (Blumenpalast). Hier ist ein kleines Bett des Rao Bika zu sehen. Es war deshalb so klein gehalten, damit die Beine des Herrschers über den Rand herausragten. So hätte er, selbst wenn er ans Bett gefesselt worden wäre, noch aufspringen und sich verteidigen können. Ganz unbegründet war diese

Städte in der Wüste

Angst nicht, denn sein Großvater war von einer Konkubine ans Bett gebunden und getötet worden.

Inmitten weitläufiger Parks erheben sich die **Kenotaphe** der Rathore-Könige von Marwar und Jodhpur aus dem 18. und 19. Jahrhundert. Die roten Sandstein-bauten sind entweder hinduistischen Tempeltürmen nachgebildet oder haben die Form offener Kuppelpavillons. Tief herabgezogene, ›bengalische‹ Dächer (*bangaldars*) sind ein weit verbreitetes Schmuckelement in rajasthanischen Profan- und Sakralbauwerken.

 Bikaner

Vorwahl: +91/151.

Tourist Reception Centre, im RTDC Dhola Maru Hotel, südöstlich des Pooram Singh Circle, Tel. +91/151/2544125, www.bikanertourism.com; Mo–Sa 9–17 Uhr.

Reiseveranstalter

Aravalli Tours, Junagarh Road, Tel. +91/151/2201124.

Camel Man, Vijay Guest House, Sagar Road, Tel. +91/151/2231244, www.camelman.com. Organisiert seit 1982 professionelle Safaris, Jeeptouren, Ausflüge zu Dörfern.

Thar Desert Safari, Gangashar Road, Tel. +91/151/252166, www.thardesertsafari.com/safari.htm. 2- bis 13-Tagestouren.

Vino Desert Safari, Gangashar Road, Tel. +91/151/2270445, www.vinodesertsafari.com. Auch längerfristige Safaris, 800–1500 Rs. pro Tag und Person.

Junagarh Fort; Sa–Do 10–16.30 Uhr, Eintritt 200 Rs, Kamera 30 Rs, Video 100 Rs.
Lallgarh-Palast; Do–Di 10–17 Uhr, Eintritt 20 Rs.
Bhandasar-Tempel; 5–13, 17.30–23.30 Uhr.
Sandeshvar-Tempel; 6–12.30, 16–19.30 Uhr.
Lakshminath-Tempel; 5–13, 19.30–23.30 Uhr.

Der National Highway Nr. 8 verbindet Agra mit Bikaner via Jaipur, und der National Highway Nr. 11 führt von Pathankot nach Kandia Port, via Amritsar und Bhatinda. **Entfernungen**: Jaipur 330 km, Jaisalmer 330 km, Jodhpur 250 km, Delhi 460 km.

Bahnverbindungen mit Delhi (12 Std.), Jaipur und Ajmer (6,5 Std.), Jodhpur (5,5 Std.) und Mumbai (27 Std.).

Busbahnhof, Tel. +91/151/2523800, 3 km nördlich der Stadt in der Nähe des Lallgarh-Palastes. Verbindungen u.a. nach Udaipur (12 Std.), Jaipur (7 Std.), Jodhpur (6 Std.), Delhi (11 St.) und Jaisalmer (8 Std.).

Oberste Preisklasse (Luxus)
Laxmi Niwas Palace (****–*****), Lallgarh Palace Complex, Dr. Karni Singhji Road, Bikaner-334001, Tel. +91/151/2202777, www.laxminiwaspalace.com; 11 Zimmer, 4 Suiten. Das Grand Heritage Hotel in einem 1902 erbauten Palast hat große Zimmer mit Originalmöbeln, Schnitzereien und Malereien an Wänden und Decken. Mit Restaurant und Billardsaal. Dinner im Arkadenhof mit Musik und Tanzvorführungen.
Obere Preisklasse
Lallgarh Palace (****) Ganganagar Rd., Bikaner-334001, Tel. +91/151/2540201, www.lallgarhpalace.com; 56 Zimmer. Ein Teil des Maharaja-Palastes, das in der zweiten Hälfte des 19. Jahrhunderts erbaut wurde, ist heute ein Grand Heritage Hotel mit luxuriösen Zimmern. Die weitläufige Residenz drei Kilometer außerhalb der Stadt verfügt über einen separaten Flügel, der von den Mitgliedern der königlichen Familie bewohnt wird, während ein anderer Flügel ein Museum beherbergt. Konferenz- und Festsäle, eine Bar, ein Restaurant sowie Innenpool,

Billardraum, Tennis- und Badmintonplatz vervollständigen das Angebot.

Gajner Palace (****), Gajner National Park, Tehsil Kolayat, Bikaner-334001, Tel. +91/ 1534/275061, www.hrhindia.com; 32 Zimmer, 13 Suiten. Das Heritage-Hotel, 35 km südwestlich von Bikaner, besitzt Zimmer und Suiten mit historischem Mobiliar. Es wurde Ende des 19. Jahrhunderts ursprünglich als extravagante Jagdhütte am See erbaut. Mit Restaurant und Pool, Kamelsafaris beginnen direkt vor der Tür.

Mittlere Preisklasse

Bhanwar Niwas (***–****), Rampuriya Street, Bikaner-334005, Tel. +91/151/ 2529323, +91/151/2201043, www. bhanwarniwas.com; 25 Zimmer. In einem traditionellen Handelshaus (Haveli) eingerichtetes Hotel von 1927 in der verwinkelten Altstadt. Das Heritage-Hotel aus rotem Sandstein mit teils exquisit ausgestatteten Zimmern verbindet westliche und traditionelle Architektur und ist auch für seinen blauen Salon, eine Bibliothek und die beeindruckende Eingangshalle bekannt. Gutes Restaurant mit exquisiten vegetarischen Gerichten und Bar sowie Bibliothek.

Karni Bhawan Palace (***), Gandhi Nagar, Bikaner-334001, Tel. +91/151/2524701, www.hrhindia.com; 10 Zimmer, 10 Suiten. Das heutige Heritage Hotel wurde von Maharaja Dr. Karni Singh, dem letzten Maharaja von Bikaner, im Art-Déco-Stil gebaut. Das gute Restaurant serviert authentische Gerichte.

Bhairon Vilas (***), an der Westseite des Junagarh-Fort, Ganganar Road, Bikaner-334001, Tel. +91/151/2544751, http://hotelbhaironvilas.com; 18 Zimmer. Haveli mit traditionsreicher Geschichte, üppig mit Antiquitäten und altem Dekor ausgestattete Zimmer mit Textilien, Spiegeln und Polstern. Auf dem Dach befindet sich ein Restaurant.

Untere Preisklasse

Harasar Haveli (**–***), am Karni-Singh-Stadion, Bikaner-334001, Tel. +91/151/ 2209891, www.harasar.com; 38 Zimmer. Sehr hübsche Unterkunft der Heritage-Hotel-Gruppe, mit gepflegten Zimmern und angenehmer Atmosphäre. Das Dachrestaurant bietet vegetarische und nicht-vegetarische Gerichte.

Marudhar Heritage (**–***), Ambedkar Circle, Hospital Road, Tel. +91/151/ 2522524, www.hotelmarudhar.com. Günstiges, freundliches Hotel in Bahnhofsnähe.

Desert Winds (**–***), nahe Kirti Stambh Circle, Tel. +91/151/2542202, www. hoteldesertwinds.in; 22 geräumige Zimmer, alle mit Klimaanlage. Restaurant mit indischer und internationaler Küche. Bietet auch Kamelsafaris.

Vinayak Guest House (*), Old Ginani, Tel. +91/151/2202634; 7 Zimmer. Nahe dem Fort Junagarh, einfache Zimmer mit Bad. Fahrradverleih, Kamel- und Jeepsafaris.

Amber, Station Road, Tel. +91/151/ 2201122, schräg gegenüber dem Bahnhof; tägl. 8–22.30 Uhr. Gutes vegetarisches Essen, schneller Service, klimatisiert.

Metro Restaurant & Beer Bar, südlich des Junagarh-Fort, indische und chinesische Küche, Pizzas.

Ganga Government Museum (auch Golden Jubilee Museum), etwa 2 km östlich des Forts; Sa–Do 10–16.30 Uhr, Eintritt 50 Rs. Archäologische Funde.

Sri Saddul Museum, 1. Stock des Lallgarh-Palastes; Mo–Sa 10–17 Uhr, Eintritt 50 Rs, Video 150 Rs. Ausgezeichnete Fotogalerie.

National Research Centre on Camels, 8 km südöstlich von Bikaner, Tel. +91/151/ 2230183; tägl. 14–18 Uhr, Eintritt 20 Rs, Kamera 20 Rs.

Camel Festival: Januar. Touristisch aufgemachte Veranstaltung mit Folklore.

PB Memorial Hospital, Hospital Road, Tel. +91/151/2226334, +91/151/2226309.

Städte in der Wüste

Ausflüge von Bikaner

Man meint, sich in einem unendlichen Meer aus Sand zu befinden, das in der Ferne mit dem grau-gelblichen Himmel verschmilzt. Man hört das helle Läuten kleiner Glöckchen. Eine Herde schwarzer Ziegen taucht auf und entschwindet wieder in einer Wolke aus Staub und Dunst. Vor Lehmhütten, die mehr an die Sahelzone als an Indien erinnern, sieht man Frauen in bunten Saris und sehr dunkler Hautfarbe, die auf dem Kopf Wasserkrüge balancieren. Von den Frauen werden auch in stunden-, manchmal tagelanger Plackerei die Nahrungs-, Wasser- und Brennvorräte herangeschafft. Solche und andere Eindrücke erwarten den Reisenden während eines Ausflugs in die Umgebung Bikaners.

■ Devi Kund

In Devi Kund, etwa zehn Kilometer östlich von Bikaner, befindet sich eine aus Sandstein und Marmor gemeißelte tempelartige **Totengedenkstätte**, deren skulptierte Sonnenembleme auf das Geschlecht der Sonnendynastie verweisen. Die Kenotaphe der Rathore-Herrscher von Bikaner aus dem 18. bis 20. Jahrhundert sind zierliche Pavillons (*chattris*) mit kannelierten Lotoskuppeln. Hatten die ursprünglichen Totenpavillons mit ihren Kuppeldächern noch hölzerne Überdachungen, so wurden sie später als schwungvolle Kuppeln aus Ziegeln, Sandstein oder Marmor erbaut. Neben Memorialbauten liegen immer Verbrennungsplätze, die Asche wird gemeinhin in heiliges Wasser, hier in den Teich, gestreut. Frauen verstorbener Maharajas ließen sich, Standesvorschriften und Ritterkodex entsprechend, meistens mit ihrem Gatten verbrennen. Dadurch wird eine Witwe zur Sati, der eine Wiedergeburt an der Seite ihres Mannes im Paradies verheißen ist. Den Opfermut von Satis bezeugen Gedenkstelen (*satikals*).

Man erkennt sie an den Lotosblumen oder an Fußabdrücken, die die Frauen vor ihrem Sati-Tod hinterließen. An den Chattris der Kinder findet man eingemeißelte Tassen. Ursprünglich war geplant, dass alle Maharajas von Bikaner in dieser Anlage eingeäschert werden sollten, doch seit der Errichtung des Chattri des Maharaja Sardhul Singh (1943–1949) 1950 geriet dieser Brauch in Verruf.

■ Kamelzuchtfarm

Das etwa zehn Kilometer südlich von Bikaner gelegene staatliche National Research Centre on Camels führt nicht nur die Tradition des legendären Kamelkorps fort, mit dem Maharaja Ganga Singh im Ersten Weltkrieg an der Seite der Briten gegen die Türken kämpfte. Hier werden seit 1960 diese launischen Tiere, eigentlich Dromedare, gezüchtet, und zwar sowohl für Transportzwecke und für militärische Einsätze als auch für Paraden und Filmaufnahmen.

Während die Kamele von Jaisalmer als besonders schnelle Reittiere gelten, haben die Tiere von Bikaner den Ruf, besonders schwere Lasten tragen zu können. Da die Dromedare für den Wüstenkampf bestens geeignet sind, unterhält die indische Armee eigens ein Elite-Kamelkorps. Besucher müssen am Eingang ihren Fotoapparat abgeben, besteht doch nach Ansicht der indischen Sicherheitsbehörden die Gefahr, dass im Grenzgebiet zu Pakistan sogar im Zeitalter der Drohnen etwas Geheimes über die Kameltruppe an den pakistanischen Erbfeind verraten werden könnte – was auch immer.

■ Gajner

Etwa 35 Kilometer südwestlich von Bikaner befindet sich ein Nationalpark, der vor allem für seine zahlreichen Vögel sowie Antilopen und Gazellen bekannt ist. Vom alten rosafarbenen Jagdschloss

▲ Karte S. 229

aus veranstaltete Maharaja Ganga Singh seine legendären Jagden in die umgebenden Wälder. Heute befindet sich hier am malerischen See der von zahlreichen Kuppeln verzierte **Gajner Palace**, heute ein Heritage-Hotel. Für Nicht-Hotelgäste gibt es einen Picknickplatz mit schöner Aussicht.

■ Kalibangan

Nach einer Tagesfahrt in Richtung Norden von Bikaner kommt man zu einem Highlight für archäologisch interessierte Besucher – der Ausgrabungsstätte Kalibangan. Hier wurden zwischen 1960 und 1969 Siedlungen der Harappa-Kultur ausgegraben, die vor 3500 bis 4500 Jahren ihre Blütezeit erlebte. Die alte Ruinenstadt soll angeblich um eine Burg herum angelegt und mit einem funktionierenden Kanalisationssystem versorgt worden sein.

Zurzeit lohnt ein Besuch allerdings kaum, weil das kleine Museum geschlossen wurde und auch die Ausgrabungen vorläufig wieder zugeschüttet wurden. Möglicherweise ist es irgendwann wieder möglich, diese ältesten Beispiele indischer Zivilisation zu besuchen.

Kamel im Research Centre

Im Rattentempel von Deshnoke

■ Deshnoke

Der **Karni-Mata-Tempel** (oder auch Karni Devi), das Heiligtum in Deshnoke, rund 30 Kilometer südlich von Bikaner an der Straße nach Jodhpur gelegen, wurde für die Gottheit Karni Mata errichtet, eine Inkarnation von Durga, die im 14. Jahrhundert gelebt haben soll. Man betritt den Tempelkomplex durch einen marmornen Zugang mit silberbeschlagenen Türen. Die Figur der Karni Mata befindet sich im Sanktum unter einem goldenen Baldachin und wird von Pechfackeln erleuchtet. Der Tempel ist Tummelplatz von mehreren hundert Ratten, bei denen es sich um eine besondere Spezies hellgrauer Tiere handelt. Sie werden mit Reis und Milch gefüttert. Es gibt auch weiße Ratten, und wer sie erblickt, kann mit Glück und Erfolg rechnen. Angeblich verwandelte sich Karni Mata in eine weiße Ratte. Die Herrscher von Bikaner, deren besondere Schutzgöttin Karni Mata ist, besuchten stets vor schwierigen Entscheidungen den Tempel. Bei Hochzeitspaaren ist der Tempel sehr beliebt, sie kommen hierher, um den Segen der Göttin einzuholen.
Öffnungszeiten: tägl. 4–22 Uhr, Kamera 20 Rs, Video 50 Rs.

Städte in der Wüste

Jaisalmer

Auf dem Weg nach Jaisalmer weht ein eisiger Wind durch die offenen Busfenster, unterwegs steigen tiefverschleierte Frauen ein. Mit dem Mund halten sie einen Zipfel ihres bunten Gewandes fest, während sie langsam mit ihren Kindern das Gepäck hineinwuchten. Wie auf allen Straßen der Dritten Welt erlebt man auch hier den chaotischen Verkehr mit bunten Lastwagen, überfüllten Bussen, knarrenden Karren, die von Kamelen gezogen werden. Dazu dieser eigenartige Geruch auf den Straßen – ein Gemisch aus Staub, verdorrtem Gras und Exkrementen. Indien empfängt den Fremden nicht gerade mit offenen Armen, es ist eine Begegnung, die ihren Charme und ihre Schönheit erst allmählich preisgibt.

Geschichte

Die Legende berichtet von einem ruhmreichen Geschlecht, das einst auszog, die Weiten der Wüste zu erobern. So kamen die Bhatti-Rajputen nach langen Wanderungen in das Land um Jaisalmer und regierten es viele Jahrhunderte. Sie gehören zum alten Volk der Yadava, deren Könige einst über große Teile Nordindiens geboten und schon im Mahabharata verherrlicht werden.

Wie auch immer, die Gründung Jaisalmers ist eine Folge der muslimischen Eroberungszüge im 11. Jahrhundert. Zu jener Zeit war der Bhatticlan vor den Truppen Mahmuds von Ghazni (971–1030) in die Wüste geflüchtet und hatte in Lodurva ein kleines Reich gegründet. Nachdem Lodurva von Mahmud von Ghauri zerstört worden war, wurde im Jahr 1156 der 17 Kilometer entfernte Felsrücken Trikuta von Rawal Jaisal von den Bhatti-Rajputen für den Bau einer neuen Festung ausgewählt, die ›Felsen Jaisals‹ genannt wurde.

Als wichtigstes Bollwerk der alten Handelswege erlebte das Fort zahlreiche Angriffe benachbarter Rajputen, vor allem der Rathore von Marwar, und mehrerer Muslimherrscher. So besetzten nach mehrjähriger Belagerung 1315 die Truppen von Ala ud-Din Khalji die Stadt, und es kam zum entsetzlichen Jauhar (kollektive Selbsttötung). Doch die Wüstenstadt lag zu weit abseits der Hauptstadt des Sultans, und so gaben die Eroberer nach nur zwei Jahren die Festung wieder auf.

Allerdings befand sie sich am Schnittpunkt wichtiger Handelswege vom Ganges zum Indus und beherrschte die Karawanenrouten durch die Wüste Thar. Und so wurde sie reich durch die Abgaben und Zölle, die man den Karawanen auferlegte. Doch die Stadt wurde weiterhin umkämpft, noch weitere zwei Male vollzogen ihre Bewohner das grausame Jauhar-Ritual. Erst nach dem Vertrag mit den Großmoguln 1562, als eine Bhatti-Prinzessin in Akbars Harem aufgenommen wurde und die Rawals hohe Posten im Dienst dieses Kaisers einnahmen, herrschte eine Zeit lang Frieden. Mit dem Ende des Mogulreichs und dem Beginn der britischen Kolonialherrschaft begann der politische und wirtschaftliche Verfall Jaisalmers. Im Jahr 1818 unterschrieb Maharawal Mool Raj II. (1761–1819) einen Vertrag mit den Briten in der Hoffnung auf einen neuen Aufschwung. Doch die alten Handelswege verloren immer mehr an Bedeutung, zumal die Briten beim Aufbau einer Infrastruktur die Wüstenstraßen vernachlässigten. Erst die Unabhängigkeit brachte einige Industrien in den Jaisalmer-Distrikt. Vor allem aber ließ die geringe Entfernung Jaisalmers zur Grenze mit Pakistan bald das Militär wichtig werden.

▲ Karte S. 239

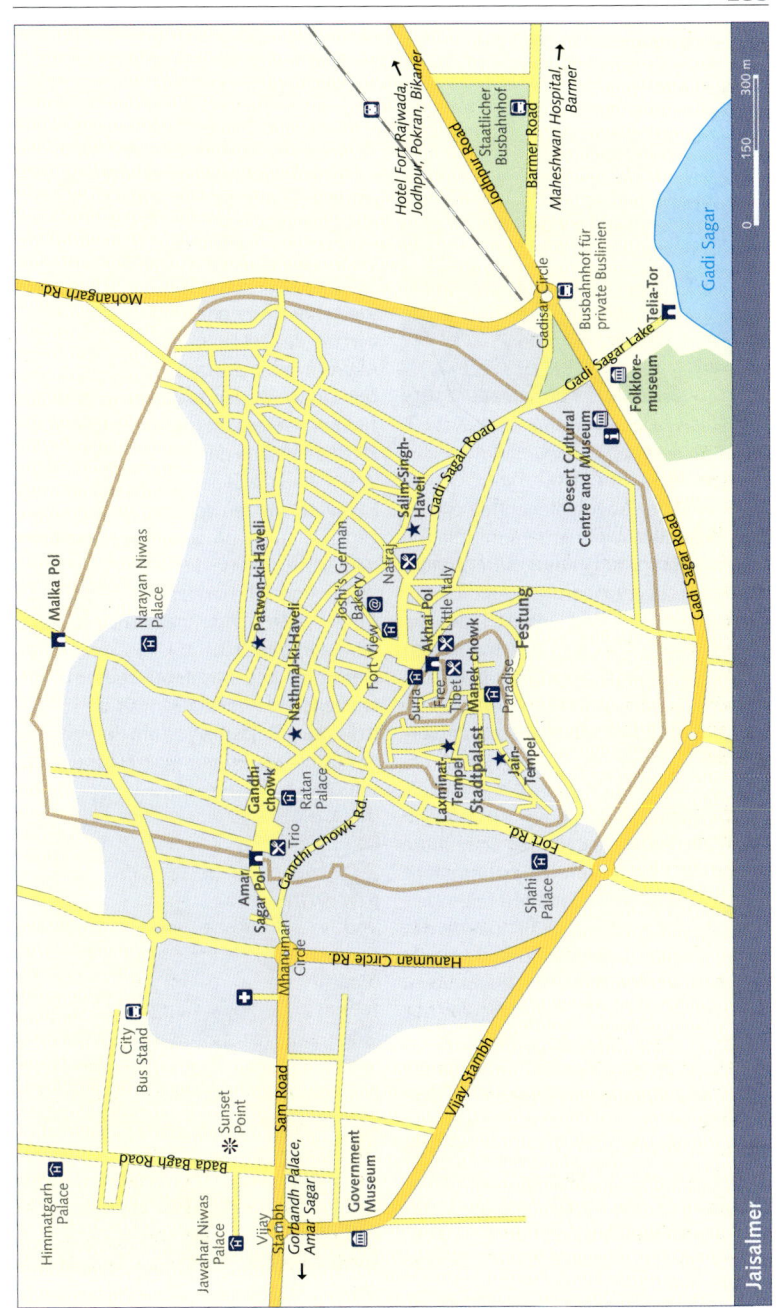

Jaisalmer

Städte in der Wüste

Mohangarh Rd.

Malka Pol

Narayan Niwas Palace

Patwon-ki-Haveli

Nathmal-ki-Haveli

Josh's German Bakery

Fort View

Natraj

Salim-Singh-Haveli

Gadi Sagar Road

Akhai Pol

Little Italy

Surja Pol

Free Tibet

Manek chowk

Festung

Gandhi chowk

Ratan Palace

Trio

Laxminath Tempel

Stadtpalast

Paradise

Jain Tempel

Amar Sagar Pol

Gandhi Chowk Rd.

Mhanuman Circle

Hanuman Circle Rd.

Fort Rd.

Shahi Palace

City Bus Stand

Sunset Point

Sam Road

Vijay Stambh

Government Museum

Himmatgarh Palace

Jawahar Niwas Palace

Bada Bagh Road

Vijay Stambh

↓ Gorbandh Palace, Amar Sagar

Jodhpur Road

Hotel Fort Rajwada, ↑ Jodhpur, Pokran, Bikaner

Staatlicher Busbahnhof

Barmer Road

Maheshwan Hospital, Barmer ↑

Gadisar Circle

Busbahnhof für private Buslinien

Gadi Sagar Lake

Telia-Tor

Folklore-museum

Gadi Sagar

Desert Cultural Centre and Museum

Gadi Sagar Road

0   150   300 m

Blick auf die Festung und die Chattris der Bhatti-Rajputen

Als Vorteil der Abgeschiedenheit erwies sich, dass diese wunderbare mittelalterliche Festungsstadt aus goldfarbenem Sandstein als einzigartiges Architekturdenkmal weitgehend unbeschadet bewahrt werden konnte. Touristen kamen erstmals in bedeutender Zahl in die abgelegene Stadt, nachdem 1968 das Eisenbahnnetz bis Jaisalmer ausgebaut worden war.

Festung

Urplötzlich erwächst vor den erstaunten Augen die hochgetürmte Festungsstadt Jaisalmer aus einer weit und breit todesflimmernden Wüste. Die Silhouette des gelben Sandsteinplateaus mit Tempeln und Palästen taucht fast wie ein Wunder aus dem Sand der Wüste auf. Mit ihrem mittelalterlichen Aussehen wirkt diese Wüstenstadt aus der Ferne wie der geheimnisvolle Ort einer Geschichte aus Tausendundeiner Nacht. Erst sieht man schemenhaft einen mächtigen Monolithen, auf dem sich allmählich die Konturen des Forts abzeichnen. Dann erkennt man die 99 Bastionen, an denen sich in den vergangenen Jahrhunderten der Flugsand abgelagert hat. Und so scheinen

sie aus dem Trikuta-Felsen zu wachsen, auf dem noch immer die zu Pyramiden aufgetürmten Steinkugeln liegen, die man auf die Angreifer warf.

Wenn man ganz nahe gekommen ist, stellt man etwas ernüchtert fest, dass die Märchenkulisse arg brüchig geworden ist. Immerhin befindet sich auf dem Felsen neben der Festung und dem Palast des Fürsten eine ganze Stadt. Ungefähr ein Viertel der Altstadtbevölkerung lebt innerhalb des Forts. Immer wieder stürzen Mauern oder ganze Gebäude ein, die Bastionen werden von den Bewohnern als Latrinen benutzt, die Wohnräume des Palastes bleiben den Fledermäusen überlassen, und die Steinmetzarbeiten an den Fassaden werden von den Ausscheidungen zahlreicher umherstreunender Kühe ruiniert. Am Fort, das 1156 gegründet wurde und Jahrhunderte lang fast allen Aggressoren trotzte, nagt unverkennbar der Zahn der Zeit.

Dennoch gilt Jaisalmer neben Chittaurgarh und Kumbhalgarh als die schönste Festung Rajasthans. Zum Fort gelangt man entlang enger, von Häusern mit

Karte S. 239

Blick von der Festung auf Jaisalmer

Eingangstor zur Festung

Balkons gesäumter Straßen hinter einer neun Meter hohen Mauer mit fast 100 Türmen. Der Aufstieg zur Festung wurde aus verteidigungsstrategischen Gründen im Zickzack angelegt.

■ Eingangstore

Eine breite Rampe führt zunächst zum **Akhai Pol** (Akhey Pol) aus dem 18. Jahrhundert, dann durch das in die wuchtigen Mauern eingelassene **Suraj Pol** (Sonnentor), dem ursprünglichen Haupteingang zum Fort. Hier in der Nähe erhebt sich der **Berisal Burj**, der ›Todesturm‹, von dem Kriminelle und Verräter hinuntergestoßen wurden. Dann geht es hinauf zum **Bhoota Pol** (Spuktor) an einer scharfen Kurve gelegen, Schauplatz zahlreicher blutiger Kämpfe, und schließlich zum **Hawa Pol** (Windtor), das reich mit Balkonen verziert ist.

■ Satiyon-ki-Sidhiyan

Hinter dem Hawa Pol kommt man zum Satiyon-ki-Sidhiyan, dem Platz für Witwenverbrennungen. Hier sprangen die Frauen mit ihren Kindern von den Palastmauern in die Scheiterhaufen, wenn ihre Ehemänner auf dem Schlachtfeld besiegt worden waren. Dieses grässliche

Schauspiel ereignete sich dreimal im 14. und 15. Jahrhundert. Hier hielt auch der Rawal von Jaisalmer seine Paraden ab.

■ Raj Mahal

Abrupt befindet man sich inmitten eines Labyrinths aus verschachtelten Palästen mit Plätzen voller Leben – diese Festung ist ein ›lebendiges Fort‹, in dem ständig rund 3000 Menschen leben und arbeiten. Der **Manek chowk** (Rubinplatz) mit Cafés und Andenkenbuden war einst der Treffpunkt der Karawanenhändler, heute werden hier Obst und Gemüse angeboten. An einem alten Wassertrog werden noch heute die Tiere getränkt. An der Nordwestseite des Platzes steht auf einer Empore der Marmorthron, von dem aus der Rawal von Jaisalmer öffentlichen Veranstaltungen zugesehen hat. Der Manek Chowk wird beherrscht vom siebenstöckigen Raj Mahal (Stadtpalast), der sich mit seinen kaum verzierten Sandsteinfassaden mit eindrucksvollen Balkonen und Kuppeln in das Ensemble einfügt. Bei ihm handelt es sich um ein Labyrinth aus verschachtelten Palästen, dessen ältester, der **Juna Mahal**, auf das frühe 16. Jahrhundert zurückgeht. Er ist berühmt für seine Sandsteinbalkone. Vom obersten Turm, auf dem das Wappenzeichen der Bhattis, ein metallener Schirm, steht, bietet sich eine weite Aussicht auf die Stadt und die Wüste. Von der schmalen Dachterrasse aus konnte der Herrscher von einem Thron aus das Geschehen unten auf dem Hauptplatz beobachten. Der Palast ist heute ein Museum und kann besichtigt werden. Es besteht aus fünf Gebäudeteilen, deren Innenwände mit teilweise schönen Malereien versehen sind, erstens dem **Sarvotam Vilas** (1685) mit blauen Kacheln aus Delft und Glasmosaiken; zweitens dem Palast **Moti Mahal** mit floralen Dekorationen und schön geschnitzten Türen, drittens dem Palast **Rang Mahal** mit Wandgemälden und Spiegelwerken, dem privaten Schlafzimmer von Maharawal Mool Raj II. mit durchbrochener Steinwand, die man zunächst für ein dunkles Holzgitterschnitzwerk hält; viertens dem **Gaj Mahal** von 1884 mit Kachelwanddekor und fünftens einem Überbau über den Gaj Mahal, dem **Akhai Vilas**, das Banknoten und Briefmarken der rajputischen Fürstentümer zeigt.

■ **Tempel**

Es gibt zahlreiche sehenswerte, ineinander verschachtelte Tempel innerhalb des Forts. Sieben reich verzierte Jain-Tempel stehen nebeneinander, etwas abseits finden sich einige Hindutempel. Zunächst erreicht man den **Chandraprabhu-Tempel** von 1509. Die obere Galerie besitzt 108 Marmorstatuen von Parasnath.

Der rechts angrenzende **Rishabdev-Tempel** (auch Rikhabdev-Tempel) von 1497 enthält ebenfalls verschwenderisch dekorierte Toranabögen sowie 600 Darstellungen von meditierenden Furtbereitern. Hinter dem Sanktum befindet sich eine Darstellung der Göttin Kali, flankiert von der Skulptur einer schönen, unbekleideten Frau.

Hinter dem Chandraprabhu-Tempel befindet sich der 1417 erbaute **Parshvanath-Tempel** mit 52 kleinen Schreinen, der 1615 rekonstruiert wurde. Er hat ein verschwenderisch skulptiertes Torana-Portal und eine Gruppe von Tirthankara-Statuen, deren mit Juwelen besetzte Augen in der Dunkelheit funkeln. Üppige Apsara, himmlische Tänzerinnen, und andere Gestalten der Jaina-Mythologie sind als Plastiken oder Reliefs zu sehen. Eine Tür nach Süden führt zum kleinen **Shitalnath-Tempel**, der dem 10. Tirthankara gewidmet ist. In der Nordwand befindet sich ein Zugang zum dunklen Raum des **Sambhavnath-Tempels** mit vollbusigen Tempeltänzerinnen am Tempeldach. Stufen führen hinab zur **Gyan-Bhandar-Bibliothek**, die im Jahr 1500 gegründet wurde und einige der ältesten und kostbarsten Palmblatt-Manuskripte aus dem 11. Jahrhundert verwahren soll. Die übrigen beiden Tempel sind **Shantinath** mit hunderten Heiligenbildern und unterhalb davon der **Kunthunath** (auch Ashtapadi-Tempel), der 1536 erbaut wurde. Der **Ashtapadi-Tempel** ist über eine Passage zugänglich und enthält Statuen hinduistischer Gottheiten an den äußeren Säulen und Mandapas. Der wichtigste Hindutempel im Fort ist der **Laxminath-Tempel** mit prächtiger Kuppel im Zentrum des Forts. Sein Eingang ist mit Silber ausgeschmückt. Außerdem gibt es einen **der Gottheit Surya geweihten Tempel** nördlich der Jain-Tempel.

Havelis

Die wichtigsten Sehenswürdigkeiten Jaisalmers, die reich geschmückten Häuser ehemals vermögender Kaufleute, liegen in der Altstadt unterhalb des Forts. Die Gassen der Stadt der Handwerker und Händler am Fuße der Festung mit ihren prachtvollen Patrizierhäusern reihen sich

Karte S. 239 ▲

Der Patwon-ki-Haveli

Dass das Haus von zwei Brüdern erbaut wurde, kann man im Innern an den unterschiedlichen Ausführungen erkennen, obwohl die äußere Fassade einheitlich gestaltet ist. In einem Gang hängen an den Wänden britische Postkarten aus dem 19. Jahrhundert und unter anderem ein Bild der Queen Victoria.

Das um 1815 erbaute sechsstöckige **Salim-Singh-Haveli** steht in Verbindung mit dem brutalen Premierminister Salim Singh Mohta (auch Salim Singh Mehta) und besteht aus einem Obergeschoss mit unzähligen pavillonartigen Kuppeldächern und einer Galerie schmaler Säulen. Die Balkone, Fensterrahmen und Treppen sind überzogen mit Rankenwerk. Auf dem Dach des Hauses erhebt sich die **Moti Mahal** (Perlenhalle) mit zwölf reich verzierten Bögen an der Längsseite und sieben an der Breitseite, die mit Pfauendarstellungen geschmückt sind. Doch Salim Singh übertrieb seinen Ehrgeiz, als er plante, eine Brücke von seinem Haveli zum Herrscherpalast zu bauen – der Maharaja ließ ihn ermorden. Den besten Blick auf das Haveli bekommt man vom Restaurant gegenüber.

Wer näher hinschaut, wird entdecken, dass hinter den Fassaden dieser Havelis durch mangelndes Interesse und fehlende Finanzmittel irreparable Schäden entstehen. In vielen Räumen beispielsweise, die mit kostbaren Wandmalereien geschmückt sind, wird heute über offenem Feuer gekocht.

Auf dem Weg zum Gandhi Chowk, am **Amar Sagar Pol**, entdeckt man immer wieder neue Häuser und malerische Straßenszenen. In den engen Gassen erblickt man die typischen kleinen Balkone mit bengalischen Dächern und durchbrochenen Steingittern. Hier beginnt ein **Basarviertel** mit vielen Schneidern, Tuchverkäufern, einem kleinen Gemüsemarkt und einem Buchladen.

zum Schutz gegen die Sonnenglut in engen Gassen aneinander. Anders als im Shekhavati-Gebiet kommt man nicht durch große Tore in die Höfe und Wohnräume, sondern durch kleine Türen.

Eines der prächtigsten Handelshäuser ist der **Patwon-ki-Haveli**. Es besteht eigentlich aus fünf nebeneinander stehenden Häusern und weist insgesamt 60 Balkone, zahlreiche Erker und Pavillons auf. Der Komplex wurde zwischen 1800 und 1860 von der einflussreichen Gold-, Silber- und Brotkathändler-Familie Patwa errichtet und in den letzten Jahren zu einem kleinen Basar umgebaut. Eines der Gebäude beherbergt heute das **Kothari-Patwa-Haveli-Museum**. Den Innenhof schmücken große Wandbehänge.

Der 1885 erbaute **Nathmal-ki-Haveli** war einmal die Residenz eines Premierministers und ist heute teilweise unbewohnt.

Städte in der Wüste

Die nähere Umgebung von Jaisalmer

Jaisalmer wurde als wehrhaftes Fort und blühende Kaufmannsstadt überhaupt erst möglich einmal durch den Bestand von Brunnen im Fort, zum andern durch den **Gadi Sagar** (auch Gharsi Sagar), einen Stausee südlich der Stadt. Der See wurde 1367 von Rawal Gharsi angelegt. Da er ohne Nachkommen war, hatte sich die Verwandtschaft Hoffnung auf den Thron gemacht. Gharsi aber zog es vor, einen Jungen zu adoptieren. Daraufhin ließen die Verwandten den Rawal bei seiner täglichen Kontrolle der Arbeiten am See ermorden. Seine Witwe ließ sich nicht mit ihrem Mann zusammen verbrennen, sondern versuchte, die Anerkennung des Adoptivsohnes durchzusetzen. Erst als dies gelungen war, bestieg sie – sechs Monate nach ihrem Mann – den Scheiterhaufen und folgte dem Rawal als Sati in den Tod.

Rings um den Stausee stehen viele kleine Tempel und Schreine. Bekannt ist das kunstvoll geschnitzte **Telia-Tor** (Tilon-ki-Pol) aus gelbem Sandstein, das zu Beginn des 19. Jahrhunderts von der stadtbekannten Kurtisane Telia gestiftet wurde und von dem eine Treppe an den See führt. Raffiniert ließ sie ein Bild vom Gott Satyanarayan (eine Inkarnation Vishnus) auf dem Dach des Tores anbringen, sodass es als Heiligtum nicht – wie von vielen empörten Bürgern verlangt – abgerissen werden durfte. Im Winter lassen sich am See viele unterschiedliche Wasservögel nieder.

Auf einer Anhöhe im Norden der Stadt liegt der **Sunset Point**, ein Hügel, auf dem sich Chattris (Grabstätten) der Herrscher von Jaisalmer befinden. Zum Sonnenuntergang versammeln sich hier die Menschen, um den Anblick der untergehenden Sonne hinter der sich dunkel abzeichnenden Silhouette der Festung

Das Telia-Tor am Gadi Sagar

zu genießen. Bereits die Bhatti-Fürsten ließen den künstlichen Teich mit Toren, Balustraden und Pavillons schmücken und genossen hier die abendliche und nächtliche Kühle bei Musik und Gesang, Rauchen der Opiumpfeife (*hukkah*) und Kauen von Betelblättern (*pan*).

> **ℹ Jaisalmer**
>
> **Vorwahl**: +91/2992.
>
> **Tourist Reception Centre**, Gadi Sagar Road, Tel. +91/2992/252406; Mo–Sa 8–17 Uhr. Führt Kamelsafaris (halb- und ganztags) und Jeepfahrten (Sonnenuntergangstour) durch.
>
> **Erlaubnis zum Bereisen des Sperrgebiets** beim District Magistrate, Tel. +91/2992/252201.
>
> **Internet**: www.jaisalmer.org.uk.
>
> **Adventure Travel Agency**, Fort First Gate, nahe Police Post, Tel. +91/2992/252558, www.adventurecamels.com. Bietet in Nähe des Eingangstors zum Fort Kamelsafaritouren an.
>
> **Royal Desert Safaries**, Nachna Haveli, Gandhi Chowk, Tel. +91/2992/252538, +91/141/2354508, www.palaces-tours.com. Deutschsprachiger Veranstalter, Kamelsafaris und Trekkingtouren in den Aravalli-Bergen.
>
> **Trotters Independent Travels**, Gopa Chowk, Tel. +91/9414/469292, www.

trotterscamelsafarijaisalmer.com. Kamel-
und Jeepsafaris.
State of Bank of India, Nachna Haveli,
Wechselstube.
Hauptpost, Amar Sagar Road, 200 m südlich des Hanuman Circle, Tel. +91/2992/
252407; Mo–Sa 10–17 Uhr.

Stadtpalast; 9–18 Uhr, Eintritt 150 Rs. in-
kl. Kameragebühr; Video 150 Rs.
Jain-Tempel; tägl. 8–12.30 Uhr, Eintritt 30
Rs, Kamera 70 Rs, Video 120 Rs.
Salim-Singh-ki-Haveli; tägl. 8–18 Uhr, Ein-
tritt 20 Rs, Kamera 20 Rs, Video 50 Rs.
Nathmal-ki-Haveli; tägl. 8–19 Uhr, Ein-
tritt 20 Rs.
Patwon-ki-Haveli; tägl. 9–19 Uhr, Eintritt
120 Rs, Kamera 50 Rs, Video 120 Rs.

Jaisalmer ist durch gute Straßen mit Jodhpur (280 km), Bikaner via Pokaran (330
km) und Barmer via Devikot (160 km)
verbunden.

Flüge unbeständig, Flughafen (5 km südlich der Stadt) ist oft geschlossen, je nach
politischer Beziehung zu Pakistan.

Der **Bahnhof** liegt etwa drei Kilometer
außerhalb. Verbindungen nach Jodhpur
(8 St.), Jaipur (10,5 Std.) und Delhi (19
Std.) Es handelt sich dabei um Nachtfahrten durch einige der abgelegensten Teile
Rajasthans mit wenigen, weit voneinander entfernten Bahnhöfen.

Busbahnhof für private Buslinien, in der
Nähe des Bahnhofs. Die Busse starten
auch vom **City Bus Stand** an der Kreuzung
vor dem Amar-Sagar-Tor.
Staatlicher Busbahnhof, an der südlichen
Umgehungsstraße nahe der Abzweigung
zum Gadi Sagar. Buchungen der Deluxe-
Busse über die Reisebüros im Ort. Ver-

bindungen mit Jodhpur (6 Std.), Bikaner
(7 Std.), Jaipur (13 Std.) und Udaipur
(12 Std.).

Oberste Preisklasse (Luxus)
Fort Rajwada (****–*****), 1 Hotel
Complex, Jodhpur-Barmer Road, Jaisal-
mer-345001, Tel. +91/2992/253233,
www.fortrajwada.com; 91 De-Luxe-Zim-
mer, 4 Suiten. Einzigartiges modernes
Traumfort, 3 km außerhalb vom Zentrum,
in hinduistischem Stil mit modernem Kom-
fort und viel Flair. Es gibt eine opulente
Empfangshalle und einen Speisesaal, Pool,
Bar und Läden.
Obere Preisklasse
Gorbandh Palace (***–****), 1 Tourist
Complex, Sam Road, Jaisalmer-345001,
Tel. +91/2992/253801, www.hrhhotels.
com; 67 Zimmer. Traditioneller Stein-
bau der HRH-Kette mit, 2 km westlich
der Stadt. Mit Open-Air-Gartenrestaurant
›Bageecha‹, Restaurant ›Sarovar‹, Safari-
Bar und Pool.
Mittlere Preisklasse
Himmatgarh Palace (***) 1 Ramgarh
Road, 2,5 km außerhalb der Stadt, Jai-
salmer-345001, Tel. +91/2992/2520024,
www.hotelsjaisalmer.com/himmatgarh
palace; 40 Zimmer. In den 1980er Jahren
gegründetes Palasthotel. Die Lage mitten
im Wüstensand und ein guter Blick über
die Stadt sind inklusive. Mit schönem Garten, Pool und gutem Restaurant und Bar.
Jawahar Niwas Palace (***), 1 Bada Bagh
Road, Jaisalmer-345001, Tel. +91/2992/
252288, +91/2992/252208, www.
jawaharniwaspalace.co.in; 22 Zimmer.
Heritage-Hotel, Prachtvolle Residenz eines Herrschers von Jaisalmer nahe am
Fort mit feinen Steinmetzarbeiten und
originalen Art-déco-Möbeln, Zimmer im
traditionellen Stil. Das Restaurant kredenzt
nordindische Spezialitäten. Herrlicher Pool
in großem Garten.
Narayan Niwas Palace (***), Malka Prol, Jai-
salmer-345001, Tel. +91/2992/252362,
www.hotelsjaisalmer.com/narayanniwas

palace_jaisalmer.htm; 11 Zimmer. Im traditionellen Stil gehaltene, moderne Unterkunft mit gemütlichen Zimmern und Innenhof. Mit Restaurants und Bar ›Pagra‹. Von der Dachterrasse hat man einen atemberaubenden Ausblick auf die Festung.

Untere Preisklasse

Shahi Palace (**–***), Shiv Road, Tel. +91/ 2992/255920, www.shahipalacehotel. com; 16 Zimmer unterschiedlicher Größe, teils mit Bad. Dachterrassenrestaurant mit toller Aussicht auf das Fort und die Stadt. Jeep- und Kamelsafaris.

Hotel Paradise (**), Tel. +91/2992/ 252674, www.paradiseonfort.com; 24 Zimmer. Heritage-Hotel im Fort, gegenüber dem Stadtpalast in einem großen Haveli, mit einfachen Zimmern unterschiedlicher Ausstattung und Preislage. Großartiger Blick von der Dachterrasse, abends gibt es Musik.

Surja (*–**), an der östlichen Fort-Mauer, Kotri Para, Tel. +91/9414/761394, www. hotelsurja.com. Einfache Zimmer, Dachterasse mit Panoramablick.

Ratan Palace (*–*), Gandhi Chowk Road, Tel. +91/2992/252757, hotelrenuka@ rediffmail.com. Einfache, saubere Zimmer, freundliche Mitarbeiter, Wi-Fi.

Fort View (*), Gegenüber dem Zugang zum Fort am Gopa Chowk, Tel. +91/2992/ 252214. Alteingesessene Billigunterkunft mit beliebtem Dachrestaurant. Die Zimmer sind klein. Empfehlenswerte Kamelsafaris.

Free Tibet, am Forteingang, Gopa Chowk; tägl. 8–21 Uhr. Populäres Restaurant unter tibetischer Leitung. Neben französischen Baguettes natürlich speziell tibetanische Küche, beispielsweise Nudelsuppe. Mit gutem Ausblick von den Fenstertischen.

Little Italy, Akhey Pol. Hervorragende italienische Küche in einem restaurierten alten Gebäude am Fortzugang.

Trio, Gandhi Chowk, nahe Amar Sagar Gate, Tel. +91/2992/252733. Populäres Dachrestaurant mit sehr gutem indischen, chinesischen und kontinentalem

Essen. Abendliche traditionelle Live-Musik.

Natraj, gegenüber Salim Singh-ki Haveli. Gutes Essen zu vernünftigen Preisen auf der Dachterrasse mit Blick auf das Haveli. Das Restaurant mit indischen Gerichten bietet vegetarische und nicht-vegetarische Speisen (gewürztes Hühnchen, Tandoori und Curries). Bierbar.

Joshi's German Bakery, am Forteingang Gopa Chowk. Die deutsche Bäckerei ist gleichzeitig ein Internetcafé.

Palace View Restaurant, Gandhi Chowk, nahe Amar Sagar Gate. Hauptattraktion ist der selbstgemachte Apfelkuchen.

Desert Cultural Centre and Museum, Gadi Sagar Circle, Tel. +91/2992/252188; tägl. 10–17 Uhr, Eintritt 50 Rs, Kamera 20 Rs, Video 50 Rs. Das Museum zeigt Fossilien, Gemälde, Instrumente und Kleidung aus der Wüste.

Government Museum, Amar Sagar Road, Sa–Do 10–16.30 Uhr, Eintritt 10 Rs. Fossilien, alte Schriftstücke, Skulpturen, Textilien.

Thar Heritage Museum; Eintritt 40 Rs. Privates Museum nahe Gandhi Chowk. Das Museum hat Turbane, Musikinstrumente und Fossilien gesammelt.

Folkloremuseum, an der Zufahrtstraße zum Gadi Sagar; tägl. 9–13, 15–18 Uhr, Eintritt 10 Rs. Ausstellung von Alltagsgegenständen aus der Region.

Jaisalmer Desert Festival; Jan/ Feb. Sehr touristisch mit Kamelrennen und Volkstänzen.

➕

Maheshwan Hospital, Barmer Road, Tel. +91/2992/250024. Kleines privates Hospital.

Hospital, Sam Road, westlich des Hanuman Circle, Tel. +91/2992/252495. Staatliches Krankenhaus.

Kameltrekking in der Wüste Thar

Etwas außerhalb der Stadt Bikaner treffen wir auf unsere Kamelführer und ihre Tiere. In den kommenden Tagen werden wir erleben, dass Reisen in der wüstenähnlichen Steppenlandschaft von Thar ab Sonnenaufgang fast unerträgliche Backofenhitze bedeutet, nachts empfindliche Kühle, die abrupt mit der Dunkelheit kommt. Wolkenloser Himmel, spärliche Vegetation und nahezu menschenleere Regionen sind Kennzeichen eines Landes, das als ›Reich der Könige‹ gilt.

Gehüllt in farbenprächtige Decken und gestickte Tücher, dirigiert mit handgewebten Zügeln, sehen die Dromedare so festlich aus, als ginge es zu einer Hochzeit.

Mit Sonnenaufgang macht sich nervöse Aufbruchstimmung breit, denn die einhöckrigen Kamele werden gesattelt und bepackt. Die immer schlecht gelaunten Tiere protestieren laut brüllend, gurgelnd, schnaufend und röchelnd. Hübsche Tiere sind die Kamele auf den ersten Blick nicht. Der kleine Kopf auf dem langen Hals wirkt ein wenig komisch, die Ohren sind winzig, die Augen liegen unter hervorstehenden Wülsten, die Zähne sind schief und gelb, die Kiefer mahlen ununterbrochen knirschend harte Gräser. Doch bühnenreife Schauspieler sind sie, denn bei jeder Handbewegung zucken sie zusammen, und beim Beladen oder Aufstehen ziehen sie eine gewaltige Schau ab. Und wunderschöne große, tiefgründige Augen haben sie, die immer ein wenig hochmütig unter den langen Wimpern hervorblicken.

Niemals würde er es hergeben, sagt der Besitzer ›meines‹ Reittieres, und krault zärtlich Hals und Flanke des erst zweijährigen Tieres, das zum ersten Mal mit Reisenden aus dem Abendland unterwegs ist. Kamele sind für die Einheimischen nicht nur Nutztiere, sondern unentbehrliche Gefährten des Wüstenlebens. Über Lieblingskamele gibt es viele Geschichten zu erzählen.

Die ersten Minuten mit den Kamelen sind allerdings ein Schock, denn abrupt erheben sich die Tiere mit ihren Hinterbeinen, sodass der Kopf des Reiters nach vorne schießt. Dann werden die Vorderbeine gestreckt, und der Reiter kippt wieder nach hinten. Da nun erst die Hinterbeine in voller Länge ausgefahren werden, rutscht er sofort wieder nach vorn. Es ist wie ein Auffahrunfall ohne Kopfstütze.

Doch schon nach den ersten wiegenden Schritten der Tiere wird Kameltrekking zu einem Erlebnis der Stille und Meditation. Die monotone Bewegung eines Kamelritts, das Wiegen des ›Wüstenschiffs‹ ähnelt sehr dem Rhythmus, dem sich Moslems beim Lesen des Koran hingeben. Es ist ein unbeschreibliches Gefühl, hoch oben auf dem Tier zu sitzen, das seine Nase kühn in den Wind reckt, und hinauszureiten in ein Meer aus Sand, das mit dem stahlblauen Himmel am Horizont flimmernd verschmilzt. Die Dromedare blicken herablassend mit der Gewissheit derer, die allein die Wüste bezwingen können. Zunächst geht es durch hartes, steiniges Terrain mit scharfblättrigen Pflanzen und dornigen Sträuchern. Hart gebackener Stein- und Sandboden, ockerfarben oder gelbbraun, zeigt sich überall. Überrascht stellt man fest, dass die Umgebung keineswegs so unbevölkert ist, wie man zunächst dachte. Man hört das helle Läuten kleiner Glöckchen. Eine Herde schwarzer und weißer Ziegen taucht auf und entschwindet wieder in einer Wolke aus Staub und Dunst. Die flauschigen rotbraunen Ohren des Kamels lauschen den Glöckchen spielerisch nach.

Unmerklich gewinnt die Wüste an Reiz. Dann taucht unvermittelt eine Anzahl zierlicher Hütten auf, und Borana, unser erstes Tagesziel, ist erreicht.

Am nächsten Morgen hat das Leben noch kaum begonnen sich zu regen, da glüht der Himmel bereits von der sengenden Sonne. Nach dreistündigem Ritt am folgenden Sonntagmorgen erreichen wir Akkeli, den Ort unserer Mittagsrast. Nach althergebrachtem Verhaltenskodex der Wüste steigen wir außerhalb der Ortschaft von den Kamelen und führen die Tiere die staubige Dorfstraße entlang. Man schaut den Bewohnern nicht respektlos vom Rücken der Dromedare in ihre Behausungen! Am Lagerfeuer dampft das Wasser für unseren schwarzen Tee, den wir, je nach Geschmack gewürzt mit Kardamon, Ingwer, schwarzem Pfeffer oder Kamelmilch, dankbar schlürfen.

Kameltrekking in der Wüste Thar

Nach kurzer Mittagsrast geht es weiter. Einige Reisende ziehen es vor, zur Schonung ihres verlängerten Rückens ein paar Kilometer im glühenden Sand zu Fuß zurückzulegen. Doch das stete Sechs-Stundenkilometer-Tempo der Dromedare ist nicht lange mitzuhalten. Zu ihrem schmerzenden Hinterteil haben die Wanderer nun auch noch Blasen an den Füßen dazu bekommen.

Auf einer Sanddüne vor der recht ansehnlichen Ortschaft Baru entsteht unser Zeltlager. Das Feuer knistert, die Flammen lodern in den Sternenhimmel, der Vollmond ist zur dünnen Sichel geschrumpft und wacht über einer dieser Nächte, von denen man wünscht, sie möge niemals enden. Tota, das nächste Ziel, wird nach anstrengendem Sieben-Stunden-Ritt erreicht. Die Reihe wiegender Kamelköpfe und schaukelnder Höcker vor der rotglühenden Scheibe der untergehenden Sonne gibt ein suggestives Bild vom Wappentier des ›Todeslandes‹. Nach einem langen Tag fallen wir vor Müdigkeit fast aus den Sätteln. Der älteste Kamel-

Mädchen bei Tota

treiber lacht die Damen an, gefällt sich in Liedern von Mädchen mit Brüsten wie Limonen. Der Koch schweigt und bereitet ein altertümlich anmutendes Abendmahl aus Tomaten und Knoblauch, Koriander und Chili, köstlichem Gemüse, Kartoffeln und Eiern. Die Szene könnte auch 600 Jahre zurückliegen, als Marco Polo und die Händler auf der alten Seidenstraße in Richtung Jaisalmer reisten. Das Feuer erstirbt, die Kameltreiber hüllen sich in ihre Wolldecken, die Reisenden legen sich zum Schlaf oder starren zum Himmel empor, an dem Millionen von Sternen funkeln. Morgen, in Askandra, wird unser Kameltrekking zu Ende sein.

Von Jaisalmer nach Jodhpur

Die Umgebung von Jaisalmer bietet reizvolle Ausflugsziele im Nordwesten (Lodurva), im Westen (Mool Sagar und Sam Dunes) und im Südwesten (Khuri). Die Fahrt nach Süden kennt zwei Alternativen – entweder die einsame Strecke direkt nach Süden durch den Desert National Park nach Barmer, oder den interessanten Weg südöstlich über Pokaran (mit einem Fort) nach Osian und Mandore kurz vor Jodhpur. Man fährt dabei durch ein Gebiet, das man auch als Reich der Winde bezeichnen könnte. Auf dem Geröllboden gedeihen nur noch Kakteen und harte Sträucher. Unzählige Kamele, Ziegen, Schafe, Esel und Kühe durchstreifen die karge Landschaft auf der Suche nach Futter. Und dort, wo man keine Spur menschlichen Lebens mehr vermutet hätte, trifft man auf indisches Militär. Vier Kriege hat das Land seit seiner Unabhängigkeit mit Pakistan ausgefochten (1947–1949, 1965, 1971, 1999), und so wurde auch diese Wüste zum Schlachtfeld. Überall sieht man Zeltlager und Radarstationen, stößt man unvermittelt auf leere Ölfässer, die im Ernstfall als Straßensperren benutzt werden. Man befindet sich im Sperrgebiet nahe der Grenze zu Pakistan, durch das der National Highway führt, sodass eine spezielle Erlaubnis benötigt wird, wenn man hier individuell unterwegs sein will. Doch der Aufwand ist durchaus lohnend.

Amar Sagar

Auf dem 16 Kilometer langen Weg nach Lodurva (Lodhruva) passiert man zunächst sechs Kilometer westlich von Jaisalmer den künstlich geschaffenen See Amar Sagar mit einer hübschen Gartenanlage. Dort befinden sich auch der restaurierte **Amar-Singh-Palast**, der im 17. Jahrhundert von Rawal Amar Singh als Lustschloss erbaut wurde, und ein Komplex von Jain-Tempeln sowie Chattris aus dem 17. Jahrhundert. Zudem erhebt sich hier der **Taziaturm** (Tarsiaturm), ein Geschenk der islamischen Steinmetze an den Herrscher.

Der kleine See ist allerdings oft ausgetrocknet.

Lodurva

Weiter geht es nach Lodurva (auch Lodhruva), der ehemaligen Hauptstadt der Bhatti-Rajputen. Touristisch lohnt die Stadt keinen Besuch, denn von den Palästen, Tempeln und den zwölf Stadttoren kündet nur noch die Legende, die einstige Hauptstadt selbst ist in der Wüste versunken. Nur eine **Jain-Tempelanlage** ist übrig geblieben, die im Innern eine Darstellung des Wünsche erfüllenden Baums Kalpavriksha aus der Sanskrit-Literatur zeigt. In der Nähe des Palastes befinden sich Pavillons und breite Stufen (*ghats*), die zum Amar-Sagar-See führen. Sechs Kilometer nördlich von Jaisalmer, in **Bada Bagh**, befinden sich die Grabstätten der Herrscher.

Chattris in Bada Bagh

Bada Bagh

In Bada Bagh (auch Bara Bagh, ›Großer Garten‹), zwischen Jaisalmer und Lodurva gelegen, beeindruckt die Anlage der Chattris mit aufwendigen Steinmetzarbeiten und feinen Skulpturen. Die ältesten Grabstätten stammen aus dem 16. Jahrhundert. An einem Chattri ist die Inschrift zu lesen, dass beim Tod des Maharawal sowohl seine Frau als auch zehn Konkubinen Sati begangen haben sollen. Bei Touristen beliebt ist der Sonnenuntergang, bei dem die Grabstätten und das Fort von Jaisalmer im Hintergrund in ein rot-goldenes Licht getaucht sind.

Mool Sagar

An der Kreuzung, wo es rechts nach Lodurva abgeht, führt die Straße links nach Sam (41 Kilometer), vorbei an Mool Sagar (sieben Kilometer westlich der Stadt), einem in der Wüste gelegenen romantischen Garten mit einem kleinen **Schloss**. Brunnen und Pavillons aus Sandstein wurden im Jahr 1780 von Maharawal Mool Raj II. erbaut. Vor dem Ort sieht man die ersten hohen Wanderdünen der Wüste – ein beliebtes Fotomotiv.

Ganz in der Nähe liegen bei Mool Sagar die **Ruinen des Palastes der Prinzessin Moomal**, die von einer romantischen Geschichte künden. Nach der rührenden Legende verliebte sich der Prinz Mahendra in die schöne Moomal, die ihn mehrmals heimlich in der Nacht in ihrem Palast empfing. Bereits vor Morgengrauen kehrte er wieder mit seinem Kamel Cheetal nach Hause zurück. Um etwas Näheres von diesem Liebesabenteuer in Erfahrung zu bringen, verkleidete sich die neugierige Soomal, die Schwester Moomals, in einen fahrenden Sänger und betrat den Palast. Als der Prinz erschien, hielt er Soomal für einen Liebhaber der Prinzessin und zog sich zurück. Auch die verzweifelten Briefe

Moomals konnten ihn nicht umstimmen. Da machte sie sich als Armreifverkäuferin verkleidet auf den Weg und traf tatsächlich auf den Prinzen. Als er dieser das Muttermal auf ihrer Hand sah und sie ihre Identität preisgab, sanken sich beide in die Arme. Doch es gab kein Happy End – beide starben im selben Moment.

Die Dünen von Sam

Rund 40 Kilometer südwestlich von Jaisalmer lassen sich alle Träume einer Dünenlandschaft erfüllen, die sich bis zum Horizont erstreckt. Die bei Touristen beliebten Sam-Sanddünen befriedigen alle Klischees einer Sanddünenwüste – anders als die Wüste Thar, die eigentlich eine Steppenlandschaft ist.

Allerdings findet sich der Besucher hier unvermeidlich unter zahlreichen weiteren Dünensüchtigen wieder, die ebenfalls die Wüstenromantik erleben wollen. Was man allerdings zunächst sieht, das sind Kameltreiber mit ihren Tieren, nervtötende Musiker und aufdringliche Souvenirhändler. Man muss also erst einmal ein Stück wandern, um mit sich und der Natur allein zu sein.

In den Hohlräumen der Dünen soll übrigens angeblich eine 500 Jahre alte schwarze Kobra leben. Vor die Öffnung ihrer Höhle stellen die Gläubigen daher kleine Schalen mit Kuhmilch, um die Schlange herauszulocken. Denn der Anblick einer Kobra verheißt Wohlergehen und Wohlstand.

Khuri

Eindrucksvoll ist die Fahrt etwa 40 Kilometer südwestlich von Jaisalmer nach Khuri, das inmitten von Sanddünen liegt. Die einsame Straße führt durch den **Desert National Park**. Die Landschaft ist wellig, einzelne Tafelberge erheben sich, eine Bergkette erinnert an europäische Mittelgebirge.

▲ Karte S. 229

Lehmhütten im ›Badal House‹

Von einer Lehmmauer umgeben, befinden sich die Häuser meist innerhalb eines kleinen Hofes. Weiße Linien oder geometrische Ornamente verzieren die Eingänge der runden Lehmbauten, die mit einem Gemisch aus Lehm und Kuhdung gebaut sind. Bevor die Mischung fest wird, werden einfache Rillenmuster hineingedrückt. Selbst Windgeschwindigkeiten von 135 Stundenkilometern können den Hütten angeblich nichts anhaben. Jede der Unterkünfte besteht aus einigen Nutzräumen, die sich um einen Innenhof gruppieren. Dabei erscheint der gesamte Komplex mit seinen Wänden, dem Boden und den Räumen wie aus einem einzigen Lehmballen geformt. Der Ort wird zusammen mit einigen kleinen Siedlungen in der Umgebung mit halb-nomadischer Bevölkerung von der Rajputen-Familie der Sodhas verwaltet, die sich stolz Abkömmlinge der ›Feuergeborenen‹ nennen.

🛏 **Khuri**

Badal House (*), Tel. +91/9181/0739097. Lehmhütten, um einen Innenhof angelegt. Kamelsafaris werden angeboten.

Kiradu

Etwa 35 Kilometer nordwestlich von Barmer befindet sich der etwa um 1000 und später errichtete Komplex von fünf Tempeln von Kiradu – touristisch noch

immer ein Geheimtipp. Die Schönheit der Friese mit Elefanten, Rittern, Musikern und Tänzerinnen ist überwältigend. Besonders der Shiva geweihte **Someshvara-Tempel** zeichnet sich durch die Feinheit seiner Skulpturen und die zahlreichen Götter, himmlischen Nymphen und ›Ruhmesgesichter‹ (*kirtimukha*) aus. Dieses steinerne Gesicht mit ›Glotzaugen‹ befindet sich in der Regel über dem Türsturz eines Einganges zum inneren Sanktum von Hindutempeln.

Die Turmspitze existiert nicht mehr, aber das Fundament besitzt ein schönes Figurenfries und Becken, die Pferde, Elefanten und Menschen darstellen. Der Tempel zeigt auch Szenen aus dem Ramayana. Vor dem Sanktum befindet sich eine Halle mit reich skulptierten Säulen. Auf dem zum Allerheiligsten führenden Portal sind Brahma, Vishnu und Shiva sowie der Sonnengott Surya dargestellt.

Barmer

Wenn man die Fahrt auf den abgelegenen Wegen fortsetzt, gelangt man in die rund 150 Kilometer von Jaisalmer entfernte Kleinstadt Barmer mit einigen malerischen Wüstenbehausungen, umgeben von Sanddünen. Hier kann man relativ günstig geschnitzte Möbel erstehen, und auch farbige Baumwollteppiche sind gefragt. Auch handbedruckte Ajrakh-Stoffe

Städte in der Wüste

sind zu bekommen, die im Handblock-Druckverfahren mit Holzdruckstöcken hergestellt werden und farbenkräftige indigoblaue und rote Muster zeigen.

Pokaran

Die kleine Garnisonstadt Pokaran, 110 Kilometer östlich von Jaisalmer, ist ein lebendiges Marktstädtchen, bietet jedoch wenig Sehenswertes. Im 16. Jahrhundert errichteten die Herrscher von Jodhpur hier ein kleines Fort. Um die dazu notwendigen Steine zu beschaffen, ließen sie eine benachbarte Stadt abreißen und siedelten auch gleich deren Bewohner mit um, darunter einige der reichsten Kaufleute West-Rajasthans. Das **Fort Pokaran** wird noch heute vom Nachkommen der Thakurs von Pokaran bewohnt, den einstigen Vasallen von Jodhpur, die aber als selbstbewusst und einflussreich galten. Im Fort, das heute ein Hotel mit Restaurant beherbergt, gibt es ein **Museum** mit einer Kollektion von Waffen und Textilien. Innerhalb des Forts gibt es sowohl einen alten **Shiva-** als auch einen **Krishna-Tempel**.

Am Ortsrand von Pokaran sieht man die aus rotem Sandstein errichteten schönen **Chattris** der Thakurs.

Wachturm im Fort Pokaran

Nicht allzu weit von dieser mittelalterlichen Festungsstadt entfernt wurde 1974 ein Atomtest durchgeführt. Seltsamerweise steht dieses Ereignis mit einer im Ramayana nachzulesenden Legende in Verbindung. Dessen Held Rama legte einst einen großen Hitze erzeugenden Pfeil an seinen Bogen, um das Meer bei Sri Lanka auszutrocknen. Nachdem ihn die Götter davon abgebracht hatten, feuerte er sein Geschoss in den Sarasvati, der damals dort floss. Dies soll den Fluss trockengelegt und die Gegend in eine Wüste verwandelt haben.

 Pokaran

Fort Pokaran (***–****), Tel. +91/2994/ 222274, www.fortpokaran.com; 19 Zimmer mit antiken Möbeln und Bad; Pool und Billardraum.

Museum im Fort; tägl. 8–18 Uhr, 50 Rs, Foto 30 Rs, Video 50 Rs.

Osian

Wer die inmitten des Sandes der Thar-Wüste liegende Stadt Osian (auch Osiyan) aufsucht, hat 16 jainistische und hinduistische Tempel zur Auswahl, von denen zwölf aus der Zeit um 800 stammen und den Göttern Vishnu, Hari-Hara und Surya gewidmet sind. In einer westlichen Gruppe sind Hindutempel zusammengefasst, beispielsweise der Surya-Tempel. Der am besten erhaltene Tempel, der Mahavira, thront rund 200 Meter weiter auf einem Hügel.

Früher war der Ort, gut 60 Kilometer nordwestlich von Jodhpur gelegen, eine wichtige Handelsstadt am Kreuzungspunkt wichtiger Karawanenstraßen. Heute wird er als religiöses Zentrum von Brahmanen und Jains gleichermaßen besucht. Die Tempel sind über mehrere Quadratkilometer verstreut und stehen auf erhöhten Terrassen.

Karte S. 229

■ Sachiya-Mata-Tempel

Der weithin sichtbare brahmanische Sachiya-Mata-Tempel (Tempel der Wahrhaftigen Mutter) ist Sachiya geweiht, der Erd-, Fruchtbarkeits- und Muttergottheit der Wüste Thar, welche die neunte und letzte Inkarnation der Göttin Durga ist. Daher pilgern vor allem junge Ehepaare und kinderlose Frauen hierher, um von der Fruchtbarkeitsgöttin den ersehnten Kinderreichtum zu erflehen.

Der Tempel wird dem Besucher vermutlich durch die breite, von reich dekorierten Toranabögen überspannte steile **Treppe** in Erinnerung bleiben. Sie führt hinauf zum Tempel, dessen Entstehungszeit auf das 8. Jahrhundert zurückgehen soll. Vor der Mandapa (einem Pavillon gegenüber dem Tempel) und hinter dem Torbogen (*torana*) befinden sich **Statuen**, welche die Inkarnation von Durga in immer neuen Varianten zeigen. Der Tempel selbst wird flankiert von neun kleineren Tempeln. Kleine Türme umgeben den Tempelturm, die älteren Figuren und Reliefs sind noch relativ gut erhalten. Den dominierenden Sachiya-Mata-Tempel kann man als einen noch ›lebenden‹, also genutzten Tempel bezeichnen.

■ Mahavira-Tempel

Nur wenige Minuten vom Sachiya-Mata entfernt liegt im Nordosten des Ortes zu Füßen des Tempelberges der Mahavira-Tempel. Er ist der größte Jain-Tempel, der in seinen Ursprüngen noch aus der Regentschaft des Gurjar-Pratihara-Rajputen Vatsaraja (775–805) stammt, und wurde dem letzten Tirthankara Mahavira gewidmet, dessen Statue sich in der Cella befindet. Eigentlich ist der Tempel architektonisch eine Halle (›Tanzhalle‹), über der sich eine Kuppel wölbt, die von verzierten Säulen gestützt wird.

Die Tempelanlage wurde aus rotem Sandstein auf einer weißen Terrasse erbaut.

Einige Stufen führen in die offen gestaltete **Vorhalle** (*mandapa*) mit Säulen, die mit zahlreichen Schnitzereien versehen sind. Auch hier findet man wieder Reliefs anmutiger Apsaras, also himmlischer Nymphen aus dem Wirkungskreis Indras. Innerhalb des Tempelbezirks gruppieren sich sieben Schreine mit Kultkammern weiterer Tirthankaras um das Hauptheiligtum. Vor dem Tempel sieht man einen sehr schönen, nahezu barocken **Torbogen** (*torana*), der als Eingangsportal errichtet wurde.

An der Außenseite sind zahlreiche Gottheiten zu sehen, beispielsweise der vedische Gott des Feuers‹, Agni, auch Indra (Gott des Donners), der zusammen mit Agni und Vayu, dem Gott des Windes, eine Götterdreiheit bildet, sodann Ishana (eine Erscheinung Shivas) und Kubera (der vedische Gott des Reichtums) sowie Nirriti, die als Göttin der Zerstörung gilt, schließlich der Wassergott Varuna und der Gott des Todes, Yama.

Treppe zum Sachiya-Mata-Tempel

Der Harihara-Tempel

■ Harihara-Tempel

Auf einer gemeinsamen Plattform gruppieren sich um den zentralen Hauptschrein mit seinem Turm vier gleichartige Nebenschreine. Die Fünfersymbolik ist typisch chinesisch und floss wahrscheinlich über den Mahayana-Buddhismus in die hinduistische Baukunst ein. Nach der in der Nische eines der Tempel aufgestellten Kultfigur tragen sie den Namen Harihara. Diese Gottheit stellt eine Vereinigung der Aspekte Vishnus (Hari) und Shivas (Hara) dar.

Während der **Harihara-Tempel I** aus den Jahren 750 bis 850 ein fein gearbeitetes Gesimsfries mit Krishna-lila-Szenen (Krishna mit Gopis) aufweist, kann man an den Wänden der hohen Plattform, auf denen der **Harihara-Tempel II** steht, überdachte Nischen entdecken, in denen wie üblich noch gut erhaltene Götterbildnisse stehen. Sie sind von einem Figurenfries umgeben, der Parvati, Shiva, Yamuna und Ganga zeigt. Dieser Tempel gilt als der am besten erhaltene dieses Typs. Am Türrahmen des zentralen Kultraumes sieht man beispielsweise Kubera, Brah-

ma Lakshmi und Ganesh, an der Decke befinden sich – wie im Surya-Tempel – verschlungene Nagas.

Der benachbarte, ebenfalls auf einer hohen Plattform liegende **Harihara-Tempel III** aus dem frühen 9. Jahrhundert ist weniger gut erhalten. Dennoch hat er das schönste Sanktuarium und prächtig verzierte Außenmauern sowie reichen Skulpturenschmuck an den Wänden. In diesem Tempel sind unter anderem Harihara und Narasimha, (›Menschlöwe‹), die vierte Inkarnation Vishnus, dargestellt.

■ Surya-Tempel

Der Surya- oder Sonnentempel wurde später zu einem Kali-Tempel umgewandelt. Der Sonnenkult war einst weit verbreitet, die Rajputen sehen den Sonnengott Surya als ihren Ahnherrn.

Seit Jahrtausenden beten Hindus morgens der Sonne zugewandt. Der heiligste Vers der Veden ist die Gayatri- oder Savitri-Strophe an die Kraft der aufgehenden Sonne.

Die Wissenschaftler unterteilen den Tempel in drei Komplexe. Die wichtigsten sind die **Surya-Tempel I** und **Surya-Tempel III**. Alle stammen aus dem 8. Jahrhundert.

Während der Tempel Nummer III der kleinste ist und eine Vorhalle mit dem Fries von Krishna sowie einen skulptierten Eingang aufweist, ist der Tempel Nummer II stark verfallen. Doch kann man noch eine Figur der vielarmigen Todesgöttin Durga erkennen, die Asura tötet.

Stufen führen zum Tempel hinauf, der sich auf einer Plattform erhebt. An der Decke der dunklen Vorhalle wird in einem Bilderzyklus die Krishna-Legende illustriert. In der Mitte eines umlaufenden Figurenfrieses befindet sich eine Lotosrosette, die von ineinander verschlungenen Nagas (Schlangen) umgeben ist.

Karte S. 229

■ Vishnu-Tempel

Der Vishnu-Tempel I aus dem Jahre 775 erhebt sich ebenfalls auf einer hohen Plattform. In seinen Nischen findet man die üblichen Bildnisse von Vishnu, auch als Narasimha (Menschlöwe), sowie von zahlreichen anderen Hindu-Gottheiten.

 Osian

Sachiya-Mata-Tempel; tägl. 6–19,15 Uhr. **Mahavira-Tempel**; tägl. 6–20.30 Uhr, Eintritt 30 Rs, Kamera 50 Rs, Video 100 Rs.

Busverbindung mit Jodhpur (ca. 90 Min.).

Mandore

Die ehemalige Hauptstadt der Rajas von Marwar aus dem 6. Jahrhundert befindet sich etwa acht Kilometer von Jodhpur entfernt. Es ist ein besiedelter Platz, den sich die Rathore 1395 eroberten und 1459 für ein halbes Jahrhundert zur Residenz machten.

In den Gärten von Mandore

In der wunderschönen **Gartenanlage** von Mandore sieht man Springbrunnen und Familien beim Picknick. Hier befinden sich auch aus rotem Sandstein erbauten Chattris (*dewal*) einiger Maharajas, sehenswert ist das **Dewal des Maharaja Ajit Singh** mit schönen Sandsteinskulpturen.

Im Hintergrund der Gartenanlage erblickt man eine langgestreckte Galerie, die **Hall of Heros** (auch Schrein der 333 Millionen Götter) genannt wird und die zu einem Tempel gehört, der verschiedenen Gottheiten und Helden Rajasthans geweiht ist. Hier sind 16 überlebensgroßen Steinplastiken von Göttern, Heiligen und Helden zu sehen. So erkennt man den elefantenköpfigen Ganesha, den Helden Rama und seine Gattin Sita, den Affengott Hanuman und Krishna, dessen Gefährtin Radha die Tracht rajasthanischer Bäuerinnen trägt. Besonders grimmig schauen die Muttergottheiten drein, beispielsweise die schwarze Göttin Kali und die schreckliche Göttin Chamunda, die den furchteinflößenden Aspekt der Göttin Devi verkörpert. Dagegen werden die einheimischen Helden schwer gepanzert hoch zu Ross und mit gezwirbeltem Schnurrbart als klassisches Idealbild eines tapferen Rajputen dargestellt.

Im **Zenana Bagh**, einer kleinen Gartenanlage, befindet sich der kleine Palast **Ek Thamba Mahal** aus rotem Sandstein mit einigen gut erhaltenen Reliefs. Im angrenzenden Komplex hat das kleine **Museum** seinen Platz, das einige schöne Miniaturen sowie Plastiken des 12. Jahrhunderts aus der Stadt Kiradu nordwestlich von Barmer zeigt, die 1192 von Muhammed von Ghur zerstört wurde. Ende August findet im Park ein großes Fest statt, bei dem viele tausende Rajasthani den alten Helden und Göttern ihre Verehrung zollen.

Städte in der Wüste

Jodhpur

Im Jahre 1459 gründete Rao Jodha (1416–1489, regierte 1427–1489), der Vater von Bika, der seinerseits Bikaner erbaute, in der Nähe der alten Hauptstadt Mandore einen neuen Sitz, den er ›Stadt des Jodha‹, Jodhpur, nannte. Rao Maldeo Rathore (1532–1562) schließlich fasste den bis dahin eher lockeren Verband von Fürstentümern zu einem Staat mit dem Namen Marwar zusammen. In der Schlacht von Dharmatpur am 15. April 1658 schlug Aurangzeb die Truppen von Maharaja Jaswanth Singh (1629–1678) von Jodhpur vernichtend. Von 8000 Mann überlebten nur 600, die in ihrer Heimat mit großer Verachtung empfangen wurden. Die Frau von Jaswanth soll ihrem Gatten enttäuscht die Kammertür vor der Nase zugeworfen und gerufen haben: »Ein so entehrter Mann darf meine Gemächer nicht mehr betreten. Wenn du nicht siegen konntest, warum bist du dann nicht mit deinen Kriegern gestorben?«
Doch bald verlor das Mogulreich immer mehr an Macht und Marwar (Jodhpur), Mewar (Udaipur) und Jaipur besiegelten einen Dreierpakt. Als 1734 die Marathen

vom Dekkan in Nordindien eindrangen, suchten die Fürsten Hilfe bei den Briten, die ebenfalls gegen die Marathen Krieg führten. Doch der Abschluss der Verträge wurde von Marwar zu lange hinausgezögert. Lord Wellesley (1760–1842) schlug bald die Sindhia-Marathen ohne die Hilfe Jodhpurs, und das Interesse der Briten an einem Bündnis ließ nach. Sie schlossen 1818 Verträge mit den indischen Maharajas, um ihre Interessen zu sichern. Auch Maharaja Man Singh von Jodhpur unterschrieb das Abkommen und zahlte jetzt seine ›Schutzgebühren‹ an die Engländer anstatt an die Sindhias. Nur widerstrebend trat Jodhpur erst am 30. März 1949 der Indischen Union bei. An die einstige Glanzzeit erinnern nur noch die Paläste, die Macht ging an die politischen gewählten Volksvertreter.

Fort Mehrangarh

Faszinierend und abweisend zugleich thront das rote Mehrangarh-Sandsteinfort über den weiß gekalkten Häusern der Altstadt von Jodhpur, die sich unterhalb der 1459 bis 1463 vom Rajputenkönig Rao Jodha aus dem Geschlecht der Rathore errichteten Festung ducken. Chroniken zufolge soll die Burg von 100 000 Arbeitern in zehnjähriger Arbeit erbaut worden sein. Hohe Wehrmauern ragen steil aus dem Sandsteinfels empor und verleihen der stolzen Festung einen majestätischen Anblick.
Als ›Tor zur Wüste Thar‹ war die Stadt, die heute etwa eine Million Einwohner zählt, stark befestigt. Bis vor wenigen Jahrzehnten war sie der Mittelpunkt des Marwar-Reiches und lebte nicht schlecht von den Zöllen, welche die durchziehenden Karawanen zahlen mussten. Die Burg wurde nie von einem fremden Herrscher eingenommen und blieb deswegen un-

Karte S. 257

▲ *Blick auf die Häuser von Jodhpur*

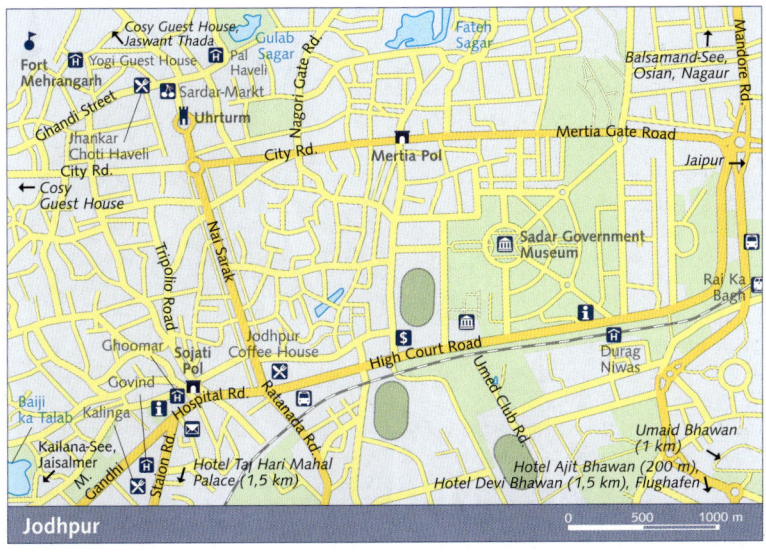

Jodhpur

versehrt. Auch die einst zehn Kilometer lange Stadtmauer blieb in weiten Teilen erhalten. Die sieben Tore auf dem kurvenreichen Weg hinauf machen deutlich, warum diese Festung so schwer zu erobern war. Ein Teil der Umwallung wurde direkt aus der Felswand gemeißelt. Auf den bis 40 Meter hohen und 20 Meter breiten Schutzwällen aus rotem Sandstein befinden sich zehn stattliche, mittelalterliche Kanonen.

Wie ein prunkvolles Adlernest sitzt das Fort auf einem 130 Meter hohen Felsen. Und ausgerechnet an der steilsten Stelle ragt der **Wohntrakt** der Palastanlage in die Höhe. Seine Fenster, Balkone, Brüstungen und Erker sowie Türrahmen wurden immer wieder geschliffen, durchbrochen und ausgehöhlt, bis nur noch hauchzarte Skulpturen aus abstrahierten Blumenmustern oder geometrischen Ornamenten übrig blieben. Große Teile des zu den eindrucksvollsten Residenzen Rajasthans gehörenden Palastes mit seinem Labyrinth aus Innenhöfen, Geheimtreppen und Schlafgemächern sind

ein eindrucksvolles Beispiel der filigranen Steinmetzkunst. Die im Laufe der Jahrhunderte von den jeweiligen Rajas immer wieder erweiterte Palastanlage umschließt mehrere miteinander verbundene Höfe, wobei der größte Teil des Palastes heute ein Museum ist.

■ Eingangstore

Von der Stadt führt der Aufstieg über einen serpentinenartigen Weg durch sieben befestigte Tore hindurch. Früher gelangte man durch das am weitesten vom Palast entfernte **Fateh Pol** zum Mehrangarh-Fort. Aus der Altstadt auf einem kurzen Fußweg oder mit einem Fahrzeug auf der Straße gelangt man heute durch das turmhohe **Jai Pol** (Siegestor), das anlässlich des Sieges über die Truppen Jaipurs 1809 errichtet wurde, in die Festung. Links hinter dem Tor befindet sich ein Chattri für einen im Kampf gegen Jaipur gefallenen Krieger. Sodann passiert man, vom Haupteingang mit der Kasse kommend, das **Ded Kangra Pol**, an dem man noch die Kano-

Die mächtigen Mauern des Forts Mehrangarh in Jodhpur

neneinschläge der Belagerung von 1808 sehen kann. Hinter diesem Tor wurden mögliche Angreifer von einem stark abgewinkelten Gang behindert. Wenn man in einer scharfen Kurve nach links weiter aufwärts geht, gelangt man zum **Amrit Pol** (Imritia Pol), einst der Eingang des ursprünglichen Forts und der mittleren Befestigungsmauer.

Schließlich erreicht man das **Loha Pol** (Eisentor) aus dem 15. Jahrhundert. Es trägt Stacheln, um die Elefanten aufzuhalten, mit denen gegnerische Truppen die Tore einzurammen versuchten. Zu beiden Seiten des Tors haben 15 Prinzessinnen, die sich als Satis beim Tod der Maharajas mit verbrennen ließen, ihre Handabdrücke hinterlassen. Sechs davon stammen von Frauen Man Singhs, die 1843 mit dem Maharaja in den Tod gingen.

Über eine gepflasterte Rampe geht es steil bergauf zum **Suraj Pol** (Sonnentor), das der Zugang zum Museum und zur eigentlichen Palastanlage ist. Im **Singhar Chowk** (auch Shringar Chowk oder Durbar-Hof), befindet sich die **Palastwache**. Hier sieht man rechts den Marmorthron, auf dem seit dem 15. Jahrhundert alle Herrscher von Jodhpur gekrönt wurden. In diesen Innenhof gelangt man heute auch mit einem Aufzug.

■ Museum

Das Museum schließt die Howdah- und die Palankin-Abteilung sowie den Miniaturensaal ein. In der **Howdah-Abteilung** befindet sich eine Sammlung prunkvoller Elefantensattel, mit silbernen Löwen oder Pfauen verziert. Auf ihnen ritten die Maharajas in farbenprächtigen Prozessionen durch die Hauptstadt. Ein Platz für die Leibgarde befand sich direkt hinter dem Sitz des Herrschers, und ein Schirm sorgte für Schatten. In der **Palankin-Abteilung** sind fürstliche Sänften ausgestellt, auch die prunkvoll überdachte und vergolde-

te Sänfte des Gouverneurs von Gujarat fehlt nicht. Die geschlossenen Sänften im nächsten Raum dienten den Frauen. Mit einer von ihnen reiste die Maharani um 1900 bis nach England.

Weitere Sehenswürdigkeiten bietet ein Stockwerk höher der **Umaid Vilas**, der schöne Miniaturensaal mit Szenen des höfischen Lebens. Während ihre früheren Miniaturen von der jainistischen Kunst geprägt sind, wird ab dem 18. Jahrhundert ein stärkerer Einfluss des Mogulstils erkennbar. Das immer wiederkehrende Motiv der Gärten mit Springbrunnen und grünen Bäumen spiegelt die Sehnsucht der Wüstensöhne nach frischen Pflanzen und kühlenden Schatten.

Das Umaid Vilas ist verbunden mit dem **Sheesh Mahal** (Spiegelsaal), das Schlafgemach der Zenana mit farbigen Glasmosaiken, bunten Glaskugeln und Spiegeln an Decken und Wänden. Es enthält Krishna-Darstellungen und wurde 1707 bis 1724 erbaut.

■ Daulat Khana

Wieder zurück in den Singhar Chowk sieht man auf den oberen Etagen die steingeschnitzten Balkone der **Zenana**, hinter denen die Haremsdamen lebten und von den oberen Stockwerken des nördlichen Flügels (Janki Mahal) aus unbemerkt dem Hoftreiben zuschauen konnten. Ein Durchgang unterhalb des Frauenflügels führt in den zwischen 1707 und 1724 entstandenen zweiten Hof, **Daulat Khana Chowk** oder Schatzhof genannt, mit dem gleichnamigen Saal Daulat Khana (Schatzkammer). Im ersten Raum neben dem Durchgang werden reich verzierte Gegenstände aus dem Alltagsleben der Hofgesellschaft gezeigt, vor allem Textilien, Gemälde und Manuskripte. Hier befindet sich auch eine mit Blattgold überzogene große Sänfte aus dem 18. Jahrhundert. Es folgt das **Sileh Khana**, eine Waffenkammer, eine der prächtigsten Waffensammlungen Indiens. Hier sieht man beispielsweise Wasserpfeifen, teilweise aus Silber, und das große Schloss des Haupttors, das 20 Kilogramm wiegt und nur mit drei Schlüsseln zu bedienen ist, die drei verschiedene Personen bei sich trugen. Ähnlich beeindruckend ist das über drei Kilogramm schwere Khanda des Rao Jodha, ein Hiebschwert, das gleichzeitig als Waffe, religiöses Symbol und Statussymbol verwendet wurde.

■ Phool Mahal

Über Treppen gelangt man in den Blumenpalast (Phool Mahal). Der schöne Palast wurde im 1724 als privater Audienzsaal erbaut und 1873 bis 1895 renoviert. Er besticht durch seine mit Gold verzierte Decke. In 14-jähriger Arbeit sollen die Handwerker hier 80 Kilogramm des Edelmetalls verarbeitet haben. In den Medaillons sind die Herrscher des Hauses Marwar verewigt. In diesem Saal saß der König auf einem erhöhten Kissen und ließ sich von Tänzerinnen unterhalten. Nochmals über eine Treppe kommt man jetzt auf die Terrasse, von der man einen wunderschönen Blick auf die Palastfassade und die unten sich erstreckende Stadt hat.

■ Takhat Mahal

Etwas weiter südlich (über dem Sardar Vilas) befindet sich das Takhat Mahal, das riesige Schlafgemach des Herrschers Thakat Singh (regierte 1843–1873). Dieser Teil des Palastes wurde erst 1843 fertiggestellt und strahlt wenig Eleganz aus. Es zeigt kostbar lackierte Wände, die mit Tänzerinnen und Bildern aus der Krishna-Legende ausgemalt sind, ergänzt durch die in Rajasthan beliebten Motive aus der Dhola-und-Maru-Legende. Sie wurde mehrfach variiert und mit der Errichtung der Rajputen-Herrschaft

über ansässige Völker verbunden. Nach der älteren Fassung drang der Rajputen-Prinz Dhola aus Gwalior in das Gebiet der alten Mina-Stämme vor und heiratete deren Prinzessin Maruni; beide sind Stammeltern der Kachwaha-Dynastie von Amber und Jaipur. Die hier in der Festung gemalte Abwandlung dieses Themas zeigt die beiden als Ahnen der Rathore-Herrscher von Bikaner. Rao Bika, der Sohn des Stadtgründers von Jodhpur, zog im 15. Jahrhundert aus, die nördliche Wüste Thar von Jat- und Bhatti-Stämmen zu erobern, vermählte sich mit der Tochter des Fürsten von Pugal und gründete Stadt und Staat Bikaner. Die von der Decke hängenden Glaskugeln aus der Zeit um 1900, die wie bunte Weihnachtskugeln aussehen, sind reiner Kitsch europäischer Herkunft.

Im Erdgeschoss des Takhat Mahal befindet sich das **Sardar Vilas**. Die Türen mit Einlegearbeiten, teilweise aus Elfenbein, spiegeln die berühmte, in Jodhpur gepflegte Holzschnitzkunst wider.

■ Chandan Mahal

Während man im nahen **Ajit Vilas** Musikinstrumente und verschiedene Gewänder der Maharajas aus Brokat- und Seidenstoffen bewundern kann, diente der langgestreckte Chandan Mahal (Sandelholzpalast) als Konferenzsaal des Maharajas, in dem man aber auch Babywiegen sehen kann. Von hier aus hat man einen schönen Blick in den Krönungs- und den Schatzhof Daulat Khana Chowk. Die mit Bögen verzierte Decke ist ebenso sehenswert wie die teilweise kitschig verzierten Kinderbettchen.

■ Janki Mahal und Moti Mahal

Fast filigran wirkt der nächste Hof, der **Zenana Deori**, der als einziger im Fort aus Marmor besteh. Er wird umschlossen von den drei- bis vierstöckigen Gebäu-

Karte S. 257

Im Schlafgemach des Thakat Singh

den der Haremsgemächer (Zenana), die früher von Eunuchen bewacht wurden. Der Frauentrakt zeigt in vielen Details wie Zackenbögen, Wandmalereien, Teppichen und gedrechselten Möbeln den von Mogulhöfen beeinflussten Wohnstil des 17. und 18. Jahrhunderts. Der schmale Flügel des **Janki Mahal** (Palast der heimlichen Blicke) hat seinen Namen daher, dass die Haremsdamen heimlich durch das geschnitzte Gitterwerk seiner Fenster auf den Hof blicken konnten, ohne selbst gesehen zu werden. Auch hier sind mehrere Wiegen ausgestellt – mehr oder weniger kitschig.

Mitten in der Zenana steht der achteckige **Moti Mahal** (Perlenpalast), der seinen Namen von den wie Marmor oder Perlen schimmernden Wänden und Säulen hat. Erreicht wurde dieser Effekt durch das Auftragen von mit Kalk vermischten, zermahlenen Muschelschalen. Einst flackerten hier Öllampen, deren Schein von den Wänden zurückgeworfen wurde. Die Bögen, Decken- und Wandmalereien ähneln islamischen Vorbildern; zwischen zarten Arabesken ist ein Medaillonfries der Maharajas von Marwar und Jodhpur

eingebettet. Einst diente der Thronsaal als öffentliche Audienzhalle. In einer Ecke des Palstraumes befindet sich ein achteckiger **Thron** aus Silber, ein Erbstück aus dem 17. Jahrhundert von unschätzbarem Wert. Das Sonnenemblem auf dem Thronsitz unterstreicht die Herkunft der Rathore-Dynastie von den Sonnenkönigen der heiligen Stadt Ayodhya.

■ **Weitere Sehenswürdigkeiten im Fort**

Besucher mit mehr Zeit können noch den **Nagnechia-Tempel**, der Gottheit Kuldevi (auch Kuladevi) geweiht, den dem Gott Krishna gewidmeten **Murlimanohar-Tempel**, die **Salim-Kot-Gedenkstätte** und das **Museum für Turbane und rajasthanische Musik** besuchen. Am Ende des Forts steht der **Chamunda-Tempel**, welcher der Göttin Durga geweiht ist. Sie war die Lieblingsgottheit von Rao Jodha. Er brachte ihre Figur aus der alten Hauptstadt Mandore 1460 hierher und gründete den Tempel.

Zu Füßen des Forts liegt **Chokelao Bagh**, eine wunderschöne Gartenanlage ursprünglich von 1739, die in den letzten zehn Jahren restauriert wurde.

Fassade des Perlenpalastes

Städte in der Wüste

Altstadt

Von der Festung fallen bei einem Blick über Jodhpur die vielen blau getünchten Wohnhäuser auf, früher ein Zeichen für hier wohnende Brahmanen, heute jedoch eine Modeerscheinung. Zudem wird der blauen Farbe eine mückenabwehrende Wirkung nachgesagt.

Die engen Gassen der Altstadt und die breiten Avenuen der modernen Viertel sind immer mit einer feinen Schicht aus Wüstensand überzogen. Busse, Lastwagen, Fahrräder und Rikschas zwängen sich zwischen den Kühen, Eseln, Büffeln und Kamelen hindurch, und die Menschen weichen den Tieren mit der gleichen Selbstverständlichkeit aus wie den Autos, begnügen sich mit dem Sims oder einer winzigen Ecke auf dem Pflaster, um ihre Verkaufsstände aufzubauen, sich zu einer Plauderei zu treffen oder auch, um hockend ihre Notdurft zu verrichten.

In der Altstadt findet man sowohl moderne als auch traditionelle Gebäude. Außerdem verfügt die Stadt über zahlreiche Paläste und Kunsthandwerksläden.

Haus in der Altstadt von Jodhpur

■ **Märkte**

Das bekannte Wahrzeichen und Mittelpunkt der Altstadt von Jodhpur ist der **Uhrturm** am **Sardar-Markt**, einem der geschäftigsten Basare Rajasthans, von dem enge Gassen zu den verschiedenen weiteren Basaren führen. Auf dem Straßenpflaster haben sich Kleinhändler niedergelassen. Die Spezialitäten Jodhpurs sind besonders verzierte Lederschuhe, Lackwaren, gefärbte Stoffe, Puppen und Antiquitäten. Für handbedruckte Baumwollstoffe ist der **Kapada-Bazaar** bekannt, für Armreifen der **Chudi-Bazaar** und für Süßigkeiten der **Kandoi-Bazaar**.

■ **Jaswant Thada**

In Nähe der Festung liegt auf einem Hügel das aus weißem Marmor erbaute Denkmal Jaswant Thada für den 1895 verstorbenen Maharaja Jaswant Singh II. (1838–1895, regierte 1873–1895). Die Ruhmeshalle der Sonnenherrscher aus dem Rathore-Clan von Marwar besteht aus einem rechteckigen Pavillon mit achteckiger Kuppel und goldener Spitze. Mit der breiten Freitreppe, den Türmchen und Pavillons wirkt es wie ein kleiner Palast. Bescheidenere Kenotaphe gedenken der nachfolgenden Marwar-Herrscher. Im Gebäude ist eine **Portraitsammlung der Herrscher von Jodhpur** untergebracht. Der kostbare weiße Marmor wird in Makrana, im Nagaur-Distrikt der Wüste Thar gebrochen; aus dem schimmerndem Makrana-Marmor wurde auch das Taj Mahal in Agra erbaut. Nach dem politischen Ausgleich mit dem Mogulkaiser Akbar um 1580 entstanden in ganz Rajasthan zahlreiche Kenotaphe (Chattris) zum Gedächtnis an die Hindufürsten. Vorbild waren meist islamische Mausoleen und Kuppelpavillons. Chattris ersetzten die schlichten mittelalterlichen Heldengedenkstelen (Virakals) für Rajputen, die im Kampf gegen die Muslime gefallen waren.

Karte S. 257

Eingang zum Sardar-Markt

■ **Umaid Bhawan**

Am Ostrand der Stadt, etwa zwei Kilometer südöstlich des Umaid-Parks, entstand zwischen 1929 und 1943 auf einer Erhebung der massive Palastbau Umaid Bhawan. Der auf einem Hügel gelegene Palast ist auch unter der Bezeichnung Chittar-Palast bekannt, da man neben Marmor vor allem roten Chittar-Sandstein zum Bau verwandte. Entworfen wurde der Bau, der 195 mal 103 Meter misst, bereits 1929, endgültig fertiggestellt wurde er aber erst 1943. Dominierend ist die gewaltige **Doppelkuppel**, wobei die äußere Kuppel 24 Meter über der inneren liegt. Darunter öffnet sich ein Lichthof, flankiert von geschwungenen Treppen, doch bleibt das Innere des Palastes wegen der kleinen Fenster seltsam düster. Für die Innenausstattung ließ man Art-Déco aus Europa besorgen. Die **Trophy Bar** mit Elefantenfüßen als Hockern und Elefantenrüsseln als Lampenständern ist zwar kein Platz für Tierfreunde, es gibt aber einen riesigen Bankettsaal und im Keller ein mit Art-Déco-Kacheln ausgelegtes Schwimmbad. Ausgestopfte Tiger, Leoparden, Büffel oder Hirsche findet man sogar in den Toiletten, die so groß sind wie andernorts Konferenzräume, im Vergleich etwa zur Maharani-Suite mit ihren sieben Zimmern aber natürlich winzig sind. Heute wird das Umaid Bhawan als Luxushotel mit mehr als 300 Zimmern genutzt. Einen Flügel hat sich der ehemalige Maharaja von Jodhpur vorbehalten; hier residiert er mitsamt seiner Familie. Ein Seitenflügel beherbergt das **Palastmuseum** mit einer Präsentation exquisiter Waffen, vom Maharaja gewonnener Pokale im Polospiel und einer Sammlung kurioser Uhren.

Sieben Kilometer vom Stadtkern liegt der **Balsamand-See** mit einem Palast, 1159 gebaut. An der Straße nach Jaisalmer befindet sich der **Kailana-See** mit einem Garten. Da diese Seen den Wasserbedarf Jodhpurs nicht decken konnten, wurden in und außerhalb der Stadt noch weitere Stauseen angelegt.

Städte in der Wüste

Jodhpur

Vorwahl: +91/291.
Government Tourist Office, RTDC Hotel Ghoomar, High Court Road, Tel. +91/291/2545083; Mo–Fr 9–18 Uhr.
Internet: www.jodhpurindia.net.
Marwar Eco Cultural Tours & Travels, Makrana Mohalla, Tel. +91/291/5132409, www.themarwarecoculturaltours.com, www.nativeplanet.org/tours/india. Kamelsafaris und Ausflüge zu den Bishnoi-Dörfern (→ S. 266) und in ganz Rajasthan.

Hauptpost, Station Road, Mo–Fr 9–16 Uhr, Sa 9–15 Uhr, Briefmarken nur So 10–15 Uhr.

State Bank of India, nahe High Court Road; Mo–Fr 10–16 Uhr, Sa 10–13 Uhr. Auch Geldwechsel.

Mehrangarh-Fort-Palast; tägl. 9–13 Uhr, 14–17.30 Uhr, Eintritt 300 Rs, Kamera 100 Rs, Video 200 Rs.
Jaswant Thada; tägl. 10–17 Uhr, Eintritt 30 Rs, Kamera 25 Rs, Video 50 Rs.
Umaid-Bhawan-Palast; Eintritt 350 Rs.

Entfernungen: Jaipur 340 km, Ajmer 210 km, Mount Abu 270 km, Bikaner 250 km, Udaipur 270 km, Jaisalmer 280 km, Agra 580 km, Delhi 600 km.

Der Flughafen, Tel. +91/291/2512617, liegt 5 km vom Stadtzentrum entfernt. Flugverbindungen mit Delhi, Udaipur, Jaisalmer und Mumbai. Normalerweise landen diese Flüge auch in Jaipur und Udaipur.

Bahnhof, Tel. +91/291/2432956, Station Road, 300 m südlich des Sojati-Tors. Jodhpur ist an die verschiedensten Städte der Region durch Schnell- und Passagierzüge angebunden. Bahnverbindungen mit Jaisalmer (7 Std.); Delhi (11 Std.), Jaipur mit dem Intercity Express (4,5 Std.). Zugfahrten sind aufgrund der Entfernungen sehr lang, und es empfiehlt sich, Proviant mitzunehmen, da die meisten Bahnhöfe auf der Strecke kaum Speisen anbieten.
Das **Reservierungsgebäude** befindet sich etwa 200 m nördlich des Bahnhofgebäudes neben der Hauptpost.

Busbahnhof, in der Nähe der Rai-Ka-Bagh-Bahnstation. Im **Tourist Reception Centre**, High Court, können Buchungen für die State-Roadway-Busse vorgenommen werden.
Busverbindungen u.a. mit Udaipur (7 Std.), Jaipur (7 Std.), Jaisalmer (5,5 Std.), Ajmer (4 Std.)und Bikaner (5 Std.). Viele der von Jodhpur aus verkehrenden Luxusbusse bieten bequeme Nachtfahrten an.

Oberste Preisklasse (Luxus)
Ajit Bhawan (*****), Nahe Circuit House Road, Jodhpur-342006, Tel. +91/291/2513333, 2511410, www.ajitbhawan.com; 40 Zimmer, 13 Suiten im Hauptgebäude, Bungalows, Zelte. Traditionsreiches Hotel inmitten der weiten Wüste. Der kleine Palast wurde als Wohnsitz des jüngeren Bruders des Maharaja von Jodhpur in den 1940er Jahren gebaut. Populäre Unterkunft mit ruhig gelegenen Bungalows, Zelten und exquisiten Zimmern. Es gibt auch einen Swimmingpool und ein hervorragendes Restaurant mit abendlicher Musikdarbietung.
Umaid Bhawan Palace (*****), Umaid Bhawan Road, Jodhpur-342006, Tel. +91/291/2510101, www.tajhotels.com; 347 Zimmer und Suiten. Umaid Bhawan Palace, eine der größten privaten Residenzen weltweit, ist ein schönes Beispiel des Art-Déco. Dieser Palast war der erste, der über eine Klimaanlage, Strom und Aufzüge verfügte. Das Hotel, 2006 komplett renoviert, liegt 5 Kilometer vom Stadtzentrum

entfernt und besitzt koloniales Flair. Mit zwei exzellenten Restaurants, Außen- und Innenpool, Billardraum und großem Park.

Taj Hari Mahal Palace (*****), 5 Residency Road, Jodhpur-342001, Tel. +91/291/2439700, www.vivantabytaj.com; 90 Zimmer. Das Flaggschiff der Taj-Group mit großen Zimmern liegt in einer weitläufigen Gartenanlage. Außerdem hat es einen schönen Pool, 2 gute Restaurants und bietet Besichtigungstouren sowie Themenabende.

Mittlere Preisklasse

Devi Bhawan (***), 1 Ratanada Area, Defence Lab. Road, Jodhpur-342001, Tel. +91/291/2511067, www.devibhawan.com. Heritage-Hotel, in einem wundervollen Garten gelegene Privatunterkunft mit liebevoll dekorierten Zimmern mit kleiner Veranda; gutes Essen.

Govind (**–***), Station Road, Tel. +91/291/2622758. Freundliches Budget-Hotel in Bahnhofsnähe, mit Wi-Fi und Dachrestaurant mit Fort-Blick.

Untere Preisklasse

Yogi Guest House (*–**), Naya Bas, Manak Chowk, direkt nördlich vom Sadar-Markt, Altstadt, Tel. +91/291/2643436, www.yogiguesthouse.com; 16 Zimmer. Einfache, gemütlich eingerichtete Zimmer mit Bad, teils mit alten Wandmalereien, einige mit Balkon. Dachrestaurant mit Aussicht auf das Fort Mehrangarh.

Cosy (*–**), Navchokiya Rd., Brahm Puri, Chuna ki Choki, Tel. +91/291/2612066, www.cosyguesthouse.com. In der Altstadt, einfache Zimmer mit oder ohne Bad/Balkon/Klimaanlage, Dachrestaurant mit Fort-Blick.

Durag Niwas (*–**), 1 Old Public Park, Raika Bagh, Tel. +91/291/2512385, www.durag-niwas.com. Bewährte, freundliche Traveller-Unterkunft, alle Zimmer mit Bad; Angebote für längeren Aufenthalt. Restaurant und Ausflugsangebot.

Außerhalb

Bal Samand Lake Palace (*****), Mandore Road, Jodhpur-342026, Tel. +91/291/2572321, www.balsamandlakepalace.

jodhanaheritage.com; 26 Zimmer, 9 Suiten. Heritage-Hotel, großer, königlicher Ferienpalast aus Sandstein, 8 km von Jodhpur entfernt. Attraktive Suiten und Gartenzimmer, Restaurant und Pool.

Kalinga, Station Road, gegenüber dem Bahnhof. Tel. +91/291/2627338. Das Restaurant erfreut sich auch bei den Einheimischen großer Beliebtheit. Spezialität des Hauses ist Pilzcurry (*lal maans*).

Im Umaid Bhawan Palace gibt es vier sehr gute Restaurants: **Marwar Hall**, **Risala** (Spezialitäten aus Rajasthan und Neuseelandlamm), **Kebab Corner** und **The Pillars** (Café mit Gerichten à la carte).

Jhankar Choti Haveli, Makrana Mohalla. Serviert hinter Steinwänden und vor bemaltem Holzwerk nicht nur vegetarische Küche, sondern auch Pizzas, Burger und gebackene Käsegerichte.

Jodhpur Coffee House, High Court Road, Sojati Gate, Tel. +91/291/2547335. Südindische Snacks und Thalis.

On the Rocks, neben dem Hotel ›Ajit Bhawan‹; 11–23 Uhr. Patisserie mit feinstem Gebäck, Gartenrestaurant und Bar.

Typische Gaststätten befinden sich auf den **Dachterrassen von Havelis**, beispielsweise: **Indique,** auf dem Pal-Haveli, Gulab Sagar, Tel. +91/291/2439615.

Jharoka, im Hotel ›Haveli‹, Makrana Mohalla, Tel. +91/291/22614615. Mit vegetarischer Küche.

Panorama, auf dem ›Haveli Inn Pal‹, beim Gulab Sagar, Tel. +91/291/2612519.

Fort View, auf dem Dach des ›Govind-Hotel‹, Station Road, Tel. +91/291/2622758. Vegetarische Küche und Thalis, aber auch bekannt für seine Süßigkeiten.

Jaswant Thada; tägl. 9–17 Uhr, Eintritt 30 Rs, Kamera 25 Rs, Video 50 Rs.

Sardar Government Museum, nahe dem Umaid-Park; Di–Sa 9.45–17.17 Uhr, Eintritt 50 Rs. Skulpturen, Miniaturen, Waffen und Münzen.

Jodhpur ist ein Einkaufsparadies. Berühmt sind die Bandhani und Lahariya (gebundene und gefärbte Textilien) und die blockbedruckten Stoffe auf dem **Kapra-Bazaar**, der Silberschmuck auf dem **Sarafa-Bazaar**, die aus Leder gefertigten Schuhe (*juttis*) auf dem **Mochi-Bazaar** sowie die antiken Möbelstücke, Holz- und Metallkunstwerke auf der **High Court Road**. Auch das **Rajasthan Art Emporium**, ein Kunstwarenhaus, lohnt einen Besuch.

In der Altstadt gibt es diverse Läden, die nicht nur die durchschnittlichen Souvenirs verkaufen, sondern auch Antiquitäten, Teppiche und Möbel. Die weltweite Versendung kann organisiert werden.

Maharani Art Exporters, Tambaku-Bazaar, in der Nähe des Uhrenturms. Großes Angebot an Textilien und Möbeln.

Abani Handicrafts, Anand Bhawan, High Court Road. Spezialisiert auf alte Möbel und Metallgegenstände.

Roo'praj Prajapati, Tel. +91/291/2410065, www.rooprajdurry.com. Organisiert den Handel mit den Dhurrai-Teppichen von Salawas, veranlasst auch den Export.

Amrapali, nahe dem Ajit Bhawan, Circuit House. Gold- und Silberarbeiten.

Marwar-Festival; Sept./Okt. Zweitägiges Spektakel zu Ehren des Wüstenkönigreiches mit klassischen und volkstümlichen Konzerten in der Abenddämmerung, Marionettentheater, Wettbewerben im Turbanbinden und Kamelpolo.

Sufi-Festival; Februar (auch in Nagaur), www.worldsufispiritfestival.org. Religiöse Folkloreveranstaltung.

Mahatma Gandhi Hospital, Mahatma Gandhi Road, nahe dem Jalori Gate, Tel. +91/291/2639851, +91/291/636437. Staatlich.

Goyal Hospital & Research Center, 961/3 Residency Road, Sindhi Colony, 2 km südlich der Stadt, Tel. +91/291/2432144, www.goyalhospital.org. Privat.

Die Umgebung von Jodhpur

Möchte man von Jodhpur nach Nagaur und weiter in das Shekhavati-Gebiet zurückreisen, kann man auf der Strecke einen Zwischenstopp in Khimsar einlegen, wo sich eine Übernachtung im Royal Castle anbietet. Wählt man den Weg südwärts nach Mount Abu, bietet sich die Gelegenheit, bei Luni die Dörfer der Bishnoi zu besuchen und im Fort Chanwa zu übernachten, bevor es dann über Pali auf die lange Fahrt geht, von der man noch sehr lohnenswerte Abstecher zu den Jain-Tempeln in Ranakpur und zum mächtigen Fort Kumbhalgarh unternehmen kann.

■ Fort Khimsar

Im kleinen Ort Khimsar erhebt sich majestätisch die 1523 erbaute Festung. Sie wurde von Rao Karamsi, dem achten Sohn von Rao Jodha, erbaut und wird heute noch von seinem Nachkommen bewohnt. Die Festung wurde fünfmal belagert, aber nie eingenommen. An den Mauern des Forts sind noch heute Spuren der Kämpfe zu sehen. Von den Mauern der Festung aus hat man einen schönen Blick in die Umgebung und kann sogar die Sanddünen in der Ferne sehen. In neu erbauten Gebäudeteilen im alten Stil ist heute ein Heritage-Hotel untergebracht.

■ Luni

35 Kilometer von Jodhpur erreicht man Luni. Hier wohnen in mehreren Dörfern die Bishnoi, die keine Bäume fällen und nicht auf die Jagd gehen. Augenfällig sind daher die vielen Wildtiere und das Grün der Büsche am Rande der Wüste. Die bäuerliche Religionsgemeinschaft wurde

Karte S. 229

Tänzerinnen im Fort Chanwa von Luni

von Jambheshwar (1451–1536) gegründet und ist nach den 29 ökologischen und spirituellen Geboten benannt, die der Guru aufstellte (Bishnoi bedeutet 29). Die Ortschaft gewährt aufschlussreiche Einblicke in die Vergangenheit Rajasthans und bietet mit dem Fort Chanwa zudem eine angenehme Unterkunft.

■ Pali

Die Stadt Pali mit heute 230 000 Einwohnern hatte einst eine eigene Währung. Vor allem Salzhandel machte sie wohlhabend, bis sich der Schwerpunkt nach Jodhpur verlagerte. Im großen **Somnath-Tempel** pulsiert in den frühen Vormittagsstunden das Alltagsleben. Innerhalb des ummauerten Hofs steht der Hauptschrein mit dem Shiva-Lingam. An die Hofmauer sind kleinere Schreine gebaut, sogar eine Moschee, die in islamischer Zeit hinzugekommen ist. An einem in Silberfolie gehüllten Baumstumpf erflehen Frauen von der Baumgottheit die Erfüllung ihres Kinderwunsches.

Von Pali geht die Fahrt weiter auf der nach Ahmedabad führenden Hauptstraße, von der man bei Falna (auch Bahnstation der Delhi–Ahmedabad-Linie) links auf eine Nebenstraße zum nächsten Reiseziel Ranakpur abbiegt (35 Kilometer von Falna). Hinter Pali werden am Fluss gefärbte Stoffe getrocknet. In der kahlen, verteppten Landschaft durchquert die Fahrspur mehrfach ausgetrocknete Flussläufe.

Städte in der Wüste

⊨ Khimsar

Khimsar Fort (***–****), Tel. +91/1585/ 262345, www.khimsar.com/forts; 68 Zimmer. Das Heritage-Hotel ist um einen schönen Swimmingpool herum in einer gepflegten Gartenanlage angelegt. Luxuriös eingerichtete Zimmer, einige mit alten Möbeln, andere in Art-Déco, teilweise mit privater Terrasse und Balkon. Es gibt Restaurants, Läden, Tennisplatz, Film- und Konzertvorführungen, angeboten werden Jeep-, Kamel- und Pferdeausritte, Wüstensafaris.

⊨ Luni

Fort Chanwa (****), Heritage Hotel, Luni, Distr. Jodhpur 342001, Tel. +91/291/ 5132244, +91/2931/284216, www.fort chanwa.com; 45 Zimmer. Im Wüstenfort aus dem 18. Jahrhundert befinden sich Zimmer sehr unterschiedlicher Qualität. Einige Treppen führen vom Hof aus zu kleinen Zimmern und zum Pool. Man kann Jeep- und Kamelsafaris buchen. Das Fort Chawa eignet sich ideal als Ausgangspunkt für Touren in die dörfliche Umgebung.

Ranakpur

Ungefähr 50 Kilometer von Kumbhalgarh entfernt kommt man nach Ranakpur, einem Ort in einem noch immer dicht bewaldeten Flusstal im Aravalli-Tal. Hier befinden sich die drei weißen **Jaina-Tempel** von Ranakpur – der Adinath-, Parshvanath- und Neminath-Tempel. Doch liegen sie nicht so eng beieinander, wie es bei den Dilwara-Tempeln der Fall ist. Hier kann man noch die Fotos schießen, die man auf dem Mount Abu nicht mehr machen darf. Es fällt schwer zu glauben, dass die Tempel aus den Jahren 1439 bis 1460 stammen, so gut erhalten sind sie. Die Bauwerke aus kostbarem weißen Marmor gehen auf die Stiftung eines reichen Kaufmanns und Ministers am Hofe von Rana Kumbha zurück.

Fünf Minuten entfernt von den Tempeln liegt **Maharani Bagh**, der ehemalige Sommergarten des Herrschers von Jodhpur, der mittlerweile in ein Hotel umgewandelt wurde.

Säulenhalle im Adinath-Tempel

Adinath-Tempel

Wenn man sich dem Adinath-Tempel nähert und die breite Treppe hinaufsteigen will, muss man – wie bei Jain-Tempeln üblich – unten die Schuhe zurücklassen. Touristen stellen sie auf der rechten Seite und Inder auf der linken Seite ab. Auch schwarze Kleidung und Shorts sind nicht erwünscht. Die Türschwellen zeigen Dämonenmasken (*kirthimukhas*), die böse Geister abwehren sollen.

Eingefasst ist das ganze Bauwerk von etwa 80 Türmchen, auf denen sich Fahnen und Glöckchen im Winde bewegen. Früher konnte man die Innentreppe hinaufsteigen, bis man ganz oben zwischen Kuppeln, Türmchen, über- und nebeneinander gebauten Terrassen und Schreinen auf den Dächern stand. Heute ist der Aufstieg nicht mehr gestattet.

Der dem ersten Furtbereiter Adinath geweihte Tempel wird auch Chaumukh-Tempel (Tempel der vier Gesichter) genannt, denn die Kultfigur (Adinath) hat vier Gesichter (*chaumukh*). Er wurde im Jahr 1439 auf einer erhöhten Plattform erbaut. Die Marmorfigur des Adinath befindet sich im Sanktum (*garbhagriha*) und darf nicht fotografiert werden. Dieses heilige Zentrum ist umgeben von Tanzpavillons und Versammlungshallen. Gleich hinter den vier Eingängen zum Tempel kommt man in den **äußeren Umgang** mit über drei Stockwerke hohen Kuppelräumen. Es sind insgesamt 20 Kuppeln und fünf Turmspitzen, die den gewaltigen Tempel mit seinen 29 größeren Hallen überragen. Sie werden von 1444 kunstvoll verzierten Säulen getragen, die stark reflektieren, weil durch die Fenster immer wieder das Licht fällt.

Karte S. 229

An den vier Seiten der Tempelhalle steht je ein **Eckschrein**. Von hier führt jeweils ein Gang durch mehrere Säulenhallen direkt zum Sanktum.

An allen vier Seiten des Tempelumgangs befindet sich jeweils ein Säulengang mit zahlreichen **Nebenschreinen** – es sollen nach verschiedenen Quellen insgesamt zwischen 66 und 86 sein. In diesen fensterlosen Zellen sitzen auf einem kleinen Podest die Figuren untergeordneter Götter. Von den Besuchern sind diese Bildnisse in den dunklen Kammern nicht sogleich zu entdecken, zudem sehen sie für das ungeübte Auge alle gleich aus. Beachtenswert ist die Darstellung der Göttin Kali mit einem Regenschirm aus Kobras.

Im Gegensatz zu den Dilwara-Tempeln besteht dieser Tempel gänzlich aus milchig-weißem Marmor. Doch obwohl er überall aus dem gleichen Material erbaut wurde, leuchtet er aufgrund der unterschiedlichen Intensität des Lichtes verschieden. Die marmornen Pfeiler sind nicht aus einem Stück gearbeitet, sondern bestehen aus einzelnen Trommeln, die aufeinander montiert wurden und sich nach oben verjüngen. Keine gleicht einer anderen. Es gibt auch eine schiefe Säule, die keine Fehlkonstruktion ist, sondern speziell so eingebaut wurde, um die Besucher darauf hinzuweisen, dass nichts perfekt ist, was von Menschen geschaffen wurde.

Besonders sehenswert ist die **Kuppeldecke der Haupthalle**, die wie in den Dilwara-Tempeln in Mount Abu 16 Göttinnen der Weisheit zeigt. Sehr schön anzusehen sind die Reliefs mit Symbolen der Jain-Religion, die sich auf den flachen Steintafeln befinden.

Parshvanath- und Neminath-Tempel

Auf dem gleichen Gelände befinden sich noch weitere Tempel, von denen besonders der südlich des Adinath-Tempels gelegene **Parshvanath-Tempel** erwähnenswert ist.

Indische Reisebüros preisen die erotischen Skulpturen an der Fassade, wenn sie Ranakpur als das ›rajasthanische Khajuraho‹ verkaufen wollen.

Im Sanktum steht eine schwarze Steinstatue des 23. Tirthankara Parshvanath, der im 8. Jahrhundert lebte und unter einer großen Schlangenhaube steht. Er wird von je zwei Fruchtbarkeits- und Schlangengeistern (Yakshas und Nagas) flankiert. Die Schlange gilt als Symbol der ewigen Lebensenergie. Die Schmuckplatte mit Parshvanath an der Wand (91 Zentimeter Durchmesser) wurde erst nachträglich angebracht.

Der einfachere **Neminath-Tempel** wird von Touristen nur selten aufgesucht. Er ist dem 22. Furtbereiter Neminath geweiht und ähnelt in der Bauweise den beiden anderen.

 Ranakpur
Vorwahl: +91/2934.

Tempel; offiziell tägl. 12–17 Uhr, Eintritt 40 Rs, Kamera 50 Rs, Video 150 Rs.

Fateh Bagh Palace (****), Distr. Pali, Ranakpur Road, Tel. +91/2934/286186, www.hrhindia.com; 18 Zimmer, 4 Suiten.

Heritage-Hotel. Steine eines 200 Jahre alten Forts wurden hierher transportiert, um 4 km südlich den Tempel im Original wieder aufzubauen.

Maharani Bagh Orchard Retreat (***), Ranakpur Road, Sadri-306702, Tel. +91/2934/285105 oder +91/291/2572321, www.jodhanaheritage.com; 18 Zimmer. Die 4 km von den Tempeln entfernte Anlage liegt inmitten von Mangoplantagen und wurde von den Fürsten von Jodhpur

Städte in der Wüste

im späten 19. Jahrhundert erbaut. Das Heritage Resort verfügt über Bungalowzimmer im traditionellen Stil mit Veranden. Es gibt einen Pool, das Abendessen wird im mit Fackeln beleuchteten Freiluft-Restaurant serviert. Jeep- und Reittouren werden angeboten.

Ranakpur Hill Resort (****), Ranakpur Road, Sayfri-306702, Tel. +91/2934/ 286411, www.ranakpurhillresort.com; 15 Zimmer. Das großzügig angelegte Hotel im Rajasthan-Stil liegt 3 km südlich der Tempel und hat einen Swimmingpool und ein Restaurant.

Shivika Lake Hotel (**–***), Ranakpur Road, 2 km südlich der Tempel, Tel. +91/2934/ 285078; 11 Zimmer. Eine der wenigen preiswerten Unterkünfte in Ranakpur, für den Preis etwas schlicht; angeboten werden Trekkingtouren und Jeepsafaris.

Außerhalb

Fort Rawla Narlai (****–*****), Rawla Narlai, nahe Desuri, Distr. Pali-206704, Tel. +91/2934/260443, +91/2934/282425, www.rawlanarlai.com; 20 Zimmer. Von den Zimmern in der ehemals königlichen Jagdhütte hat man einen schönen Blick auf die umliegenden Hügel der Aravalli-Berge.

Ghanerao

In Ghanerao, 18 Kilometer von Ranakpur entfernt, befindet sich ein **Palast**, in dem Meera Bai (Dichterin und Krishna-Verehrerin, 1498–1546) ihre Kindheit verbrachte. Hinter den roten Sandsteinmauern des 1606 erbauten Schlosses der Mertia-Rajputen steht ein Tempel zu Ehren Krishnas. Der Palast mit Kuppeldächern und Balkonen strahlt mittelalterlichen Charme aus.

Das Schloss ist teilweise in ein Hotel umgewandelt worden, der andere Teil wird von der heutigen Generation der Königsfamilie bewohnt. Es eignet sich hervorragend als Ausgangspunkt für eine längere Pferdesafari durch die Region. Verschiedene Seen umgeben das Dorf von Ghanerao.

Deogarh

Auf der Strecke zwischen Kumbhalgarh und Ajmer liegt der kleine Ort Deogarh (auch Devgarh) mit etwa 16 000 Einwohnern. Die Stadt ist umgeben von Bergen des Aravalli-Gebirges und von zahlreichen Seen.

Deogarh wird von Touristen zwar selten besucht, ist aber eines der bedeutendsten Zentren der Malerei in Rajasthan. Hier waren Ende des 18. bis Anfang des 19. Jahrhunderts die beiden Maler Bagta und Chokha tätig.

Als Zwischenstation lohnt eine Übernachtung im opulenten **Deogarh Fort** von 1617, in dem noch immer die Rajputen-Familie wohnt. Durch die Lage des Ortes auf 700 Meter Höhe herrscht ein angenehmes Klima.

🛏 Ghanerao

Ghanerao Royal Castle (***), Heritage Hotel, Ghanerao, Pali-306704, Tel. +91/ 2934/284035, www.ghanerao.com; 16 Zimmer, 4 Suiten. Luftige Pavillons mit Blick auf den zentralen Innenhof.

Ghanerao Jungle Lodge (***), nahe dem Muchala-Mahavir-Tempel, Ghanerao, Distr. Pali-306704, Tel. +91/2934/284764, www.ghanerao.com. Restaurant, Konferenzräume, Jeepsafaris, Fahrradtouren.

🛏 Deogarh

Deogarh Mahal (****–*****), Tel. +81/2904/ 252777, www.deogarhmahal.com; 22 Zimmer, 28 Suiten. Die Suiten sind mit Möbeln im traditionellen Stil ausgestattet, die besten haben Balkone und private Jacuzzis (Whirlpools). Mit mehreren Restaurants, Bar, und Pool. Es können Jeepsafaris, Zugfahrten, Fahrrad- oder Motorradtouren und Vogelbeobachtungsausflüge in die ländliche Umgebung gebucht werden.

Karte S. 229

Fort Kumbhalgarh

Der Reisende sieht in Rajasthan zahlreiche Festungen, die sich teilweise ähneln und in der Erinnerung nicht mehr eindeutig unterscheidbar sind. Doch das Kumbhalgarh-Fort mit der mächtigen Steinmauer wird sich dem Besucher einprägen, auch wenn es in seinem Inneren nicht viel zu bieten hat. Es wurde von 1443 bis 1458 erbaut und liegt strategisch günstig auf einem Hügel der Aravalli-Vorgebirge an der Grenze zwischen den Rajputen-Fürstentümern Udaipur (Mewar) und Jodhpur (Marwar). Deshalb wurde es auch als ›Auge von Mewar‹ bezeichnet. Der Erbauer der zweitgrößten Festung Rajasthans, der Herrscher Rana Kumbha (regierte 1433–1468), war einer der berühmtesten Herrscher und erbaute insgesamt 32 Forts. Davon gilt Kumbhalgarh als die gewaltigste Festung mit ihren massiven Mauern, rund vorspringenden Bastionen, hohen Wachttürme und Geheimgängen. Selbst Akbar, der einzige Eroberer, scheiterte lange am imposanten zweiten Tor, bis es ihm gelang, die Wasserversorgung zu unterbrechen und das Trinkwasser zu vergiften.

Die Legende berichtet, dass das Kindermädchen Panna Dhai einst den jungen Rana Udai Singh II. (1522–1572, regierte 1568–1572) hier in Sicherheit brachte; demnach ist Kumbhalgarh der Geburtsort des Sohnes von Rana Pratap (1540–1587, regierte 1572–1597). Auf dem hohen Plateau sollen innerhalb der Fort-Mauern früher 252 Paläste gestanden haben. Neben dem eigentlichen Fort befinden sich hier noch 365 Tempel und Schreine sowie ein Dorf mit etwa 30 000 Menschen. Bis auf die eindrucksvollen Bastionen ist allerdings von dieser einst größten Festungsanlage Rajasthans wenig geblieben, es sind nur einige wenige Wand- und Fliesenmalereien zu sehen. Die Festung wurde aber Ende des 20. Jahrhunderts gründlich restauriert, sodass es durchaus lohnt, die vielen steilen Stufen bis hinauf zur höchsten Erhebung mit dem dort thronenden Badal Mahal zu steigen.

Städte in der Wüste

Die Mauern des Forts

■ Zugangstore

Der Zufahrtsweg windet sich sieben Kilometer auf der alten Route durch bewaldete Hügel. Man muss sieben mit eisernen Spitzen versehene, mehrere Kilometer auseinander liegende Tore durchschreiten. Zunächst gelangt man zum **Arait Pol**, dem ersten von sechs befestigten Toren. Der Name des zweiten Tores, **Hulla Pol** (Tor der Störung), geht auf einen gescheiterten Angriff der Mogultruppen unter Akbar 1567 zurück, an dem man noch die Folgen der eingeschlagenen Kanonenkugeln sehen kann. Am dritten Tor, dem **Hanuman Pol**, wurde dem Affengott Hanuman ein kleiner Schrein errichtet. Am **Bhairava Pol** ist eine Steinplatte angebracht, auf der ein Befehl über die Verbannung eines Ersten Ministers aus dem 19. Jahrhundert eingeritzt ist. Am **Paghra Pol** (Steigbügeltor), dem fünften Tor, versammelte sich die Kavallerie von Mewar (Udaipur).

Das acht Meter dicke **Topkhana Pol** (Kanonentor), das sechste Tor, soll angeblich einen geheimen Fluchtweg durch einen Tunnel gehabt haben. Es geht

Tor zum Fort Kumbhalgarh

nun die steile Rampe weiter hinauf, bis man das **Nimbu Pol** (Tor der Zitronenbäume) erreicht, das innerste Tor. In der Nähe befindet sich der **Chamunda-Devi-Schrein** des Clanchefs der ursprünglich hier ansässigen Mer, der sich einer Legende nach als Opfergabe den Kopf hat abschlagen lassen.

■ Palast und Tempel

Oberhalb der 36 Kilometer langen schwarzen Steinmauer steht auf der Spitze des Berges der Palast **Badal Mahal** (Wolkenpalast), der seinen Namen zu Recht trägt. Er wurde erst im 19. Jahrhundert von Fateh Singh (1884–1930) erbaut. Gerade weil die Räume fast völlig leer sind, fallen die wenigen in Pastellfarben gehaltenen Wandbilder aus dem 19. Jahrhundert ins Auge. Ein Tor trennt den Mardana (Männerpalast) vom Zenana (Frauenpalast). Einige der Frauenzimmer zeigen gemalte Elefanten, Kamele und Krokodile. Im Palast der Maharani sieht man an der Decke der Durbar-Halle einige florale Motive. In einer Ecke des Hofes vom Frauentrakt befindet sich ein **Ganesh-Tempel**. Interessant und gefährlich zugleich sind die runden Öffnungen in den Marmorfußböden, durch die man auf die unteren Etagen blicken kann. Sie gehören zum Röhrensystem der Toiletten, durch das bei Betätigung der Spülung kühle Luft durch die Räume zieht.

Großartig ist ohne jeden Zweifel der weite Rundblick von der Festungsanlage auf die fantastische, wild zerklüftete Landschaft, der einen grandiosen Gesamteindruck vermittelt und der den Aufstieg erst lohnenswert macht.

Am Fuße des Palastes nahe dem letzten Eingangstor liegen noch einige weitere Sehenswürdigkeiten, nämlich mehrere **Jain- und Hindutempel** sowie **Grabanlagen**. Da gibt es beispielsweise ein drei-

Der Neelkanth-Tempel

geschossiges dreigeschossiges, nach allen Seiten hin offenes Gebäude mit Säulen (Vedi-Gebäude), wo 1458 angeblich ein Ritual zur Fort-Einweihung stattfand. Zudem kann man noch den **Kumbhasvami-Tempel**, den **Mahadeva-Tempel** und den **Neelkanth-Tempel** besichtigen, der

wegen seiner schlanken Säulen an einen griechischen Tempel erinnert. Schließlich befindet sich hier noch das **Chattri des Rana Kumbha**, der von seinem Sohn Rana Udai Singh I. getötet wurde. Dieser ging als Hathiaro (Mörder) in die Geschichte ein.

 Kumbhalgarh Fort

Vorwahl: +91/2954.

Festung; tägl. 8–18 Uhr, Eintritt 100 Rs.

Club Mahindra Kumbhalgarh (****–*****), Maharana Pratap Marg, Club Mahindra, Khelwara-313325, Tel. +91/2954/242058, +91/2954/242057, +91/2954/242625, www.clubmahindra.com; 24 Zimmer. Man folgt 5 km der Kelwara Road. Herrlicher Blick in die Hügellandschaft von der Gartenterrasse und vom Pool, Zimmer mit kleinem Balkon.
Aodhi (****), Khelwara, Distr. Rajsamand-313325, Tel. +91/2954/242341, www.hrhhotels.com; 26 Zimmer. Atmo-

sphärisch ansprechendes Hotel der Heritage-Kette, in ruhiger Lage am Waldrand an der Zufahrt zum Fort (drei Kilometer zum Fort). Elegante Zimmer, alle mit eigener Terrasse. Mit schönem Pool, Restaurant und Bar.
Kumbhal Castle (****), Kumbhalgarh, Khelwara-313325, Fort Road, Tel. +91/2954/292041, +91/2954/242171, http://thekumbhalcastle.com; 22 Zimmer. Modernes Hotel mit einfachen Zimmern, 2 km unterhalb des Forts. Mit Pool und Restaurant. Jeep- und Kamelsafaris werden angeboten.
New Ratan Deep (**–***), Village Khelwara, Kumbhalgarh, Khelwara-313325, Tel. +91/2954/242217, www.hotelnewratandeep.com; 14 Zimmer. Einfache Zimmer, etwa 8 km von Kumbhalgarh.

Städte in der Wüste

Mount Abu

Nach den Erlebnissen der Wüste Thar, wo Trockenheit das Landschaftsbild bis in die anschließenden Regionen im Süden bestimmt, wirkt Mount Abu an der Westseite eines hügeligen Hochplateaus mit den nahegelegenen Dilwara-Tempeln inmitten von bewaldeten Hügeln und Eukalyptuswäldern in 1200 Metern Höhe einfach traumhaft. Nach einer Legende erhielt der Ort seinen Namen von Arbuda, einer Schlange, die hierher hinaufkroch, um Nandi, Shivas Bullen, zu retten.

Die Aravallis gehören zu den ältesten Gebirgen der Erde; besonders im Abu-Massiv türmen sich Granitfelsen zu bizarren Gebilden auf. Dieses ist mit 1720 Metern die höchste Erhebung der Aravalli-Berge und trennt Rajasthan von Gujarat. Von hier wenden sich die Aravallis nach Nordosten, bilden bis zur Stadt Ajmer die Wasserscheide und setzen sich fast bis nach Delhi fort, wobei sie kontinuierlich an Höhe verlieren. Sie teilen Rajasthan in zwei konträre Großlandschaften – im Osten erstrecken sich waldige Hügel und ein Plateau fruchtbarer Böden bis zum Chambal-Fluss, die westliche Steppe geht in die Salz- und Sandwüste Thar über. Da der Mount Abu der höchste Punkt

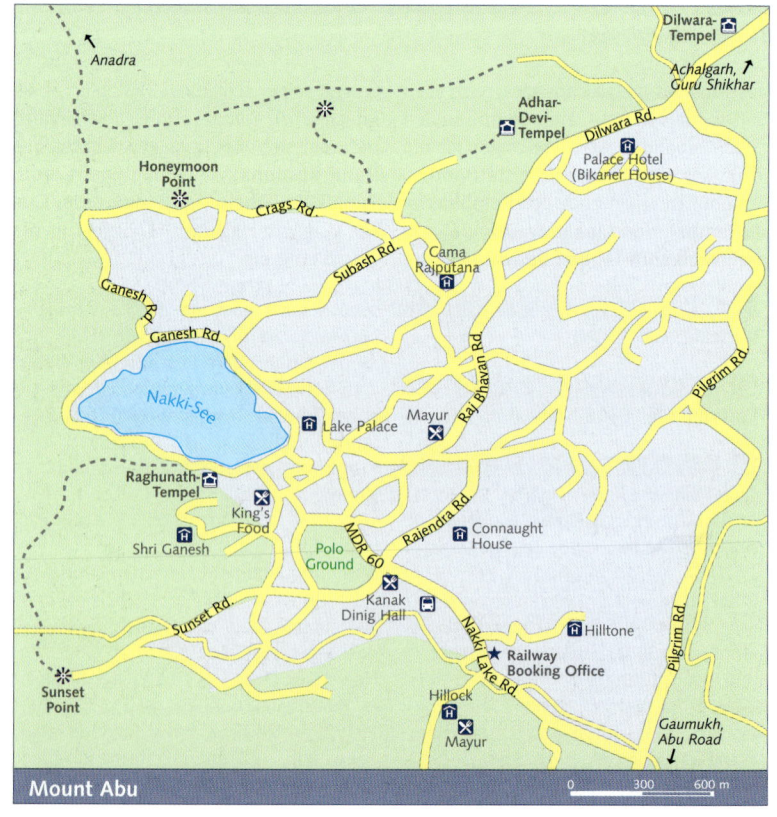

Mount Abu

der Aravalli-Gebirgskette ist, gleichsam eine grüne Oase mitten in der Wüstenlandschaft, war die Gegend möglicherweise schon vor mehr als 2500 Jahren eine Zuflucht für Hindu-Heilige, die hier in Weltabgeschiedenheit ihr Heil durch Meditation suchten. Einige der Höhlen dieser Einsiedler sind bis zum heutigen Tag bewohnt. Megasthenes (350–290 vor Christus), der sich 302 vor Christus als griechischer Gesandter am Hof von Chandragupta (321–300 vor Christus) aufhielt, erwähnt Abu als ›mons capitalia‹, als Berg, an dem Hinrichtungen vollstreckt wurden.

Die Parmar beherrschten zwischen 700 und 1300 ein großes Gebiet, das sich hauptsächlich im heutigen Gujarat befindet. 734 wurden sie von den Guhilots aus Chittaurgarh vertrieben, doch blieben ihnen einige Städte, darunter Abu und Chandravati. Die Ruinen von **Chandravati**, das im 12. Jahrhundert von den Muslimen zerstört wurde, liegen sieben Kilometer südwestlich von Abu Road. Hierher war im frühen 11. Jahrhundert Vimala Shah von Raja Bhim Deva (regierte 1022–1064) gesandt worden, um dort gegen Aufständische zu kämpfen. Nach der Schlacht wollte er Buße tun, und so ließ er in Dilwara auf dem heiligen Berg Abu einen Jain-Tempel errichten. Jetzt kamen Pilger, um das Wunderwerk zu sehen. Mit der

Blick auf Abu und den Nakki-See

Städte in der Wüste

Zeit verdrängte der Jainismus mehr und mehr die Anhänger Shivas vom Berg Abu. Nach der Niederbrennung von Ranthambhore war eine Linie der Chauhan-Rajputen in die westliche Wüste Thar geflohen und hatte die alten Paramar-Städte Kiradu (35 Kilometer von Barmer) und Jalore im ›Mondland‹ (Chandravati) erobert. Im 15. Jahrhundert ließen sich die Deora-Chauhan im Fürstentum Sirohi in der Nähe des Abu-Massivs nieder. So war das ruhmreiche Geschlecht der Chauhan nach langen Irrfahrten an seinen Ursprung, den heiligen Berg Abu, zurückgekehrt.

Doch außer Pilgern interessierte sich zunächst niemand für den heiligen Berg. 1822 entdeckte Colonel James Tod (1782–1835), der Autor des Buches ›Annals and Antiquities of Rajasthan‹, als erster Europäer den Berg Abu. 1854 wurde die erste Kirche in Mount Abu gebaut, und bereits 1856 verlegten die Briten das Hauptquartier ihrer vier Agencies (Verwaltungseinheiten in der Kolonialzeit) von Ajmer an diesen erholsamen Ort. Im Oktober 1917 überließ der Maharao Keshri Singh von Sirohi den gesamten Berg Abu den Engländern. Am 19. Juli 1947 gaben die Engländer den Mount Abu an Sirohi zurück. Zwei Jahre später trat Sirohi als vorletzter Distrikt Rajasthans dem Bundesstaat Indien bei.

Der Ort Abu

Der Ort Abu liegt in einem Hochtal um den **Nakki-See**, den der Sage nach die Götter mit ihren Fingernägeln (*nakh*) gruben. An der Anlegestelle werden kleine überdachte Boote vermietet. Der Uhrturm am Ufer gehört zum **Ragunath-Tempel**.

Die britischen Sommerfrischler sind verschwunden, stattdessen macht die indische Mittelschicht aus Ahmedabad oder Mumbai (Bombay) zwischen April und Juni hier Urlaub. Die großen Villen wurden zu Schulungs- und Erholungsheimen oder Sanatorien umgewandelt. Mount Abu ist auch ein beliebtestes Ziel für Hochzeitsreisen.

Beim Ragunath-Tempel liegt ein kleiner Teich, der **Ram Kund**, an dessen Ufer ein Pfad vorbei führt, der in die Straße zum Sunset Point mündet. Hierher ziehen die jungverheirateten Paare, um den Sonnenuntergang zu genießen. Vom Sunset Point führt ein steiler Weg nach **Devangan** hinunter, wo an der Stelle der antiken Stadt Lakhawati ein **Vishnu-Schrein** steht.

Über einen Pfad vom Dorf Anadra gelangt man über einen Treppenaufgang zum **Honeymoon Point** (Anadra Point oder Ganesh Point) im Nordwesten des Nakki-Sees. **Anadra** (auch Anadhra) erreicht man vom Nakki-See über die Ganesh Road.

Gaumukh

Eine Wanderung führt vom Marktplatz von Abu Road sieben Kilometer südlich zum Teich Gaumukh (auch Gomuk-Teich). Zunächst gelangt man zum **Hanuman Ashram**. Von dort führt eine Treppe zu einer Quelle, deren Wasser aus einem marmornen Kuhkopf (*gaumukh*) in ein großes Becken fließt. Insgesamt muss man 750 Stufen steigen, zunächst nach unten, dann wieder aufwärts, um ans Ziel zu gelangen.

In der Nähe stehen der **Gaumukh-Tempel** und die **Einsiedelei des Vashishta**. Dieser Heilige spielt eine bedeutsame Rolle in der Legende von der Herkunft der Rajputen. Danach soll Vishnus Inkarnation Parashurama alle Angehörigen der Krieger- und Adelskaste (*kshatriyas*) vernichtet haben. Schändliche Taten der niederen Kasten waren die Folge. Als die Brahmanen keinen Ausweg mehr sahen, zogen sie auf den Berg Abu und

◄ Karte S. 274

Einer der Dilwara-Tempel

an einem verfallenen Torbogen ein alter Treppenaufgang, der zu einigen Aussichtspunkten über der Stadt führt. Die Treppe endet auf halbem Weg zum **Shanti Shikhar**, dem vielleicht schönsten Berggipfel des Abu-Massivs. Auf der Nordseite fällt dieser etwa 1000 Meter steil in die Ebene ab. Bei den Klippen westlich des Gipfels kann man noch auf einem schmalen Pfad am Abgrund entlang wandern.

Dilwara-Tempel

Wenn sich morgens die Nebelschleier über den Palmenwäldern des Berges Abu heben, wird der Blick frei auf die weißen Kuppeln der Jaina-Pilgerstadt Dilwara. Dem Besucher bietet sich ein Bild der Ruhe, des Friedens und der Harmonie – der etwa sechs Kilometer außerhalb des Ortes liegende Dilwara-Tempelkomplex mit den weißen Kuppeln zählt zu den schönsten ganz Indiens. Man sollte also schon etwas Zeit mitbringen, wenn man diese von einer Mauer umschlossen fünf Tempel besichtigen möchte, für die seit 1992 allesamt ein Fotoverbot besteht.

■ Vimala-Vasahi-Tempel

Im Jahre 1045 (nach anderen Berichten 1031) wurde der erste Jain-Tempel auf dem Berg Abu, der Vimala Vasahi (Adinath-Tempel), fertiggestellt. Der dem Furtbereiter Adinath geweihte Tempel wurde von Vimala Shah gestiftet, einem reichen Kaufmann aus Gujarat und Minister unter König Bhima Deva I. von Gujarat. Rund 1500 Künstler und 1200 Bauarbeiter sollen den Berichten zufolge fast 14 Jahre lang an diesem Tempel gearbeitet haben, der dann im Jahre 1311 von dem Fanatiker Ala ud-Din Khalji aus Delhi zerstört, danach aber wieder restauriert wurde. Die Außenwände des Tempels sind sehr schlicht gehalten, doch sobald man durch den verzierten Eingang

entzündeten dort ein Feuer, das der Verehrung des Gottes Agni galt. Diesem Agni Kund (›Aus Feuer geboren‹) des Brahmanen Vashishta entsprangen die vier Rajputen-Clans Pratihara, Chauhan, Parmar und Solanki. Die feuergeborenen Rajputen aber retteten die Menschheit, indem sie das Recht wiederherstellten. Diese Legende, die möglicherweise erstmals im 12. Jahrhundert von Chand Bardai (1149–ca. 1200) am Hof des Raja Prithviraj Chauhan erzählt wurde, galt im 18. Jahrhundert als unumstößliche Wahrheit. Möglich ist, dass einige Brahmanen, die ihre Macht gefährdet sahen, derartige Feueropfer für die Nachfahren der im 6. Jahrhundert in Indien eingefallenen Hunnen veranstalteten. Das Opfer rechtfertigte in den Augen des Volkes den fingierten Anspruch der Hunnen auf die Würde der ›Königssöhne‹ (Rajputen). Als Gegenleistung gewährten die Hunnen den Brahmanen Schutz oder spendeten hohe Geldsummen. Der Gaumukh-Tempel birgt die Bildnisse von Rama und Krishna.

In der Nähe des Platzes liegt der **Nag Tirath**, das Baden in diesem Teich soll Frauen reichen Kindersegen bescheren. Gegenüber dem Limbdi-Haus beginnt

Kunstvoll geschnitzte Säulen im Vimala-Vasahi-Tempel

Karte S. 274

tritt, zeigt sich die ganze Pracht des aus honigfarbenem Marmor bestehenden Skulpturenschmucks.

Der 33 Meter lange und 14 Meter breite Bau besteht aus dem **Sanktuarium** (zentrales Heiligtum), einem geschlossenen **Vorraum** (Versammlungshalle), einer vorgelagerten schmalen **Säulenhalle**, deren Säulen alle auf einer gemeinsamen Plattform ruhen, und der **Halle für rituelle Tänze** (Tanzpavillon) zwischen Eingang und Cella, die von einer freitragenden Kuppel überdacht wird.

Rings um das zentrale Heiligtum zieht sich eine etwas erhöht verlaufende Galerie mit doppelter Säulenstellung mit in die Wand eingelassenen, nummerierten 57 **Nebenschreinen** (*devakulikas*). In ihnen ist jeweils eine Tirthankara-Figur enthalten, die Buddha ähnlich sieht, also mit gekreuzten Beinen. Außerdem gibt es sieben Extranischen, eine von ihnen enthält die große schwarze Skulptur des Adinath, eine andere die Statue von Ambika, der Hausgöttin des Tempelstifters. Als besonders weiblich mit

üppigen Körperformen wird die Göttin Chakrasuri dargestellt, deren sechs Arme Symbole der Jain-Vorstellungen tragen: Der Bogen steht für das Ego und die Pfeile für die Sinne, die den Menschen an die materielle Welt binden. Der Diskus symbolisiert den Geist, das Zepter die Macht des Wissens, der Donnerkeil stellt die spirituelle Kraft dar, und mit der Schlinge fängt die Göttin den ruhelosen Geist ein.

In der Zelle 1 sieht man Tänzer und Musikanten, Zelle 8 zeigt einen religiösen Lehrer (Acharya), Zelle 9 hält die wichtigsten Ereignisse im Leben eines Furtbereiters fest (Geburt, Verzicht, Erkenntnis, Erlösung). Über Zelle 10 wird Neminath mit seinem Vetter Krishna, die Hochzeit (auf der Neminath der Welt entsagte) und Neminath mit den Gopis dargestellt. In der südöstlichen Ecke, zwischen den Zellen 22 und 23, befindet sich das schwarze Bildnis von Adinath, das angeblich von Vimal Shah hier im Jahr 1031 aufgestellt wurde. In Zelle 32 ist Kaliya Nag (halb Mensch, halb Schlange) zu sehen, Zelle 38 zeigt die 16-armige Göttin Vidhyadevi, die Göttin des Wissens, über den Zellen 42 und 43 sieht man Lakshmi, die Göttin des Reichtums. Um die Lotusblüte bei Zelle 44 reihen sich die Göttinnen Sarasvati, Lakshmi und Kali mit ihren Reittieren, bei Zelle 49 tötet der Löwe Narashima den Dämonenkönig (Asura) Hiranya Kashipu.

Innerhalb des Tempels bildet die einzigartige **Tanzhalle** (*range mandapa*), 1147 bis 1149 entstanden, einen besonderen Höhepunkt. Überwältigend erscheinen der Säulenwald, die herrlichen Lotospendentifs (Eckzwickel) der Kuppeln, Blüten-, Baum- und Rankenmotive, Elefantenrüsselbogen, tiefgründige Symbole und die schier unüberschaubare Fülle von Figuren. Die Himmelswesen entstammen meistens der hinduistischen Götterwelt, die Göttinnen der Weisheit (Vidhyadevis) sind hingegen jainistischen Ursprungs. Liebespaare, Tänzerinnen, Nymphen, Musikanten, Fruchtbarkeitsgenien (Yakshas und Yakshinis), Tiere und Fabelwesen werden in zahlreichen Variationen dargestellt.

Wie ein Strahlenkranz wölbt sich das Dach, das von den 16 Göttinnen der Weisheit und Mädchen (*nayikas*) getragen wird, erotischen Nymphen. So wird eine Nayika gezeigt, die dem Bad entsteigt, und ein Schwan zu ihren Füßen trinkt die Wassertropfen, die aus ihrem langen Haar heruntertropfen.

Vom Ranga Mandapa aus erreicht man nach Westen das **Naychoki**, eine quergelegte Eingangshalle (Mukha Mandapa) mit acht Säulen, deren Mittelteil ebenfalls durch eine kleine Kuppel erhöht wurde. Hier steht eine silberne Pagode, die genau wie das steinerne Beispiel im Elefantenpavillon das Thema Samavasarana symbolisiert, die himmlische Predigthalle des Tirthankara nach seiner Erleuchtung. Dem Sanktuarium vorgelagert ist eine

Skulptur der Göttin Chakrasuri im Vimala-Vasahi-Tempel

Zwischenhalle (Versammlungshalle, Gudha Mandapa), die eine kleine silberne Pagode beherbergt. Besucher können von hier aus durch das Gudha Mandapa hindurch auf das **Allerheiligste** und die helle, 1582 geschaffene Statue des meditierenden Adinath, den die Jains als ersten ihrer Tirthankara verehren, schauen. Den Eingang zum Heiligtum, zu dem der Zutritt für Nichtgläubige untersagt ist, bewachen zwei Figuren von Parshvanath, dem Propheten der Jains. In der Vorhalle steht das **Elefantenhaus**, vor dessen Tür ein Reiterstandbild des Stifters Vimala Shah zu sehen ist. Innen sind zehn marmornen Elefanten aufgestellt. Einst trug jeder von ihnen als Reiter Statuen Vimalas und seiner Familie, die Statuen fielen aber den Tempelzerstörungen der Mogulzeit (1311) zum Opfer.

■ **Luna-Vasahi-Tempel**

Gegenüber dem Vimala-Vasahi-Tempel steht der etwas jüngere und erhöht gelegene Luna-Vasahi-Tempel (auch Teipal-Tempel oder Neminatha-Tempel), der dem 22. Tirthankara, dem Neminath, geweiht ist. Er entstand im Jahre 1232, wurde von dem Minister Teipal für seine Gattin und seinen Sohn errichtet und nach der Zerstörung durch die Moslems 1311 neu aufgebaut. Der Marmor wirkt wie Elfenbeinschnitzerei. Das harte Material erscheint in den Blütenblättern fast durchsichtig, aber auch kalt. Der US-amerikanische Schriftsteller Louis Bromfield (1896–1956) vergleicht in seinem Indienroman ›Der große Regen‹ die Ornamentik mit Musik, ›wie ein Bach-Thema mit Variationen, seltsam rein, doch verwickelt und kompliziert‹. Die Besonderheit dieses Tempels ist, dass die gesamte Ostwand zwischen den Säulen mit einer Sichtwand aus Steingittern geschlossen ist, wobei jede Füllung in Quadrate mit unterschiedlichen geo-

Städte in der Wüste

metrischen Mustern unterteilt ist. In den Gokhada (Nischen aus Marmorfiligranwerk) stehen neben Jain-Kultbildern auch Bildnisse der Göttin Lakshmi.

Hinter der Wand befindet sich eine durchgehende Halle, die in der Mitte von einer Säulenreihe unterteilt wird. Zwischen jeweils zwei Säulen stehen zehn große Elefanten aus Marmor, und zwar jeweils fünf rechts und fünf links des Eingangs. Sie füllen fast den ganzen Raum zwischen den Säulen aus und sind eigentlich noch schöner als die vor dem Vimala-Vasahi-Tempel.

Im Stil wie der Vimala-Vasahi-Tempel gebaut und ausgeschmückt, zeigt die Innenarchitektur des Luna-Vasahi-Tempels zahlreiche Nischen, Säulen, und Türstürze, die mit Menschen, Tieren, Pflanzen und abstrakten Ornamenten überzogen sind. Die Eingänge des Tempels werden von Ziergiebeln und Pilastern gerahmt, seine Säulen sind wunderbar skulptiert, und an seiner Decke prangen mythologische Figuren – Reiter, Elefanten und Tänzer. Wie im Vimala-Vasahi-Tempel wird die Kuppel über der **Tanzhalle** (Ranga Mandapa) von 16 Göttinnen der Weisheit und wohlgeformten Nayikas getragen. An der südwestlichen Ecke der Tanzhalle sieht man im Deckenbereich die aus 108 Blättern geformte Lotusblüte, wobei auf jedem dieser Blätter eine Körperhaltung des klassischen indischen Tanzes dargestellt ist.

Der **Shikhara** über der Cella (Grabhagriha) ist niedrig, eher ein Dach als ein Turm. Im **Allerheiligsten** selbst, das für Nichtgläubige wie üblich nicht zugänglich ist, sieht man das prächtige Bildnis des Tirthankara Neminath.

Die 52 **Schreine** im rings um den Hof laufenden Säulengang sind Furtbereitern und Göttinnen geweiht. Neben den üblichen Abbildungen von Tänzerinnen, Tieren und Pflanzen (Zellen 2 bis 6) und

Die drei Büffel in Achalgarh

Darstellungen von Furtbereitern (Zellen 14 und 16) ist besonders die Szene über der Zelle 11 interessant, wo man Neminath sieht, als er sich entschließt, Asket zu werden und seine wartende Braut Rajimati, Tochter des Königs von Girnar (Girinagar), sitzen lässt.

■ **Weitere Tempel**

In Dilwara sind zwei weitere Tempel interessant. Der gegenüber dem Vimala-Vasahi-Tempel liegende, unvollendet gebliebene **Pittalhara-Tempel** (auch Adinatha-Tempel oder Risah-Deo-Tempel) von 1439 ist dem Adinath gewidmet und enthält ein viereinhalb Tonnen schweres Bronzebildnis des Tirthankara Rishabha Dev (Adinath). In der Cella befindet sich ein aus fünf Metallen (Gold, Silber, Kupfer, Zink, Messing) hergestelltes Standbild des ersten Tirthankara von 1582. Pital bedeutet Messing, daher rührt der Name des Tempels. Hinsichtlich der Dekoration ist er allerdings nicht mit den beiden anderen Bauten zu vergleichen. Die Nischen stammen aus dem Jahr 1474, einige Zellen aus dem Jahr 1490. Jenseits des Zugangswegs steht der aus den Jahren 1458 bis 1459 stammende **Parshvanatha-Tempel** (auch Chaumukha-Tempel). Er ist dem 23. Tirthankara

Karte S. 274

Parshvanath gewidmet, der 872 vor Christus geboren und angeblich 100 Jahre alt wurde. Der Tempel hat eine große offene Halle mit rund 60 Säulen, ein dreistöckiges Sanktum mit vier großen Mandapas und einer Sikhara über dem Kultraum sowie Wächterfiguren aus grauem Sandstein. In der Cella befindet sich ein schwarzes Standbild von Parshvanatha mit einer mehrköpfigen Kobra über seinem Haupt.

Der fünfte Dilwara-Tempel, der **Mahavir Swami**, wurde 1582 errichtet und ist Mahavira (Mahaveer) gewidmet, dem 24. Tirthankara. Der Tempel ist relativ klein, aber er besitzt mehrere Bilder an der Decke der Säulenhalle, gemalt um das Jahr 1764 von Sirohi-Künstlern.

Achalgarh

Man muss etwa fünf Kilometer von den Dilwara-Tempeln weiter nach Osten wandern, um nach Achalgarh zu kommen. Hier befinden sich am Ortsrand eine **Skulpturengruppe** von drei Wasserbüffeln aus Stein und die aus Marmor gefertigte **Statue des Königs Daravarsha** als Bogenschützen aus dem 13. Jahrhundert. Glaubt man der Legende, war das Becken einmal mit Ghee (indisches Butterfett in flüssiger Form) gefüllt. Drei Dämonen in Gestalt von Büffeln sollen dann aber von den umliegenden Bergen jede Nacht bis zu dem Becken vorgedrungen sein, um sich an dem köstlichen Getränk zu laben. Der Schütze soll alle drei Bullen mit einem Pfeil durchbohrt haben.

Mitten im Dorf befindet sich der **Achaleshwar-Mahadeva-Tempel**, der von den beiden Brüdern Vastupal und Teipal 1234 für Shiva gestiftet wurde. Man muss allerdings über 200 Treppenstufen erklimmen, um an den Tempel zu gelangen, der an einem steilen Berghang liegt. Zum Anziehungspunkt für hinduistische Pilger ist der Tempel vor allem durch den so genannten **Zeh Shivas** im Kultraum geworden, von dem aus eine Öffnung bis in die Unterwelt reichen soll. Die Eremiten, die den Mount Abu aufsuchten, verehrten Shiva als Achaleshvar, den ›Unverrückbaren Gott‹. Als der Berg gerade über dem Abgrund errichtet war, soll er noch recht wacklig gestanden haben. So gab ihm Shiva einen Fußtritt, der den Berg in eine festere Lage rücken sollte. Dabei aber verlor der Gott seinen großen Zeh. Dieser ›Reliquie‹ wurde bereits 813 ein Tempel geweiht, zu dem fortan Pilger kamen.

Im **Tempelhof** vor dem Haupttempel wacht ein im Jahr 1407 aus Messing gearbeiteten Nandi, ein Bulle, Shivas Reittier. Neben dem Haupttempel steht ein **Torbogen**, unter dem sich die Herrscher der Sirohi-Dynastie wiegen ließen, um das Gegengewicht in Silber und Getreide als Spenden an die Bedürftigen zu verteilen.

Rings um das Hauptgebäude reihen sich in dem von einer Mauer umschlossenen Hof weitere kleine Heiligtümer, so etwa am Eingang links ein Ganesh gewidmetes. Gegenüber befindet sich ein Schrein für Surya. Im links neben dem Haupttempel liegenden **Dwarka Mandir**, ist an der rechten Wand eine aus dem Jahre 1237 stammende Inschrift der Tempelstifter Vastupal und Teipal zu sehen. Im Innern ist eine in Hindutempeln seltene Darstellung des Buddha bemerkenswert, der als 9. Inkarnation Vishnus gilt.

Neben dem Haupttempel liegen die **Ruinen des Forts**, das Rana Kumbha, der Mount Abu im Kampf gegen die Chauhan-Rajputen erobert hatte, 1452 erbauen ließ. Es war eines der 32 Forts der Festungskette, die durch ganz Mewar verlief und Rana Kumbhas Reich gegen Invasoren schützen sollte. Von hier aus bietet sich ein imposanter Blick über die sich ringsum ausdehnenden Ebenen.

Städte in der Wüste

■ Guru Shikhar

Vier Kilometer hinter Achalgarh ragt der Guru Shikhar in die Höhe, mit 1730 Meter die höchste Erhebung Rajasthans. Er bietet eine schöne Aussicht über die Hügel, Wasserfälle und Ebenen. Auf dem Gipfel sind Fußabdrücke einiger Hindu-Heiliger, der **Atri-Rishi-Tempel** und ein **Observatorium** zu finden. Etwas abseits liegt auf der rechten Seite der See **Trevor Tal**.

■ Adhar-Devi-Tempel

Von den Dilwara-Tempeln wieder zurück nach Mount Abu gelangt man auf der Dilwara Road. Unterwegs bietet sich ein Abstecher jenseits des Bikaner House (einer zum Palasthotel umgewandelten Sommerresidenz von 1893) zum Adhar-Devi-Tempel an, einem Tempel für Durga, die traditionelle Schutzgöttin von Abu. Über eine Treppenflucht muss man 360 Stufen in eine Felsschlucht hinaufsteigen, um die bunt angemalten Steine und schlichten Götterbilder zu betrachten. Am Fuß des Tempelhügels befindet sich der ehemalige Club von Mount Abu, das zum Hotel umgewandelte **Cama Rajputana**.

 Mount Abu

Vorwahl: +91/2974.
Government Tourist Office, gegenüber dem Busbahnhof, Tel. +91/2974/2435151; Mo–Fr 9.30–13.30 und 14–18 Uhr. Organisiert Stadtrundfahrten (90 Rs). Von Abu Road aus gelangt man per Taxi, Jeep oder Bus nach Mount Abu.

Hauptpost, Raj Bhavan Road; Mo–Sa 9–17 Uhr.

Union Bank of India, Main Market; Mo–Fr 10–15, Sa 10–12.30 Uhr.

Dilwara-Tempel; tägl. 12–18 Uhr, striktes Fotoverbot. Schuhe, Kameras, Mobiltelefone, Ledersachen (Gürtel usw.) und Taschen müssen draußen bleiben.

Die Entfernung nach Jodhpur via Sirohi und Pali beträgt 270 km, nach Udaipur via Pindwara 180 km. Eine Fahrt entlang dieser Strecke ist nur bei Tage zu empfehlen. Von Jaipur via Pali-Ajmer sind es 510 km.

Gute Busverbindungen, Deluxe-Busse u.a. nach Jaipur (12 Std.), Ajmer (10 Std.), Jodhpur (7 Std.), Jaisalmer (11 Std.), Delhi (18 Std.) und Udaipur (5 Std.).

Die **Bahnstation** liegt im Tal in Abu Road (27 km). Von dort gute Verbindungen mit New Delhi (15 Std.), Jaipur (8,5 Std.) und Jodhpur (4 Std.).
Railway Booking Office, über dem Tourist Office, Tel. +91/2974/221205; tägl. 8–20 Uhr. Zugbuchungen unter Tel. +91/2974/222222.

Deutlicher Preisnachlass außerhalb der Saison.
Palace Hotel (Bikaner House, ****–*****), Delwara Road, Mount Abu-307501, Tel. +91/2974/238673, +91/2974/235121, www.palacehotelbikanerhouse.com; 38 Zimmer. Das Palace Hotel wurde 1894 als Sommerresidenz für Maharaja Ganga Singh von Bikaner von Sir Swinton Jacob (1841–1917) entworfen, der auch den Laxmi Niwas Palace in Bikaner und die Prince Albert Hall in Jaipur baute. 1962 wurde der Palast zum Hotel umgebaut. Das Heritage-Hotel bietet viel Flair, Zimmer mit antiken Möbeln und befindet sich inmitten eines parkähnlichen Gartens. Das stilvolle Restaurant serviert hervorragende indische und westliche Küche. Mit Billard und Tennis.

▲ Karte S. 274

Cama Rajputana Club Resort (****), Adhar Devi Road, Mount Abu-307501. Tel. +91/2974/238205, www.camahotelsindia.com; 40 Zimmer, 2 Suiten, 10 Bungalows. Heritage-Hotel. Das luxuriöse Hotel wurde rund um ein 125 Jahre altes Clubhaus aus britischen Zeiten erbaut. Es befindet sich inmitten einer grandiosen Parkanlage und verfügt über Restaurant, Bar, Spielzimmer, Bibliothek, Schwimmbad und Fitnessraum, Tennis- und Squash-Courts. Auch ein Golfplatz befindet sich beim Hotel.

Connaught House (****), Rajendra Road, Distr. Sihori, Mount Abu-307501, Tel. +91/2974/238463, 238560, www.jodhanaheritage.com; 10 Zimmer. Heritage Hotel. Ehemalige Residenz des Chief Minister von Marwar, sehr gemütlich, im englischen Landhausstil. Die Zimmer im Hauptgebäude haben viel koloniales Ambiente, im Neubau besitzen sie eine Terrasse mit schönem Ausblick.

Hilltone (****), nahe der Tankstelle, Mount Abu-307501, Tel. +91/2974/238391, www.hotelhilltone.com; 42 geschmackvoll eingerichtete Zimmer und 4 Cottages.

Lake Palace (***), Nakki Lake Road, Mount Abu-307501, Tel. +91/2974/237254, +91/2974/237154, www.savshantihotels.com; 13 Zimmer. Kleines Hotel mit Blick auf den See und Restaurant.

Shri Ganesh (*), nahe Polo-Feld, Tel. +91/2974/237292, lalit_ganesh@yahoo.co.in.

Schlichtes Gästehaus für den schmalen Geldbeutel, gute Lage südlich des Nakki-Sees.

Chandrawati Palace (*), Ambaji Industrial Area, Abu Road, Tel. +91/2974/226037, www.hotelchandrawatipalace.com. Kleines Guest House nördlich des Nakki-Sees, ordentliche Zimmer mit Balkon und Blick auf die Berge.

Die Restaurants sind vor allem auf den indischen Massentourismus abgestellt, wobei die Qualität nicht immer mit den Preisen in Einklang zu bringen ist.

Kanak Dinig Hall, Abu Road; tägl. 11.30–15, 19–22.30 Uhr. Ein bei Indern beliebtes Thali-Restaurant mit südindischer Küche.

King's Food, nahe dem Nakki Lakes; tägl. 8–22 Uhr. Das geschäftige Restaurant bringt chinesische, Punjab- und südindische Küche auf den Tisch. Gute Lassis, indische Dinner-Currie.

Mayur Restaurant, im 1. Stock des Hotels ›Hillock‹ (Tel. +91/2974/238463). Ausgezeichnete Thalis und chinesische Gerichte.

Antiquitäten aus Marmor, Sandelholz: und Sandstein gibt es in den Läden um den **Nakki Lake** zu kaufen. Auch Sarees aus Kota, Armreifen und Leinwände mit Sanganeri-Zeichnungen sind erhältlich.

Sirohi

Rund 60 Kilometer von Mount Abu entfernt liegt in der Ebene die kleine Stadt Sirohi, die früher die Hauptstadt des Clans der Deora-Chauhan war und 28 Tempel aufweist. Sie wurde 1347 gegründet, also nachdem dieser Rajputen-Clan von muslimischen Eindringlingen in den Süden abgedrängt worden war. Geschützt durch das Aravalli-Gebirge konnte der Ort den Angriffen der Moguln, der Marathen und der Rathor-Rajputen von Marwar trotzen und seine Unabhängigkeit bewahren. Sirohi hat übrigens erst 1823,

als letztes Rajputen-Reich, einen Vertrag über die ›immerwährende Freundschaft‹ mit den Briten unterzeichnet.

Im **Sirohi Fort** (Kesar-Vilas-Palast) in den Siranwa-Hügeln erinnern die in Gold und Weiß ausgeführten Dekorationen an das Junagarh-Fort in Bikaner und den Stadtpalast in Jaipur. Der Palast, der Fresken aus dem 17. Jahrhundert birgt, gehört zum Privatbesitz des Maharao, die Erlaubnis zu einer Besichtigung ist selten zu erhalten. Der nahe **Sarneshvar-Mahadev-Tempel** birgt das Chattri des Rao Raj Singh aus dem Jahr 1621.

Reisenden, die sich nicht nur auf das ›touristische Dreieck‹ (Delhi, Agra, Jaipur) oder das Dreieck der Wüstenstädte (Bikaner, Jodhpur, Jaisalmer) im Norden Rajasthans konzentrieren, bieten sich im südlichen Rajasthan trutzige Festungen und fantastische Tempel, herrliche Unterkünfte und großartige Landschaften, die ihresgleichen suchen in diesem geschichtsträchtigen Land.

Stadtpalast von Udaipur

DAS SÜDLICHE RAJASTHAN

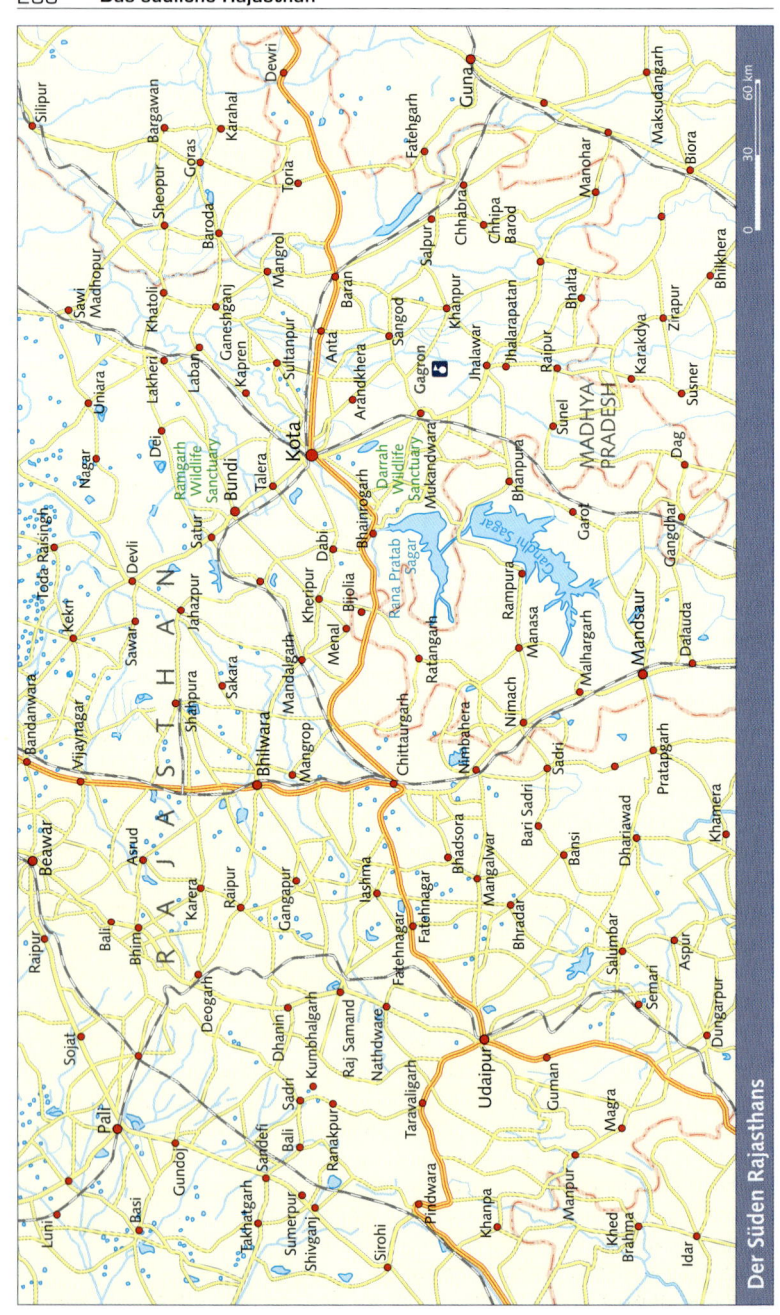

Im Reich der Mewar

Das riesige Gebiet des Reichs von Mewar, das von Udaipur bis Chittaurgarh reichte und beispielsweise auch Kumbhalgarh und Ranakpur umfasste, bestimmte die Geschichte des gesamten Südens von Rajasthan. Diese ist gekennzeichnet durch blutige Auseinandersetzungen mit muslimischen Eroberern, durch großartige Heldentaten und wilden Fanatismus. Die Festungen waren auch Schauplatz grausamer kollektiver Selbstmordszenen.

Udaipur

Ein französischer Reisender, Louis Rousselet (1845–1929), bekennt in seinem Reisebericht aus dem 19. Jahrhundert: »Ich stand entzückt und schaute auf das majestätische Panorama, das sich zu meinen Füßen ausbreitete. Ich hatte niemals gehofft, etwas so Schönes zu sehen. Es glich einer der Märchenstädte aus 1001 Nacht.« Gilt Jaipur als die rosafarbene Stadt und wird Jodhpur die blaue Stadt genannt, so kann man Udaipur als die honigfarbene Stadt bezeichnen, was besonders am späten Nachmittag deutlich wird, wenn die untergehende Sonne die Palastfront anstrahlt.

Die bezaubernde Stadt mit Seen liegt mitten in einem sandigem Terrain, umgeben von grün bewaldeten Hügeln und einer vielfältigen Tier- und Pflanzenwelt. Das wunderschöne Ambiente, das angenehme Klima und die Geschichte haben Udaipur mit seinen heute etwa 450 000 Einwohnern zu einem beliebten Touristenziel gemacht. Mit seiner grandiosen Palastanlage, den bunten Parks und der verwinkelten Altstadt erfüllt Udaipur nahezu alle Erwartungen europäischer Besucher vom exotischen Indien. Rings um den **Uhrturm** laden Geschäfte und Kunsthandwerkerateliers zum Schaufensterbummel ein, und in den Schaufenstern sieht man die faszinierenden Produkte rajasthanischer Handwerkskunst, beispielsweise Silberschmuck und Halbedelsteine, Batik- und Wollwaren, Holzschnitzarbeiten sowie kunstvolle Stickereien.

Die Gründung Udaipurs hängt eng zusammen mit der Zerstörung Chittaurgarhs. Denn nach der dritten Eroberung der Mewar-Hauptstadt Chittaurgarh durch Akbar gründete im Jahre 1568 Rana Udai Singh II. (1522–1572, regierte 1568–1572) die nach ihm benannte neue Hauptstadt Udaipur an einer Stelle, die von Bergen als natürlichen Schutzwall umgeben und die mit reichlich Wasser gesegnet war. Die Arbeiten an der neuen Residenz gingen aber nur langsam voran, denn immer wieder kam es zu Kämpfen mit den Moguln. Zuletzt besiegte Akbar in einer blutigen Schlacht 1576 die Truppen von Maharana Pratap Singh bei Haldighat, rund 50 Kilometer nördlich von Udaipur. 1614 musste sich das stolze Geschlecht der Mewar endgültig den Moguln beugen. Übrigens werden die Maharajas (große Führer) hier Maharanas (große Krieger) genannt. Von allen Fürstentümern in Rajasthan war das Reich Mewar (Udaipur) das bedeutendste. ›Hinduvan Surya‹, Sonne der Hindus, lautet das stolze Motto der alten Ranas von Mewar. Ihre Herkunft führen sie unmittelbar auf Lava, den älteren Sohn König Ramas von Ayodhya, zurück. In mythischer Zeit gründete Lava die Stadt Lavpur, das spätere Lahore, und seine Nachfahren wanderten im 2. Jahrhundert nach Christus in das Sonnenland Saurashtra (auch Sorath) im heutigen Staate Gujarat aus. Eine Inschrift erwähnt sie als Herren von Anandapura oder Vadnagar im Lande Vallabhi. Im Jahre 525 zerstörten Weiße Hunnen die ›Stadt der Seligkeit‹ (Anandapura) und metzelten alle Bewohner nieder. Nur die schwangere Königin Pushpavati konnte entfliehen, gebar in einer Höhle der südlichen Aravalli-Berge einen Sohn und nannte ihn Guhil (auch Goha oder Gohila), den Höhlengeborenen. Bald danach vertraute sie den Knaben einer Brahmanenfrau an, sprang in Gedenken an ihren gefallenen Gatten in die Flammen und wurde zur Sati. Guhil, der Stammvater des Guhilot-Clans (auch Gehlot-Clan), wuchs bei Hirten der Bhil-Stämme auf, unterwarf aber später in langwierigen Kämpfen die Bhil. Und so sehen die Wissenschaftler das Jahr 568 als das Gründungsdatum der Guhil für das Reich Mewar (Udaipur) an.

Die alte Stadt **Ahar**, drei Kilometer östlich von der späteren Metropole Udaipur entfernt, gilt als die Keimzelle des Staates Mewar. Hier, wo sich heute rund 370 Kenotaphe von Maharanas und ihren Frauen befinden, konnte dieser Clan in den dichten Dschungeln und Schluchten der Aravallis am längsten den Angriffen der Sultane von Delhi und der Mogul-kaiser widerstehen.

Karte S. 291

▲ *Blick auf Udaipur von der Festung*

Der Stadtpalast von Udaipur im Schein der Abendsonne

Stadtpalast

Am Ufer des Pichola-Sees erhebt sich auf einem Hügel über 500 Meter der langgestreckte Palastkomplex, der die gesamte Ostseite des Sees beherrscht. Der eigentlich aus mehreren hohen, ineinander verschachtelten Palästen bestehende Palastkomplex wurde von mehreren Herrschern über einen Zeitraum von rund 300 Jahren errichtet. Ein Teil dieses Palastkomplexes ist für Besucher zugänglich und nennt sich **City Palace Museum**. Von außen wirkt der Stadtpalast wie ein strenger rajputischer Festungsbau; er überrascht jedoch mit einer verschwenderischen, dem Mogulstil nachempfundenen Innenausstattung.

■ Manek Chowk

Der Weg in den Palastbezirk führt durch große Tore, das **Hathi Pol** (Elefantentor) aus dem Jahr 1600, das **Bari Pol** (oder Badi Pol) aus dem Jahr 1615 und das **Tripolia Pol** aus dem Jahr 1711, das aus acht Marmorbögen (*toranas*) besteht. Früher war es einmal Sitte, dass sich die Maharanas unter diesem Tor in Gold aufwiegen ließen und dieses Gold dann unter der Bevölkerung verteilten. Vor dem Besucher liegt jetzt der große Palasthof Manek Chowk, in dem es teure Geschäfte und ein Café für die Touristen gibt.

Hinter der fensterlosen, an eine Burg erinnernden Fassade im nördlichen Teil des Palastes verbirgt sich ein bis zum Obergeschoss reichender Felsen. In die ehemaligen Stallungen an der Ostseite sind **Souvenirläden** eingezogen. Die am südwestlichen Ende des Hofs zu Seiten des Durchgangstors **Toran Pol** liegenden Gebäude, von denen das südliche als Harem diente, stammen aus dem Jahr 1565 und zählen zu den ältesten Bauten des Forts.

■ Palastmuseum

Durch das Eingangstor gelangt man zum **Mardana Mahal**, dem Hauptgebäude des City Palace Museums. Das Sonnenemblem am Erker über dem Toran-Tor in der Palastfront ist das Zeichen rajputischer Herkunft. Geht man durch das Haupttor, führen rechts einige Stufen hinunter zu einer **Waffenkammer** (Silekhana). Die meisten Besucher betreten dann das Museum rechts, obwohl es auch möglich ist, das Museum vom Haupttor aus zu erreichen. Dieser Eingang ist bekannt als **Ganesh Deori**. In der Waffenkammer verdient eine Doppelschwertscheide mit dem Aussehen einer einfachen Scheide besondere Beachtung. Wenn der Krieger das Schwert zog, hatte er plötzlich in jeder Hand ein Schwert und überraschte

Das südliche Rajasthan

damit seinen Gegner. Heimtückisch waren auch die alten Keulen, grausig ist ein Pfeil mit sichelförmiger Spitze, mit dem man das Opfer regelrecht köpfen konnte. Interessant sind weiterhin die Rüstung sowie das Kriegshorn und die Trommeln von Maharajas. In der Waffensammlung ist auch eine Elefantenrüssel-Attrappe zu sehen, die den Pferden vor den Kopf gebunden wurde, um die Kriegselefanten und Pferde des Gegners zu irritieren.

■ Rajaya Angan

Treppen führen in den Rajaya Angan, den ersten Innenhof von 1559, der noch zur ursprünglichen Palastanlage gehört. Innerhalb dieses Hofs befindet sich eine **Galerie**, die Rana Pratap und seinem Pferd Chetak gewidmet ist, mit dem ihm in der Schlacht von Haldighat von 1576 die Flucht gelang.

■ Chandra Mahal

Vom Rajaya Angan, dem ältesten Teil der Anlage, gelangt man über eine Treppe zum Chandra Mahal (Mondpalast), in dem sich die Privatgemächer befanden.

Eingang zum Stadtpalast

Porträt des Maharana Karan Singh

Im Erker gibt es ein gewaltiges Becken zu sehen, das mit farbigen Glasscherben und zahlreichen Silbermünzen gefüllt ist. Mauervorsprünge und Friese zwischen den Stockwerken geben der langen Front kräftige Konturen. Bemerkenswert ist die Verbindung traditioneller hinduistischer Säulenkonstruktion mit der islamischen Bogenbauweise, wobei die Bögen sich in der Mitte nicht berühren. Durch diese Bauweise ließen sich die Abstände zwischen den Säulen verbreitern, ohne deren Höhe zu verändern.

■ Badi Mahal

Durch einen schmalen Korridor erreicht man den fast 27 Meter hoch gelegenen wunderschönen, mit schattenspendenden Bäumen bestandenen Badi Mahal (auch Bari Mahal oder Amar Mahal) von 1699, den ›Gartenpalast‹. Dieser von Arkaden umschlossene Innenhof bildet den Abschluss des heute unsichtbaren Felsens und wurde unter Maharana Amar Singh II. (regierte 1698–1710) angelegt. Beim Bau der Palastanlage wurde ein vorhande-

Karte S. 291

ner und bewachsener steiler Hügel nicht abgetragen, sondern es wurde einfach um ihn herumgebaut. Der Badi Mahal mit kannelierten Balustersäulen diente früher als Privatgarten der Fürsten. In den Erkern stehen hölzerne Käfige, in denen man damals Tauben hielt. In der Mitte des vom Mogulstil inspirierten Marmorhofs gab es einen Pool, der heute ausgetrocknet ist. Der mit bunten Glasscherben verzierte, weit vorspringende Balkon an der Nordseite gewährt einen großartigen Blick auf die Stadt. Die Ausblicke auf den See auf der einen Seite und die Palastfront sowie die Stadt auf der anderen sind einzigartig. Auf den Bänken im Innenhof kann man sich eine Weile ausruhen.

■ **Dilkush Mahal**
Vom Badi Mahal führt ein verwinkelter Durchgang durch eine Galerie mit großartigen Miniaturmalereien und den Aufenthaltsraum des Maharanas, den Dilkush Mahal (Saal der Freude) aus den 1620er Jahren mit zwei Prunkgemächern, dem **Kanch-ki-Burj** (Türmchen aus Glas) und dem Chitran-ki-Burj (Bemaltes

Türmchen). Der **Kanch-ki-Burj** mit geschnitzter Elfenbeintür sowie kunstvollen Wand- und Deckenschmuck aus grauen und roten Spiegelarbeiten war der Aufenthaltsraum des Maharana Karan Singh (regierte 1620–1628).

Das angrenzende **Chitran-ki-Burj** mit seiner Lotoskuppel wurde als Miniaturturm ausgestattet; sein Balkon ist mit blau-weißen chinesischen Kacheln verkleidet. Das Besondere an diesem Turm ist, dass er neben den Spiegelarbeiten an den Wänden und Decken auch einen dekorativen Boden aus Glasmosaiken aufweist. Hier befand sich das Schlafgemach der schönen 16-jährigen Mewar-Prinzessin Krishna Kumari, der Tochter des Maharana Bhim Singh (1778–1828), die von zwei Rajas, dem von Jaipur und dem von Jodhpur, begehrt wurde. Die Vermählung mit dem einen hätte Krieg mit dem anderen ausgelöst. So beschloss die Prinzessin, ihr Leben mit einem Becher Mohnextrakt zu beenden. An einer Wand ist das gläserne Porträt des Maharana Karan Singh zu sehen. Sein Gewand changiert je nach Blickwinkel zwischen Blau und Gold.

Das südliche Rajasthan

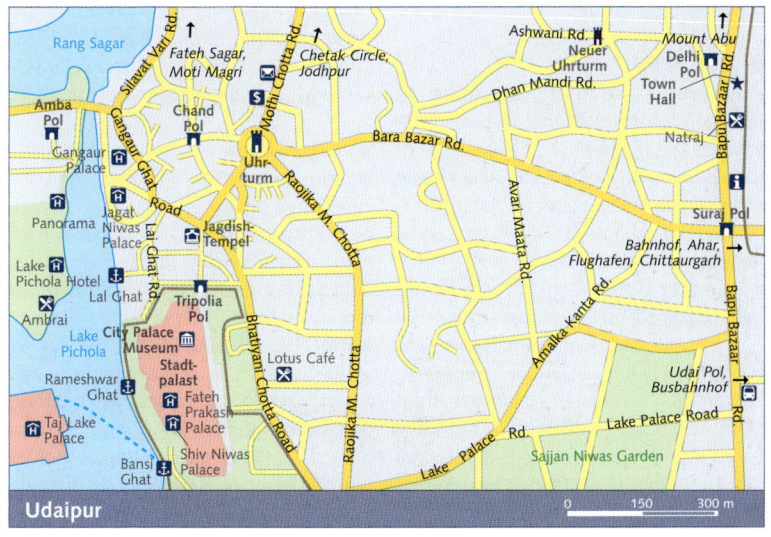

Udaipur

Chini Chitrashala

Man sieht jetzt die Porzellangalerie Chini Chitrashala (auch Chin-ki-Chitra-Mahal oder Badi Chitrashali), die zwischen Badi Mahal und Mor Chowk liegt und zwischen 1710 und 1734 von Rana Sangram Singh II. erbaut wurde. Die ›Galerie aus bemaltem Porzellan‹ ist ganz mit holländischen und chinesischen Kacheln ausgekleidet. Der blaue chinesische Teil war mit seinen roten, blauen, grünen und gelben Glas- und Spiegelarbeiten geradezu prädestiniert für private Partys und Amüsements.

Tritt man auf den Balkon, bietet sich dem Besucher ein grandioser Blick über die Seen- und Palaststadt zum **Jagdish-Tempel**, den Maharana Jagat Singh 1651 zu Ehren des Gottes Vishnu im traditionellen nordindischen Stil errichten ließ. Die Sakralkunst ist in heiligen Bauhandbüchern (Silpa Shastras) festgelegt und erfuhr daher über eineinhalb Jahrtausende keine grundsätzlichen, sondern nur stilistische und regionale Varianten. Durch ein Fenster auf der anderen Seite erblickt man das Lake Palace Hotel, den See und Jag Mandir.

Moti Mahal

Eine steile Treppe führt nun zum darunterliegenden Moti Mahal mit weiteren Spiegelsälen und farbigen Spiegelgläsern, die ein unendliches Spiel von Reflexionen erzeugen. Solche als Sheesh Mahal (Spiegelsäle) bezeichneten Räume besitzen alle rajputischen Palastanlagen, und dennoch wird man nie müde, immer wieder die aufwendigen Arbeiten zu bewundern. Eine einzige Kerze konnte damals aufgrund der Spiegel einen ganzen Raum erhellen. Neben dem Moti Mahal liegt der **Bhim Vilas**, ein blauer Gebetsraum mit kostbaren Wandmalereien, die Episoden aus den Legenden über Krishna und Radha darstellen. Hier herrscht Fotoverbot.

Mor Chowk

Unterhalb dieser Gemächer erstreckt sich der großartige Pfauenhof (Mor Chowk). Er diente als Audienzhalle und gilt als der spektakulärste Hofgarten des Palastmuseums. Die verschwenderische Dekoration mit fünf Pfauendarstellungen in Glaseinlegetechnik an der **Ostwand** ist besonders auffällig. Der Hof entstand im 17. Jahrhundert, diese Verzierungen wurden aber erst Ende des 19. Jahrhunderts bei einer Umgestaltung geschaffen.

Priyatam Niwas

Stufen führen vom Mor Chowk hinunter zum Priyatam Niwas, der als einziger Raum des Palastes Fenster nach Osten und Westen aufweist. Hier befanden sich die sehr einfach ausgestatteten Räume des seit seiner Jugend an den Rollstuhl gefesselten Maharana Bhopal Singh (1884–1955), eines sehr beliebten Landesfürsten, der sich besonders dem Ausbau des Erziehungswesens gewidmet hatte. Gezeigt wird der Rollstuhl des Maharanas. Bhopal Singh war von der Taille abwärts gelähmt, dennoch war er ein hervorragender Jäger. Wenn er auf die Jagd ging, ließ er sich auf sein Pferd schnallen. Auch der königliche Toilettensessel ist in einem Nebenraum zu sehen.

Surya Chopar

Wieder führen Stufen hinab, diesmal zum Surya Chopar (Sonnenfenster), einem Thronraum. Im Inneren sieht man eine riesige **Maske des Sonnengottes Surya**. Das große Sonnenemblem ist das Wahrzeichen des Hauses Mewar. Unter allen Rajputen-Clans gilt das Sisodia-Geschlecht, die Maharanas von Mewar, als älteste Sonnenlinie und trägt den stolzen Beinamen ›Sonne der Hindus‹. Das Stirnmal auf der vergoldeten Kupferscheibe erklärt ihre Abstammung von den mythischen Königen der

Pfauen im Mor Chowk

volle Einlegearbeiten mit Spiegeln und farbigem Glas. Zündet man ein Streichholz an, wird die Flamme durch zahlreiche winzige Konvexspiegel reflektiert. Im Manek Mahal befinden sich auch Mosaiken aus dem 18. Jahrhundert, die darstellen, wie Rajputen-Jungfrauen den Engländern Wein einschenken.

Zenana Mahal

Der Zenana Mahal, der ehemalige Harem, besteht aus einem großen rechteckigen Hof. Er befindet sich hinter dem zentralen Innenhof **Laxmi Chowk**, den man an der filigran durchbrochenen Kuppel erkennt.

Der Frauentrakt entstand um 1570, er war die Urzelle des Palastes. Mit seinen hohen, fensterlosen Mauern und den vorspringenden Bastionen an der Ostseite macht er noch heute einen wehrhaften Eindruck. Immerhin wurde hier der Schatz des Maharana aufbewahrt. In den Räumen der abgeschiedenen Residenz der königlichen Damen finden sich vor allem ausgefallene Miniaturmalereien der Marwar-Schule und historische Porträts britischer Kolonialoffiziere. Der Weg hierhin führt durch das **Amar Mahal**, wo Sänften zu sehen sind.

Sonnenstadt Ayodhya, denn Rama, der Held des Ramayana und Herrscher von Ayodhya, wird als siebente Inkarnation des Himmelskönigs Vishnu und Ahnherr der Sonnengeschlechter verehrt. Elefantenrüsselkonsolen unter der glitzernden Sonnenscheibe sind typische Schmuckelemente der Hindukunst. Die goldene Maske des Sonnengottes, flankiert von Frauenfiguren, kann man vom Hof aus sehen, sie befindet sich unter Glas. Vom Sonnenfenster aus begrüßte der Herrscher die aufgehende Sonne.

Dem Surya Chopar gegenüber liegt der **Nila Mahal**, in dem die Herrscher Hof hielten. Auf dem kleinen Balkon zeigten sich die Maharanas – als Nachfahren des Sonnengottes – in Notzeiten dem Volk.

Manek Mahal

Am äußersten Ende des Mor Chowk (Pfauenhofs) befindet sich der kleine Manek Mahal (Rubinpalast). Er wurde zwischen 1614 und 1628 als Speisesaal erbaut und birgt eine **Glas- und Porzellansammlung**. Die Wände zieren kunst-

Maske des Sonnengottes Surya

Ganesha von dem Jagdish-Tempel

■ Badal Mahal

Die üppig ausgestatteten Privaträume des Badal Mahal wurden noch lange von einer königlichen Dame bewohnt und erst im Jahr 1974 als Teil des Palastmuseums für die Öffentlichkeit zugänglich gemacht. Ab 1999 wurde hier noch einmal renoviert und die Räume wurden mit Ausstellungsstücken geschmückt.

In diesem Bereich des Palastes gibt es eine eigene **Küche** und den sogenannten **Chaumukha**, einen Bereich für die Gäste der Königin, der als Audienzsaal für die Frauen des Königshofs benutzt wurde. Der Ostteil des Hofgartens wird **Osara** genannt, hier wurden königliche Hochzeiten abgehalten.

An der Rückseite befindet sich der ehemalige **Fahrzeugpark der Maharanas**, eine Ausstellung von Kutschen und Sänften. Auch ein Rolls Royce aus dem Jahre 1922 ist zu sehen.

Der Ausgang für die Besucher ist dann das **Toran Pol**.

■ Fateh Prakash Palace

Der Stadtpalast wurde später durch den Shiv Niwas Palace und den Fateh Prakash Palace auf seiner Südseite erweitert. Bei-

de Gebäude waren zunächst als Gästehäuser der Maharanas gedacht, heute werden sie als Hotels genutzt. Im Laufe der Jahre kehrten beispielsweise Jackie Onassis und Königin Elizabeth II. hier ein. Der kleinere Fateh Prakash birgt einige der erlesensten **Mewar-Miniatur**en aus der Privatsammlung des Maharanas. In diesem Hotel befindet sich die weiträumige **Durbar Hall**, außerdem die **Crystal Gallery** mit Gebrauchs- und Einrichtungsgegenständen aus Kristall.

Tempel unterhalb des Stadtpalastes

Das **Chand Pol** ist das Tor zwischen See und Altstadt, die sich leicht den Hügel hinauf zum Stadtpalast hinzieht. Etwas unterhalb des Palastes liegt an der Hauptzugangsstraße Gangaur Ghat Road auf erhöhter Plattform der von einer wehrhaften Mauer umschlossene **Jagdish-Tempel** (Jagannath-Tempel). Er befindet sich nur 150 Meter nördlich des Eingangs zum Stadtpalast und wird über rund 30 steil ansteigende Treppen erreicht, flankiert von Elefanten. Das Vishnu-Heiligtum (Jagannath ist eine Form Vishnus) wurde von Maharana Jagat Singh I. (regierte 1628–1652) im Jahre 1651 im traditionellen Stil errichtet und 1998 renoviert. Der Tempel fiel als einer der wenigen seiner Zeit nicht der Zerstörungswut Kaiser Aurangzebs zum Opfer. Ein dickbäuchiger Ganesha bewacht den Eingang. Vor dem Tempel kann man in einem Schrein das metallene Bildnis des Garuda sehen, das Reittier Vishnus. Rund um den Tempel verlaufen Figurenfriese mit eindrucksvollen Darstellungen von Elefanten, Tänzerinnen und Musikanten. Im Tempel selbst steht eine große schwarze Steinfigur von Jagannath. In kleinen Nebenschreinen werden die Gottheiten Radha und Krishna verehrt, ein Tempel ist Surya, Shiva und Ganesh gewidmet.

Karte S. 291

Neben dem Jagdish-Tempel steht der weniger bedeutende **Radha-Krishna-Tempel**. Radha war die Lieblingsfrau Krishnas, der achten Inkarnation Vishnus. Die Fassade des Tempels ist mit zahlreichen Figuren verziert. Szenen aus Mythen und Heiligenlegenden sowie aus dem Alltag sind in den Stein gemeißelt. Sie stellen Prozessionen von Elefanten, Reiter, Tänzerinnen, aber auch erotische Szenen dar. Hinter der Säulenhalle thront im Sanktum ein vierarmiger schwarzer Vishnu. Den 24 Meter hohen Tempelturm krönen eine Amalaka, ein runder, flach gedrückter und von Rillen durchzogener Schlussstein, sowie ein Kalasha, eine vasenförmige Spitze, wie sie auch auf Udaipurs Palastdächern zu sehen ist. Eine steile Rampe führt dann hinauf zum Stadtpalast.

Die Seen

Über zwei schmale Seen, **Rang Sagar** und **Swaroop Sagar**, stehen die beiden Seen Pichola und Fateh Sagar miteinander in Verbindung. Der vier Kilometer lange und drei Kilometer breite Pichola-See, der bereits im 14. Jahrhundert angelegt worden war, bildete einen Teil der Befestigungsanlagen. Im See befinden sich zwei Inseln – **Jag Niwas** und **Jag Mandir**, jeweils mit einem Palast.

■ Jag Niwas

Jag Niwas ist eine anderthalb Hektar große Insel mit dem Seepalast, dessen Anbau später in das luxuriöse ›Lake Palace Hotel‹ umgebaut wurde. Der frühere Sommerpalast wurde unter dem Maharana Karan Singh begonnen, aber nach dem Maharana Jagat Singh benannt, der 1754 eine Reihe von Anbauten vornahm. Motorboote fahren von der Anlegestelle **Bansi Ghat** unterhalb des Stadtpalastes zur Insel hinüber. Internationale Filme wie ›Der Tiger von Eschnapur‹, ›Octopussy‹ oder ›Das Juwel der Krone‹, die

hier gedreht wurden, machten das ›Lake Palace Hotel‹ bekannt. Die zum Teil exquisit eingerichteten Zimmer und Aufenthaltsräume sind verschwenderisch ausgemalt oder mit bunten Spiegelmosaiken ausgelegt. Sie führen auf einen kleinen **Mogulgarten** mit Blumenbeeten, Fontänen und Marmorstegen. Vom ›Lake Palace Hotel‹ bietet sich ein imposanter Blick auf die Bauten des Stadtpalastes und auf die Altstadt.

■ Jag Mandir

Der zweite Palast im See liegt auf der Insel Jag Mandir und hat seinen Charakter noch unverfälscht erhalten, wenngleich viele Bauten in schlechtem Zustand sind. Auf Jag Mandir wurden um das Jahr 1620 herrliche Gärten angelegt und luftige Kolonnaden errichtet, an denen die Verschmelzung von Hindu- und Muslimkunst sichtbar wird. Im Jahr 1623 fand Kronprinz Khurram, der spätere Mogulkaiser Shah Jahan, auf der Insel Zuflucht, als er gegen seinen Vater Jahangir erfolglos rebellierte.

Über 200 Jahre später diente die Insel erneut als Zufluchtsort, als nämlich hier während des Sepoy-Aufstandes 1857 europäische Frauen und Kinder Schutz

Das Lake-Palace-Hotel

Das südliche Rajasthan

vor den meuternden indischen Soldaten suchten.

Die Gemächer mit ihrem im hinduistischen Stil gehaltenen Untergeschoss und im Mogulstil gestalteten Obergeschoss sind sehenswert. Die Insel kann man im Rahmen einer Bootstour von der Anlegestelle unterhalb des Stadtpalastes besuchen. Einige Seerundfahrten führen einen kurzen Aufenthalt auf dieser Insel in ihrem Programm.

■ Fateh-Sagar-See

Auch der See Fateh Sagar ist kein natürlicher See. Ursprünglich legte der Maharana Jay Singh (regierte 1680–1698) im Jahr 1687 ihn im Norden des Pichola-Sees an. Aber heftige Regenfälle zerstörten den Damm, und erst der Maharana Fateh Singh (1849–1930, regierte 1884–1930) ließ ihn 1888 wieder herrichten.

An der Ostseite des Sees entlang führt ein sehr schöner Weg, der von Hügeln und Parks umgeben ist. Ein beliebtes Ausflugsziel ist der **Nehru Island Park**, der anlässlich des Geburtstags des indischen Präsidenten am 14. November 1967 auf der Nehru-Insel mitten im See angelegt wurde. Auf der Insel gibt es auch ein **Restaurant**.

■ Moti Magri

Am Ostufer des Fateh-Sagar-Sees erhebt sich inmitten eines gepflegten Parks der Moti Magri (Perlenhügel) mit einem bronzenen Reiterstandbild des Volkshelden Maharana Pratap Singh, **Pratap Samak**. Als mutiger Krieger, der häufig den Moguln die Stirn bot (so in der Schlacht von Haldighat), ging er in die Geschichte ein, mit ihm sein Schlachtross Chetak. Der Weg zum Hügel hinauf auf den Moti Magri führt durch einige elegante Gärten, beispielsweise den **japanischen Felsengarten**. Aber auch ein eindrucksvoller Springbrunnen befindet sich hier.

■ Saheliyon-ki-Bari

Etwas nördlich von Moti Magri gelangt man zu den Saheliyon-ki-Bari (Gärten der Ehrenjungfrauen). Diese ›Ehrenjungfrauen‹, eine Gruppe 48 junger Mädchen, sandte Akbar als Versöhnungsgeste nach Udaipur.

Sahelion-k-i-Bari war einst ein schöner Lustgarten im Mogulstil. Heute ist sein Glanz etwas verblasst, nicht zuletzt deswegen, weil die Wasserspiele niemals oder kaum als Gesamtheit in Funktion sind. Aber im imaginären Spiel funkelnder Wassertropfen kann man sich leicht das einstige Flair dieses Gartens vorstellen, mit seinen Rosenbeeten und Bougainvillea-Blüten, seinen verschlungenen Pfaden und zierlichen Chattris, den lebensgroßen Steineelefanten und dem marmornen Pavillon im Lotosteich. Einer der höchsten Aravalli-Gipfel, westlich des Fateh Sagar, trägt den **Sajjan Garh**, ein kleines, Ende des 19. Jahrhunderts erbautes Palais für eine der Gemahlinnen des Maharana. Eine holprige, jedoch befahrbare Straße führt hinauf, zu Fuß sind es etwa 45 Minuten.

■ Gangaur-Fest

Gangaur ist ein typisches Frühlingsfest zu Ehren der Göttin Gauri, der Schirmherrin der Ehe. Gan und Gauri sind Beinamen des Götterpaares Shiva und Parvati. Es findet im Monat Chaitra (März/April) statt. Reich geschmückt und in festliche Saris gehüllt versammeln sich Frauen, opfern Fruchtbarkeitssymbole, wie Blätter, Blüten und junge Gräser und erflehen langes Leben und Gesundheit für ihre Gatten. Mädchen bitten um baldige Heirat und einen guten Mann. Die Frauen tragen sich das Zinnobermal (Tika oder Tilaka) an der Stelle des vermeintlichen ›Weisheitsauges‹ zwischen den Brauen auf, um dadurch den Segen der Göttin herbeizuzaubern.

Karte S. 291

Udaipur

Vorwahl: +91/294.
Internet: www.udaipur.org.uk.
Ambulanz, Tel. 102.
Polizei, Tel. 100.
Tourist Police, Tel. +91/294/2412693, +91/294/2414600.
Government Tourist Office, Airport Road, Fateh Memorial Building, Tel. +91/294/2411535; Mo–Sa 10–13.30, 14–17 Uhr.
Rajasthan Tourism Development Corporation (RTDC), Fateh Memorial, Suraj Pol, Tel. +91/294/2411535; tägl. 8.30 Uhr Stadtführungen vom ›RTDC Kajri Hotel‹, Shastri Circle (ca. 140 Rs). Außerdem gibt es Tagesexkursionen nach Haldighat, Nathdwara und Eklingji.
Sky Waltz, Tel. +91/971/7295801, www.skywaltz.com. Fahrten im Heißluftballon, 200–300 US-Dollar, Nov.–März.
Hauptpost, Chetak Circle; Mo–Sa 10–13, 13.30–18 Uhr.
DHL, 1 Town Hall Road; Mo–Sa 10–19 Uhr.
State Bank of India, Hospital Road am Chetak Circle (Tel. 2523108, auch Geldtausch, Mo–Fr 10–14, 14.30–15, Sa 10–13 Uhr).

Stadtpalast; tägl. 9.30–16.30 Uhr, Eintritt 75 Rs, Kinder 30 Rs, Kamera und Video 200 Rs.
Saheliyon-ki-Bari; täl. 8–19 Uhr, Eintritt 20 Rs.
Jagdish-Tempel; 5.30–14 Uhr, 16–22 Uhr.
Bootsfahrten auf dem Pichola-See, vom Rameshwar Gate; 300 Rs, Kinder 150 Rs).

Udaipur liegt am National Highway Nr. 8, der Hauptstraßenverbindung zwischen Mumbai und Delhi. Entfernungen: Agra 660 km via Ajmer und Jaipur, Ajmer 290 km via Nathdwara und Beawar, Chittaurgarh 120 km via Manglawad, Jaipur 420 km via Ajmer, Jodhpur 270 km via Ranakpur und Pali, Mount Abu 180 km via Pindwara, Ranakpur 90 km via Savra.

Maharana Pratap Airport, 21 km östlich des Stadtzentrums, Tel. +91/294/2655453. Flugverbindungen nach Jodhpur (1 Std.), Jaipur (ca. 1 Std.), Mumbai (1–2 Std.) und Delhi (1–2,5 Std.).

Bahnhof, 4 km südöstlich des Stadtzentrums, Tel. +91/294/2527390. Das Ticket Office am Bahnhof hat einen speziellen Schalter für Touristen. Es bestehen Zugverbindungen nach Delhi (7–8 Std.), Jaipur (9 Std.), Agra (12 Std.) und Kota (5 Std.).

Busbahnhof der Rajasthan State Road Transport Corporation (RSRTC), nahe dem Udai Pol. Busverbindungen u.a. nach Agra (13–14 Std.), Bikaner (15 Std.), Delhi (14–18 Std.), Ajmer (7–10 Std.), Jaipur (9–12 Std.), Jodhpur (6–8 Std.), Jaisalmer (11 Std.) und Mount Abu (4–5 Std.).

Oberster Preisbereich (Luxus)
Fateh Prakash Palace (*****), City Palace, Udaipur-313001, Tel. +91/294/2528016, www.hrhhotels.com; 21 Zimmer, 14 Suiten. Grand-Heritage-Hotel mit exquisiter Aussicht auf den Pichola-See, in der Nähe des Stadtpalastes. Geräumige Zimmer, jedes mit antikem Mobiliar.
Taj Lake Palace (*****), Insel Jag Niwas, Udaipur-313001, Tel. +91/294/2428800, www.tajhotels.com; 66 Zimmer, 17 Suiten. Indiens berühmtestes Luxushotel (Heritage-Hotel) auf der Insel Jag Niwas. Dieser beeindruckende Palast wurde von Rana Jagat Singh II. 1730 als Lustschloss gebaut. Im Jahr 1961 beschloss Maharana Bhagwat Singh, den Palast in ein Hotel umzuwandeln. Einige der palastartigen Wohnungen sind mit historischen Gemälden dekoriert. Zwei Restaurants, Bar, Pool.

Das südliche Rajasthan

Trident (*****), Haridasji Ki Magri, Mulla Talai, Udaipur-313001, Tel. +91/294/2432200, www.tridenthotels.com/udaipur; 137 Zimmer, 4 Suiten. Hotel der Oberoi-Hotelkette am Ufer des Pichola-Sees mit internationalem Standard. Rund um eine Gartenanlage mit schönem Pool befinden sich elegant ausgestattete Zimmer. Das Hotel bietet auf einer eigenen Hotelbarke ein Abendessen auf dem Pichola-See.

Shiv Niwas Palace (*****), City Palace Complex, Udaipur-313001, Tel. +91/294/2528016, www.hrhhotels.com; 19 Zimmer, 17 Suiten. Das Luxushotel in einem Flügel des Stadtpalastes mit Blick auf den Pichola-See weist eine herrliche Sammlung von Möbeln und belgischem Kristall auf und wurde 1982 in ein Grand-Heritage-Hotel umgebaut. Exquisit ausgestattete Zimmer und Suiten, großer Innenhof. Mit Marmorpool und Royal Bar.

Udaivilas (*****), Haridasji Ki Magri, Udaipur-313001, Tel. +91/294/2433300, www.oberoihotels.com; 87 Zimmer und Suiten. 2001 eröffnetes Hotel der Oberoi-Kette in traumhafter Lage am Pichola-See, ca. 6 km vom Stadtzentrum entfernt. Zimmer und Suiten mit eigener Terrasse und Marmorbädern, Deluxe-Suiten mit separatem Wohnzimmer und eigenem Pool. Zwei Restaurants, Bar, Fitness- und Wellnessbereich sowie zwei Pools.

Oberer Preisbereich

Jagat Niwas Palace (***–****), 23–25 Lal Ghat, nahe Jagdish-Tempel, Udaipur-313001, Tel. +91/294/2422860, +91/294/2420133, www.jagatniwaspalace.com; 29 Zimmer. Bewährte Unterkunft in historischem Haveli aus dem 17. Jahrhundert mit großartigem Blick vom guten Dachrestaurant.

Lake Pichola Hotel (***–****), Hanuman Ghat, Pipila House, nahe Chand Pol, Udaipur-313001, Tel. +91/294/2431197, www.lakepicholahotel.com; 28 Zimmer, 4 Suiten. Alter Palastbau direkt am See mit einzigartigem Blick auf den Stadtpalast und den Pichola-See. Schöne Dachterrasse.

Mittlerer Preisbereich

Gangaur Palace (**–***), 339, Ashoka Haveli, Gangaur Ghat Marg, Tel. +91/294/2422303, www.ashokahaveli.com. Budget-Hotel in einem alten Haveli, Zimmer von Standard bis Deluxe. Dachrestaurant mit Seeblick, Wi-Fi, Malkurse, French Bakery im Haus.

Udai Niwas (**–***), Gangaur Ghat Marg, Tel. +91/294/5120789, www.hotel udainiwas.com; 30 großzügige Zimmer mit Bad. In einem modernen Bau nahe Jagdish-Tempel; abends englische Filme auf der angeblich höchsten Dachterrasse der Stadt.

Unterer Preisbereich

Panorama (*–**), Chand Pol, Tel. +91/294/2431027, krishna2311@rediffmail.com; 20 Zimmer. Schönes Gästehaus, gutes Dachrestaurant mit Seeblick und etwas höheren Preisen.

Dream Heaven (*–**), Hanuman Ghat, Chand Pol, Tel. +91/294/2431038, www.dreamheaven.co.in; 18 Zimmer mit Bad. Beliebtes Gästehaus, Seeblick vom Dachrestaurant und von einigen Zimmern.

Jheel Palace Guest House (*), 56 Gangaur Ghat, Tel. +91/294/2421352, www.jheelguesthouse.com; 14 Zimmer. Aus zwei Gebäuden bestehendes Hotel mit vegetarischem Dachrestaurant. Einige Zimmer bieten einen herrlichem Blick über den See.

✕ ▬▬▬▬▬▬▬▬▬▬

Ambrai, Amet Haveli Hotel, neben dem Hotel ›Lake Pichola‹, Tel. +91/294/2431085; tägl. 12.30–15, 19.30–22.30 Uhr. Gartenrestaurant mit umwerfendem Blick auf den Palast vor allem am Nachmittag. Es wird gutes indisches und chinesisches Essen geboten.

Cafe Edelweiss, 73 Gangaur Ghat Road; 7–19 Uhr. Im deutsch-indisch geführten Gartenlokal trifft sich die Globetrotterszene, hier bekommt man deutschen Kuchen (Apfelstrudel, Schokoladentorte) und guten Kaffee ganz wie zu Hause.

▲ Karte S. 291

Taj Lake Palace, im gleichnamigen Hotel. Den Besucher erwartet ein opulentes Büffet zu saftigen Preisen, im Preis ist die Bootsfahrt eingeschlossen. Vorausbuchungen und ordentliche Kleidung sind obligatorisch.

Lotus Café, 15 Bhattiyani Chotta; 9–22.30 Uhr. Kleines Restaurant mit indischen Hühnchengerichten und vegetarischer Küche. Im beliebten Travellerrestaurant wird auch Musik gespielt.

Natraj, nahe New Bapu Bazaar; tägl. 10.30–13.30 Uhr, 18.15–22.30 Uhr. Das beste preiswerte vegetarische Essen findet man hier nahe dem Udai Pol. Das Restaurant wird auch von Einheimischen besucht, ist aber etwas schwierig zu finden.

Rainbow Restaurant, Dachrestaurant des ›Baba Palace Hotel‹. Direkt am See gelegen, hat man auch einen guten Ausblick über Udaipur und Umgebung.

Sunset View Terrace, im Hotel ›Fateh Prakash Palace‹; 7–22.30 Uhr. Dachrestaurant mit dem wohl schönsten Blick und abendlicher Live-Musik.

Dharohar, im Bagore-ki-Haveli, Gangaur Ghat, Tel. +91/294/2423610; 19–22.30 Uhr, Eintritt 60 Rs, Kinder 30 Rs, Kamera 10 Rs, Video 50 Rs. Musik- und Tanzvorführungen.

Meera Kala Mandir, südlich der Bahnstation, Tel. +91/294/2583176; Mo–Sa 19–2 Uhr, 60 Rs. Musik-, Tanz- und Akrobatikaufführungen.

Bharatiya-Lok-Kala-Museum, Tel. +91/294/ 2529296; tägl. 9–17.30 Uhr, Eintritt 50 Rs, Kamera 10 Rs, Video 50 Rs. Ethnologisches Museum nahe dem Chetak Circle. Abends Puppenspielvorführungen, 50 Rs; sehr sehenswert.

Shilpgram Craft Bazaar, Tel. +91/294/ 2431304, www.shilpgram.org; tägl. 11–

19 Uhr, Eintritt 30 Rs, Kamera 30 Rs. Ländliches Kunst- und Handwerkerdorf, 3 km von Udaipur entfernt. Es besteht aus 26 Hütten aus verschiedenen Regionen Indiens. Das ganze Jahr über gibt es hier Aktivitäten, und im November/Dezember gibt es die Shipgram Fair. Während dieser Zeit kann man den Handwerkern bei ihrer Arbeit zusehen, und es findet ein farbenprächtiger Basar statt.

Government Emporium Rajasthan, Chetak Circle, am Jagdish-Tempel. Staatliche Läden mit festen Preisen, Kunsthandwerk; 10–19 Uhr.

Mewar Festival; März/April. Folklorefest mit Musik und Tanz.

Krishna Ranch, 7 km nordwestlich von Udaipur, Tel. +91/098/28059505, www. krishnaranch.com. Bietet neben Cottages auch Tagesausritte (2500 Rs) und Wanderungen.

Mountain Ridge, Sisarma, Udaipur-313031, 6 km westlich der Stadt, Tel. +91/294/ 3291478, www.mountainridge.in. Wunderschöne Zimmer und Suiten als Ausgangspunkt für Unternehmungen. Ein Halbtages-Trek kostet beispielsweise 650 Rs. pro Person.

Princess Trails, Office Boheda Haveli, Kalaji Goraji, Tel. +91/294/3096909, www. princesstrails.com. Mehrtägige Pferdeausritte, Elefantenritte, Kamel- und Jeepsafaris.

GBH American Hospital, 101 Kothi Bagh, Meera Girls College Road, Tel. +91/294/ 2426000, 3056000, www.gbhamerican hospital.com. Privatklinik.

Maharana Bhopal Hospital, Hospital Road, nahe dem Chetak Circle, Tel. +91/294/ 2528811. Staatlich.

Soni Hospital, 4 Sahelion-ki-Haveli, Tel. +91/ 294/2560592. Privatklinik.

Das südliche Rajasthan

Ausflüge von Udaipur

Bei **Haldighat**, 66 Kilometer nördlich von Udaipur, fand am 21. Juni 1576 ein entscheidender Kampf statt. Hier stürzte Chetak, das berühmte Pferd von Maharana Pratap Singh. Die Stelle, an der es starb, ist noch heute gekennzeichnet. Pratap überlebte und sammelte in den Tälern der Aravallis den Rest seiner Truppen. Sein eigentliches Ziel, Chittor zurück zu erobern, konnte er aber nicht erreichen. Sein Sohn Rana Amar Singh I. (regierte 1597–1620) schloss schließlich 1614 mit dem Mogulkaiser Jahangir Frieden.

Nathdwara

Nach Nathdwara (›Eingang zu Gott‹) kommen nur wenige Touristen, wohl schon deshalb, weil das Fotografieren im Shri-Nathji-Tempel verboten ist. Er ist für Fremde auch nicht zugänglich.

Etwa einen Kilometer südlich der Stadt steht der **Shri-Nathji-Tempel**, einer der beliebtesten Krishna-Schreine Rajasthans und einer der reichsten Tempel Indiens überhaupt. Der Name kommt von Krishna, der hier Nathji genannt wird. Dieses Krishna-Idol soll aus Mathura stammen. Um es vor der Zerstörungswut des Mogulherrschers zu bewahren, beschloss man, es an einen anderen sicheren Ort zu bringen. Die Räder des Transportwagens blieben allerdings in Nathdwara stecken, doch ein Priester wertete dies als positives Zeichen, um an dieser Stelle den neuen Tempel zu errichten. Seitdem zieht das Heiligtum zahlreiche Pilger den großen Festen wie Holi oder Diwali an.

Der von einer hohen Mauer umgebene Tempel wird streng bewacht, Kameras sind nicht erlaubt. Es gibt getrennte Eingänge für Männer und Frauen. Zwischen den Ritualen werden Gewand und Schmuck der Kultfigur immer wieder gewechselt, sodass die Gläubigen das Bildnis in den verschiedenen Aspekten Krishnas sehen und eine je nach Ritual passende Stimmung erleben können.

Nathdwara ist auch berühmt für die Textilmalereien, bekannt als Pichwais, und man kann den Künstlern bei ihrer Arbeit sogar zusehen.

 Nathdwara

Hotel Shreenath Inn (**), Nahe Private Bus Stand, N.H-8, Nathdwara-313301, www.hotelshrinathinn.com; 31 Zimmer.

Kankroli und Rajsamand-See

Das rund 65 Kilometer nordöstlich von Udaipur gelegene **Kankroli** wurde zu Beginn des 18. Jahrhunderts erbaut. In der Nähe liegt der Tempel **Dwarakadhish** (auch Dvarkadish), der aus dem 16. Jahrhundert stammt. Er ist Dwarakadhish geweiht, eine Bezeichnung für Krishna. Dieser Schrein steht nicht weit entfernt vom See und ist der dritte Tempel der Vaishnava, also der Verehrer Vishnus, der täglich tausende von Pilgern anzieht. Die Gottesfigur wurde bereits 1671 an diesen Platz des heutigen Tempels gebracht. Von hier bietet sich ein traumhafter Blick über den Rajsamand-See.

Den **Rajsamand-See** (Raj Samand, Königlicher See) ließ Raj Singh im 17. Jahrhundert aufstauen, um die Wasserversorgung seines Staates zu sichern. Man sollte ihn nicht mit dem Jaisamand-See südöstlich von Udaipur verwechseln – für unsere Ohren klingen beide ähnlich. Am Ufer des Sees, dem man seine künstliche Erschaffung nicht mehr ansieht, steht **Nau Chowki** (Neun Pavillons), ein – wie bereits der Name sagt – Komplex von neun mit Säulen geschmückten Pavillons, reich mit Marmor und wunder-

Karte S. 286

schönen Bogen gestaltet, von denen man auf Treppen hinunter zum See gelangt. Erbaut wurde dieser Komplex von Rana Raj Singh I. (regierte 1654–1681) der ihn zum Gedenken an seine Hochzeit mit der Prinzessin Charumati, einer Rajputen-Tochter aus Kishangarh, erbauen ließ.

Rishabdeo

Beim Dorf Rishabdeo, 40 Kilometer südlich von Udaipur, führt eine interessante Basarstraße zu einem im 14./15. Jahrhundert wiederhergestellten **Tempel**, der sich am Ufer des Koyal River befindet. Er ist Rishabdeo gewidmet, einer Reinkarnation von Mahavira, und gehört der Shvetambara-Sekte der Jains (die ›Weißgekleideten‹). Aber das schwarze Marmorbild wird nicht nur von ihnen, sondern auch von Hindus und von den Bhil verehrt. Die Kultfigur wird von den Hindus auch das Safran-Idol genannt; sie wird von den Gläubigen mit Safran eingerieben. Schwarze Elefanten stehen am Eingang des Tempels.

An der Nord- und Südseite befinden sich Bildnisse von Vasupujya (dem zwölften Tirthankara), Mallinath (dem 19. Tirthankara), Neminath (dem 22. Tirthankara), Parshvanath (dem 23. Tirthankara) und Mahavira (dem 24. und letzten Tirthankara), zudem 52 Nebenschreine (*devakulikas*). Im Norden befindet sich das Abbild von Chakresvari (oder Apraticakra, die schützende Göttin von Rishabha, dem 1. Tirthankara), an der Südseite von Padmavati. Der ganze Tempel wirkt außerordentlich majestätisch.

Jagat

Der kleine **Ambika-Mata-Tempel** (auch Jagat- oder Jagdir-Tempel) wurde im 10. Jahrhundert unter der Herrschaft der Guhil von Mewar erbaut. Er befindet sich im Dorf Jagat, etwa 50 Kilometer südöstlich von Udaipur. Der auf einer erhöhten Plattform errichtete Tempel besteht aus einem Sanktum, einem Vorraum mit einem Wandbild des tanzenden Ganesh und einem Portikus, der mit einem breiten Vordach und mit Stufen versehen ist. Touristen interessieren sich vor allem für die erotischen Skulpturen an den Wänden, die an die Darstellungen von Khajuraho erinnern. Im Sanktum kann man Bildnisse der Durga (Ambika Mata), der Göttin der Zerstörung, erkennen, wie sie den Büffeldämon Mahishasura niederstreckt.

Jaisamand-See

Rund 50 Kilometer südlich von Udaipur kommt man an den künstlichen See Jaisamand (auch als Dhebar bekannt), der 1685 von Maharana Jay Singh angelegt wurde. Marmorne **Chattris** und geschnitzte Elefanten säumen die 330 Meter lange Uferpromenade am westlichen Seeufer oberhalb der Stadt.

Bild der Durga im Ambika-Mata-Tempel

Das südliche Rajasthan

Wandbild im Juna-Maha-Palast in Dirgapurl

Auf den beiden Hügeln beiderseits des Sees befinden sich zwei alte Paläste, und zwar der **Hawa Mahal** (der Sommerpalast) am westlichen Seeufer und der kleine **Ruti-Rana-Palast** gegenüber am östlichen Ufer.

Die umliegende wildreiche Gegend wurde zu einem **Wildschutzgebiet** erklärt. Beobachten kann man hier vor allem Wildschweine und Chinkaras (eine indische Gazelle), aber auch Panther, Krokodile und eine vielfältige Vogelwelt.

 Lake Jaisamand

Jaisamand Island Resort (***), Baba Island, an der Westseite des Sees, Tel. +91/2906/234723; 40 Zimmer. Das Resort ist mit dem Boot in 20 Minuten zu erreichen und hat gut ausgestattete Zimmer, ein Restaurant mit internationalen Menus, eine Bar und Pool.

Dungarpur

Im 13. Jahrhundert wurde etwa 100 Kilometer südlich von Udaipur auf einem Bergrücken Dungarpur gegründet. Die Stadt mit heute 43 000 Einwohnern liegt am südlichsten Ende inmitten der Ausläufer des Aravalli-Gebirges, das sich hier als eher unwirtliche steinige Landschaft voller Kakteen und Hartlaubgewächsen entpuppt; sie wird nicht zuletzt deshalb von Touristen nur selten besucht.

Allerdings hat die Stadt gerade wegen ihrer Abgelegenheit bis heute ihren ursprünglichen Charme bewahrt, obwohl sie mittlerweile ein schönes Heritage-Hotel besitzt. Und die Paläste Juna Mahal und Udai Vilas zählen zu den schönsten Rajasthans, die vor allem mit Spiegelmosaiken beeindrucken, welche die Schönheit der rajputischen Frauen zeigen.

Mit seinem Gewirr aus weißen Zinnen und Wachttürmen erhebt sich auf dem Kamm eines felsigen Hügels das **Juna Mahal** über der Stadt, eine riesige Anlage mit zinnenbekrönten Mauern, Ecktürmen, Terrassen und Balkonen aus cremefarbenem Stuck. Das Labyrinth aus engen Gängen im Inneren war neben der Lage ein weiteres Hindernis für eventuelle Eindringlinge. Die schmale Front der Burg ragt hinter einer hohen Steinmauer auf, ihre ältesten Fundamente stammen aus dem 13. Jahrhundert. Die siebenstöckige Burganlage muss man auf schmalen, steilen Steintreppen ersteigen, um das Burginnere mit den Wandgemälden und alten Fresken bewundern zu können.

Ein Geheimtipp ist eine kleine Kammer mit zwei niedrigen Türen im Schlafzimmer des Maharawal, in der man zahlreiche erotische Malereien mit den 50 Szenen aus dem Kamasutra entdecken kann. Wände und Decken zeigen eine Fülle von Szenen aus der Geschichte Dungarpurs und beispielsweise den plastischen Fries tanzender Frauen zwischen den Konsolen, die einen Balkon stützen oder die vergoldeten Fresken aus dem 19. Jahrhundert an den Wänden der Privatgemächer von Maharawal Udai Singh II. (1839–1898), auf denen er in einer feierlichen Prozession dargestellt ist. Der siebenstöckige Turm wird angeblich noch heute vom Maharawal und seiner Gattin bewohnt.

Das **Udai Bilas** liegt in der Nähe des Juna Mahal, zu dessen Besuch man sich auch hier anmelden muss. Der Palast am Ufer des Gaibsagar-Sees wurde Mitte des 19. Jahrhunderts unter Maharawal Udai Singh II. erbaut und ist heute ein Heritage-Hotel. So kann man ausführlich die fein gearbeiteten Friese und Säulen im unteren Geschoss sowie die kunstvoll skulptierten Pfeiler im zweiten Geschoss bewundern. Auf der Dachterrasse befinden sich auch Kioske.

Besonderes Augenmerk sollte man auf den Ek-Thambia-Mahal (Ein-Säulen-Pavillon) im Innenhof richten, einen sogenannten Lustpavillon. Gedrehte Säulen und Fenster aus Marmor bilden den Raum für die Frauen. Man sieht Balustraden und Balkons sowie einen wunderschönen Pool direkt am See mit Liegestühlen und Hängematten.

🛏 **Dungarpur**

Udai Bilas Palace (****–*****), Dungarpur-314001, Tel. +91/2964/230808, www.udaibilaspalace.com; 22 Zimmer, 5 Suiten. Der Palast wurde im Jahr 1940 erweitert und mit glitzernden Kronleuchtern und Art-Déco-Möbeln ausgestattet. Suiten und gut ausgestattete Zimmer, es gibt auch einen Pool direkt am See und einen eleganten Speisesaal.

Eklingji

Es sind nicht allein die Tempel von Eklingji, sondern auch deren landschaftliche Umgebung, die den Besuch des Dorfes reizvoll erscheinen lassen. Das Dorf Eklingji (wörtlich ›ein Lingam‹) liegt in einer Schlucht und ist keine museale Tempelstadt, sondern ein echter Pilgerort. Der Tempelkomplex ist bis heute eng mit dem Herrscherhaus Mewar verbunden, soll er

Der Shiva-Tempel in Eklingij

doch auf Bappa Rawal (713–810), den Begründer des Clans der Sisodia-Rajputen, zurückgehen. Der gesamte Komplex von 108 Tempeln, die wie aneinander und übereinander gebaut wirken, wird von hohen Mauern umschlossen.

Das Hauptheiligtum, ein **Shivatempel** mit hohem Shikhar-Turm, wurde ursprünglich im Jahr 734 nach Christus erbaut und erhielt seine heutige Form in der Zeit von Maharana Raimal, der von 1473 bis 1509 regierte.

Noch außerhalb des Haupttempels, vor dem Haupteingang, findet der Besucher Statuen von Nandi, Shivas Reitbullen, und Bappa Rawal, dem achten Herrscher der Guhilot-Rajputen-Dynastie und Gründer der Mewar-Dynastie (regierte 734–753). In der Halle des Tempels sieht man übrigens eine weitere Statue des Nandi in Silber.

Die zweistöckige Mandapa wird von zwei weißen Steinelefanten flankiert. Hier wird Shiva verehrt, symbolisiert durch einen das Shiva-Lingam, der von einer silbernen Schlange umschlungen wird. Die viergesichtige schwarze Figur des Sri Eklingji, einer Inkarnation Shivas, ist aus schwarzem Marmor gefertigt und für Besucher im dunklen Kellergewölbe nur schwer erkennbar. Ihr gegenüber sitzen nach Westen gewandt Brahma (links), nach Norden Vishnu (rechts) und Suruya nach Osten. Dargestellt wird in diesem Tempel auch Shiva mit seiner Familie, also Parvati und Ganesh.

Der Nebentempel links mit vielen Skulpturen an der Außenwand zeigt einen Erzählfries und nackte Frauendarstellungen. Gegenüber dem Krishna-Heiligtum sieht man einen Garuda.

Erwähnenswert ist noch ein weiterer weißer Tempel, der **Lakulisha-Tempel** genannt wird und 972 errichtet wurde. Er besitzt silberne Tempeltore, eine Mandapa (mit durchbrochenen Fenstern) so-

Karte S. 286

Der Sasa-Tempel in Nagda

wie einen Schrein mit einem sitzendem Lakulisha, dem Gründer der Pashupata-Shaivismus-Sekte.

In der gesamten Anlage herrscht strenges Fotoverbot.

Öffnungszeiten: 4.15–7.30 Uhr, 10.30–13.30 Uhr, 17.30–19.30 Uhr, Eintritt frei.

Nagda

Die von Touristen selten besuchten **Tempel von Nagda** stammen aus dem 10. Jahrhundert und sind Vishnu geweiht. Der große Hindutempelkomplex (bestehend aus dem Schwiegertochter-Tempel und dem Schwiegermutter-Tempel) mit einem freistehenden Tor befindet sich zwischen einem fast eingetrockneten See und einem Hang und ist fast vollständig erhalten geblieben.

Beide Tempel verfügen über einen Portikus mit einem pyramidenförmigen Überbau, der den Zutritt zu einer offenen Pfeilerhalle (*mandapa*) mit seitlichen Vorsprüngen gewährt. Das prachtvolle Tor (*toran*) zeigt Reliefs von Himmelsmädchen (*surasundaris*) und Glockenschnurmotive. Die Form der Glocke ist von der Lotosknospe abgeleitet und ver-

sinnbildlicht den Mutterschoß der Natur, aus dem das Leben entsteht.

Der **Sasa-Tempel** (der größere von beiden) besitzt keine Shikhara mehr, doch die Mandapa ist mit vier prächtig skulptierten Säulen ausgestattet und zeigt Bildnisse von Brahma, Vishnu, Shiva sowie Surya. Zu ihnen gesellen sich Darstellungen von Liebespaaren. Der Besucher findet an den Wänden auch Szenen aus dem Ramayana-Epos sowie an der Decke aus dem Mahabharata.

Der kleinere **Bahu-Tempel** beeindruckt vor allem durch die Darstellung der acht Gottheiten an der Kuppel und das schön skulptierte dreibogige Torana-Portal unterhalb der Plattform. Viele der wunderbaren Marmorfiguren an den Wänden wurden leider von muslimischen Fanatikern zerstört.

 Nagda

Heritage Resort (***), Lake Bagela, Nagda, Tel. +91/294/2440382, www.heritage resort.com; 30 Bungalow-Zimmer. Hübsches Familienhotel mit Restaurant und Pool, geboten werden Reitausflüge, Boots- und Radtouren.

Das südliche Rajasthan

Chittaurgarh

Rund 110 Kilometer von Udaipur entfernt thronen auf einem 180 Meter hohen Berg die Reste der einst mächtigen
Festungsanlage Chittaurgarh (Chittor-
garh). Diese Festung gilt als Symbol des
Widerstandes der Rajputen gegen die
Muslime. Kein anderes Bollwerk Rajasthans war so oft und heiß umkämpft,
dreimal begingen alle Bewohner die grausame Sitte des Jauhar. Fahrende Sänger
und Mimen verherrlichen noch heute die
tragische Geschichte Chittaurgarhs, eine
Geschichte von Heldenmut und Liebessehnsucht, als Hohelied stolzen Ritter-
tums. Tatsächlich aber ist die Geschichte Mewars, der alten Bezeichnung des
Landes um Chittaurgarh und Udaipur,
dessen Grenzen im Norden bis an das
Gebiet von Ajmer reichten, eher eine
Geschichte von Blut und Tränen.

Schon seit frühester Zeit soll auf diesem
strategisch bedeutsamen Hügel, der einen freien Blick in die Ebene gewährt,
eine Befestigung gestanden haben, deren
Gründung im Jahre 728 dem Pandava-
Prinzen Bhima (oder Bhimsena) zugeschrieben wird, einem der fünf Helden
des Mahabharata. Auf alten Münzen und
Inschriften erscheint sie als Chittrakut,
der ›Hügel des Parmar-Prinzen Chittrang‹,
woraus sich der heutige Name ableitet.

Wahrscheinlich im Jahre 734 nahm Bappa Rawal, der erste Herrscher der Guhilot-Dynastie, die Stadt in Besitz. Ab 972
regierten die Parmar von Malwa erneut
über das Gebiet um Chittaurgarh, um
1150 soll es wieder in den Besitz der
Guhilots gekommen sein. Rawal Samar
Singh regierte in der Zeit, als Raja Prithviraj Chauhan in Delhi König war. Er heiratete dessen Schwester und unterstützte
seinen Schwager gegen den 1192 über
Afghanistan nach Indien eindringenden
Mahmud von Ghauri. Dennoch mussten
sich die Chauhan-Rajputen aus Delhi
zurückziehen und wurden auch in ihrer Festung Ranthambhore geschlagen.
Daraufhin teilte sich der Clan. Die einen
gründeten in Sirohi eine neue Besitzung,
die anderen, die Hara-Chauhan, eroberten die Gegend um Haroti von den Me-
nas. 1241 wurde die Stadt Bundi, der
Hauptsitz der Haras, von den Hara-Chau-
hana-Rajputen erobert. Später verloren
die Haras die wichtige Festung Mandal-
garh an die Muslime. An die Sultane von
Gujarat mussten sie Tribut zahlen, und
unter diesem Druck begann der Zerfall
der Reiche Kota und Bundi.

Volkstümliche und höfische Legenden
erzählen von Lug und Trug, von der
›Lotoskönigin‹ Padmini, der Gattin des

Blick über die Festungsanlage von Chittaurgarh

Burgherrn Ratan Singh aus dem singha-
lesischen Königshause von Sri Lanka
(Ceylon). Der Legende nach soll Ala ud-
Din Kailji, der Mogulherrscher aus Delhi,
die hübsche Fürstentochter Padmini begehrt haben, nachdem er ihr Bildnis in
einem Spiegel gesehen hatte. Padmini
sprang im Jahre 1303 mit 3000 Frauen
im Kellergewölbe ihres Palastes in die

Flammen, und die Rajputen kämpften
bis zum letzten Mann. Nach seinem derart zwiespältigem ›Sieg‹ übergab er die
Führung Chittaurgarhs seinem Sohn, der
die Festung jedoch nicht lange halten
konnte. Als in der Folge interne Zwistigkeiten das Sultanat in Delhi schwächten,
gewann eine neue Linie der Sisodias die
Festung zurück.

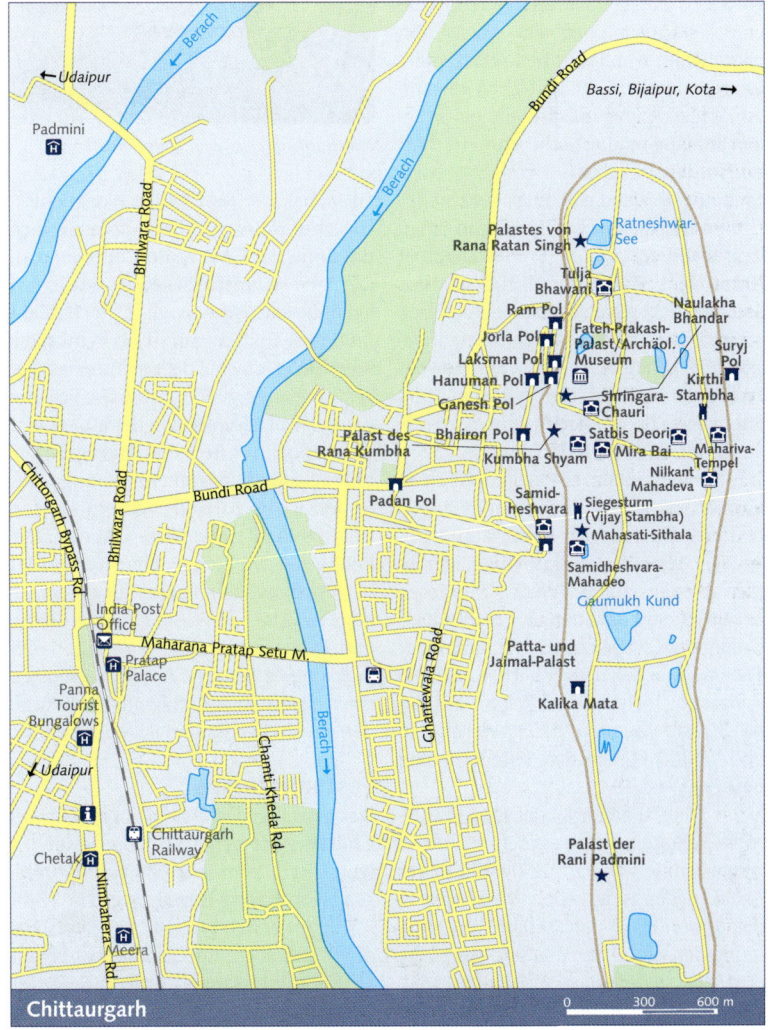

Chittaurgarh

Das südliche Rajasthan

Innerhalb eines Rajputen-Clans war die Thronfolge selten klar geregelt, sodass es oft zu Brudermorden und Fehden der Clans untereinander kam. Diese Uneinigkeiten begünstigten den Sieg der Muslime in Nordindien. Eine Konföderation, wie sie 1527 Maharana Sangram Singh I. von Mewar (1484–1527, regierte 1509–1527) schloss, um dem ersten Großmogul Babur entgegenzutreten, war deshalb eine Seltenheit. Doch der ›Kaiser von Hindustan‹, wie Babur sich selbst nannte, war bereits zu mächtig. Er gewann die Schlacht und machte alle Hoffnungen auf eine hinduistische Vorherrschaft im Norden zunichte.

Chittaurgarh stand nun unter Aufsicht des Großmoguls, zunächst von Ratan Singh II., danach von seinem Bruder Bikramjit (Bikramjeet Singh), der als rücksichtslos und rachsüchtig galt. Da die Adelsfamilien ihn nicht schätzten, war seine Befehlsgewalt aber gering. Auch die Fähigkeiten des zweiten Großmoguls Humayun, der 1530 Babur ablöste, wertete man in Nordindien gering. Bahadur Shah (regierte 1526–1537), König über ein kleines Reich in Gujarat, sah diese Schwächen und wagte 1534 einen Angriff auf Chittaurgarh. Als die Lage hoffnungslos wurde, kam es zum zweiten Jauhar. Wiederum priesen Legenden und Balladen den furchtbaren Untergang Chittaurgarhs. Königinmutter Rani Jawahar Bai, eine gebürtige Rathore-Prinzessin, focht in den Reihen der Ritter. 32 000 Rajputen sollen gefallen sein und 13 000 Frauen den Scheiterhaufen bestiegen haben.

Noch Jahre später war der Stolz der Sisodia-Rajputen nicht gebrochen, und so weigerten sie sich hartnäckig, mit Kaiser Akbar Frieden zu schließen. Daraufhin gab der Kaiser 1567 den Befehl zur Erstürmung der ›stolzesten Festung ganz Hindusthans‹. Wiederum, zum dritten Mal, verübten alle Rajputen mit ihren Famili-

Die Ruinen des ehemaligen Palastes

en Jauhar, der Rest wurde hingerichtet. Dieser dritte Angriff bedeutete zugleich das Ende der Geschichte Chittaurgarhs. Die neue Hauptstadt Mewars war fortan Udaipur, das Udai Singh II. noch 1567 gründete. Chittaurgarh blieb in muslimischer Hand, obwohl die zerstörte Festung keine Bedeutung mehr hatte. Die Festung wurde zwar teilweise wieder aufgebaut, sank jedoch zur Bedeutungslosigkeit herab. Alljährlich pilgern Angehörige des Sisodia-Clans zu Gedenkfeiern an den Chattris ihrer ruhmreichen Ahnen. Die Politik der Mogulherrscher hatte aber auch noch weitere Folgen für die Chauhan-Dynastie, deren Reich Kota, Bundi und Jhalawar umfasste – im Jahr 1625 proklamierte Jahangir, Akbars Nachfolger, einen eigenständigen Rajputenstaat Kota, den er vom Fürstentum Bundi abtrennte.

Festungsanlage

Das gewaltige Gebirgsfort oberhalb von Chittaurgarh beherrscht die Stadt. Es wurde bereits im Jahr 728 auf Veranlassung von Bappa Rawal (regierte 734–753), des ersten großen Herrschers aus dem Geschlecht der Sisodia, auf einem elf Kilometer langen und 180 Meter hohen Felsen erbaut. Seit dem 12. Jahr-

Karte S. 307

hundert wurde es das Zentrum des Mewar-Reiches. Die Gebäude, wie sie heute zu sehen sind, wurden zum Teil erst im 20. Jahrhundert restauriert. Eine elf Kilometer lange Mauer umschließt die Reste der einst mächtigen und hart umkämpften Festungsanlage, gesichert durch neun Zugangstore und gesäumt von Gedenkstätten für die im Kampf gefallenen Helden.

■ Zugangstore

Man erreicht das Fort über eine breite Rampe, die hinauf zum Plateau führt und auch von Fahrzeugen benutzt werden kann. Das ist wichtig, denn zu Fuß wird dieser steile, lange Weg von Touristen fast niemals bewältigt. Nahezu an jedes Tor knüpft sich eine Episode aus der Geschichte Chittors. Neben dem **Padan Pol**, dem ersten Tor, steht der Gedenkstein für Rawal Bagh Singh, der 1534 in der Schlacht gegen Bahadur Shah den Tod fand. Zwischen dem zweiten und dritten Tor, **Bhairon Pol** (benannt nach Bhairon Dass von Desuri, der ebenfalls in dieser Schlacht sein Leben ließ) und **Hanuman Pol** (wo die Rajas Sajjan von Dilwara und Sinha von Sadri gegen Bahadur Shah fielen), stehen zwei Gedenksteine zu Ehren von Jaimal von Bednore und seinem Ge-

folgsmann Kalla. Beide Helden starben 1568 während der Belagerung durch Akbar. Es folgen **Jorla, Ganesh** und **Laksman Pol**. Das **Ram Pol** von 1459 schließlich, das siebente und Haupttor, hat sehr schön gemeißelte Ornamente und Reliefs von Hindugottheiten. Gegenüber erinnert ein weiterer Chattri an den Tod des 16-jährigen Patta von Kailwa, der zusammen mit seiner Mutter und Braut an der Seite Jaimals kämpfte und den der Rüssel eines Kriegselefanten zu Boden schleuderte.

■ Palast des Rana Kumbha

Als erstes Bauwerk hinter der Mauer des Forts erblickt man den **Tulja-Bhawani-Tempel**, einen Hindutempel, der zu Ehren der Gottheit Bhawani 1537 bis 1540 erbaut wurde. Nicht weit davon befinden sich die **Ruinen von Naulakha Bhandar**. Es war ein kleines Schloss, wo alle die Reichtümer und Schätze von Chittor gesammelt und im Chittaurgarh-Fort aufbewahrt wurden. Ursprünglich umfasste die Zitadelle eine gewaltige Mauer und hoch aufragende Türme.

Dann rücken die Ruinen des dreistöckigen **Palastes des Rana Kumbha** (1433–1468) ins Blickfeld. Gut erhalten dagegen ist noch die von Säulen getragene **Audienzhalle**. In den unterirdischen Gewölben soll Rani Padmini, die Frau Rao Ratan Singhs, im Jahr 1303 Jauhar verübt haben, um nicht den Muslimen in die Hände zu fallen.

Nun kommt man zum **Jaintempel Shringara-Chauri** (auch Shingara Chauri oder Singa Chowri) von 1448 oder 1456, der dem 16. Tirthankara Shantinath geweiht war. Die Bezeichnung Chauri bedeutet, dass hier Hochzeitszeremonien abgehalten wurden.

Direkt hinter dem Palast von Rana Kumbha steht der Anfang des 20. Jahrhunderts errichtete **Fateh-Prakash-Palast**. In dem Palast ist heute ein **archäologi-**

Der Palast des Rana Kumbha

Das südliche Rajasthan

sches Museum untergebracht, das Fundstücke vom Festungsgelände zeigt. Der benachbarte **Tempelkomplex Satbis-Deori** (auch Sat-Bees-Tempel) wurde angeblich 1567 von Akbar, nach anderen Quellen bereits 1448 im Stil der Dilwara-Tempel von Mount Abu erbaut und vereint in sich die Reste von 27 Jain-Heiligtümern. Der ›Tempel der 27 Schreine‹ soll auf einer Zenana gegründet sein, also einem Teil des Rana-Kumbha-Palastes, der den Frauen vorbehalten war, und wurde 1942 restauriert.

■ **Kumbha-Shyam-Tempel**
An der nächsten Kreuzung rechts erreicht man nach wenigen Metern auf der linken Straßenseite einen weiteren Tempelkomplex. Zunächst betritt man den von einer hohen Mauer umschlossenen Kumbha-Shyam-Tempel, der von Rana Kumbha, nach dem der Tempel benannt ist, 1449 über einem Unterbau aus dem 9. Jahrhundert errichtet wurde. Er ist Varaha, der Inkarnation Vishnus in seiner Verkörperung als Eber geweiht; eine Statue von ihm befindet sich in einer Nische an der Rückseite des Tempels.

■ **Tempel der Mira Bai**
Im gleichen Tempelkomplex, neben dem Kumbha-Shyam-Tempel, steht der etwa 1440 erbaute Tempel der Mira Bai, die dem Rathore-Geschlecht von Merta entstammt. Im Jahre 1516 heiratete sie Prinz Bhojraj, den Sohn von Maharana Sangram Singh I., der schon nach wenigen Ehejahren verstarb. Mira entzog sich der Sati-Pflicht der gemeinsamen Verbrennung, wurde deshalb von der Familie verstoßen und führte als Witwe ein Leben zu Ehren Krishnas, den sie als ›Göttlichen Geliebten‹ verherrlichte und dem sie Oden und Hymnen in Hindi und Gujarati dichtete. Im Sanktum des Tempels findet sich eine Darstellung Krishnas mit Mira Bai an

seiner Seite. Oft sitzen hier Frauen vor dem Tempel und singen die noch immer populären Lieder von Mira Bai.
Dem Palast gegenüber steht der **Kunwar-Padeka-Mahal** (Palast des Kronprinzen), ein schönes Beispiel der frühen Rajputen-Architektur.

■ **Vijay Stambha**
Das architektonische Meisterwerk von Chittaurgarh ist der 38 Meter hohe Vijay Stambha (Siegesturm) des Maharana Kumbha, den dieser 1458 zum Gedenken an seinen Sieg über Mahmud Khilji (1436–1469) bauen ließ. Der Sandsteinturm steht auf einer drei Meter hohen Plattform, eine Treppe mit 157 Stufen führt neun Stockwerke hinauf. Die beiden oberen sind offen und gewähren einen Ausblick über den Tafelberg. Skulpturen von Hindugottheiten und ornamentaler Schmuck überziehen den Turm außen wie innen.
Auf dem Weg zum **Samidheshvara-Tem-**

Karte S. 307

Vijay Stambha, der Siegesturm

pel (Mokulji-Tempel) passiert man **Maha-sati-Sithala**, die Terrasse, auf der früher die Leichname der Maharanas verbrannt wurden. Eine Ascheschicht, die bei Ausgrabungen zutage kam, stammt offensichtlich von dem zweiten Jauhar 1535, als sich hier 13 000 Bewohnerinnen verbrannten.

■ Samidheshvara-Mahadeo

Der Shivatempel Samidheshvara-Mahadeo (Mokulji-Tempel) soll unter Raja Bhoja von Dhara (1010–1055) gebaut worden sein. Möglich ist auch, dass der Tempel Bhojas zerstört ist und es sich bei dem Samidheshvara um einen ehemaligen Jain-Tempel aus dem 12. Jahrhundert handelt, der erst unter 1428 in einen Shivatempel umgebaut wurde. Hier steht eine der besten Trimurti-Darstellungen, also mit Shiva-, Vishnu- und Brahmaabbildungen. Die Außenmauer wird von einem Skulpturenfries himmlischer und irdischer Tänzerinnen gerahmt.

■ Jaimal-Patta-Palast

Südlich befinden sich die Ruinen ehemals prächtiger Paläste, darunter auch zwei, die nach den beiden Verteidigern von Chittaurgarh, den Prinzen Patta und Jaimal, benannt sind. Sie gehören zu den letzten Bauwerken, die vor der Zerstörung des Forts 1567 errichtet wurden. Von den beiden Palästen ist der von Patta am interessantesten; er wurde auf einer Zenana des Rana-Kumbha-Palastes errichtet. Bei der Schlacht gegen Akbar gab Udai Singh dem damals 60-jährigen Rathor Jaimal und dem 16-jährigen Sisodia Patta von Kailwa die Führung über das Fort. Der Mogulherrscher Akbar selbst soll Jaimal mit einer Kugel verwundet haben. Von Kalla gestützt, kämpfte dieser jedoch weiter, bis beide fielen. Der **Kalika-Mata-Tempel** war ursprünglich ein Surya-Tempel aus dem späten

7. Jahrhundert, der 1568 neu errichtet und der Göttin Kali geweiht wurde. Erhalten geblieben sind schön gemeißelte Säulen und Skulpturen.

■ Palast der Rani Padmini

Noch weiter südlich erhebt sich malerisch inmitten eines Teiches der Palast der Rani Padmini, ein kleiner Pavillon, der als Wasserschloss nur mit dem Boot zu erreichen ist. Es scheint fraglich, ob der Palast tatsächlich der Rani Padmini gehörte, da sie bereits 1303 beim ersten Jauhar starb, der Palast aber wohl einer späteren Epoche zuzurechnen ist.

■ Gaumukh-Kund-Becken

Unterhalb des Heiligtums liegt das große **Gaumukh Kund** (Kuhmaul-Becken), das über einen in den Fels gehauenen Kuhkopf (*gaumukh*) mit Quellwasser gespeist wird. Das Wasser fließt in einen Teich (*kund*), der heute als Badeplatz dient. Während der Regenmonate ergießt sich vom Teich ein Wasserfall, der Jharna, den Felsen hinunter. Im Norden steht ein dem Parasnath gewidmeter **Jain-tempel** aus dem 15. Jahrhundert, man findet hier den Ausgang eines Tunnels, der bis zum Palast Kumbhas führen soll. Nun wendet man sich wieder nordwärts, es geht auf der Ostseite zurück. Der vielbesuchte Shivatempel **Nilkanth Mahadeva** (auch Neelkanth-Mahadur-Tempel) besitzt einen schwarzen Lingam in der Kultzelle.

■ Kirthi Stambha

Von dem an der östlichen Festungsmauer errichteten **Suraj Pol** bietet sich ein großartiger Blick auf die Landschaft. Etwa auf Höhe des Kumbha-Palastes erhebt sich der 22 Meter hohe **Kirthi Stambha** (Ruhmesturm), ein im 12. Jahrhundert errichteter siebenstöckiger Ruhmesturm der Jains. Ein Kaufmann der Jains ließ

Das südliche Rajasthan

ihn erbauen und widmete ihn Adinath, dem ersten Tirthankara dieser Glaubensgemeinschaft. Eine enge Treppe führt die sieben Stockwerke hinauf zum Obergeschoss. Die vielen nackten Figuren, die Digambaras (Luftgekleidete) verkörpern, weisen ihn als Bauwerk der gleichnamigen jainistischen Sekte aus.

Daneben steht der einige Jahrzehnte jüngere **Mahavira-Tempel**, der aufwendig renoviert wurde. Mahavira war der letzte der insgesamt 24 Tirthankaras.

■ Palast von Rana Ratan Singh

Auf dem Felsen von Chittaurgarh entdeckt man nördlich des Ram Pol die Ruinen des Palastes von Rana Ratan Singh, der etwa um 1530 erbaut wurde. Er liegt am kleinen Ratneshwar-See und gleicht in seinem Stil dem Palast des Rana Kumbha. Der Palast umfasst einen Hof, der von Räumen und Pavillons mit Balkonen an der östlichen Seite des zweiten Stockwerks umgeben ist. Erbaut wurde er als Winterquartier für die Könige.

 Chittaurgarh

Vorwahl: +91/1472.
Government Tourist Reception Centre, Janta Avas Grih, Station Road, Tel. +91/1472/241089; Mo–Sa 10–17 Uhr.

Festung; 6–18 Uhr, Eintritt 100 Rs.

Der nächstgelegene Flughafen ist in **Dabok**, 90 km entfernt.

Direkte Zugverbindungen bestehen von Delhi (ca. 9 Std.), Udaipur (2 Std.), Jaipur (6 Std.), Ajmer (3 Std.).

Busbahnhof, zwischen Neu- und Altstadt nahe der Brücke über den Fluss. Busse verkehren nach Udaipur (3 Std.), Jodhpur (3 Std.), Bundi (4 Std.), Ajmer (5 Std.), Jaipur (8 Std.) und Delhi (14 Std.).

Pratap Palace (***), Bijaipur House, Nahe dem Head Post Office, Sri Gurukul Road, Chittaurgarh-312001, Tel. +91/1472/243563, +91/1472/240099, www.hotelpratappalacechittaurgarh.com; 47 Zimmer. Ehemals sehr schönes Hotel mit hübschem Garten, nunmehr etwas abgewohnt, das Restaurant ist nach wie vor zu empfehlen.
Panna Tourist Bungalows (*–**), RTDC-Hotel in Bahnhofsnähe, Pratap Nagar Road, Tel. +91/1472/241238, www.rtdc.in/panna.htm. Ordentliche, in einem Garten gelegene staatliche Unterkunft, etwas abgewohnt. Restaurant zum Garten.
Hotel Padmini (*–**), Bhilwara Road, Chittaurgarh-312001, Tel. +91/1472/241718; 50 Zimmer. Familienhotel ca. 3 km von der Altstadt, mit großem Speisesaal und großem Garten. Kleine, moderne Zimmer und Suiten, teils mit Fort- und Flussblick. Vegetarisches Restaurant, Reitmöglichkeit.
Bassi Fort Palace (***), Bassi-312022, Tel. +91/1472/225321, www.bassifortpalace.com; 16 Zimmer. Rund 25 Kilometer östlich von Chittaurgarh auf der Strecke nach Kota zur kleinen Ortschaft Bassi. WelcomHeritage-Hotel, im 16. Jahrhundert erbaut. Mit Pool, Jeepsafaris zum Bassi Wildlife Sanctuary.
Bijaipur Fort (***), Tel. +91/1472/276351, +91/1472/240099; 25 Zimmer. Rund 16 Kilometer südlich von Bassi. Ein mehrstöckiges Festungsgebäude aus dem 16. Jahrhundert mit malerischem Innenhof und einfachen Zimmern. Angeboten werden Pferde- und Jeepsafaris, Vogelbeobachtungen, Yogakurse.
Chetak (*–**), Nimbahera Rd., Tel. +91/1472/245192. Günstiges Guest House gegenüber vom Bahnhof, einfache Zimmer; mit kleinem Restaurant.
Meera (*–**), Nimbahera Rd., Tel. +91/1472/240934, http://hotelmeerachittaurgarh.com; 42 sehr unterschiedliche Zimmer, alle mit Bad. Mit Restaurant und Bar.

Der Palast der Rani Padmini in der Festung von Chittaurgarh

Von Chittaurgarh nach Kota

Es gibt zwei Möglichkeiten, von Chittaurgarh nach Kota zu gelangen. Zunächst fährt man auf der Autobahn NH 76 nach Bassi, wo sich später die Route gabelt. Da ist einmal die nördliche staubige Strecke über Menal und Bijolia nach Bundi und von dort südwärts nach Kota. Und dann gibt es die südlichere Variante – auf der NH 76 weiter – über Bhainsrorgarh mit dem Abstecher nach Baroli.

Menal

Menal ist eine pittoreske kleine Tempelstadt auf halbem Wege zwischen Chittaurgarh und Bundi. Nur wenige Touristen besuchen die Stadt an der Grenze zwischen den historischen Regionen Mewar und Hadoti. Hier erstrecken sich die Ruinen einer weiträumigen Tempel- und Palastanlage, die bereits im 11. Jahrhundert von Someshvar Chahamana (regierte 1169–1177) und seiner Königin Suhavadevi von der Shakambari-Dynastie erbaut wurde.

Treppen führen zu einer Terrasse über einem spektakulären Wasserfall. **Mahanal** heißt die romantische rund 120 Meter tiefe ›große Schlucht‹, in die sich der Menal-Fluss während der Regenzeit stürzt. Eine Besichtigung wert ist der **Mahanala-Tempel** (Mahanaleshvara-Tempel) aus dem Jahre 1170 mit seinen zahlreichen Toren und Gewölbebogen gegenüber von kleineren Tempeln. Der Eingang wird bewacht von einem sitzenden Löwen aus Stein, Bildnisse von Shiva und Parvati befinden sich an den Seitenwänden des Heiligtums. Das innere Sanktum wird beherrscht von Balkonen, während das Dach pyramidenförmig aus geschnitzten Steinen gefertigt wurde. Das zweigeschossige Eingangstor zeigt Darstellungen von Bhairava (›Der Schreckliche‹), der zerstörerischen Inkarnation von Shiva, und Ganesha. Der Tempel ist reich an erotischen Skulpturen.

Im Innenhof steht ein imposanter Shivatempel aus Sandstein, dessen Wände mit schönen Reliefs mit Shiva und Parvati sowie Tänzern, Tieren, aber auch erotischen Szenen verziert sind.

Gegenüber dem Shivatempel stehen die Überreste von einigen kleineren Tempeln, die weniger gut erhalten sind. Der Name **Dreiertempel** rührt daher, weil zwischen ursprünglich zwei Räumen später ein dritter hinzugefügt wurde. Interessant ist hier der Eingang zum Sanktum, weil über ihm ein vielarmiger Vishnu von Garudas und Nagas umgeben ist.

Bijolia

In Bijolia, zwischen Chittaurgarh und Kota gelegen, gibt es einige Sehenswürdigkeiten, die die unruhigen Zeiten der Vergangenheit überdauert haben und heute unter dem Schutz des ›Archeological Survey of India‹ stehen.

In der Stadt, früher bekannt als Vindhyavali, sind vor allem drei schöne Tempel aus dem 11. Jahrhundert zu sehen. Der wichtigste ist der **Shiva-Mahakala-Tempel**. Er ist Bhairava und Mahakala, den zerstörerischen Erscheinungsformen Shivas, geweiht und besitzt sogar zwei Shikhara-Türme mit einer gemeinsamen Vorhalle. Am Eingangstor steht unter dem Vorbau eine riesige vierarmige Ganesh-Statue. Der Tempel aus dem 12. Jahrhundert wird zurzeit restauriert. Hinter diesem Tempel ist der **Mandakini Kund** für rituelle Waschungen zu finden. Der jenseits des Beckens liegende **Udayeshvara-Tempel** (auch Undeshvar-Mahadeva-Tempel) ist Shiva geweiht und fällt durch die kleinen Pavillontürmchen auf, die das Dach der Mandapa-Vorhalle flankieren. Das Allerheiligste steht unter

◀ Karte S. 286

Wasser, aus dem ein Shiva-Lingam herausragt. An der Außenwand des Shikhara kann man eine nur 20 Zentimeter kleine Schnitzarbeit einer Vinayaki bewundern, einer elefantenköpfigen Hindu-Gottheit, die zwischen zwei Säulen sitzt.

Der dritte Tempel befindet sich rechts des Shiva-Mahakala-Tempels. Hier kann man eine Reihe von Götterstatuen sehen (Shiva, Brahma, Chamunda) und im Allerheiligsten einen hohen Shiva Lingam, der von hunderten kleinen Lingams umgeben ist, weshalb der Tempel als **Haja-**resvara **Mahadeva** oder Sahastralinga (›1000 Lingams‹) bezeichnet wird.

Die **Jain-Tempel** liegen etwa anderthalb Kilometer südöstlich und wurden von Mahajan Lala in der Zeit des Chauhan-Raja Someshwar von Ajmer erbaut. Wie Inschriften an den Felszeichnungen ergeben, stammen sie aus dem Jahre 1170 nach Christus. Heute befindet sich hier der **Panchayatan Mandir** (Tempel), der 1226 vollendet sein soll.

Die Linienbusse nach Udaipur und Chittaurgarh halten in Menal und Bijolia.

Bundi

Bundi liegt malerisch eingebettet in einem Tal der Vindhya-Hügelkette. Über der Stadt mit ihren bunten Häusern thront auf einem Felsen der große Palast des ehemaligen rajputischen Fürsten Rao Ratan Singh. Wie die meisten Rajputenstädte entstand auch Bundi am Fuße eines Felsens, auf den die Herrscher die **Festung Taragarh** bauen konnten. In ihr befinden sich jetzt ein großes Wasserreservoir und eine Funkstation. Der **Palast** hingegen klebt unterhalb der Festung an einem Hang.

Räuberische Clans überrannten die Bhil und Mina im Tal des Chambal und errichteten ihr Königreich der Hadavati

Das südliche Rajasthan

Blick auf Bundi vom Palast

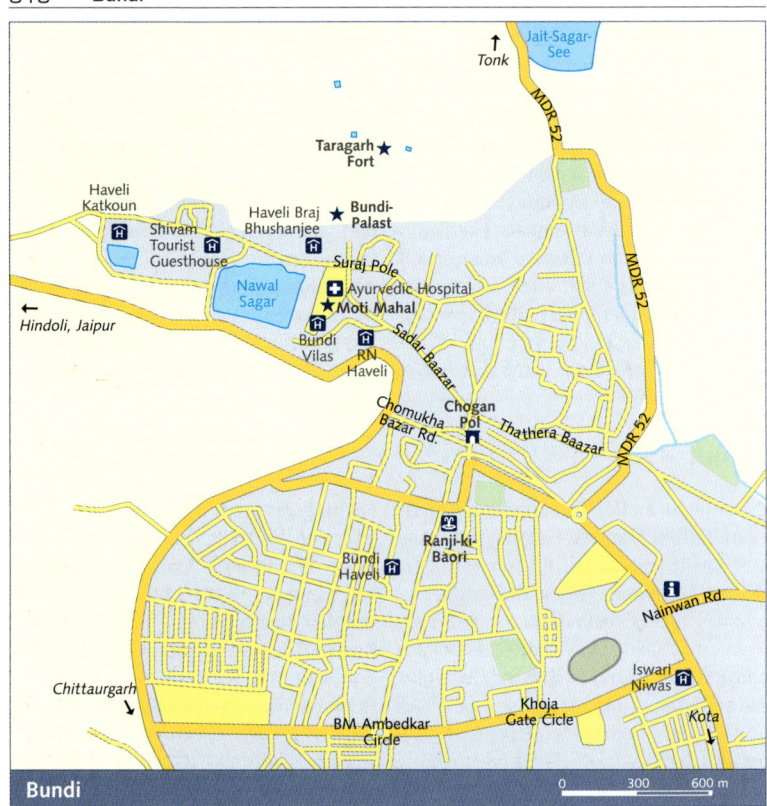

Bundi 0 300 600 m

(auch Hadoti) im Dreieck Kota, Bundi und Jhalawar. Durch eine kluge Politik gewann Rao Surjan, der Herrscher von Bundi, das Vertrauen des Mogulherrschers Akbar, der ihm Religionsfreiheit und Privilegien gewährte. Seitdem gehörten die Herrscher von Bundi zu den engsten Verbündeten der Mogulen. Dies war insofern wichtig, als Bundis Herrscher ständig in Konflikte mit den mächtigen rajputischen Nachbarn, den Maharanas von Mewar, verwickelt waren, aus deren Herrschaftsbereich sie ja herausgelöst wurden.

Interessant ist, dass sich in den Rajputen-Residenzen ab dem 16. Jahrhundert verschiedene Zentren für Wand- und Miniaturmalereien entwickelten. Die älteste Schule von Mewar orientierte sich ursprünglich am Vorbild mittelalterlicher Palmblattmalereien jainistischer Klöster Gujarats. Nach 1600 wurden Wand- und Buchmalerei der Schulen von Jaipur, Alwar, Kishangarh, Jodhpur und Bikaner von persischen Ateliers an Mogulhöfen inspiriert. Doch besonders berühmt wurden die vorzüglichen Miniaturen aus Bundi, die unter Rao Bao Singh (1659–1682) ihren ersten Höhepunkt erlebten. Sie sind einige der wenigen, die vom Mogulstil nahezu unbeeinflusst blieben und reichlich Szenen aus den Krishna-Mythen sowie Elefantenkämpfe auf zart türkisfarbenem Hintergrund zeigen.

Bundi-Palast

Der Bundi-Palast (Garh Palace) zieht sich einen Hang hinauf und präsentiert sich dem Betrachter als trutzige Festung. Die Räume scheinen eher übereinander als nebeneinander zu liegen. Rudyard Kipling (1865–1936), der Ende des 19. Jahrhunderts hier eine Zeitlang lebte, beschrieb den Bau als ›eine Lawine von Mauerwerk, jederzeit bereit herabzustürzen‹. Erst 2005/2006 wurden die älteren Paläste **Badal Mahal** (1607) und **Phool Mahal** (ebenfalls 1607) sowie **Chattra Mahal** (1644) den Touristen zugänglich gemacht.

Eine steil ansteigende Rampe führt hinauf zu zwei Toren, dem **Hazari Pol** (Tor der Eintausend) und dem Eingangstor **Hathi Pol** (Elefantentor) von 1620, das von zwei steinernen Elefanten mit erhobenen Rüsseln bewacht wird.

Über Treppen gelangt man in den kleinen **Haupthof** des Palastes, an dessen gegenüberliegender Seite die Stallungen lagen. Eine breite Treppe führt vom Hof hinauf zum **Ratan Daulat** (Edelsteinpalast), auch Halle der öffentlichen Audienzen (Diwan-i-Am) genannt, den Rao Ratan Singh (1607–1631) errichten ließ. Die Halle besitzt einen überdachten Mar-

Elefanten am Hathi Pol

morbalkon; auf dem konnte sich der Herrscher von einem recht einfachen Marmorsitz aus an die in der Säulenhalle versammelten Gäste und an die weniger privilegierten Besucher im Hof wenden. Am äußersten Ende des Ratan Daulat befindet sich der **Frauentrakt** (Zenana), den man durch den **Chattra Mahal** von 1644 oder 1660 erreicht. Hier befanden sich die privaten Gemächer mit fein gearbeitete Wandmalereien und glitzernden Spiegeln. Im Zentrum des kleinen Hofes befindet sich ein marmorner Pool. Durch den türkisfarbenen Pavillon an der Südseite des Hofes und den dahinter liegenden Raum erreicht man den sehr kleinen **Ankleideraum**. Dies ist einer der hübschesten Räume im gesamten Palast. Zu sehen sind Wandgemälde, die mit Silber- und Blattgold verziert sind. Abgebildet ist wieder Krishna, der mit seiner Flöte zum Reigentanz aufspielt. Wie alle heiligen Schriften Indiens sind auch die Krishna-Legenden in einer Symbolsprache abgefasst. So versinnbildlicht die Flöte den Menschen, der durch den Odem Gottes belebt wird. Die Hirtinnen, besonders Krishnas Favoritin Radha, verkörpern die Seelen, die ihm in Liebe verbunden sind, der Baum ist Zeichen des

Darstellung eines Elefantenkampfes in der Festung Bundi

Der Chitra Shala

Lebens und der Erkenntnis, die Kühe zeigen Krishna als Schützer der Kreaturen. Aber auch eine Prozession mit zahlreichen Soldaten, Pferden und Elefanten ist abgebildet.

Vom Hof des Chattra Mahal führen kleine Stufen hinauf zum **Phool Mahal** (Blumenpalast) von 1607 mit einem noch kleineren Hof, an den sich ein herrlich ausgeschmückter Pavillon anschließt. Hier sind auch europäisch gekleidete Soldaten zu sehen. Über einige weitere Treppenstufen geht es hinauf zum **Badal Mahal** (Wolkenpalast), dem Schlafraum mit noch gut erhaltenen Gemälden von Krishna und Tieren.

Den auch früher schon zugänglichen berühmten **Chitra Shala** (Umed Mahal) erreicht man, indem man zunächst 20 Meter zum Hathi Pol hinuntergeht und sich dann an der ausgezeichneten Rampe links den Hügel hinauf wendet, vorbei am Wegweiser ›Vediography prohibited‹. Man kommt dann in den **Innenhof**, in dem einst Springbrunnen plätscherten, und zu einer von Säulen bestandenen Bildergalerie. Diese offene Säulengalerie, ein ›Pavillon der Gemälde‹, ist mit einigen der schönsten Wandmalereien rajputischer Kunst (1748–1770) in den charakteristischen Türkis-, Grün- und Brauntönen verziert. Colonel James Tod, Offizier der British East India Company, hielt seinen Eindruck um 1820 mit den Worten fest: »Wer den Palast von Bundi gesehen hat, kann sich leicht die Hängenden Gärten der Semiramis vorstellen«.

Sternenfort

Oberhalb des Palastes erhebt sich das Sternenfort (Taragarh Fort), das aus der Gründungszeit der Stadt stammt und 1342 oder 1354 gebaut wurde. Der Besuch lohnt eigentlich nur wegen der schönen Aussicht, denn erhalten geblieben sind nur einige Zinnen, die gewaltige Kanone **Garb Gunjam** (›Donner-der-den-Leib-erzittern-lässt‹) und in die Felswände eingehauene **Wasserbehälter**.

Man gelangt hinter dem Chitra Shala (Umed Mahal) von einem Pfad 250 Meter entlang der Rampen und dann 300 Meter links weiter entlang der gepflasterten Piste, die kurz vor dem Dudha Mahal beginnt, einem verlassenen Gebäude. Übrigens soll sich hier ein Labyrinth an Katakomben befinden, in dem der Staatsschatz versteckt gewesen sein soll. Er konnte nur einmal von jedem Herrscher besichtigt werden, doch das Wissen um seine Lage ging verloren, als der letzte Führer 1940 starb und sein Geheimnis mit ins Grab nahm.

In Acht nehmen sollte man sich vor den vielen teils agressiven Affen im Fort. Am Eingang werden häufig – gegen eine kleine Spende – Stöcke zur Abwehr verliehen.

Havelis und Brunnen

Bundi besitzt einige Havelis, so das 200 Jahre alte **Haveli Braj Bhushanjee**, das ebenso wie das ausgezeichnet renovierte

Hotel Bundi Haveli auch Gäste bewirtet. Während das außerhalb vom Westtor liegende **Haveli Katkoun** komplett umgestaltet wurde und herrliche Ausblicke auf den Palast und den See Nawal Sagar bietet, besitzt das alte **RN Haveli** (Tel. +91/747/2443278) einen schönen Garten und ist besonders auf weibliche Gäste ausgerichtet (alle Havelis → Hotels).

Bekannt ist Bundi auch für seine Brunnen. Einer der größten ist der **Ranji-ki-Baori**, erbaut 1695 bis 1729. Er ist ungefähr 20 Meter breit und es geht 18 Meter stufenweise in die Tiefe. Die Wände sind mit Steinmetzarbeiten verziert. Leider ist die Anlage stark vernachlässigt und durch Gitter gegen Tauben gesichert.

 Bundi und Ramgarh

Vorwahl: +91/747.

Tourist Office Bundi, Circuit House Campus, schräg gegenüber vom ›Iswari Niwas‹-Hotel, Tel. +91/747/2443697; Mo–Fr 10–18 Uhr.

Garh Palace; tägl. 8–18 Uhr, Eintritt 100 Rs, Kamera 50 Rs, Video 100 Rs.
Taragarh Fort; tägl. 8–17 Uhr, Eintritt 100 Rs, Kamera 50 Rs, Video 100 Rs.

Der nächstgelegene Flughafen befindet sich in Jaipur, 210 km entfernt.

Jeden Morgen fährt ein Zug vom 5 km außerhalb liegenden Bahnhof nach Chittaurgarh, und außerdem bestehen Verbindungen nach Sawai Madhopur, Kota und Delhi.

Regelmäßig verkehren Busse nach Kota (45 Min.), Jaipur (4 Std.), Ajmer (5 Std.), Chittaurgarh (4 Std.), Udaipur (7 Std.), Sawai Madhopur (5 Std.), Jodhpur (10 Std.) und Delhi (11 Std.).

Haveli Brij Bhushanji (****–*****), gegenüber dem Ayurvedic Hospital, Bundi-323001, Tel. +91/747/2442322, www.kiplingsbundi.com; 24 Zimmer. Gut geführtes, schön restauriertes vierstöckiges Haveli, das vor 200 Jahren erbaut und 2007 um einen neuen Flügel erweitert wurde. Die hellen und geräumigen Zimmer des zur Heritage-Gruppe gehörenden Hotels sind im traditionellen Stil eingerichtet. Ein hervorragendes, edel ausgestattetes vegetarisches Restaurant in einer Säulenhalle, eine Dachterrasse sowie ein Laden mit Kunsthandwerk befinden sich ebenfalls in der Anlage. Von der Terrasse hat man einen herrlichen Blick über die Stadt.

Bundi Vilas (***), unterhalb vom Moti-Mahal-Palast, Bheru Darwaja, Balchand Para, Bundi-323001, Tel. +91/747/5120694, +91/747/175280, www.bundivilas.com. Das 300 Jahre alte Haveli ist im geschmackvollen Design gehalten.

Bundi Haveli (****), Balchand Para, Tel. +91/747/2446716, www.hotelbundihaveli.com; 12 geschmackvoll eingerichtete Zimmer in traditionellem Haveli, Restaurant im Hof, Dachterrasse, Geldwechsel, Internetzugang.

Das südliche Rajasthan

Haveli Katkoun (*–**), Balchand Para, Tel. +91/747/2444311, http://haveli katkoun.free.fr. Schön renoviertes Haveli, einige Zimmer mit Palast- und Seeblick; mit Gartenrestaurant.

Shivam Tourist Guesthouse (*), Tel. +91/747/2447892, www.shivam-bundi.co.in; 6 Zimmer. Einfache, aber nette Zimmer; Dachrestaurant mit hausgemachtem Essen.

RN Haveli (*),Tel. +91/747/5120098, rnhavelibundi@yahoo.co.in Beliebtes Gästehaus in einem alten Haveli südöstlich vom Nawal Sagar; mit Dachterrasse und Internetzugang.

Hindoli-Fort

Das Fort von Hindoli aus dem 15. Jahrhundert liegt rund 15 Kilometer nordwestlich von Bundi auf dem Weg nach Jaipur und wird nur selten besucht. Das Fort wechselte mehrmals den Besitzer. So wohnte hier zeitweilig Maharana Pratap von Mewar, bis 1659 Rao Bhao Singh aus Bundi das Fort eroberte.

Bhensrorgarh-Fort

Wenn man die südliche Variante der Strecke von Chittaurgarh nach Kota wählt, kommt man an Bhensrorgarh (Bhainsrorgarh) vorbei. Durch die Flüsse Chambal und Bamani an zwei Seiten geschützt, liegt 50 Kilometer von Kota auf einem 70 Meter hohen Felsen das Bhensrorgarh-Fort aus dem Jahr 1740. Colonel James Tod schrieb in den 1820er Jahren: »Die Festung Bhainsroi liegt wild-romantisch am höchsten Punkt eines Bergkammes«. Sie ist niemals erobert worden.

📧 **Bhainsrorgarh Fort**

Bhainsrorgarh Fort (****), Bhainsrorgarh, Rajasthan-232304, Tel. +91/1475/232006, www.bhainsrorgarh.com. Das in ein Hotel umgebaute Fort bietet fünf große Suiten mit Blick über den Fluss.

◀ Karte S. 286

Tempelanlage Baroli

Nur sehr selten wagen Besucher den Abstecher südlich von Bhainsrorgarh. Das ist schade, denn die großartige Tempelanlage Baroli (auch Badoli) überdauerte nahezu unversehrt ein Jahrtausend; eine Inschrift nennt das Jahr 925 als Gründungsdatum. Obwohl auch diese Tempelanlage dem Zerstörungswahn von Aurangzeb nicht entging, ist noch einiges erhalten, sodass sich eine Besichtigung lohnt. Dieser Tempelkomplex steht unter dem Schutz der ›Archeological Survey of India‹ und stellt ein klassisches Beispiel des nordindischen oder Nagara-Stils der Pratihara-Kaiser im 10. Jahrhundert dar. Die Tempel des archäologischen Komplexes sind den Hindugöttern Brahma, Vishnu und Shiva in seiner Form als Mahadeva (Gott der Schöpfung, Erhaltung und Zerstörung) geweiht.

■ Ghateshwara-Mahadeva-Tempel

Der größte Tempel der Anlage ist der Ghateshwara-Mahadeva-Tempel aus dem 10. Jahrhundert. Verehrt wird Shiva in Form von fünf Shiva-Lingas. Ein Linga sieht aus wie ein umgedrehter Topf, woher sich auch der Name ableitet – Ghateshwara (Topf-Gott). Mahadeva wiederum bezeichnet eine Inkarnation von Shiva. Das quadratische **Sanktum** (*garbhagriha*) ist durch einen Vorraum mit einer von sechs Pfeilern und zwei Pilastern getragenen Versammlungshalle (*mukha mandapa*) verbunden. Zwischen der Mandapa und dem Sanktum befindet sich Shivas Reittier, der Bulle Nandi. Der Tempel ist reich dekoriert, beachtenswert ist ein **tanzender Shiva** (*nataraja*), umgeben von Brahma, Vishnu und mythologischen Gestalten. An den Pfeilern und Deckensegmenten sind verschiedene Liebespaare sowie aus den Säulenschäften des Mandapa plastisch hervortretende himmlische Nymphen zu erkennen.

■ Weitere Tempel

Die **Sringar Chauri** oder Tanzhalle (*ranga mandapa*) befindet sich außerhalb und wurde erst später hinzugefügt. Abbildungen zeigen die Flussgöttinnen Ganga und Yamuna als Torhüterinnen (*dwarapalas*). Eine Reliefplatte enthält eine Abbildung der Trinität (Vishnu, Shiva und Brahma). Ein anderer Tempel ist Ganesh geweiht, Arme und Füße der Gottheit wurden zerstört.

Nicht weit entfernt befindet sich ein malerischer **Shivatempel** mit einem Lingam inmitten eines kleinen Sees.

Der **Vamanavatar-Tempel** wurde der vierarmigen Vamana geweiht, der fünften Inkarnation von Vishnu. Das Heiligtum wurde bedeckt mit einer flachen Platte als Deckenersatz.

Sehenswert ist auch der **Trimurti-Schrein** im Südwesten mit einem dreiköpfigen Shiva, der beschädigt wurde.

Zwischen dem Ghateshwara-Mahadeva-Tempel und dem Trimurti-Schrein befindet sich der besonders fein gearbeitete **Mahishasuramardini-Schrein** (auch Ashtamata-Tempel) aus dem 10. Jahrhundert, der Durga (Mahishamardini) geweiht ist. Er besteht aus dem Sanktum, einer zweiten Kammer (*antarala*) und einer Versammlungshalle (*mukha mandapa*).

Kota

Im Gegensatz zu Bundi, das mittlerweile immer mehr Besucher auf ihrer Highlight-Liste vermerkt haben, ist Kota vom Tourismus noch nahezu unberührt. Die Stadt mit gut einer Million Einwohnern am Ufer des Chambal-Flusses ist die größte Industriestadt Rajasthans und berühmt für die Kota-Saris und die Miniaturkunstschule.

Mit dem Bau der Stadt soll 1264 begonnen worden sein, als die Hadoti-Chauhan einen Bhil-Anführer namens Koteya bekämpfte, von dem der Name der Stadt sich herleiten soll. Das Fürstentum Kota, das einstige Territorium der Bhil, hatte seine Geburtsstunde, als 1625 der Herrscher von Bundi, Rao Ratan Singh (1607–1631), einen Teil seines Reiches abtrennte und dem Prinzen Rao Madho Singh (1631–1648) schenkte. Dies wurde auch von den mächtigen Nachbarn, den Mewars in Udaipur, geduldet.

Am Bahnhof von Kota

Das südliche Rajasthan

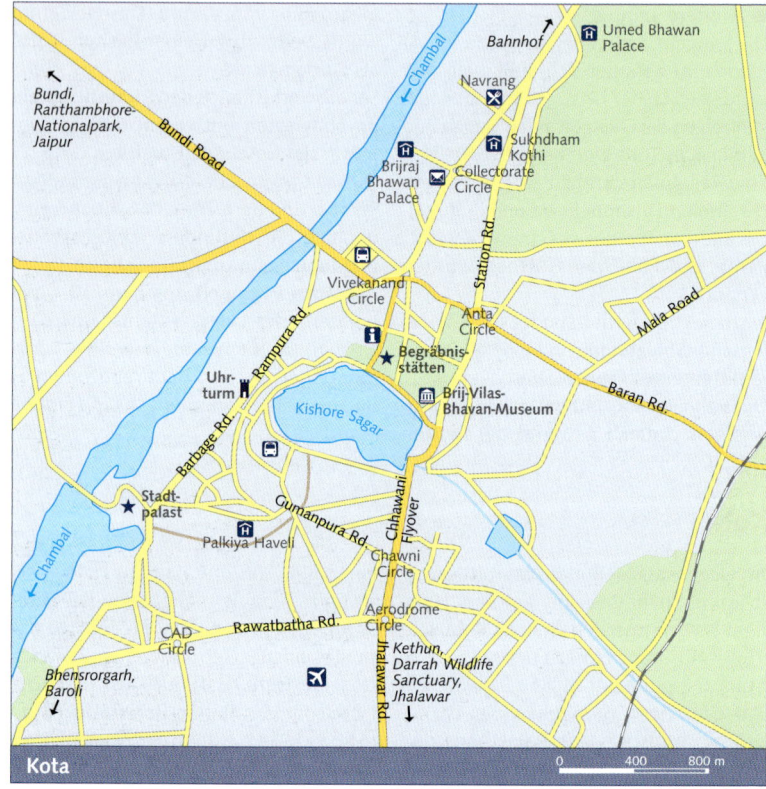

Kota

Stadtpalast

Zwischen den Festungsmauern und dem Chambal-Fluss baute sich die neue Dynastie 1625 ihren Stadtpalast, der sich über die Dächer der Innenstadt von Kota erhebt. Unter dem Protektorat der Moguln konnte man auf eine starke Befestigung verzichten, doch ist die Stadt mit einer Mauer umgeben, die teilweise noch erhalten ist.

■ Eingangstore

Der Zugang führt von der Südseite durch das **Naya Darwaza** (Neues Tor), gebaut um 1900. Von hier gelangt man zum **Jaleb Chowk** und dann östlich durch das **Nakkarkhana Darwaza** (Kesselpau-ken-Tor) und die Jantar Burj, westlich vom Chowk durch das **Hathi Pol** (Elefantentor), dessen Torbogen von den Rüsseln zweier Elefanten gebildet wird, eine Anlehnung an das gleichnamige Tor in Bundi.

■ Maharao-Madho-Singh-Museum

Im blau und lachsfarben angemalten Stadtpalast erwarten den Besucher nicht etwa trutzige Bastionen, sondern verspielte Erker, luftige Galerien und bengalische Dächer nach dem Vorbild der Mogularchitektur. In ihm befindet sich heute auch das sehenswerte Maharao-Madho-Singh-Museum, in dem Dinge des täglichen Bedarfs der Herrscher ausgestellt sind, darunter auch Elefantensattel (*howdahs*) und eine fürstliche Sänfte (*palanquins*) sowie ein silberfarbener Thron.

Einen ersten Eindruck vermittelt die erste **Durbar-Halle**, eine Empfangshalle mit einem Silberthron und großen Elefanten, die aus Holz geschnitzt sind.

■ Raj Mahal

Geht man nun diagonal über den von Ausstellungsräumen umgebenen Hof, erreicht man den **Raj Mahal**, der 1634 von Rao Madho Singh (regierte 1625–1649) erbaut wurde. Er gehört zum ältesten Teil der Anlage, diente als öffentliche Audienzhalle und ist mit schönem Spiegelwerk ausgestattet.

Vom Raj Mahal führt ein Korridor zu mehreren Räumen, in denen beispielsweise ein **Waffenmuseum** untergebracht ist, eine **Kunstgalerie** und ein Zimmer, das mit zahlreichen Fotos der Herrscher von Kota aufwartet. Im Tiefgeschoss sind die **Jagdtrophäen** des Maharajas ausgestellt. Wichtiger ist der folgende Raum mit **Miniaturmalereien**, auf denen beispielsweise die Maharajas auf dem Rücken ihrer Pferde zu betrachten sind.

■ Zenana

Zum ältesten Teil gehört aber auch der alte **Frauenpalast** (*zenana*), ein klassischer Rajputenbau mit rechteckigen Balkonen und den für die Frauengemächer typischen Fenstern, durch die man schauen konnte, ohne selbst gesehen zu werden. Es gibt noch eine Reihe weiterer Palastgebäude zu sehen, die durchaus sehenswert sind. Im **Barah Mahal** beispielsweise, im oberen Stockwerk des Barah Dari mit tiefroten Säulen, von dem man einen herrlichen Blick auf die Stadt und den Fluss genießt, finden sich zahlreiche Gemälde und Fresken, beispielsweise von Krishna und von europäischen Damen und Herren.

■ Begräbnisstätte

Am Nordufer des künstlichen Sees **Kishor Sagar** liegt unmittelbar außerhalb der Stadtmauern in einem Park die Begräbnisstätte der Herrscher. Dicht drängen sich hier die von Chattri-Kuppeln überwölbten Plattformen. An einigen der Treppenaufgänge gibt es sehr schöne Götterreliefs zu bewundern – Sarasvati auf ihrem Reittier, der Gans, Shiva mit dem Nandi-Bullen und den Elefantengott Ganesh.

 Kota

Vorwahl: +91/744.

Tourist Reception Centre, im RTDC Hotel ›Chambal Tourist Bungalows‹, Nayapura, Tel. +91/744/2327695; Mo–Sa 10–17 Uhr.

Stadtpalast, Maharao-Madho-Singh-Museum; Sa–Do 10–17 Uhr, Eintritt 100 Rs, Kamera 50 Rs, Video 100 Rs.

Kota befindet sich am Highway Nr. 12 (Jaipur–Jabalpur). Entfernungen: Bundi 40 km, Ajmer 210 km, Jaipur 250 km, Udaipur 300 km, Indore 320 km.

Regelmäßige Verbindungen nach Bundi (etwa alle 30 Min., Fahrzeit 45 Min.), Ajmer und Jaipur (6 Std.), Udaipur (6,5 Std.), Chittaurgarh (4,5 Std.), Jodhpur (11 Std.) und Bikaner (12 Std.).

Kota liegt zwischen Delhi und Mumbai, und die meisten Züge halten in Kota. Außerdem gibt es eine Verbindung zwischen Kota und Chittaurgarh.

Gute Bahnverbindungen mit Delhi (Rajdhani Express und Shatabdi Express, 5 Std.) und Jaipur (Mumbai-Jaipur-Express, 4 Std.).

Das südliche Rajasthan

Der nächstgelegene Flughafen ist Jaipur (250 km entfernt).

Brijraj Bhawan Palace (****), Station Road, Kota-324001, Tel. +91/744/2450529, www.indianheritagehotels.com; 7 Zimmer. Das 1840 erbaute und mit weißen Säulen flankierte Kolonialgebäude liegt hoch über dem Chambal-Fluss. Es war die Heimat der königlichen Familie von Kota und wurde später in ein Heritage-Hotel umgewandelt. Eleganter Speisesaal, gute Küche mit Zutaten aus dem Hausgarten. Der Garten erstreckt sich bis ans Ufer.

Umed Bhawan Palace (****), Palace Road, Kheiri Phatak, Kota-324001, Tel. +91/744/2325262, www.welcomheri tagehotels.in/hotel-overview/umed-bha wan-palace-kota; 17 Zimmer. Das Hotel der Welcomegroup im Haus des Maharao von Kota befindet sich in einer weitläufigen Gartenanlage. Dieser prächtige Palast bietet riesige Zimmer mit Originalausstattung, lange Arkadengänge und große Speisesäle.

Palkiya Haveli (***), Mokha Para, nahe Suraj Pol, Kota-324006, Tel. +91/744/ 2387497, www.palkiyahaveli.com; 6 Zimmer. Das restaurierte Haveli ist ein Heritage-Hotel mit traditionell eingerichteten Zimmern. Ein vegetarisches Restaurant bietet geschmackvolle Gerichte.

Sukhdham Kothi (**–***), Station Road, Kota-324001, Tel. +91/744/2320081, www.sukhdhamkothi.com; 14 Zimmer, 4 Suiten. Dieses geschichtsträchtige Heritage-Hotel besteht aus rotem Sandstein und liegt inmitten eines üppigen Obstgartens. Mit seinen offenen Terrassen und Arkaden präsentiert sich das Hotel in einem traditionellen Kolonialhaus als ein harmonisches Beispiel der englischen und indischen Architektur. Mit gut gepflegten Rasenflächen und Restaurant.

Navrang (*), Station Road, am Collectorate Circle, Tel. +91/744/2323294. Budgethotel mit preiswertem Restaurant.

Gute Restaurants in den Hotels ›Brij Raj Bhawan Palace‹, ›Umed Bhawan Palace‹ und ›Sukhdam Kothi‹. Für den schmalen Geldbeutel empfiehlt sich das Restaurant im ›Navrang Hotel‹ (Collectorate Circle, Civil Lines) an der Straße zum Bahnhof.

Die berühmten handgewebten Kota-Doria-Sarees können in sämtlichen Läden der Stadt gekauft werden. In **Kethun** (Kaithoon), 9 km südöstlich von Kota, kann man den Webern sogar bei der Arbeit zusehen.

🎵

Dussehra Fair; Okt. Farbenprächtiger Umzug zu Ehren des Gottes Rama, sehr ursprünglich.

Ausflüge von Kota

Staubbedeckte Büsche huschen flüchtig vorbei. Hier befindet man sich im ›unbekannten Rajasthan‹ – einsame Gehöfte und noch einsamere Landschaften flimmern im grellen Licht der Mittagssonne. Doch es locken Forts, Tempel und Paläste sowie ein fast unberührtes Wildreservat. Diese Region, vor allem südlich und östlich von Kota, ist für den Tourismus noch wenig erschlossen. Sie liegt in einer der landschaftlich schönsten Gebiete Rajasthans, so dass allein schon die Fahrt durch die Wälder ein Erlebnis ist. Man begegnet Frauen vom Stamm der Bhil mit ihrem schweren Messingschmuck. Die rund 1,3 Millionen Bhil mit leicht mongolischen Gesichtszügen gehören vermutlich zu jenem austroasiatischen Volksstamm, der vor etwa 6000 Jahren von Assam und Burma einwanderte. Die Legenden schildern die Bhil als ›Waldsöhne‹ (Banaputras), die Shiva als ›Herrn des Waldes‹ (Baneshvar) und als den ›Schrecklichen‹ (Bhairava) verehren. Früher wurden ihm Menschen geopfert, heute werden Tiere geschlachtet. Bekannt sind die Bhil als begabte Musiker und Tänzer. Zum Gangaur-Fest mit dem alljährlichen Heiratsmarkt werden in Prozessionen geschmückte Figuren des Götterpaares Gan und Gauri (Inkarnationen von Shiva und Parvati) und geschnitzte Elefanten durch die Dörfer getragen. Die Frauen der Bhil, gekleidet in schwarze Kniebundhosen, rote ärmellose Tuniken und mit goldbestickten Schleiern, zeigen dann auch ihren reichen Silberschmuck.

■ **Darrah-Wildreservat**
Das Darrah Wildlife Sanctuary wurde 1955 gegründet und war einst ein großes privates Jagdgebiet der Maharajas von Kota. In diesem Reservat, rund 50 Kilometer südlich von Kota, sollen noch Leoparden leben, hier konnte man früher die Indische Großtrappe beobachten, die den Berichten zufolge leider nicht mehr zu erblicken ist. Man kann das Wildreservat mit dem Fahrzeug aufsuchen, wozu allerdings die Erlaubnis des District Forest Office in Kota erforderlich ist (Tel. +91/744/2321263).

■ **Jhalawar**
Jhalawar, rund 80 Kilometer südlich von Kota, ist weithin als Hadoti (Hadavati) bekannt, also als Land der Hadas. Das Fürstentum Jhalawar wurde von Jhala Zalim Singh I. von Kota etwa um 1791 gegründet. Im Jahr 1838 wurde es auf Druck der Briten aus dem Gebiet Kota ausgegliedert.
Der Herrscher Zalim Singh (1875–1897) ließ noch während seiner Herrschaft eine Stadtrecht-Charta in eine Steinsäule gravieren.
Die Distrikthauptstadt ist von geringem touristischem Interesse. Zwar ist der ehemalige **Maharaja-Palast** (auch Garh Palace) im Zentrum der Stadt mit seinen Hallen und Räumen aus den Jahren um 1840 mit herrlichen Fresken verziert. Doch mittlerweile beherbergt er zahlreiche Amtsstuben und Büros. Die Räume können mit Genehmigung der zuständigen Behörden besichtigt werden. Auf dem Palastgelände befindet sich auch das frühere **Theater Bhawani Natyashala**, ein Parsi-Theater von 1921 mit außerordentlich guter Akustik. Der Namensgeber war Maharaja Bhawani Singh, der 1899 bis 1929 regierte.

🛏 **Jhalawar**

Hotel Dwarika (*), Hospital Road, Tel. +91/ 7432/232626. Zimmer in den Farben grau und braun bieten eine eigene Atmosphäre. Ein Restaurant ist vorhanden.

■ **Tempelanlage Chandravati**
Zwei Kilometer außerhalb von Jhalawar liegt der Tempelkomplex Chandravati (›Mondgärten‹), auch Chandrabaga genannt. Hierbei handelt es sich um eine Gruppe von frühmittelalterlichen Tempeln, von denen der zentrale Tempel **Shitaleschwara** aus dem Jahr 689 stammt. Berühmt sind zwei reich ornamentierte Deckenpaneelen der Vorhalle. Der **Chandramauleshvar-Tempel** aus dem Jahre 689 hat besonders schöne Skulpturen und Reliefs am Tempelportal.

🛏 **Chandravati**

RTDC Hotel Chandravati (*), 12 Jhalrapatan Road, Tel. +91/7432/234023, www.rtdc.in/chandrawati.htm; 2 klimatisierte und 4 nichtklimatisierte Zimmer. Mit passablem Restaurant.

■ **Jhalarapatan**
Etwa sieben Kilometer südlich von Jhalawar befindet sich die von einer mittelalterlichen Mauer umgebene Stadt Jhalarapatan, die man ›Stadt der Tempelglocken‹ nannte, da sich hier früher über 100 Tempel befunden haben sollen.

Das südliche Rajasthan

Axis-Hirsch im Ranthambhore-Nationalpark

Der noch gut erhaltene **Padmanath-Surya-Tempel** (auch ›Sonnentempel‹) aus dem 11. Jahrhundert ist Padmanath, einer Inkarnation von Surya, geweiht und hat als Sehenswürdigkeit rund 50 Tempelsäulen unter seiner drei Meter hohen Kuppel zu bieten, die mit erotischen Reliefschnitzereien entzücken. Das Bildnis des Sonnengottes ist seit den Wirren von 1857 verschwunden.

Beim faszinierenden **Shantinath-Tempel** aus dem 11. Jahrhundert ist der schwarzweiße Marmorgang beachtenswert. Am Eingang stehen zwei Marmorelefanten.

■ Gagron-Fort

Lohnenswert ist ein Besuch der zehn Kilometer von Jhalawar entfernt liegenden berühmten Festung Gagron, einer Jala durg (wassergeschützte Burg). Sie wurde 1561 von Akbar erobert, nachdem Sultan Alaud-din Khalji von Delhi sie elf Jahre lang erfolglos belagert hatte. 1715 überließen die Moguln das Fort dem Herrscher von Kota.

In der Nähe befindet sich auch der **Schrein des Sufi-Heiligen Mittheshah**, der hier 1353 gestorben sein soll.

■ Shergarh-Fort

Die Festung von Shergarh stammt aus dem Mittelalter und liegt rund 50 Kilometer östlich von Jhalawar. Sie befindet sich links des Chambal-Flusses, wurde 1540 erbaut und leitet ihren Namen von Sher Shah her. Shergarh war ursprünglich als Verteidigungsanlage gegen die Mewar-Herrscher gedacht, besitzt vier Tore und einige Paläste sowie einen **Hanuman-Tempel**. Man betritt das Fort durch ein großes Tor vom Osten.

■ Kakuni

Rund 60 Kilometer östlich von Jhalawar liegen die Ruinen von Kakuni, einer einst prunkvollen Tempelanlage aus dem 8. Jahrhundert. Hier stehen die Ruinen von **Fort Bhimgarh** (auch bekannt als Reasi Fort), die einen Besuch lohnen. Während der Renovierung 1817 bis 1841 wurden ein Eingangstor und eine Steinmauer errichtet, um es vor Angriffen zu sichern. Das Fort besitzt einen Tempel, einen Weiher, eine Waffenkammer und ein Schatzhaus. Mit der erneuten Renovierung 1990 wurde dem Fort eine Gartenanlage mit Spazierwegen

Karte S. 286

spendiert. Obwohl durch ein Erdbeben stark beschädigt, steht es als ein markantes Wahrzeichen der Stadt für Besucher offen.

Ranthambhore-Nationalpark

Nach dem Fall ihrer Königsstadt Delhi (Qala Rai Pithora) flohen die Chauhan-Rajputen auf die gewaltige **Festung Ranthambhore** (das alte Ranastambhapura), neben Chittaurgarh das wichtigste Bollwerk Ost-Rajasthans. In zähen Kämpfen unterwarfen sie Hadavati oder Hadoti, das alte Land der Bhil- und Mina-Stämme. Ranthambhore, die stolzeste Festung des Landes, fiel während des Kriegszuges des Sultans Ala ud-Din

Khalji von Delhi im Jahre 1302 durch Verrat. Von dieser Niederlage konnten sich die Chauhan nur schwer erholen und erlitten weitere Gebietsverluste, besonders gegenüber anderen Rajputen-Fürstentümern.

Die raue Straße führt an einer Gebirgskette vorbei, vor der sich riesige knallrote und rubinrote Felder erstrecken. Auf ihnen wachsen Chilis, auch Cayenne- oder Teufelspfeffer genannt, deren Schoten von Frauen in silberschwarzen und rotschwarzen Gewändern mit kleinen eingenähten Spiegeln geerntet werden. Ziel der Reise ist der ursprünglich 400 Kilometer große Ranthambhore-Nationalpark (auch Ranthambore), der 1991 um das

Tiger im Ranthambhore-Nationalpark

Das südliche Rajasthan

Kaladevi Sanctuary auf 1300 Kilometer erweitert wurde. Die Wälder dieses wunderschönen Gebietes gehörten zu dem nahegelegenen Verwaltungsbezirk Sawai Madhopur und waren privates Jagdrevier des Maharajas von Jaipur.

Für viele Tierliebhaber zählen **Tiger** und **Leoparden** zu den prächtigsten Raubkatzen. In Indien, wo noch einige dieser großartigen Lebewesen zu finden waren, ist die Zahl in den letzten Jahrzehnten aufgrund der Wilderei erheblich geschrumpft. Am ehesten kann man Tiger noch in diesem Nationalpark erspähen, und die Nachricht von einer erfolgreichen ›Fotojagd‹ beschert einem sicher neidvolle Blicke aller anderen Safariabenteurer. Natürlich kann man mit etwas Glück auch Leoparden sehen, garantiert die majestätischen **Sambar-** und **Axis-Hirsche**. Man sieht auch den fast zwei Meter hohen **Nilgai**, eine Antilopenart, die

fast die Körperfülle eines Elches erreicht. Der Park ist mit seinem dichten Wald, den Hügeln und Flüssen landschaftlich außerordentlich reizvoll, zumal sich noch die Ruinen einer **Festungsanlage** im Grün verstecken.

Das Fort wurde bereits im 11. oder 12. Jahrhundert als Residenz eines kleinen Hindukönigreichs der Chauhan-Rajputen errichtet und 1301 von Ala ud-Din Khalji eingenommen. Dabei soll es zum ersten Jauhar, dem kollektiven Selbstmord der Frauen auf dem Scheiterhaufen, gekommen sein. 1599 stürmte Akbar die Festung, ehe sie an den Kachwaha-Clan von Amber überging, der die Bauten als Jagdpavillons nutzte. Die Mauern sind heute verfallen, nur noch drei Tempel im Innern, den Gottheiten Shiva, Ganesh und Ramalaji geweiht, werden von den Gläubigen nach wie vor aufgesucht und geschmückt.

ℹ️ Ranthambhore-Nationalpark

Vorwahl: +91/7461/7462.

Tourist Office, im RTDC-Hotel ›Vinayak Tourist Complex‹, Ranthambhore Road, Sawai Madhopur, Tel. +91/7461/220808, +91/7461/221333, Mo–Sa 10–13.30 und 14–17 Uhr, tägl. zwei Stadtführungen von Rajasthan Tourism.

Project Tiger Information Office, Sawai Madhopur, Ranthambhore Road, etwa 400 Meter westlich des Bahnhofs, schräg gegenüber dem Touristenbüro. Tourbuchungen: Es werden zwei Touren pro Tag angeboten, früh morgens und am frühen Nachmittag. Wegen der besseren Beobachtungsmöglichkeiten ist die Morgentour vorzuziehen. Da nur eine begrenzte Zahl von Fahrzeugen (Jeeps und offene Lkw) pro Tour den Park befahren darf, hat sich eine Art ›Mafia‹ gebildet, die ganze Fahrzeuge von der Parkverwaltung anmietet und die Plätze dann in den Hotels zu stark überhöhten Preisen an zahlungswillige Touristen weiterverkauft.

Deshalb sollte man sich zunächst an das Parkbüro wenden, das die Fahrzeugkontingente vergibt.

🕐

Nationalpark; 1.10.–31.5. tägl., Video 400 Rs, Kamera frei.
Reisezeit ist von November bis April.

🚉

Nach Sawai Madhopur bestehen Direktverbindungen mit der Bahn von Delhi (350 Kilometer), Mumbai (1000 km) und Jaipur (130 km).

🚉

Der Bahnhof von Sawai Madhopur liegt 12 km vom Eingang zum Nationalpark entfernt. New Delhi (Paschim Express, 7 Std., Golden Tempel Mail, 6 Std.), Jaipur (Jaipur-Mumbai Express, Jaipur-Indore Express, jeweils 2.15 Std.), Jodhpur (Howrah-Jodhpur Express, 9 Std.).

Karte S. 286

Busse nach Jaipur (4,5 Std.), Kota (4 Std.), Bundi (3,5 Std.).

Der nächstgelegene Flughafen befindet sich in Jaipur (132 km entfernt).

Sawai Madhopur Lodge (*****), Ranthambhore Road, etwa 3 km östlich des Orts, Sawai Madhopur-322241, Tel. +91/7462/220541, www.vivantabytaj.com/Sawai-Madhopur-Ranthambore/Overview.html; 35 Zimmer. Mit stilvoll eingerichteten Zimmern im neuen und alten Flügel ist diese hübsche Lodge eine der führenden Unterkünfte der Stadt. Der 1930 erbaute ehemalige Jagdpalast des Maharaja Sawai Man Singh II von Jaipur liegt inmitten von großen, üppig grünen Gärten. Mit Restaurant, Bar und Pool. Sportliche Betätigungen findet man beim Crocket, Badminton oder Tischtennis. Ausritte zu Pferd oder Kamel und Leihfahrräder können direkt vor dem Gelände der Lodge beginnen.

Vanyavilas (*****), Ranthambhore National Park Road, Sawai Madhopur-322001, Tel. +91/7462/2223999, www.oberoihotels.com; von Juli bis einschließlich September ist das Camp geschlossen. Das im September 2001 eröffnete Palasthotel der Oberoi-Luxusklasse, umgeben von 25 modernen klimatisierten Zelten, ist nur 2 km vom Ranthambhore-Park entfernt. Die Luxuszelte haben Marmor-Badezimmer, Terrasse und einen Butler-Service. Es gibt ein Open-Air-Restaurant, einen Swimmingpool und einen Wellnessbereich.

Aman-i-Khás (****), Ranthambhore, Tel. +91/7462/252052, www.amanresorts.com; Okt.–April. Ein Wildniscamp für Reisende, die die Natur und das dörfliche Leben Rajasthans erleben möchten. Mit nur 10 Zelten, alle identisch und dem Stil der Reisezelte aus der Mogulzeit nachempfunden, ist das Aman-i-Khás das kleinste Hotel. Im Essenszelt werden bei gedämpfter Beleuchtung indische und internationale Gerichte serviert. Im Camp bietet sich die einmalige Gelegenheit, Tiger, Leoparden, Hyänen und andere wilde Tiere zu beobachten.

Tiger Den Resort (****), Khilchipur, Ranthambhore Road, Sawai Madhopur-322001, Tel. +91/7462/252070, www.tigerdenresort.com; 38 Cottages, 12 Suiten. 6 Kilometer vom Ranthambhore-Park entfernt, liegt vis-à-vis von den Waldhügeln des Parks im Wüstensand eine grüne Gartenoase mit Pool und Restaurant. Cottages und Luxussuiten aus Stein oder Bambus.

Tiger Safari Resort (****), Ranthambhore Road, Sawai Madhopur-322001, Tel. +91/7462/221137, www.tigersafariresort.com; 6 Cottages, 8 Zimmer. Bungalow-Hotel nahe dem Forest Office, geschmackvoll eingerichtete saubere Zimmer und Cottages sowie ein Dachrestaurant.

Castle Jhoomar Baori (***–****), Ranthambhore Road, Sawai Madhopur-322241, Tel. +91/7462/220495, +91/7462/224701, www.rtdc.in/jhoomarbaori.htm; 12 Zimmer, 2 Suiten. Das aus einem Jagdpalast hervorgegangene staatliche, auf einem Hügel liegende Hotel wurde inmitten von üppigem grünem Wald errichtet, nur 2 km vom Ranthambhore Park entfernt. Suiten mit Maharaja-Ausstattung.

Ankur Resort (**), Ranthambhore National Park Road, ca. 3 km vom Ort, Sawai Madhopur-322001, Tel. +91/7462/220792, www.ankurresorts.com; 20 Zimmer, 40 Cottages. Sauber, mit Pool, zwischen Sawai Madhopur und Parkeingang.

Hammir Wildlife Resort (**), Ranthambhore Road, Sawai Madhopur-322001, Tel. +91/+91/9414/446566, www.nivalink.com/hammir; 20 Zimmer, 16 Cottages. Resort mit Pool, besonders bei indischen Touristen beliebt.

Wollene Teppiche (*namdas*) sind typisch für Karauli und Tonk.

Dastkar Craft Centre, Ranthambhore Road, nahe Khem Villas; tägl. 10–20 Uhr.

Das südliche Rajasthan

Varanasi (Benares), die heiligste Stadt der Hindus, ist für Reisende aus dem Ausland nicht leicht zu erreichen, doch bieten einige Reiseveranstalter diesen Ort zusammen mit Khajuraho als Ergänzungsprogramm ihrer Rajasthanreisen an. Auch dieses steinerne Monument des Kamasutra liegt abseits der Hauptreisewege, wird jedoch einen bleibenden Eindruck hinterlassen, ebenso wie die phantastischen Höhlentempel von Ellora und Ajanta in der Nähe von Aurangabad.

An den Ghats von Varanasi

WEITERE ZIELE AUSSERHALB RAJASTHANS

Varanasi

Varanasi, das die Briten Benares nannten, gilt wie Rom als die ›Ewige Stadt‹. Sie ist mit heute rund 1, 2 Millionen Einwohnern die wichtigste der sieben heiligen Städte der Hindus und war bereits eine blühende Stadt, als Buddha vor 2500 Jahren nach Sarnath kam.

Ghats

Den Moloch Varanasi muss man als Tourist nicht unbedingt gesehen haben. Und die extremen Auswüchse religiösen Eifers der Gurus und Sadhus erschrecken den unbedarften Fremden eher, als dass sie Verständnis für das Land und seine Bewohner zu wecken vermögen. Das Gewirr schmaler Gassen, der Schmutz, der Gestank und die erschreckende Armut, mit denen der Fremde konfrontiert ist, wirken eher abstoßend. Doch vielleicht ist es gerade dies, was man sich an Eindrücken nicht entgehen lassen sollte. Nirgendwo in Indien begegnet man dem überwiegend armseligen Leben der einfachen Bevölkerung so hautnah wie in dieser ›heiligen Stadt‹ der Hindus. Doch wenn die früh morgens aufgehende Sonne die heruntergekommene Stadt in ein versöhnliches Licht taucht oder wenn sie am späten Nachmittag den Fluss und das Ufer in ein göttliches Licht hüllt (Kashi, ›Stadt des Lichts‹ nennen die Hindus sie), wird etwas von der Magie deutlich, die diesen Ort auszeichnet.

An den fast 100 Ghats, den Treppen zum Ganges, herrscht ein Gewimmel von heiligen Männern (Fakire, Gurus, Sadhus), Bettlern und Händlern. Für jeden gläubigen Hindu ist – wie eine Wallfahrt nach Mekka für die Muslime – eine Pilgerreise nach Varanasi höchstes Ziel, alle suchen im heiligen Wasser des Ganges die Reinigung von ihren Sünden, dort zu sterben erhöht die Chance auf Erlösung (*moksha*).

Am **Harishchandra Ghat** und vor allem vom **Manikarnika Ghat**, ›Stufe des Ohrs von Shiva‹, werden die Leichen auf einem Scheiterhaufen verbrannt, ihre Asche in den Fluss gestreut. An den Stätten der Verbrennungen herrscht striktes Fotoverbot.

Reinigung von den Sünden im heiligen Ganges

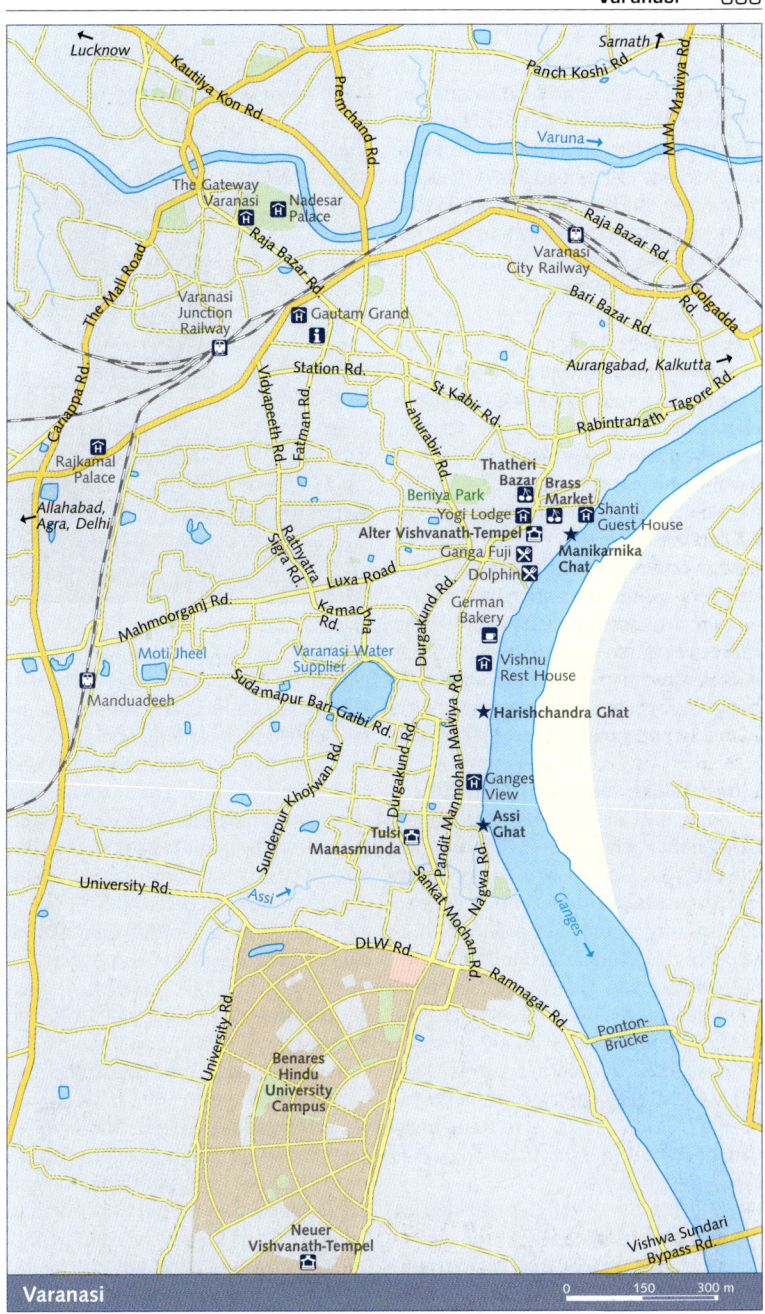

Lucknow ←

Kautilya Kon Rd.

Premchand Rd.

Sarnath ↑

Panch Koshi Rd.

M.-M. Malviya Rd.

Varuna →

The Gateway Varanasi

Nadesar Palace

Raja Bazar Rd.

Varanasi City Railway

Raja Bazar Rd.

Bari Bazar Rd.

Golgadda Rd.

The Mall Road

Varanasi Junction Railway

Gautam Grand

Station Rd.

St Kabir Rd.

Aurangabad, Kalkutta →

Rabintranath-Tagore Rd.

Canappa Rd.

Vidyapeeth Rd.

Fatman Rd.

Lahurabir Rd.

Rajkamal Palace

Allahabad, Agra, Delhi →

Beniya Park

Thatheri Bazar

Brass Market

Shanti Guest House

Yogi Lodge

Alter Vishvanath-Tempel

Manikarnika Chat

Rathyatra

Sigra Rd.

Luxa Road

Ganga Fuji

Dolphin

Mahmoorganj Rd.

Kamacha Rd.

Durgakund Rd.

German Bakery

Moti Jheel

Varanasi Water Supplier

Vishnu Rest House

Sudamapur Bari Gaibi Rd.

Manduadeeh

Sunderpur Kholyan Rd.

Durgakund Rd.

Pandit Manmohan Malviya Rd.

Harishchandra Ghat

Ganges View

Assi Ghat

Tulsi Manasmunda

Sankat Mochan Rd.

Nagwa Rd.

University Rd.

Assi →

DLW Rd.

Ramnagar Rd.

Ganges

Ponton-Brücke

University Rd.

Benares Hindu University Campus

Neuer Vishvanath-Tempel

Vishwa Sundari Bypass Rd.

Weitere Ziele außerhalb Rajasthans

Varanasi

0   150   300 m

Ist der Ganges der heilige Fluss, so gilt mehr als jedes andere Tier auch die Kuh als heilig. Gerade in Varanasi werden einem viele begegnen. Die Tradition der Gewaltlosigkeit (*ahimsa*), keine Kreatur zu töten oder zu verletzen, bewirkt, dass Kühe auf den Straßen der Städte frei herumlaufen. Sie beschnuppern die Abfälle und fressen das spärliche Gras der öffentlichen Anlagen.

Kühe sind der einzige Reichtum der Armen, die deren Exkremente als Brennstoff verwenden. Als Milchspenderin, als Zugtier und für die Feldarbeit bleiben sie unentbehrlich, doch werden sie nicht geschlachtet, ein großer Teil der indischen Bevölkerung lebt vegetarisch. Viele Kühe, die sich tagsüber als eine Art organischer Müllabfuhr von den Straßenabfällen ernähren, finden abends den Weg zu ihren Besitzern zurück. Die anderen übernachten auf der Straße und zwingen so die Fahrer der Busse oder Lastwagen dazu, ihre Geschwindigkeit zu reduzieren. Man nennt die heiligen Tiere deswegen auch ›sleeping policemen‹.

An den Ghats von Varanasi

Universität, Tempel, Märkte

Varanasi hat für den Touristen neben den Ghats noch andere Sehenswürdigkeiten zu bieten. So wird an der **Benares Hindu University** (B.H.U.) sowie in Hinterzimmern und auf Dächern die Geschichte des Hinduismus und des Sanskrit studiert. Die südlich vom Stadtzentrum gelegene Universität besitzt eine Sammlung von über 150 000 seltenen Manuskripten. Auf dem Universitätsgelände steht der neue, von der Industriellenfamilie Birla finanzierte **Neue Vishvanath-Tempel**, der für Angehörige aller Regionen offen ist.

Der Pilgerstrom in die Tempel scheint niemals zu versiegen. Prunkvoll ausgestaltet ist der **Tempel Tulsi Manasmunda**, der ebenfalls von der Familie Birla

gegründet wurde. Der Durga-Tempel ist wegen der hier lebenden Affen auch unter dem Namen Affentempel bekannt. Sein Turm symbolisiert das Eingehen aller fünf Elemente in die Weltseele und gilt als einer der heiligsten Tempel der Stadt. Der **Alte Vishvanath-Tempel** wird wegen seines vergoldeten Kupferdachs auch als ›Goldener Tempel‹ bezeichnet. Er wurde 1777 als Stiftung der Maharani Akalyabai von Indore errichtet und ist für Touristen nicht zugänglich. Hier steht auch der **Bharat Kala Bhavan** von 1920, wo man exquisite Miniaturen zu sehen bekommt, die durch symbolträchtige Ikonografie und die Verwendung intensiver Farben beeindrucken. Dann gibt es noch die Seide, die ursprünglich gewebt wurde, um die Tempelgottheiten damit einzukleiden. Die Weber von Varanasi haben sich auf Brokat spezialisiert, der mit Gold- und Silberfäden durchwirkt ist. Dieser Stoff war bei den Moguln

Karte S. 333

sehr beliebt und wird auch heute noch hergestellt. Um ihn zu sehen, muss man zum täglichen Seidenmarkt gehen, der jenseits eines Torbogens im **Thatheri Bazaar** liegt. Am späten Nachmittag eilen die Weber mit Kisten voller fertiger Saris durch das Gewirr der schmalen Gassen und versuchen, ihre Ware an die zahlreichen Händler zu verkaufen.

Außerhalb des Seidenmarkts findet man den **Brass Market** (Messingmarkt) sowie Verkaufsstände mit anderen Waren bis hinunter zum Fluss, wo man gegen Abend ein Boot mieten kann, das mit kleinen Öllampen beleuchtet ist. Von ihm aus genießt man einen eindrucksvollen Blick auf das Treiben an den Ghats.

Sarnath

Von Varanasi empfiehlt sich ein Abstecher ins rund 15 Kilometer entfernte Sarnath, wo Buddha seine erste Predigt hielt und seinen Mönchsorden (*sangha*) gründete. Sehenswert ist der fast 30 Meter hohe **Dharmek Stupa** aus dem 3. Jahrhundert vor Christus mit teilweise noch erhaltenen, fein bearbeiteten Steinreliefs. Sein oberer Teil besteht aus Backsteinen, der untere ist mit Sandstein dekoriert. Im **Sarnath-Museum** befindet sich das Löwenkapitell der Ashoka-Säule, das heute das Nationalemblem Indiens ist. Außerdem kann man zahlreiche hinduistische Skulpturen und einige schöne Buddha-Figuren im Mathura- und Gupta-Stil sehen.

Weitere Ziele außerhalb Rajasthans

ℹ Varanasi

Vorwahl: +91/542.

Tourist Office von UP Tourism, gegenüber vom Bahnhof, Tel. +91/542/2206638; Mo–Sa 10–17 Uhr.

🛏

Nadesar Palace (*****), Nadesar Palace Grounds, Tel. +91/542/6660002, +91/542/2503016, www.tajhotels.com; 10 Suiten. Außerhalb der Altstadt in einem großen Garten gelegen, bietet dieser traumhafte Palast Suiten mit Butler-Service.

The Gateway Varanasi, (****), Nadesar Palace Grounds, Tel. +91/542/2503001, www.tajhotels.com; 130 Zimmer und Suiten. Das frühere ›Taj Ganges‹ mit geräumigen Zimmern und Suiten befindet sich in einem parkähnlichem Garten. Mit Pool, Restaurant und Bar.

Hotel Ganges View (***), Assi Ghat, Tel. +91/542/2313218, www.hotelganges view.com. 100 Jahre altes, renoviertes Hotel in traumhafter Lage direkt am Ganges. Die Dachterrasse bietet einen schönen Blick über den Fluss.

Gautam Grand (**), Parade Kothi, Tel. +91/542/2208288. Modernes Gebäude in Bahnhofsnähe, einfache Zimmer, mit Restaurant.

Rajkamal Palace (*–**), Parade Kothi, Tel. +91/542/220029. Budgethotel in Bahnhofsnähe.

Vishnu Rest House (*), D-24/17 Pandhey Ghat, Tel. +91/542/2450206. Einfaches, beliebtes Gästehaus, Terrasse mit Blick auf den Ganges und die Ghats, Wi-Fi.

The Yogi Lodge (*), D 8/29 Kalika Gali, Dashashwamedh Ghat, Tel. +91/542/2392588, www.yogilodge.com; 19 Zimmer. Eines der ältesten Gästehäuser in Varanasi.

Shanti Guest House (*), CK 8/129 Garwasi Tola, beim Manikarnika Ghat, Tel. +91/542/2392568, varanasishanti@yahoo.com. Sehr schlichte, teils renovierungsbedürftige Zimmer, aber sehr günstig. Dachrestaurant mit tollem Blick auf den Ganges.

Dolphin, im Rashmi Guesthouse, 16/28–A, Manmandir Ghat, Tel. +91/542/2402778; tägl. 7–23.30 Uhr. Schmackhafte indische Küche.

Ganga Fuji, Kalika Gali; tägl. 7.30–23 Uhr. Indische, chinesische und europäische Küche, abends erklingt klassische Musik.

German Bakery Restaurant, D5/17 Tripuara Bhairavi, 1. Stock; tägl. 7–22.30 Uhr. Auf Teppichen im Schneidersitz kann man deutsches Gebäck genießen.

Khajuraho

Der Legende nach wurde vor etwa 1000 Jahren die Tochter eines Brahmanenpriesters, die schöne Hemvati, beim Baden in einem Teich vor ihrem Haus vom Mondgott verführt. Aus dieser Verbindung ging Chandravarman, der Begründer der Rajputen-Dynastie der Chandella (auch Chandratreyas), hervor. Dieser nahm für sich in Anspruch, direkter Nachfahre des Mondgottes zu sein. An diesem Ort ließen die Könige des Chandella-Reiches in der Zeit von 950 bis 1050 nicht weniger als 85 Tempel errichten. Rund zwei Dutzend Tempel sind erhalten. Der Überlieferung nach war die alte Hauptstadt von hohen Mauern mit acht Toren umgeben. Vor jedem der Tore sollen zwei goldene Palmen gestanden haben. Möglicherweise ist der Name des Ortes von diesen Bäumen abgeleitet, denn das Wort ›khajur‹ bedeutet Palme.

Erst 1819 entdeckte ein britischer Landvermesser die in Vergessenheit geratenen Tempel mitten im Urwald. Und nachdem der britische Offizier T. S. Burt 1833 die Hindutempel im tiefsten Dschungel des heutigen indischen Bundesstaates Madhya Pradesh bekannt gemacht und der Königin Victoria darüber berichtet hatte, entstand in Europa eine Diskussion darüber, ob man diese ›anstößigen‹ Bauwerke nicht zerstören sollte. Tatsächlich kommen heute die meisten Touristen nach Khajuraho, um die in unvergleichlicher Fülle und Detailgenauigkeit dargestellten erotischen Szenen an den Außenmauern der Tempel zu sehen. Die Tempel erheben sich auf einer hohen Plattform und sind alle auf einer Ost-West-Achse ausgerichtet, wobei der Eingang der aufgehenden Sonne zugewandt ist. 1986 hat die UNESCO die Tempelstadt in die Liste der besonders schützenswerten Stätten des Weltkulturerbes aufgenommen.

Westliche Gruppe

Die wichtigsten Tempel stehen in der westlichen Gruppe, die auch dem Touristenzentrum von Khajuraho am nächsten liegt. Die vorherrschende Rolle des weiblichen Prinzips ist ein Relikt der altorientalischen Fruchtbarkeitskulte. Es offenbart sich als Shakti, die jedem Gott innewohnende weibliche schöpferische Energie, als sexuelle Begierde erzeugende Kamini, als himmlische Nymphe Apsara, aber auch als asketische Yogini. Wichtigste Gruppe der erotischen Darstellungen sind die Paare, die bereits an den buddhistischen Höhlenklöstern nachweisbar sind.

■ Varaha-Tempel

Da die ersten Chandella-Herrscher Anhänger des Vishnuismus waren, finden sich in der Khajuraho-Anlage auch einige wichtige Vishnu-Tempel. Als erstes Bauwerk erblickt man nach Betreten der Parkanlage den Varaha-Tempel, ein um das Jahr 900 für Vishnu errichtetes Heiligtum, das sich auf einer hohen Plattform erhebt. In diesem kleinen, offenen Tempel kann man die riesige aus einem Felsen gehauene Plastik des Varaha sehen, der dritten Inkarnation Vishnus in Gestalt eines Ebers. Da er zugleich Herr der drei Welten – Wasser, Erde und Himmel – ist, befinden sich zu seinen Füßen die Tiere der Wasserwelt, beispielsweise das Krokodil, in der Mitte die Menschen und schließlich die Götter.

■ Lakshmana-Tempel

Der schönste Vishnu-Tempel ist der Lakshmana-Tempel, der aus der Zeit um 950 stammt. Mit den vier begrenzenden Eckschreinen ist er der einzige Tempel, der in seiner ursprünglichen Form fast vollständig erhalten geblieben ist. Dieser große Tempel ist nach dem

Beliebt ist Khajuraho vor allem wegen des erotischen Skulpturenschmucks

Chandella-König Lakshavarman (etwa 925–950) benannt und Laksman geweiht, der ein Halbbruder der siebten Inkarnation Vishnus (Rama) ist. Die Basis bilden Elefanten, die das Gewicht des Tempels zu tragen haben.

Besondere Aufmerksamkeit verdient ein zwei Meter langer **Fries an der Terrasse des Tempels**. Hier wird das Leben der indischen Gesellschaft während der Chandella-Dynastie dargestellt. So sieht man zum Beispiel eine Hochzeitszeremonie, ein Fest mit zahlreichen Musikern sowie einen Guru, umringt von seinen Anhängern.

Den Eingang erreicht man über eine imposante Treppe, an deren Ende ein kunstvoll gearbeiteter Bogen steht. Der Türsturz über dem Eingang zeigt die Dreifaltigkeit von Brahma, Vishnu und Shiva, sowie Lakshmi, der Gemahlin von Vishnu. In dem reich verzierten Allerheiligsten ist Vishnu in verschiedenen Inkarnationen zu sehen – als wilder Eber (Varaha) und als Löwenmann (Narasimha). Ein Wandelgang erlaubt den Gläubigen, das Abbild der Gottheit im inneren Heiligtum fünfmal zu umrunden. Die Fünf symbolisiert im Hinduismus die fünf Elemente Erde (Prithvi), Wasser (Jalam), Feuer (Agni), Luft (Vayu) und Äther (Akasha).

■ Vishvanath-Tempel

Es empfiehlt sich, anschließend den Vishvanath-Tempel aus dem Jahre 1002 aufzusuchen, der Shiva gewidmet ist. Vom Anblick her ähnelt er dem Kandariya-Mahadeva-Tempel. Die nördliche Treppe wird von Löwen flankiert, die südliche, zum Tempel führende, von Elefanten. Der ungewöhnlich gestreckte Haupttempel steht in der Mitte der Plattform, zwei der ursprünglich vier Nebenschreine in den Ecken sind noch erhalten. Außenreliefs dieses Tempels zeigen sehenswerte Szenen mit Frauen, beispielsweise als Brief-

schreiberinnen, mit einem Baby oder als Musikantinnen. Im Sanktum befindet sich ein kleines Lingam. Auf kleinen Konsolen im Innenraum sind verführerische himmlische Nymphen (*surasundaris*) und Liebespaare in der Umarmung zu sehen sowie ein Flöte spielendes Mädchen, ein anderes zieht sich einen Dorn aus dem Fuß. Gegenüber dem Schrein steht in einem Pavillon der wuchtige, fast zwei Meter hohe **Bulle Nandi**, das Reittier Shivas und gleichzeitig ein Fruchtbarkeitssymbol. Dieser Tempel wird von zwei großen Elefanten flankiert.

■ Kandariya-Mahadeva-Tempel

Der Weg führt weiter zu den auf einer gemeinsamen Plattform errichteten Heiligtümern Kandariya-Mahadeva und Devi Jagdamba (Göttin der Welt). Der größte Tempel nahe der südwestlichen Ecke des Parkgeländes ist der 1025 bis 1050 entstandene Kandariya-Mahadeva-Tempel, der Shiva geweiht ist.

Die vier Tempel an den Ecken des Hauptschreins sind heute nur noch Ruinen, aber am **Hauptschrein** ist der kunstvoll gemeißelte Torbogen erhalten. Hinter dem Torbogen befinden sich sechs Kammern: Portikus, Haupthalle, Querschiff, Vorhalle, Allerheiligstes, und Chorumgang. Über 800 Figuren sollen die äußeren und inneren Wände zieren, es gibt unzählige Darstellungen von Inkarnationen Brahmas, Vishnus und Shivas. Die Decken und Säulen der Innenräume zieren Rosetten aus Granit. An den Außenwänden des Querschiffes sind auf drei Tafeln hinduistische Gottheiten und Gruppen von Liebenden abgebildet. Besonderes Interesse bei den Besuchern finden die erotischen Darstellungen und die Abbildungen der himmlischen Nymphen (*apsaras*) mit üppigen Brüsten in dünnen Gewändern auf dem unteren Figurenfries im Zentrum der Südwand.

Karte: Buchumschlag

■ **Devi-Jagdamba- und Chitragupta-Tempel**

Der **Devi-Jagdamba-Tempel** am nördlichen Ende dieser gemeinsamen Plattform ist ein Kali-Tempel, der ursprünglich Vishnu geweiht war. Auch hier sieht man erotische Darstellungen und Götterfiguren. An der nordwestlichen Ecke der Plattform erhebt sich der **Chitragupta-Tempel** aus dem 11. Jahrhundert. Er ist nach Osten ausgerichtet und Surya geweiht. Die fünf Meter hohe Kultfigur des Sonnengottes im Sanktum ist besonders beeindruckend: Er fährt einen Streitwagen, der von sieben Pferden gezogen wird. Die Figurengruppen zeigen Prozessionen, Elefantenkämpfe, Jagdszenen und Tänzerinnen. In der zentralen Nische der Südfassade sieht man eine elfköpfige Vishnu-Statue mit zehn Nebenköpfen, die seine verschiedenen Inkarnationen darstellen.

Tempel außerhalb der Westmauer

Die meisten Khajuraho-Tempel werden heute nicht mehr zum Beten verwendet. Eine Ausnahme bildet der außerhalb der Umfassungsmauer auf der linken Seite stehende, schlichte **Matangeshvara-Tem-**

Der Devi-Jagdamba-Tempel

pel, der in den Jahren 900 bis 929 gebaut wurde, aber noch heute benutzt wird. Verehrt wird hier Shiva in Gestalt eines drei Meter hohen Lingam. So zeigen die Hauptfriese um diesen Tempel oft Motive von ihm mit seinem Reittier, dem Bullen Nandi. Zu beiden Seiten ist er umgeben von schönen Frauen. Am Fuß der Tempeltreppe befindet sich Ganesha, der Sohn Shivas mit dem Elefantenkopf. Im daneben befindlichen **Archäologischen Museum** ist unter anderem ein Fries zu sehen, der zeigt, wie der Sandstein für die Tempel ausgegraben, hierbei transportiert und bearbeitet wurde. Besonders sehenswert ist der tanzende sechsarmige Ganesha aus dem 11. Jahrhundert, der in seiner linken unteren Hand natürlich eine Schale mit Süßigkeiten hält. Interessant ist auch die Darstellung von Shiva und Vishnu in einer einzigen Figur (Hari Hara).

Die frühe Tempelbaukunst ist am **Chausath-Yogini-Tempel** (auch Chaunsath-Yogini) gut zu sehen, der wahrscheinlich Ende des 8. Jahrhunderts entstand und noch aus dem groben Granit der Umgebung gefertigt wurde. Der Tempel ist der Göttin Kali gewidmet und bestand ursprünglich aus 65 Schreinen, von denen noch 35 erhalten sind. Verehrt wurden hier die 64 Yoginis, die Dienerinnen der Göttin Kali. Ein Bild der Göttin stand in der Zelle 65, fehlt aber heute in diesem ältesten Tempel der Anlage.

Östliche Gruppe

Die östlichen und südlichen Tempelgruppen sind weniger spektakulär, hier verdienen vor allem die von einer gemeinsamen Mauer umschlossenen **Jain-Tempel**, die alle zwischen 950 und 1080 entstanden sind, einen Besuch. Sie werden als Pilgerstätten (*tirtha*) genutzt. Die Tempel der Ostgruppe liegen dem Dorf Khajuraho am nächsten.

Weitere Ziele außerhalb Rajasthans

Adinath-Tempel

Der im Norden liegende Adinath-Tempel, dem Furtbereiter Adinath geweiht, stammt aus dem Jahr 1080 und damit aus der Spätphase Khajurahos. Die viereinhalb Meter hohe Adinatha-Statue stammt aus dem Jahr 1027. In den drei Figurenbändern an der Fassade sieht man fliegende Wesen (*kinnara*), Göttinnen der Weisheit, Mithunas und die anmutigen Apsaras. Eine hält kokett einen Spiegel, eine andere schminkt sich, eine dritte liest einen Brief.

Der Tempel besteht aus einem Vorraum und einem Heiligtum. Auf seinem Turm sind Ornamente im Chaitya-Stil (also wie buddhistische Gebetshallen mit einer Stupa in der Mitte) zu finden.

Parshvanath-Tempel

Der nebenan liegende Parshvanath-Tempel ist der größte Jain-Tempel Khajurahos. Er wurde zwischen 950 und 970 in der Zeit von König Dhangadeva (950–999) gebaut.

Entlang der nördlichen Außenwand des Tempels sind außerordentlich detaillierte Skulpturen zu bewundern, zum Beispiel Mädchen bei der Toilette oder beim Briefeschreiben.

Den Eingang zum Allerheiligsten flankieren Ganga und Yamuna als weibliche Wächterfiguren (*dvarapala*). Durch Gitterfenster gelangt etwas Licht ins Innere. Im Allerheiligsten befindet sich das Abbild eines Bullen auf einem Schmuckthron mit einem steinernen Stier davor, das darauf hindeutet, dass in dem Heiligtum ursprünglich der Hindu-Heilige Adinath verehrt wurde.

Die Wissenschaftler sind sich noch uneinig, warum sich an den Außenwänden eines Jain-Tempels die Bilder von Krishna, Rama, Balrama (dem älteren Bruder von Krishna), Vishnu, Brahma und Shiva befinden. Das eigentliche Abbild des Namensgebers Parshvanath wurde erst 1860 angebracht. Auch warum sich in einem Jain-Tempel das Abbild eines Bullen befindet und dort womöglich Adinath verehrt wurde, konnten die Wissenschaftler nicht klären.

Shantinath- und Ghantai-Tempel

Der angrenzende Shantinath-Tempel, entstanden um 1029 und dem 16. Furtbereiter geweiht, ist der wichtigste Jain-Tempel in Khajuraho. Dieser Tempelkomplex verfügt über sehenswerte Türrahmen an den kleinen Schreinen im Nordwesten. Er beherbergt eine viereinhalb Meter hohe Figur von Shantinath. Eine interessante Skulptur aus dem 12. Jahrhundert befindet am Eingang zum Heiligtum. Es ist die Skulptur eines tanzenden Yaksha-Paares (Halbgötter).

Unweit der östlichen Tempelgruppe befindet sich zwischen der östlichen und der westlichen Gruppe am Südrand des Dorfes Khajuraho ein weiteres Jain-Heiligtum, der **Ghantai-Tempel**. Er stammt aus dem 10. Jahrhundert und ist heute nur noch eine Ruine.

Hindutempel der Ostgruppe

Die drei Hindutempel der Ostgruppe sind der Brahma-, Vamana- und Javari-Tempel. Am ältesten ist der um 900 entstandene **Brahma-Tempel**, der nur aus einem zerfallenen Portikus und einer Kultzelle besteht. Den Eingang bewachen die Flussgöttinnen Ganga und Yamuna, auf dem Türsturz darüber ist Vishnu abgebildet. Im Tempel befindet sich ein Lingam mit vier Gesichtern (*chaturmukhalingam*).

Der **Vamana-Tempel** ist der Inkarnation Vishnus als Zwerg geweiht. An den Außenwänden befinden sich zahlreiche Gottheiten und Nymphen (*apsaras*) in sinnlichen Posen. Die erotischen Darstellungen in Khajuraho dienten angeblich dazu, die Gläubigen auf die Probe zu stellen. Am südlich gelegenen **Javari-Tempel**, der Vishnu geweiht ist, schmücken Medaillons die schrägen Wände.

 Weitere Tempel der östlichen Gruppe

Kulturinteressierte Besucher können auch noch zwei weitere, etwas abseits liegende Tempel besichtigen, zu denen eine unbefestigte Straße führt.

Der im Süden der östlichen Gruppe liegende **Duladeo-Tempel**, der zuweilen auch der südlichen Gruppe zugeordnet wird, wurde 1125 errichtet. Er besitzt schöne gearbeitete Konsolen mit Frauendarstellungen.

Ganz im Süden befinden sich die Ruinen des **Chaturbuja-Tempels** (auch Chaturbhuja-Tempel), der Vishnu gewidmet ist. Im Sanktum befindet sich ein fast drei Meter hohes Standbild des vierarmigen Shiva.

Im kleinen **Volkskundemuseum** (Adivart Tribal and Folkart Museum im Chandela Cultural Centre) finden sich weitere sehenswerte Skulpturen von unterschiedlichen Tempeln der Umgebung.

ℹ Khajuraho

Vorwahl: +91/7686.

Tourism Reception Centre, MP Tourism, Tel. +91/7686/274051, www.mptourism.com; geöffnet jeweils bei Flugankunft, Mo–Sa 9–18 Uhr.

Internet: www.khajuraho.org.uk.

⊘

Tempelkomplex; Eintritt 250 Rs.

🛏

Jass Trident Radisson (****) By-Pass-Road, Tel. +91/7686/272777, www.radisson.com; 94 Zimmer. Weißer, langgestreckter Bau mit moderner Architektur, eingebettet in Rasen-, Baum- und Gartenanlagen.Die Zimmer sind mit weißem und dunkelgrünem Marmor sowie breiten Betten ausgestattet. Komfortable Ausstattung, großer Garten mit Pool und Restaurantterrasse. Abholung vom Flugplatz.

Lalit Temple View (*****), gegenüber dem Circuit House, Tel. +91/7686/272111, +91/7686/272333, www.thelalit.com; 43 Zimmer, 4 Suiten. Nur 500 m von der westlichen Gruppe der Tempel entfernt, bietet das Hotel elegant eingerichtete Zimmer und Suiten, einige Zimmer mit Tempelblick. Mit Pool.

Radisson Hotel Khajuraho (****), By-Pass-Road, Tel. +91/7686/272727, www.radisson.com; 86 Zimmer, 4 Suiten. 2005 renoviertes älteres Luxushotel, nur 1 km von den Tempeln entfernt. Mit Pool und Tennisplatz.

Usha Bundela (***), Temple Road, Tel. +91/7686/272386, www.ushalexus hotels.com; 66 Zimmer. Modernes, zentral gelegenes Hotel mit komfortablen Zimmern.

Taj Chandela (***), Jhansi Road, Tel. +91/7686/272355, www.tajhotels.com; 94 Zimmer und Suiten. Ordentliches Hotel, nur einen kurzen Fußweg von den Tempeln entfernt. Es gibt eine große Empfangshalle mit verschiedenen Läden, ein gutes Restaurant, Cafés sowie einen Garten mit Baum-Bar und Pool. Sportliche Betätigungsmöglichkeiten beim Bogenschießen und Tennis.

Harmony (**), Jain Temple Road, Tel. +91/7686/274135, www.hotelharmony online.com; 45 sehr saubere Zimmer mit Bad, schöner Innenhof, Restaurant mit indischer, chinesischer und westlicher Küche, Internetraum.

Zen (*–**), Jain Temple Road, Tel. +91/7686/274228, www.hotelzenkhajuraho.co.in; 30 Zimmer mit Bad, Wi-Fi. Mit Gartenrestaurant, angeboten werden Yoga- und Meditationskurse.

Surya (*–**), Jain Temple Road, Tel. +91/7686/274145, www.hotelsuryakhaju raho.com. Beliebtes Gästehaus mit schönem Garten und Restaurant, Wi-Fi.

Aurangabad

Auf dem Weg von Rajasthan nach Mumbai (Bombay) durchquert man Maharashtra, den drittgrößten indischen Bundesstaat. Er erstreckt sich vom Arabischen Meer über die Reisfelder und Kokospalmen der Konkan-Küste bis in das Herz des Subkontinents. Es lohnt sich, unterwegs in Aurangabad eine Zwischenstation mit Übernachtung einzulegen und von dort aus die Höhlen von Ellora und Ajanta zu besichtigen.

Mit etwa 1, 2 Millionen Einwohnern ist die Stadt, wenn auch wenig von Touristen besucht, auch von Mumbai (Bombay) aus gut erreichbar. Gegründet wurde Aurangabad 1610 von Malik Amber, Minister des Dekkan-Sultans von Ahmadnagar, eines der fünf zentralindischen Dekkan-Sultanate. Von 1653 bis 1707 war sie die Hauptstadt des Mogulherrschers Aurangzeb. Hier findet man die etwa fünf Kilometer entfernte, an der Straße nach Ellora gelegene **Bibi-Ka-Maqbara-Moschee** (›Grab der Herrin‹). Aurangzeb ließ sie nach dem Tod seiner Lieblingsfrau Hamida Banu Bagum (1527–1604) zwischen 1651 und 1661 erbauen. Sie gilt als ›zweites Taj Mahal‹ und tatsächlich sieht sie dem Original täuschend ähnlich. Die Experten sind sich jedoch darin einig, dass sie nicht die Harmonie und Eleganz des Mausoleums in Agra besitzt. So zieren nur einige kleine Türmchen das Dach des Torbaus am Eingang zur Grabanlage. Auf einer Plattform steht das im Vergleich zum Taj Mahal etwas schmale weiße Marmormausoleum, an deren Ecken sich vier Minarette erheben. Der Scheinsarkophag ist mit bunten Tüchern bedeckt und befindet sich innerhalb eines Steingitters. Das eigentliche Grab befindet sich darunter.

Karte: Buchumschlag

▲ *Die Bibi-Ka-Maqbara-Moschee*

Aurangabad
Vorwahl: +91/240.

MTDC Holiday Resort (**), Station Road, Maharashtra-415510, Tel. +91/240/2343169, www.maharashtratourism.gov.in.
Taj Residency (**), B/N-12 CIDCO, Tel. +91/240/6613737, www.tajhotels.com; 66 Zimmer und Suiten. Hotel im Palaststil, nahe dem Bahnhof gelegen. Große Zimmer und Suiten mit Veranda und erlesenen Möbeln. Gute Ausgangsbasis für Ausflüge nach Ajanta und Ellora.
Rama International, R-3 Chikalthana, Aurangabad-431 210, Maharashtra, Tel. +91/240/6634141, www.welcomhotelrama.com; 5 Luxus-Suiten, 20 Clubraum-Zimmer, 42 Superior-Zimmer mit Blick auf den Garten, 65 Zimmer speziell für Familien.

Ellora-Höhlen

Die in den Fels gehauenen 34 Höhlentempel mit riesigen Skulpturen und einer reichhaltigen Ikonografie befinden sich 30 Kilometer nordwestlich von Aurangabad. Sie wurden zwischen dem 4. bis 13. Jahrhundert angelegt, sind also wesentlich jünger als die Höhlen von Ajanta (200 vor Christus–650 nach Christus). Alle Höhlen wurden aus einer über zwei Kilometer langen, in Nord-Süd-Richtung verlaufenden Felswand herausgeschlagen. Die Besichtigung ist am günstigsten am Nachmittag, da die Felsen dann im Sonnenlicht liegen.
Es gibt 12 buddhistische, 17 hinduistische und 5 jainistische Höhlen. Die Höhlen 1 bis 12 sind buddhistischen Ursprungs; die interessantesten von ihnen sind die Nr. 10, 11 und 12. Die Höhlen 13–29 sind hinduistischen Ursprungs; besonders die Nummern 14, 15 und 16 (Kailas-Tempel) sind sehenswert. Die Höhlen 30 bis 34 schließlich sind jainistischen Ursprungs, von ihnen ist besonders die Nr. 32 sehenswert.

■ **Die buddhistischen Höhlen**
Grob schätzt man, dass die buddhistischen Höhlen aus der Zeit 600 bis 800 stammen. Die ersten neun der zwölf buddhistischen Höhlen sind sich sehr ähnlich. Für den Touristen als erste interessant ist die **Vishvakarma** genannte Höhle Nr. 10 (Höhle der Zimmerleute), deren Haupttempel man über Treppen von einem Innenhof erreicht. Durch ein Fenster fällt Licht auf die große Buddha-Figur vor einem neun Meter hohen Stupa. Bemerkenswert beim erst im 8. Jahrhundert entstandenen Bauwerk ist die zweigeschossige Fassade.
Während die nachfolgende Höhle **Nr. 11** aus drei Stockwerken besteht, dessen dritter Stock erst 1876 entdeckt wurde, hat die **Vihara-Höhle** (Nr. 12) Reliefs der sieben irdischen Buddhas und der sieben Dhyani-Buddhas (transzendente Buddhas) zu bieten. Das Kloster besteht aus drei Stockwerken. Im zweiten Stock

Die Höhlentempel von Ellora

Weitere Ziele außerhalb Rajasthans

sitz Buddha unter dem Bodhibaum mit Padmapani und Avalokiteshvara, der im Mahayana-Buddhismus für Barmherzigkeit steht.

■ **Die hinduistischen Höhlen**

Die hinduistischen Höhlen stammen aus der Zeit um 900 und zählen zu den schönsten Höhlen von Ellora, sie übertreffen die buddhistischen und jainistischen Höhlen. Da alle Tempel von oben nach unten ausgebaut wurden, umging man die Errichtung eines Baugerüsts. Die Arbeiter begannen beim Dach und gruben sich bis zum Fußboden durch.

Beachtenswert ist die Höhle Nr. 14, die auch **Ravanas Höhle** genannt wird und Shiva geweiht ist. Hier ist dargestellt, wie Shiva den wilden Tandava tanzt, eine Art Siegestanz, oder wie er mit Parvati, seiner Frau, Schach spielt. Diese erscheint auch als Inkarnation Durga, während Vishnu als Varaha dargestellt wird, seiner Inkarnation als Eber.

Zu den schönsten Höhlen von Ellora gehört zweifellos der Doppeltempel Nr. 15, auch **Dasavatara-Höhle** genannt. Er war wohl früher ein buddhistisches Kloster, das später in einen hinduistischen Tempel umgebaut wurde. Stufen fuhren hinauf zu einer Mandapa (Säulenhalle) mit zahlreichen Skulpturen von Shiva und Vishnu, wobei Vishnu auch als Narasimha (halb Mann, halb Löwe) dargestellt wird. Figürliche Reliefs zeigen die Szenen aus dem Leben des Jain-Heiligen Acharya Bhadrabahu (433–357 vor Christus).

Die Hauptattraktion von Ellora ist jedoch der **Kailasa-Tempel** (Höhle Nr. 16), ein monolithischer Shivatempel, der vollständig aus Stein herausgearbeitet wurde. Neben einem Vorhof gibt es den Haupttempel, der mit den umliegenden Räumen durch eine Brücke verbunden ist. Auch hier ist wieder Vishnu zu sehen, diesmal als Narasimha, halb Mensch, halb Löwe.

Die Arbeiten zu diesem Tempel begannen bereits im Jahre 765 unter dem Rashtrakuta-König Krishna I. (regierte 756–774). Wenn man auf die Felsen rechts der Anlage steigt, hat man einen schönen Blick auf den Eingang, den Nandi-Pavillon, den Tempel mit dem pyramidenförmigen Turm und den Innenhof mit den Schreinen. Nach dem Besuch der Kailasa-Höhle verblassen alle anderen Höhlen.

■ **Die jainistischen Höhlen**

Die fünf Jain-Tempel liegen nur ein paar hundert Meter nördlich der letzten hinduistischen Höhle und stammen aus den Jahren 800 bis 1100. Sie bilden damit den Abschluss der Felsentempelbauten von Ellora. Die schönste von ihnen ist die Nr. 32, die **Indra Sabha** heißt. Im ersten Stock erwarten den Besucher große Statuen von Ambika, der Muttergöttin, und von Indra.

🛏 **Ellora**

Hotel Kailas (***), bei den Höhlen von Ellora, Tel. +91/2437/244543, www.hotelkailas.com. Kleine Hütten in einem Garten, Blick auf die Höhlen. Restaurant, Bar.

Ajanta-Höhlen

Die nicht weit entfernt gelegenen Ajanta-Höhlen rein buddhistischen Ursprungs wurden von Mönchen in die Berge gehauen und zeigen umfangreiche und detaillierte Gemälde an den Wänden sowie große Buddhaskulpturen. Die Höhlen von Ajanta sind älter als die von Ellora. Ihre 29 Höhlenklöster (*viharas*) und fünf Höhlentempel (*chaityas*) stammen aus den Jahren 200 vor Christus bis 650 nach Christus. Die meisten der im 7. Jahrhundert aufgegebenen und erst 1819 zufällig wieder entdeckten Höhlen sind in gutem Zustand.

Es sind acht Höhlen, die für eine touristische Besichtigung interessant sind. Sie zeigen ein höheres künstlerisch-techni-

Die Höhlen von Ajanta

sches Niveau als die europäische Kunst zu jener Zeit. Es wird vermutet, dass mehrere Wandbilder von persischen Künstlern stammen. Die Malereien sind keine Fresken, denn sie wurden auf einem trockenen Grund aus Erde, Kuhmist und feingemahlenem Kalkstein aufgetragen. Darauf wurde ein Grundriss skizziert, der mit schwarzen Farben nachgezogen wurde, schließlich wurde das Gemälde mit Firnis überzogen.

Unbedingt gesehen haben muss man die **Klosterhöhle Nr. 1**, deren Wandmalereien zu den besten von Ajanta gehören. Am schönsten sind die Bilder mit der schwarzen Prinzessin und mit der sterbenden Prinzessin. Zwei Bodhisattvas flankieren das Heiligtum – Padmapani, der eine Lotusblüte hält (links), und der Buddha-Schüler Avalokiteshvara (rechts). Auch Erzählungen aus der Jataka schmücken die Wände.

Viele Malereien der **Höhle Nr. 2** sind leider stark beschädigt. Außer den Wänden, die Jataka-Geschichten darstellen und Szenen aus dem Leben Buddhas zeigen, sind auch die Decken bemalt. Im linken Schrein an der hinteren Wand sieht man fette Yakshas (Halbgötter niederen Ranges) und ihre Diener.

Die **Tempelhöhle Nr. 9** mit achteckigen Säulen stammt aus dem 1. Jahrhundert vor Christus und gehört damit zu den ältesten Höhlen von Ajanta. In der Hinyana-Schule wurde Buddha nie persönlich dargestellt, sondern immer durch Symbole (Fußabdruck oder Gesetzesrad). Das gewölbte Dach zeigt Reste von Holzbalken. Die größte Höhle von Ajanta ist **Nr. 10** aus der Zeit zwischen dem 1. Jahrhundert vor Christus und dem 1. Jahrhundert nach Christus. Sie wurde angeblich von englischen Jagdgästen entdeckt, aber die Malereien befinden sich in einem schlechten Zustand und sind mit Graffitis beschmiert. Sie stellen vorwiegend Themen aus dem früheren Leben Buddhas dar.

Eine der schönsten Klosterhöhlen ist **Höhle Nr. 16**. Es wird angenommen, dass diese Höhle einmal der Eingang zum gesamten Komplex war. Die Decke ist so behauen, dass sie aussieht, als wäre sie aus Holz. Ein Bild zeigt den lehrenden Buddha. Das bekannteste Bild in der Höhle stellt die sterbende Sundari dar, die Frau von Buddhas Halbbruder Nanda, nachdem sie erfahren hatte, dass ihr Mann sie in einen irdischen Zustand zurücksetzen wollte, um Mönch zu werden. Die **Höhle Nr. 17** ist ein weiterer Höhe-

Liegender Buddha in Ajanta

Das Gateway of India in Mumbai

punkt in Ajanta. Sie zeigt unter anderem eine Szene, in der Vishvantara seiner Frau von seiner Verbannung erzählt, und die Expedition von Prinz Simhala (auch Vijaya, 543–505 vor Christus) nach Sri Lanka.

Die **Höhle Nr. 19** ist eine nahezu perfekte Tempelhöhle. An der Westseite außen findet man eine schöne Steinfigur des Naga-Königs mit sieben Kobras um sein Haupt. Der Stupa im Inneren ist mit einem Abbild von Buddha geschmückt, dort gibt es als markantes Merkmal auch ein hufeisenförmiges Fenster.

In der **Höhle Nr. 26** befindet sich in der Chaitya-Halle an der linken Wand auf einem Podest ein sieben Meter großer Buddha beim Eintritt in das Nirwana, während ihn seine Schüler betrauern. **Höhle Nr. 27** war ein Kloster, der dazugehörige Tempel war die Höhle Nr. 26.

Mumbai

Wer von Mumbai (Bombay) aus den Rückflug antritt, hat meist einen halben Tag Zeit für die Besichtigung der Metropole mit etwa 12, 5 Millionen Einwohnern, da die Flüge nach Europa in der Regel erst gegen Mitternacht starten.

Da kann man dann beispielsweise das 1911 errichtete Wahrzeichen der Stadt, den bekannten **Gateway of India**, besuchen. Oder man bestaunt den Bahnhof **Cchatrapati Shivaji Terminus** (das größte Gebäude Britisch-Indiens) im indogotischen Mischstil. Man kann auch die **Türme des Schweigens** besuchen, wo die Parsen, Anhänger des persischen Propheten Zarathustra (lebte etwa um 1000 vor Christus), ihre Toten den Geiern überlassen. Mumbai hat natürlich noch etliches mehr zu bieten –aber das ist schon wieder eine andere Geschichte ...

ℹ Mumbai

Vorwahl: +91/22
Postleitzahl: 400099.
Der internationale Terminal des **Mumbai Chhatrapati Shivaji International Airport** (Terminal II, Tel. +91/22/8366700, www.csia.in) befindet sich in Sahar, rund 30 km nördlich der Stadt. Zwischen ihm und dem Inlandsterminal (Terminal I) in Santa Cruz, 26 km nördlich von Mumbai, verkehren kostenlose Shuttle-Busse für Passagiere der beiden Terminals. In der Nähe beider Terminals gibt es Parkplätze, außerdem verkehren Busse und Taxis zwischen dem Flughafen und der Stadt.

Reisetipps von A bis Z

Anreise mit dem Flugzeug

Direktverbindungen nach Delhi ohne Zwischenstopp bieten derzeit nur Indiens nationale Fluggesellschaft Air India (www.airindia.com) und Lufthansa (www.lufthansa.com) von Frankfurt und München nach Delhi an. Swiss (www.swiss.com) fliegt nonstop ab Zürich und Austrian Airlines (www.austrian.com) ohne Zwischenstopp von Wien.

Andere Airlines fliegen auch von anderen Flughäfen (München, Düsseldorf, Berlin) nach Indien, sehen jedoch mindestens einen Zwischenaufenthalt (meist in ihrem Herkunftsland, beispielsweise Turkish Airlines in Istanbul) vor. Durchschnittliche Flugzeiten nach Delhi von Frankfurt 7 Stunden und 15 Minuten, ab Wien 7 Stunden; ab Zürich 7 Stunden und 40 Minuten. In der Regel starten und landen die Flugzeuge in Indien gegen Mitternacht.

Anreise mit dem Bus/Pkw

Eine Anreise auf dem Landweg von Europa aus ist langwierig und schwierig. Auf jeden Fall sollte man sich über die geöffneten Grenzstellen, die jeweiligen Visavorschriften und die aktuelle politische Lage aller Länder informieren, durch die man kommt. Bei der Einreise mit eigenem Auto nach Indien sind ein Carnet de Passage, die grüne Versicherungskarte und natürlich der internationale Führerschein erforderlich.

Ärztliche Versorgung

In den größeren Städten gibt es staatliche Kliniken sowie eine Reihe von Privat- und Fachärzten, die auch von Touristen ohne Bedenken aufgesucht werden können. Der Abschluss einer Reisekrankenversicherung wird auf jedem Fall empfohlen.

Apotheken auch in kleinen Städten sind erstaunlich gut sortiert, die Medikamente wesentlich billiger als in Europa und die Apotheker recht sachkundig. Rezepte benötigt man meistens nicht, selbst nicht bei Antibiotika.

Ausrüstung und Gepäck

Art und Umfang des Gepäcks hängen natürlich entscheidend von der Reiseform und dem Zielgebiet ab. ›Koffertouristen‹ sollten beachten, dass während der Flüge nicht selten Gepäckstücke verloren gehen, zurückgelassen werden oder fehltransportiert werden. Deshalb empfiehlt es sich, im Handgepäck die wichtigsten Gegenstände unterzubringen und in die Kabine mitzunehmen.

Für Globetrotter-Reisen, aber auch für Geländewagenfahrten und Fahrten mit einheimischen Verkehrsmitteln empfiehlt sich eine Tragetasche (Reisetasche) oder ein Seesack. Diese sollten allerdings gut verschließbar sein.

Während sich in gehobenen und guten Hotels die normalen Unterkunftsbedingungen ergeben (Waschzeug, Stromanschluss, Reinigungsmöglichkeiten), die eine Reduzierung der Gepäckstücke angeraten sein lassen, muss für Überlandfahrten auf entlegeneren individuellen Routen mit einfachen Übernachtungsmöglichkeiten das Notwendigste mitgeführt werden (Seife, Waschtücher, Toilettenpapier, Taschenlampe). Andererseits sollte bei Kleidung gespart werden, da man hier im Regelfall alles selber tragen muss. Generell gilt, nichts in fest verschlossene, aufgegebene Gepäckstücke zu packen, was man eventuell unterwegs benötigt (z.B. Medikamente).

Behinderte

Das Land ist für Behinderte nicht zum Reisen geeignet. Entsprechende Einrichtungen (herabgesenkte Bordsteinkanten, Rampen oder Aufzüge) sind fast völlig unbekannt. Die inländischen Reisebedingungen (Gedränge auf Straßen und Bahnhöfen, überfüllte öffentliche Verkehrsmittel) erschweren das Reisen.

Wer trotzdem Rajasthan bereisen möchte, sollte eine Begleitung mitnehmen und bei einer Pauschalreise mit einem deutschen Reiseveranstalter vorher die Details abklären. Siehe auch die Hinweise auf der Website der Nationalen Koordinationsstelle Tourismus für Alle e.V. (www.natko.de) sowie des BSK-Reiseservice (Bundesverband Selbsthilfe Körperbehinderter e.V., www. reisen-ohne-barrieren.eu). Auf Reisen mit Behinderten spezialisiert ist die Agentur Aasma Tours in Jaipur (www.aasmatours andtravels.com).

Diplomatische Vertretungen
Botschaft der Republik Indien in Deutschland
Tiergartenstr. 17
D-10785 Berlin
Tel. +49/30/257950
Fax +49/30/25795102
www.indianembassy.de
Botschaft der Republik Indien in Österreich
Kärntner Ring 2
A-1015 Wien
Tel. +43/1/5058666
Fax +43/1/5059219
www.indianembassy.at
Botschaft der Republik Indien in der Schweiz
Kirchenfeldstr. 28
CH-3005 Bern 6
Tel. +41/31/3501130
Fax +41/31/3511557
www.indembassybern.ch
Mo–Fr 9.30–12.30 Uhr (Publikumsverkehr) und 13.30–17 Uhr (Telefonauskünfte).
Botschaft der Bundesrepublik Deutschland in Indien
No. 6, Block 50 G, Shanti Path, Chanakyapuri
IN-New Delhi 110021
Tel+91/11/44199199
Fax +91/11/26873117
www.germanembassy-india.org
Botschaft der Republik Österreich in Indien
EP-13 Chandergupta Marg, Chanakyapuri
IN-New Delhi 110021
Tel. +91/11/24192700

Auf den Straßen muss mit Fahrzeugen aller Art gerechnet werden

Fax +91/11/26886929
www.bmeia.gv.at/botschaft/new-delhi
Botschaft der Schweizerischen Eidgenossenschaft in Indien
Nyaya Marg, Chanakyapuri
IN-New Delhi 110021
Tel. +91/11/49959500
Fax +91/11/49959509
www.eda.admin.ch/newdelhi

Drogen
Drogenkonsum wird streng bestraft, die Zeit des Haschischrauchens der Blumenkinder und Globetrotter ist längst vorbei.

Einreisebestimmungen
Für eine Einreise benötigt man einen gültigen Reisepass und ein Visum. Visaanträge bekommt man im Reisebüro, bei den indischen Konsulaten und im Internet zum Download. Das Visum-Formular für Indien ist in englischer Sprache gehalten. Ein Muster in deutscher Sprache ist als Hilfe verfügbar, kann jedoch nicht als Visumantrag benutzt werden. Alle Pflichtfelder des Antrags sind sorgfältig auszufüllen. Der Antrag muss dann zweifach ausgedruckt werden.

Zwei identische farbige Passfotos, die biometrischen Richtlinien entsprechen und vor hellem Hintergrund aufgenommen wurden, müssen 5x5 Zentimeter groß sein. Auf die Rückseite der Fotos gehört der vollständige Name. Die Fotos können mit Büroklammern angeheftet, dürfen aber nicht aufgeklebt werden.

Unterschrieben werden müssen die ausgedruckten Anträge einmal im Kasten unterhalb des Fotos und einmal am Ende des Antrags.

Zusammen mit dem noch mindestens sechs Monate gültigen Reisepass gehen die nicht geknickten oder gefalteten Anträge dann mit einem adressierten Rückumschlag und einer Kopie des Überweisungsformulars in einem DIN A4-Umschlag an den zuständigen Dienstleister.

Seit 2012 benötigen Kinder für Reisen in das Ausland einen eigenen Reisepass. Bei pauschalen Gruppenreisen übernimmt der Reiseveranstalter die Beschaffung des Visums. Die Ausstellung von Visa wurde aus den Botschaften ausgegliedert. Mit der Vergabe der Visa wurden folgende Dienstleister beauftragt:

Für Berlin, Brandenburg, Mecklenburg-Vorpommern, Sachsen, Sachsen-Anhalt und Thüringen:
India Visa Application Center
Cox & Kings GmbH
Lützow Center
Wichmannstraße 6
10787 Berlin
Tel. +49/30/26949750
Fax +49/30/26949751
info.inber@coxandkings.com
www.in.de.coxandkings.com
Für Baden-Württemberg und Bayern:
India Visa Application Center
Cox & Kings GmbH
Ecos Offce Center (3. Stock)
Landshuter Allee 8
80637 München
Tel. +49/30/26949750
Fax +49/30/26949751
info.inber@coxandkings.com
www.in.de.coxandkings.com/munich 1

Seit November 2013 müssen Reisende aus Bayern und Baden-Württemberg, die ein Visum für Indien per Post beantragen möchten, ihre Visa-Unterlagen nach Berlin schicken. Diese Visa-Anträge müssen unter ›Indian Mission‹ dann auch den Eintrag ›Germany–Berlin‹ tragen. Auch die Gebühren müssen auf das Konto der Berliner Niederlassung überwiesen werden.

Für Hessen, Nordrhein-Westfalen, Rheinland-Pfalz und Saarland:
Indo-German Consultancy Services Ltd.
IGCS Frankfurt
Bettinastr. 62
60325 Frankfurt
Tel. +49/69/7422200
Fax +49/69/742200180
info@igcsvisa.de
www.igcsvisa.de
Für Bremen, Hamburg, Niedersachsen und Schleswig-Holstein:
Indo-German Consultancy Services Ltd.
IGCS Hamburg
Mundsburger Damm 6
22087 Hamburg
Tel. +49/40/2880560
Fax +49/40/2885629
hamburg@igcsvisa.de
www.igcsvisa.de
Für Österreich:
International Visa Services Center
Hegelstr. 17, Top 9
A-1010 Wien
Tel. +43/1/94372720
www.blsindiavisa-austria.com
Für die Schweiz:
VSL Global
Seilerstr. 25
CH-3011 Bern
Tel. +41/900/000018
http://in.vfsglobal.ch
Die **Gebühren** für ein sechsmonatiges Touristenvisum betragen bei den Visa-Dienstleistern 50 Euro. Zusätzlich zu der Konsulargebühr müssen noch der Konsulatszuschlag in Höhe von zwei Euro und die Bearbeitungsgebühren (Servicegebühren) bezahlt werden, die (je nach Dienstleister) zwischen 12 Euro und 14 Euro liegen.

Reisetipps von A bis Z

Visagebühren für Deutsche: Touristenvisum 50 Euro (bis zu 6 Monate Gültigkeit, mehrmalige Einreise); 80 Euro (bis zu 1 Jahr, mehrmalige Einreise), Transitvisum 27 Euro (gültig für 14 Tage mit Aufenthalt von 72 Stunden), Businessvisum (145 Euro bis zu einem Jahr, 235 Euro über einem Jahr), Studentenvisum (25 Euro).

Zu den Visa- und Konsulargebühren kommen gegebenenfalls noch die Kosten der Visabeschaffungszentralen in Deutschland, beispielsweise bei der Visumcentrale Bonn, Schwertberger Straße 16, 53177 Bonn, Tel. +49/228/367870.

Visagebühren für Österreicher: Touristenvisum 50 Euro (bis zu 6 Monate Gültigkeit, mehrmalige Einreise), 80 Euro (bis zu 1 Jahr, mehrmalige Einreise), Geschäftsvisum 120 Euro (bis zu 6 Monaten, mehrmalige Einreise) bzw. 150 Euro (bis zu 12 Monate), Transitvisum 24 Euro (gültig für 15 Tage mit Aufenthalt von 72 Stunden).

Visagebühren für Schweizer: Touristenvisum 80 CHF (bis zu 6 Monate Gültigkeit, mehrmalige Einreise), 120 CHF (bis zu 1 Jahr, mehrmalige Einreise). Geschäftsvisum 150 CHF (bis zu 6 Monaten Gültigkeit, mehrmalige Einreise), 220 CHF für ein Jahresvisum, 120 CHF für ein Studentenvisum, Transitvisum 45 CHF (15 Tage Gültigkeit, Aufenthalt bis zu 72 Stunden).

Kabelsalat in Old Delhi

Elektrizität

Mit Stromausfällen muss gerechnet werden. Deshalb empfiehlt sich die Mitnahme einer Taschenlampe. Die Stromspannung beträgt 220 Volt, bei einer Frequenz von 50 Hertz. Es gibt 2- und 3-polige Steckdosen und Stecker. Bei 2-poligen Flachsteckern kann man europäische Handyladegeräte, elektrische Zahnbürsten und dergleichen problemlos verwenden. Bei 3-poligen Schuko-Steckern mit verschiedenen Stiftabständen muss man einen entsprechenden Adapter verwenden.

Familienurlaub

→ Reisen mit Kindern, S. 91.

Feiertage

Der indische Kalender weist etwa 150 Feste aus, von denen viele jedoch nur regional gefeiert werden. Die genauen Termine dieser Feiertage sind zumeist abhängig von den Zeiten, zu denen der Mond bei seiner Umlaufbahn um die Erde die 28 verschiedenen ›Mondhütten‹ besucht. Da der in Indien gebräuchliche Mondkalender von dem in Europa bekannten bürgerlichen Jahr stark abweicht, lassen sich über den genauen Zeitpunkt der unten aufgeführten Feste keine Angaben machen. Interessenten können die jeweils aktuellen Termine beim Fremdenverkehrsbüro erfragen.

Der lunare Monat wird in zwei Hälften aufgeteilt: den Shukla-Paksha (entspricht dem zunehmenden Mond; in englischsprachigen Zeitungen ›bright half‹ genannt) und den Krishna Paksha (abnehmender Mond; ›dark half‹). Ein Paksha dauert 15 Tithis (Mondtage, die bekanntlich kürzer sind als Sonnentage). Der 15. Tithi des ersten Paksha, der Vollmondtag also, wird Purnima genannt und ist ein Feiertag.

Januar

1. Januar. In den Großstädten Neujahrsfest nach dem ›englischen Kalender‹.

26. (bis 28.) Januar, Tag der Republik. Gefeiert vor allem in Delhi, aber auch Jaipur mit Paraden; an darauffolgenden Tagen Volkstänze.

Kamelmarkt in Pushkar

Januar/Februar

Desert Festival, Jaisalmer. Das Fest dauert ca. eine Woche. Mit Volkstänzen und einem Markt mit Handwerkserzeugnissen.

Nagaur Mela, Nagaur. Der mehrtägige Viehmarkt ist ein beliebter Treffpunkt der Bauern der Umgebung. Für Touristen ein sehenswertes Ereignis, mit Kamelrennen.

Februar

Ramdeo-Fest, in Ramdevra bei Pokaran. Zu diesem elf Tage dauernden Fest zu Ehren von Ramdeo (auch Ramdevji) finden sich sowohl Muslim- als auch Hindu-Pilger ein, denn die der Volksgottheit Ramdeo soll ›selbst Blinden das Augenlicht zurückgeben‹. Für Touristen interessant ist Terah Tali, ein von Frauen dargebotenes, nächtliches Tanztheater.

Februar/März

Holi. Das fröhliche Straßenfest erinnert in mancher Hinsicht an den Karneval. Gesamtdauer 18 Tage, beginnend einen Tag nach Holi (Vollmondtag des Monats Phalguna). 14 Tage nach Holi ist der Höhepunkt des Festes.

Gangaur, Frühlings- und Erntefest. Gefeiert wird vor allem in Udaipur (Pichola-See), Jaipur, Jaisalmer und Jodhpur.

März/April

Rama Navami. Geburtstag Ramas. Rezitation des Ramayana in den Vishnu-Tempeln.

Mahavira Jayanti. Das wichtigste Fest der Jain zu Ehren des Gottes Mahavira.

April/Mai

Urs Ajmer Sharif. In Ajmer gefeiertes Fest zu Ehren des Heiligen, im 7. Monat des islamischen Kalenders.

Juli/August

Naga Panchami, vor allem in Jodhpur und Jaisalmer. Verehrung der Kobra (nag, naga). Stoffbilder der Kobra werden durch die Straßen getragen. Besuch der Heldenhalle in Mandore.

Teej, am dritten Tag nach der ›mondlosen Nacht‹, besonders in Jaipur, Jaisalmer, Udaipur und Jodhpur. Die grünen Gewänder der Frauen, die an Bäumen befestigten Schaukeln und die von Elefanten begleitete Parvati-Prozession sind die Hauptmerkmale dieses Monsun-Festes.

August

15. August, Unabhängigkeitstag, Jaipur.

August/September

Janam Ashtami. Geburtstag Krishnas.

September/Oktober

Ram Lila, auch Dussehra oder Durga-Puja genannt. Besonders in Delhi und Kota gefeiert. Dieses Fest gilt der Befreiung Sitas aus der Gewalt Ravanas und dauert zehn Tage. Während dieser Zeit gibt es Theateraufführungen. Am zehnten Tag werden riesige Pappfiguren verbrannt, die Ravana, seinen Sohn und seinen Bruder darstellen.

Hochzeit in Jaipur

Reisetipps von A bis Z

Oktober/November

Diwali, Lampenfest für die Göttin des Reichtums. Dafür werden die Häuser mit Kerzen und Lichtern geschmückt.

Pushkar-Mela. Dieses Fest am Pushkar-See dauert eine Woche. Für Touristen ist das farbenfrohe Fest ein Höhepunkt des Rajasthanbesuches.

November

Chandrabagha, Tiermarkt. In Jhalarapatan am Chandrabagha-Fluss.

Die kühlere Jahreszeit ist auch die Zeit der meisten Festivals in Rajasthan.

Fotografieren

In vielen Fällen sind Inder stolz darauf, wenn man sie fotografieren möchte. Es versteht sich von selbst, dass man bei Personenaufnahmen vorher das Einverständnis einholt, zumindest durch Aufnahme des Blickkontaktes. Dass gerade vielen fotografierenden Touristen die eigentlich selbstverständliche Sensibilität und erforderliche Rücksichtnahme fehlt, kann jeder Reisende bestätigen.

In den **Fotogeschäften** größerer Städte und Touristenzentren sind die gängigen Speicherkarten für Digitalkameras erhältlich. In den Internetcafés, die bereits mit schnellen DSL- und Breitbandverbindungen versehen sind, kann man inzwischen auch Bilder auf CDs brennen.

Wer **archäologische Denkmäler** mit Stativ und Blitzlicht fotografieren will, benötigt eine Genehmigung des Archäologischen Survey of India (Janpath 88, New Delhi). In immer mehr **Tempeln** herrscht mittlerweile Fotoverbot (beispielsweise Dilwara-Tempel am Mount Abu). Fotografieren in den **Wildreservaten** ist gegen Zahlung einer festgelegten Gebühr, die in jedem Reservat unterschiedlich ist, erlaubt.

Reichlich antiquiert wirken die Bestimmungen, dass Flughäfen, Staudämme, Brücken und Bahnhöfe sowie Kasernen und Militärkolonnen nicht fotografiert werden dürfen. Und das in einer Zeit, in der die Geheimdienste jede Nasenspitze einer Zielperson irgendwo auf der Welt identifizieren kön-

nen! Um Ärger zu vermeiden, sollte man sich dennoch daran halten, da man sonst das kärgliche Salär der unterbezahlten Beamten unfreiwillig durch Bakschisch aufbessern muss.

Frauen allein unterwegs

Für allein reisende Frauen ergeben sich in Indien nicht unerhebliche Hindernisse. Zunächst fällt auf, dass die Straßen bis auf wenige Ausnahmen männerdominiert sind. Belästigungen von Frauen haben in letzter Zeit besonders in großen Städten wie Delhi und Mumbai (Bombay) zugenommen. Frauen werden angestarrt und ihnen wird hinterher gerufen. Falsch ist es, hierauf einzugehen oder gar versuchen zu diskutieren. Am besten ist es, dies zu ignorieren. Ein Mann als Begleiter ist natürlich der beste Schutz gegen solche Belästigungen. Ist dies allein schon ermüdend und nervend, so bestehen auch reale Gefahren von körperlichen Übergriffen. Es kann dazu kommen, bedrängt zu werden, deshalb bietet eine Gruppe Reisender oder die Anwesenheit indischer Frauen den besten Schutz. Zunächst empfiehlt es sich allgemein, keine aufreizende Kleidung zu tragen, nicht in der Öffentlichkeit zu rauchen oder zu trinken und Blickkontakt mit indischen Männern zu meiden. Bei der Bahn gibt es für

Frauen in Osian

Obststand am Straßenrand

Frauen eigene Frauenabteile, Warteschlangen können alleinreisende Frauen einfach ignorieren. Zwar sind sexuelle Übergriffe auf ausländische Touristinnen sehr selten, doch sollten einsame Straßen und dunkle Gassen auf jeden Fall gemieden werden. Die Zahl der Raubüberfälle hat in den letzten Jahren erheblich zugenommen.

In Delhi gibt es eine Helpline für Frauen in Bedrängnis, Tel. +91/11/23317004.

Übrigens sind Tampons in Indien relativ unbekannt und, wenn vorhanden, auch teuer. Es ist daher empfehlenswert, sich zuhause entsprechend einzudecken.***

Gesundheit

Rajasthan zu bereisen ist gesundheitlich relativ ungefährlich. Klima und Essen erfordern vom Körper jedoch eine gewisse Umstellung und Anpassung, sodass man alles zunächst ruhig angehen sollte. Durchfälle, oft begleitet von Übelkeit, Erbrechen und Mattigkeit, treffen nicht wenige Reisende, vor allem zu Beginn der Reise. Man sollte einen Ruhetag einlegen, im Bett bleiben und nur Zwieback oder Toast zu sich nehmen. Um die verlorene Flüssigkeit zu ersetzen, muss man viel (ungezuckerten) Tee trinken. Unerklärliche Kopfschmerzen rühren oft von Salzmangel her. In den Tropen braucht der Körper viel Schlaf.

Alle Reisenden, die aus Infektionsgebieten einreisen, benötigen eine Impfbescheinigung gegen Gelbfieber. Besonders gefährlich sind die durch Mücken übertragenen Krankheiten wie Malaria und Dengue-Fieber. Hier empfiehlt sich generell entsprechende Kleidung, die Arme, Beine und Nacken bedeckt.

Ungekochtes, ungefiltertes **Wasser** sollte man auf keinen Fall trinken. Gegen den Durst gibt es Fruchtsäfte, Mineralwasser, Cola-Getränke, Bier (ziemlich teuer), Kaffee, Lassi (ein erfrischendes, gezuckertes und gesalzenes Gebräu auf Joghurtbasis) und natürlich Tee in zahlreichen Varianten. Auch zum Zähneputzen nimmt man abgekochtes oder sterilisiertes Mineralwasser aus der Flasche. Bei der allgemein herrschenden Hitze zur Hauptreisezeit benötigt der Reisende mindestens zwei bis drei Liter Flüssigkeit pro Tag.

Man sollte nur gekochte Gerichte essen, **Salate** meiden und **Obst** immer schälen. Diese Regel gilt nicht in den Restaurants der Luxushotels, wo man alles unbedenklich zu sich nehmen kann. Wegen der Tuberkulosegefahr solle man nur pasteurisierte **Milch** trinken; auch im Joghurt in offener Schale sind gefährliche Bakterienträger. Als zusätzliche Rationen sollten täglich Vitamin-C und Vitamin-B-Tabletten genommen werden. **Fleisch- oder Fischgerichte** dürfen nicht halbroh oder gar roh gegessen werden.

Eine **Hepatitis-A-Schutzimpfung** wird von manchen Tropenärzten generell empfohlen. **Tollwut** kommt gar nicht so selten vor, besonders durch streunende Hunde. Bei Bisswunden sollte man so schnell wie möglich einen Arzt aufsuchen.

Für **Langzeitaufenthalt** und Studium ist ein negativer HIV-Test vorgeschrieben.

Persönlich benötigte **Medikamente** bringt man grundsätzlich aus Deutschland selber mit, das gilt auch für Einmalspritzen für den Notfall. Der Abschluss einer **Reisekrankenversicherung** ist dringend zu empfehlen, da gesetzliche Krankenkassen eine Behandlung in Indien in der Regel nicht

Reisetipps von A bis Z

erstatten. Die Versicherung sollte auch einen Vollschutz ohne Summenbegrenzung enthalten, damit die Rückführung in Notfällen (beispielsweise mit dem Flugzeug) gewährleistet ist. Privatversicherte sollte sich bei ihrer Krankenkasse erkundigen und auf jeden Fall die Behandlungsbelege aus Indien aufbewahren.

Reisemedizinische Informationen gibt es unter www.fit-for-travel.de.

Informationen vor Reiseantritt
Indisches Fremdenverkehrsamt
Basler Str. 48
60329 Frankfurt/Main
Tel. +49/69/2429490
Fax +49/69/24294977
www.incredibleindia.org
Mo–Fr 9–17.30 Uhr; auch für Österreich und die Schweiz zuständig.
Indiatourism Delhi
88 Janpath
IN-New Delhi 110001
Tel. +91/11/23320342
Fax +91/11/23320109
www.tourismofindia.com

Internetcafés
Internetcafés gibt es in den meisten städtischen Orten. Sie sind preiswert, aber häufig leistungsschwach. Charakteristisch sind Stromausfälle und/oder langsame Rechner mit unübersehbaren Nutzungsspuren. In den Cafés muss man seinen **Reisepass** vorlegen, häufig wird auch eine Kopie des Passes angefertigt.
WLAN wird selten angeboten und ist dann auch oft sehr unzuverlässig. Große Hotels oder Reiseagenturen bieten komfortableres Surfen, allerdings zu hohen Preisen. In den sogenannten Business Centres der größeren Hotels sind die Nutzungsgebühren deutlich höher.

Klima und Reisezeit
Wer auf Reisen ist, interessiert sich vor allem für die tägliche Sonnenscheindauer. Allerdings sehnt man sich unter Rajasthans blauem Himmel sehr bald nach ein wenig

Abkühlung am Nakki-See am Mount Abu

Schatten und bei staubigen Überlandfahrten nach ein paar kühlende Regentropfen. Als beste Reisezeit für Rajasthan gilt der Zeitraum von **Oktober bis März**. Besonders während der Weihnachtszeit und um Neujahr sind die Hotels jedoch überfüllt, denn dann ist Hauptsaison auch für indische Touristen. Es gibt viel Sonnenschein mit Temperaturen tagsüber zwischen 20 bis 25 Grad Celsius. Doch kann es im Dezember und Januar abends auf 8 bis 10 Grad stark abkühlen und es wird erst spätmorgens hell und schon zeitig (ca. 17/17.30 Uhr) dunkel. Ab **Anfang April bis Mitte Juni**, in der Nebensaison, steigen die Temperaturen stark an. Es gibt zwar kaum Regen, doch dafür kann es sehr heiß werden. Ab Ende Juni setzt der Monsun mit heftigen Regenfällen ein, dann sind auch die Nächte unangenehm schwül. Allenfalls in den Wüstenregionen kühlt es nachts hinreichend ab. Die **Monsunzeit**, also die Regenzeit, gilt als die eher ungeeignete Reisezeit, doch gerade in dieser Jahreszeit kann die Landschaft recht eindrucksvoll sein. Auch in der Zeit nach dem Monsun ist es überall noch schön grün, aber dann nimmt das Land gelbe und schließlich grau-braune Farben an. In einigen Regionen weicht das Klima allerdings von dieser generellen Regel ab. So gilt Mount Abu als Sommerfrische, wo es selbst im Mai noch durchaus angenehm ist. In der Wüste wird es heißer als in Ostrajasthan, doch wenigstens kühlt es hier nachts ab. Im Westen gibt es im Sommer oft Sandstürme, im Osten ist auch außerhalb des Monsuns gelegentlich mit gewittrigen Regenschauern zu rechnen. Im Südosten, besonders in Chittaurgarh, fällt der Monsunregen bereits ab Mitte Juni.

Kriminalität
Rajasthan ist ein relativ sicheres Reisegebiet. An stark besuchten Plätzen und auch beim Zugfahren besteht Gefahr durch **Taschendiebe**, doch wird Diebstahl in Rajasthan nur selten begangen. Wer seinen Pass oder sein Geld verloren hat, wendet sich am besten an die zuständige Botschaft. Dort können neue Pässe ausgestellt werden, und man ist auch bei Bankformalitäten (Melden des Verlustes von Reiseschecks) oder der Beschaffung eines Rückreisetickets behilflich, das von Verwandten im Heimatland an die Botschaft bezahlt wird.

Allgemein wird empfohlen, von fremden Personen grundsätzlich nichts zum Essen anzunehmen, da die Gefahr besteht, dass man mit K.O.-Tropfen außer Gefecht gesetzt wird. Vorsicht gilt hier besonders beim Zugfahren. Politische Demonstrationen sollte man meiden.

Landkarten und Stadtpläne
Gute Karten sind im Lande kaum zu finden, meist sind sie veraltet und oftmals auch ungenau. Brauchbare Karten erhält man vom **Survey of India** bei der Map Sales Branch, New Delhi, Janpath, 1. Stock, gegenüber dem Staatlichen Touristenbüro. Es gibt von Delta Publication die Karte ›Rajasthan. Political, Commercial & Communication Map‹ (1:1 230 000). Als erste Übersicht genügen die Karten von Maps of India (www.mapsofindia.com). In Deutschland erhältlich sind unter anderem Nelles Maps ›Northern India‹ (1:1 500 000) und Reiseknowhow ›Indien Nordwest‹ (1:1 300 000), Übersicht und Bestellmöglichkeit bietet ›Schropp‹, www.landkartenschropp.de.

Öffnungszeiten
Die Geschäftszeiten sind allgemein Mo–Fr 10–17 Uhr, Sa 10–12 Uhr; kleinere Läden haben von frühmorgens bis spätabends geöffnet.

Banken sind in der Regel Mo–Fr 10–14 Uhr geöffnet, teilweise auch Sa 11–13 Uhr. Büros haben Mo–Fr 9.30–17 Uhr, Sa 9.30–13 Uhr geöffnet, Regierungsstellen Mo–Fr 10–16 Uhr (Mittagszeit ist unterschiedlich, mindestens 13–14 Uhr); Postämter sind Mo–Fr 10–17 Uhr, Sa 10–12 Uhr geöffnet.

Polizei
Bei **Straftaten** ist es unumgänglich, bei der Polizeiwache (*thana*) Anzeige zu erstatten (*darj karana*). Die Polizei leistet bei der Aufklärung aber selten Hilfestellung. Inder müssen fast immer erst einen Obolus entrichten, bevor ein Fall bearbeitet wird. Dann muss ein Protokoll (*vigyapti*) unterschrieben werden, das in der Regel in Hindi oder einer anderen Regionalsprache verfasst ist. Anschließend erhält man einen Zettel mit der Registrierungsnummer (*panjikaran sankhya*), die man zusammen mit der Kopie des Verlustprotokolls der Versicherung (*chori bima*) vorlegen muss. Für die amtliche Übersetzung muss der Geschädigte selber aufkommen.

Im alltäglichen Gedränge sollte man auf seine Wertsachen achten

Post und Telekommunikation

Telefonläden sind selbst in kleinen Ortschaften mittlerweile vorhanden. Public Call Offices (PCO), von denen man Ortsgespräche führen kann, sind normale Telefone, für deren Benutzung man bezahlt. Nationale Gespräche (STD) können von den PCO geführt werden, die man am Straßenrand findet. Internationale Gespräche (ISD) können von besonderen internationalen PCOs geführt werden.

Vorwahlen: Deutschland +49 (0049), Österreich +43 (0043), Schweiz +41 (0041), Indien +91 (0091).

Will man eine Handynummer eines indischen Anbieters außerhalb des Bundesstaates, in dem das Handy gemeldet ist, anrufen, muss man vor der immer mit 9 beginnenden Handynummer eine 0 wählen. Die Reichweite bei Mobilfunk GSM 900–Netzbetreibern (beispielsweise Airtel, SkyCell oder BPL Mobile) beschränkt sich auf größere Städte. Die Anbieter wechseln schnell. Ist man länger unterwegs, lohnt sich der Kauf einer indischen Prepaid-Karte.

Seine **Post** sollte man niemals in den Briefkästen werfen, sondern in den Postämtern der Hauptorte aufgeben. Dort gibt es Schalter für den Briefmarkenkauf (stamps counter) und für das Abstempeln der Briefmarken (cancellation counter). Dadurch wird verhindert, dass die Briefmarken abgelöst werden und der Brief niemals sein Ziel erreicht.

Wer Post aus der Heimat erhalten möchte, sollte diese **postlagernd** (Poste Restante) an das G. P. O. (General Post Office) der Stadt schicken lassen, in der er sich aufhält. Da deutsche Vornamen in Indien unbekannt sind, sollte nur das Initial des Vornamens auf der Anschrift erscheinen, um Verwechslungen auszuschließen. Luftpost benötigt von und nach Indien etwa eine Woche. Briefe können auch bei der Botschaft und in Luxushotels empfangen werden.

Presse

In Indien gibt es zahlreiche überregionale englischsprachige Tages- und Wochenzeitungen mit regionalen Beilagen, z. B. ›Times of India‹ (www.timesofindia.indiatimes.com), ›Hindustan Times‹ (www.hindustantimes.com), ›The Hindu‹ (www.hinduonline.com), ›The Statesman‹ (www.thestatesman.net). Sonntags erscheinen die beiden Wochenblätter ›Sunday Observer‹ und ›Sunday Mail‹. Meistverkauftes Magazin ist die ›India Today‹ (www.indiatoday.intoday.in) mit fundierten Hintergrundreportagen. Interessant ist auch ›Techelka‹, eine 2003 gegründete Wochenzeitung, die sich dem investigativen Journalismus verschrieben hat.

Reiseveranstalter

abenteuer&exotik Begegnungsreisen
Hans-Henny-Jahnn-Weg 19
22085 Hamburg
Tel. +49/40/27143470
Fax +49/40/271434714
www.ae-erlebnisreisen.de
Auf und Davon Reisen
Lebrechtstr. 35
51643 Gummersbach
Tel. +49/2261/501990
Fax +49/2261/5019916
www.auf-und-davon-reisen.de
berge&meer
Andréestr.27
56578 Rengsdorf

Affen in Bundi

Tel. +49/2634/9626099
www.berge-meer.de
Chamäleon-Reisen
Pannwitzstr. 5
13403 Berlin
Tel. +49/30/3479960
Fax +49/30/34799611
www.chamaeleonreisen.de
Chili Reisen
Hünenburg 5
29303 Bergen
Büro in Bremen:
Pappelstr. 81–83
28199 Bremen
Tel. +49/5051/7564
Fax +49/5051/8750,
+49/3221/1349849
www.chili-reisen.de
Comtour
Corneliusstr. 2
45219 Essen
+49/2054/95470
www.comtour.de
Indienspezialist für Gruppen- und Individualreisen (dt.).
Diamir Erlebnisreisen
Berthold-Haupt-Str. 2
01257 Dresden
Tel. +49/351/31207534
Fax +49/351/312076
www.diamir.de
Gebeco
Holzkoppelweg 19
24118 Kiel
Tel. +49/431/54460
Fax +49/431/5446111
www.gebeco.de
Geoplan
Mohringer Allee 70
12347 Berlin
Tel. +49/30/79742279
Fax +49/30/79742280
www.geoplan-reisen.de
Haase Touristik
Dickhardtstr. 56
12159 Berlin
Tel. +49/30/84183226
Fax +49/30/84183227
www.haase-touristik.de

Hauser Exkursionen
Spiegelstr. 9
81241 München
Tel. +49/89/2350060
Fax +49/89/23500699
www.hauser-exkursionen.de
Ikarus-Tours
Am Kaltenborn 49–51
61462 Königstein/Taunus
Tel. +49/6174/29020
Fax +49/6174/22952
www.ikarus.com
Indo Orient Tours
Weinbergstr. 102
CH-8006 Zürich
Tel. +41/44/3630104
Fax +41/44/3625107
www.indoculture.ch
Rundreisen.
Insight Reisen
Fröhlichstr. 42
CH-8034 Zürich
Tel. +41/44/2806262
Fax +41/44/2806264
www.insight-reisen.com
Rundreisen in ganz Indien.
Karawane-Studienreisen
Schorndorfer Str. 149
71638 Ludwigsburg
Tel. +49/7141/28480
Fax +49/7141/284825
www.karawane.de
Lernidee Erlebnisreisen
Eisenacher Str. 11
10777 Berlin
Tel. +49/30/7860000
Fax +49/30/7865596
www.lernidee.de
Lotus Travel
Baaderstraße 3
80469 München
Tel. +49/89/20208990
www.lotus-travel.com
Marco-Polo-Reisen
Riesstr. 25
80992 München
Tel. +49/89/1500190
Fax +49/89/15001918
www.marco-polo-reisen.de

Panameo
Kaltenbornweg 6
50679 Köln
Tel. +49/221/22289400,
+49/1805/222940
Fax +49/221/22289500
www.panameo.de

One World
Neuer Graben 153
44137 Dortmund
Te. +49/231/5897920
www.reisenmitsinnen.de

Rotel-Tours
Herrenstr. 11
94104 Tittling
Tel. +49/8504/4040
Fax +49/8504/4926
www.rotel.de
Rundreise im Schlafkabinenbus.

Studiosus
Riesstr. 25
80992 München
Tel. +49/89/500600
Fax +49/89/50060100
www.studiosus.com

Take Off-Reisen
Dorotheenstr. 65
22301 Hamburg
Tel. +49/40/4222288
Fax +49/40/4222209
www.takeoffreisen.de

Tischler Reisen
Partnachstr. 50
82467 Garmisch-Partenkirchen
Tel. +49/18821/93170
Fax +49/18821/931719
www.tischler-reisen.de

Tour Vital
Kaltenbornweg 6
50679 Köln
Tel. +49/221/22289505
www.tourvital.de

Wikinger Reisen
Kölner Str. 20
58135 Hagen
Tel. +49/2331/904741
Fax +49/2331/904704
www.wikinger.de

Wigwam Naturreisen & Expeditionen
Lerchenweg 2
87448 Waltenhofen/Allgäu
Tel. +498379/92060
Fax +498379/920616
www.wigwam-tours.de

Windrose Fernreisen
Fasanenstr. 33
10179 Berlin
Tel. +49/30/2017210
Fax +49/30/20172117
www.windrose.de

World Insight Erlebnisreisen
Sürther Hauptstr. 190 E-F
50999 Köln
Tel. +49/2236/38360
Fax +49/2236/3836222
www.world-insight.de

Reiseveranstalter in Indien

Ibex Expeditions
30 Community Centre,East of Kailash
New Delhi-110065
Tel. +91/11/26460246
www.ibexexpeditions.com
Veranstalter für Touren, Safaris und Treks.

Metropole Tourist Service
244, Defence Colony Flyover Market
New Delhi-110024
Tel. +91/11/24310313
www.metrovista.co.in
Tourberatungen, Mietwagen.

Parul Tours & Travels
New Manglam Complex, Shobghpura
Udaipur
Tel. +91/294/2421697
www.rajasthantravelbycab.com
Touren, Hilfe bei Reisearrangements.

Royal Expeditions
26 Community Center, East of Kailash
New Delhi
Tel. +91/11/26238545
www.royalexpeditions.com
Spezialisiert auf Gourmet-Touren, Kultur,
Wildlife und Fotoreisen. Angebote für
Senioren.

Wanderlust Travels
G-18, 2. Stock, Masjid Moth, Greater
Kailash Part-II

New Delhi-110048
Tel. +91/11/41636896,
+91/11/41636757, +91/11/41636897
Fax +91/11/29223001
www.wanderlustindia.com
Gruppen- und Individualreisen durch
ganz Indien.

Senioren

Reisende über 60 Jahre können eine Reihe
von Reiseermäßigungen in Anspruch nehmen, z. B. 30 Prozent bei Bahntarifen und
bis zu 50 Prozent bei einigen Flugtickets.
Bitte bei der Buchung nachfragen.

Souvenirs

In den größeren Städten finden Touristen
neben den üblichen Läden auch Shopping
Malls. Wirklich schöne Arbeiten sind hier
selten. In kleinen Dörfern wird man sie
eher entdecken als in den auf Tourismus
eingestellten Souvenirläden in den Großstädten. In kleineren Ortschaften gibt es
oft herrliche **Basare**.
Eine Fundgrube sind die zahlreichen **Märkte**, die nicht nur in den Städten, sondern
auch an Landstraßen zu finden sind. Man
sollte aber keine angeblichen ›Schnäpp-
chen‹ bei Straßenhändlern kaufen. Außer
bei den staatlichen **Government Cottages**
oder **Emporiums** gehört Handeln zum Geschäft, es macht auch Spaß, und man er-

*Auch Schals und Tücher sind beliebte
Mitbringsel*

fährt einiges über Mentalität und Gewohnheiten der Menschen.
Man kann in Rajasthan eine ganze Reihe
von Souvenirs kaufen. Besonders bekannt
und geschätzt ist das **Kunsthandwerk**. Hier
hat man die Wahl zwischen Arbeiten aus
Bronze, Flechtwerk oder Keramik, in Messing gegossen (oft mit Silber eingelegt),
Einlegearbeiten aus Stein, Metall oder San-
del- oder Rosenholz und Goldschmuck. In
Jodhpur bekommt man vor allem Armreifen und fein gearbeitete Holzkästchen,
aber auch Kamelleder- und Kamelhaarar-
beiten, besonders Sandalen und Hausschu-
he. Agras Spezialität sind Schachspiele und
Schmuckteller. Auch mit Einlegearbeiten aus
Silberfäden und Halbedelsteinen verzierte
Tische sind beliebt.
Auf den **Silberbazaren** in Jaipur, Ajmer und
Udaipur erhält man alten Silberschmuck sowie preisgünstigen neuen Schmuck. Man
kann Schmucksteine direkt am Kaufort
verarbeiten lassen. Indische Frauen und
Mädchen tragen oft – neben schwerem
Nasenschmuck – eine große Anzahl von
Armreifen aus Silber, buntem Glas oder
Plastik, die man auf den Märkten erste-
hen kann. Außer Diamanten gibt es auch
Lapislazuli, Rubine, Saphire, Mondsteine
und Aquamarine. Teuer ist Goldschmuck
(hohe Besteuerung aufgrund der 22 Ka-
rat Feingehalt).
Preiswert und bei Touristen recht beliebt
sind die **Batik-, Baumwoll- und Seidenstoffe**.
Machen Sie den Test für Seide: Über einer
Feuerzeug-Flamme schmelzen Kunststofffa-
sern, während Seide verkohlt. Die alte indische Batik-Technik *bandhani* findet man
noch in Jodhpur, und in Jaipur kann man
Blockdrucke auf Baumwolle erstehen. Bekannt ist auch das Himroo-Tuch aus einer
Mischung aus Seide und Baumwolle. Besonders begehrt sind Schals aus Kaschmir-
wolle, aber auch andere Wollschals können
erworben werden. Überhaupt sind Textilien
sehr preiswert und werden in vielen Geschäften – ähnlich wie in Hongkong – innerhalb kurzer Zeit nach Maß angefertigt
oder geändert.

Reisetipps von A bis Z

In allen Touristenzentren findet man **Teppichknüpfereien**, gleichzeitig berühmt und umstritten. Hersteller, die bei ihren Teppichen das Label ›rugmark‹ verwenden, verzichten auf Kinderarbeit. Kaschmirs Teppiche zeigen Muster persischen Ursprungs, sind aus reiner Wolle, Baumwollgarn oder Seide hergestellt, außerordentlich erlesen und sehr teuer.

Die **Miniaturmalerei** der Mogulzeit hat durch den Tourismus eine Renaissance erlebt. Die größte Auswahl findet man in Jaipur, wo es sogar noch exquisite Einzelstücke aus Seide gibt. Qualität und Preise variieren stark je nach Farbe, Material oder Detailgenauigkeit. Für **antike Bilder** gilt indes, was auch für andere Gegenstände gilt, die über 100 Jahre alt sind: Man benötigt eine Sondergenehmigung vom Archaeological Survey of India in Delhi. Ansonsten dürfen Souvenirs ohne Beschränkung ausgeführt werden.

Mädchen am Taj Mahal

Sport

Obwohl Indien eine ehemalige britische Kolonie mit der Sportbegeisterung der Briten ist, hält sich das Angebot an Sportarten in Grenzen. Sehr beliebt sind Polo und Hockey, desgleichen gewinnt der Fußball an Bedeutung. Kricket ist Indiens Nationalsportart und kommt noch aus der britischen Kolonialzeit. Die Spiele werden – wie bei uns der Fußball – im Fernsehen übertragen, Stars genießen große Verehrung.

In den Hotelanlagen gibt es vielerorts Golfanlagen für Touristen, Golf ist auch das Statussymbol der indischen Mittelschicht. Die großen Hotels bieten auch Segeln, Rudern und Wasserskifahren an. Hier finden sich auch oft Möglichkeiten für Tennis und Squash. In einigen Städten gibt es Poloplätze, denn dieses Spiel erfordert Mut und Geschicklichkeit und ist deshalb ganz im Sinne der Rajputen.

In den größeren Städten und Touristenhochburgen wie Delhi und Agra sieht man in den Morgenstunden viele Jogger, vor allem natürlich in den Parks.

Wander- und Treckingfreunde finden in den Aravallis um Mount Abu ihr bevorzugtes Betätigungsfeld. In deren Bergstationen gibt es zudem Gelegenheiten zum Pferdereiten. Sehr beliebt sind Kamelsafaris in die Thar-Wüste, die in der Regel zwischen einem und sieben Tagen dauern. Auch Paragliding, Ballonfahrten und Segelfliegen gewinnen an Attraktivität.

Radtouren sind möglich auf den Strecken zwischen Alwar und Deeg sowie von Jaipur in die Shekhavati-Region. Auskünfte erteilen die jeweiligen Tourist Offices.

Toiletten

In den meisten Hotels, die Reiseunternehmen mit europäischen Touristen ansteuern, gibt es neben den normalen Toiletten (european style) einen Wasserhahn mit Plastikbecher oder eine kleine Wasserdusche am Toilettenbecken zur Reinigung. In den großen Hotels und in Luxushotels befinden sich selbstverständlich Bäder mit allem Komfort der westlichen Zivilisation. Ansonsten sind im ganzen Land nur Stehtoiletten mit Bodenloch üblich, auch in Bahnen (indian style). Inder betrachten die Verwendung von Toilettenpapier als unhygienisch. Sie verwenden vorwiegend Wasser und benutzen dafür die linke Hand. Deshalb gilt diese Hand als ›unrein‹. Da es kaum Klärwerke und Fäkalienabfuhr gibt, kann Toilettenpapier auf dem Lande nicht abgesaugt und entsprechend entsorgt werden.

Trinkgeld

Trinkgelder sind für Portiers, Kellner, Fahrer und Reiseführer nicht üblich. In Rechnungen sind diese nicht immer enthalten, es sei denn, in der Speisekarte ist ›service charge‹ vermerkt. Man sollte daher den schlecht bezahlten Kellnern 5 bis 10 Prozent Trinkgeld geben, das gleiche gilt für Kofferträger und Zimmerservice.

Besondere Bedeutung in Indien hat Bakschisch, bei uns eher als Bestechung bezeichnet. Es hilft besonders bei den chronisch unterbezahlten Beamten, einen Vorgang zu beschleunigen.

Unterkunft

→ S. 89.

Verhaltenstipps

Die indische Art der **Begrüßung** besteht darin, dass man die Handflächen vor der Brust mit den Fingerspitzen nach oben flach aneinander legt, sich leicht verbeugt und ›Namaste‹ sagt. Händeschütteln ist unüblich in Indien, dagegen hört man in Großstädten schon öfter das in angelsächsischen Ländern gebräuchliche ›Hi‹ oder ›Hello‹.
Die Geste für das ›Ja‹ wird durch eine wiegende Bewegung des Kopfes von links nach rechts und wieder zurück ausgedrückt, unterstrichen durch ein Schnalzen; es sieht wie unser Kopfschütteln aus. Das ›Nein‹ wiederum wird mit Kopfsenken und ruckartigem Kopfheben ausgedrückt, was für Mitteleuropäer wie ein zustimmendes Nicken aussieht.
Generell gilt, dass man beim Betreten von **Tempeln, Moscheen, Sikh- oder Jain-Hei-**

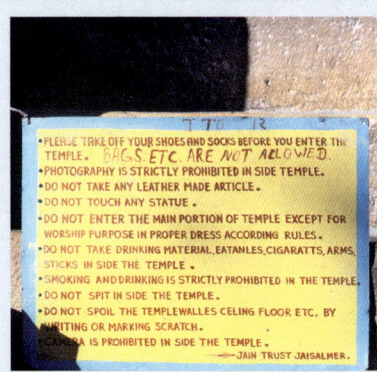

Verhaltensregeln an einem Tempel in Jaisalmer

ligtümern die Schuhe auszieht. An heiligen Stätten der Sikhs ist eine Kopfbedeckung erwünscht. Lederwaren (z.B. Schuhe, Gürtel und Taschen) sind in Jain-Tempeln verboten. In Tempeln und Moscheen bedecken Frauen ihren Kopf.
Es gilt als anstößig, wenn Frauen in der Öffentlichkeit trinken oder rauchen.

Währung und Zahlungsmittel

Eine Rupie (Abkürzung: Rs) ist in 100 Paise unterteilt. Münzen gibt es im Wert von 5, 10, 20, 25 und 50 Paise und 1, 2, 5 und 10 Rs, Banknoten im Wert von 5, 10, 20, 50, 100, 500 und 1000 Rs.
100 Rs = ca. 1,40 Euro = ca. 1,69 CHF = 1,78 US-Dollar.
1 Euro = ca. 70 Rs, 1 CHF = ca. 58 Rs, 1 US Dollar = 56 Rs (Stand Januar 2014)***
Geldautomaten (in Indien ATMs genannt) gibt es mittlerweile selbst in kleineren Städten.
Schmutzige oder zerfledderte Geldscheine sollte man nicht annehmen, auch nicht mit Stecknadeln gelöcherte oder mit Tesafilm geklebte Scheine, da man sie kaum noch loswird.
In fast allen Hotels kann man inzwischen mit dem Euro zahlen, auch wenn der Dollar immer noch die Weltwährung ist. Auch Kreditkarten (Visa, Mastercard) werden in großen Hotels und Restaurants sowie von

Reisetipps von A bis Z

Ladenzeile in Jaipur

guten Geschäften akzeptiert. Bei Karten-
zahlungen sollte man allerdings darauf achten, die Kreditkarten niemals aus der Hand
zu geben, um Missbrauch zu verhindern.
Geld sollte man nur bei Banken oder anerkannten Geldwechslern umtauschen. Die
Öffnungszeiten der Banken sind in der
Regel Mo–Fr 10–14 Uhr, Sa 10–12 Uhr.

Zahlen

0 Shunya
1 ek
2 do
3 tin
4 char
5 panch
6 chay
7 Sat
8 ath
9 nau
10 das

Zeit

In Indien gilt die Indian Standard Time (IST).
Die Zeitverschiebung beträgt in der mitteleuropäischen Winterzeit (MEZ) plus 4,5
Stunden (UTC + 5,5), in der mitteleuropäischen Sommerzeit (MEZ) plus 3,5 Stunden.
Nach britischem Muster wird die Uhrzeit
gewöhnlich mit dem Zusatz ›a.m.‹ für vormittags und ›p.m.‹ für nachmittags bis Mitternacht angegeben.

Zollbestimmungen

Die folgenden Artikel dürfen von Personen
über 17 Jahren zollfrei nach Indien eingeführt werden: 200 Zigaretten oder 50 Zi-
garren oder 250 g Tabak; 2 l alkoholische
Getränke; 250 ml Eau de Toilette; Artikel
für den persönlichen Bedarf oder Geschen-
ke bis zum Wert von 8000 Rs (Ausländer)
oder 6000 Rs (indische Staatsbürger). Videokameras und Notebooks müssen bei der
Einreise deklariert werden. Das Mitführen
von Betäubungsmitteln (auch Haschisch)
wird bereits bei kleinen Mengen mit hohen Haftstrafen geahndet. Einfuhrverbot
besteht für lebende Pflanzen, Geflügel,
Schweinefleisch, Waffen ohne Waffen-
schein, ›pornografische Erzeugnisse‹ (das
kann auch schon mal ein Exemplar des
›Playboy‹ sein), Gold- oder Silberbarren
sowie Münzen, die keine Zahlungsmittel
sind. Die Ein- und Ausfuhr der indischen
Währung ist verboten.

Sadhu im Jain-Tempel in Jaisalmer

Sprachführer Hindi

Hindi ist die meistgesprochene Sprache Indiens. Sie wird in Rajasthan weitgehend verstanden. Für eine eingehendere Beschäftigung mit Hindi ist der ›Kauderwelsch‹-Band ›Hindi‹ hilfreich (→ S. 368).
Da Hindi in einer eigenen Schrift, der Dewanagari, geschrieben wird, kann unsere in Indien als ›english‹ bezeichnete lateinische Schrift nur die Funktion einer phonetischen Umschrift erfüllen. Somit unterscheiden sich die germanisierte und die anglisierte Umschreibungsform voneinander. Für einige Hindilaute gibt es weder im Englischen noch im Deutschen eine Entsprechung.

Buchstabe	Aussprache
a	kurzes ›a‹ wie Hass
ai	wie ›ä‹
ā	langes ›a‹ wie Saal
c	›tsch‹ wie Rutsche
e	langes ›e‹ wie Teer
ī	langes ›i‹ wie Liebe
j	›dsch‹ wie Dschungel
o	langes ›o‹ wie Ohr
r	gerolltes ›r‹
s	scharfes ›s‹ wie Kessel
sh	›sch‹ wie Schule
u	kurzes ›u‹ wie Butter
ū	langes ›u‹ wie Uhr
w	›w‹ wie Wiese
z	weiches ›s‹ wie See
y	›j‹ wie Junge

Deutsch	Hindi
Allgemeines	
Danke	dhanyawād, shukriyā
Bitte sehr	koi bāt nahīn
Bitte (um etwas bitten)	māngnā
Hallo, Guten Tag	namasté
Tschüß	alvidhā
Ja	hān
Nein	nahīn
Entschuldigung	māf kījiye
Okay	thīk hai
Ich verstehe nicht.	samjhā nahīn.
Ich	main
Du	tū, tum
Frau	aurat
Mann	adami

Deutsch	Hindi
Junge	larkā
Mädchen	larkī
Unterwegs	
links	bāīn or
rechts	dahinī or
geradeaus	sīdhā
gegenüber	ke samne
weit	dūr
nah	nazdīk
Wie komme ich nach...?	kaise djaūn...?
Wo ist?	kidhar hai?
Bahnhof	rei-gārj
Bus	bas
Flughafen	hawāiaddā
Hotel	hotal, hotel
Bank	benk
Toilette	letrin
Geschäft	dukān
Markt	bazaar
Gibt es ...?	koi hai ...?
Ich möchte ... haben	mujhko cahiye ...
Zimmer	kamrā
Wieviel kostet das?	iskī kīmat kyā hai?
teuer	nahangā
sauber	sāf
schmutzig	gandā
Seife	sābun
Notfall	
Hilfe!	bacao!
Bitte helfen Sie mir!	Kripayā madad kījiye!
Arzt	daktar
Arznei	dawā
Apotheke	dawā khānā
Polizei	pulīs
Zeitangaben	
Wie spät ist es?	kyā bajā hai?
Wann?	kab?
Morgen	sawerā
Mittag	dopahar
Nachmittag	tīsrā pahar

Deutsch	Hindi
Abend	shām
Nacht	rāt
jetzt	abhi
heute	āj
gestern	kal
morgen	subah
Woche	haftā
Monat	mahinā
Jahr	sāl
Montag	som-wār
Dienstag	mangal-wār
Mittwoch	budh-wār
Donnerstag	guru-wār
Freitag	shukra-wār
Samstag	shani-wār
Sonntag	rawi-wār
Post	
Postamt	dāk-ghar
Brief	citthī, atra
Briefmarke	Ss?tamp
Einkaufen/Restaurant	
Wieviel kostet das?	Iski kimat kya hai?
Kann ich die Speisekarte haben?	Mujhe menu dikhaiye?
Kellner!	Waiter!
Die Rechnung bitte!	Bill lāo!
Ich hätte gerne etwas zu trinken.	Mujhe kuch pīni hai.
Frühstück	nāshtā
heiß	garam
kalt	thanda
Saft	ras
Tee	chai
Milch	dudh
Joghurt	dahī
Brot	paon
Eier	ande
Butter	makkhan
Suppe	soup
Obst	phal
Gemüse	sabzī
Salz	Namak

Deutsch	Hindi
Zucker	chīnī, shakkar
Messer	sākū
Gabel	kāntā
Glas	gilās
Flasche	botal

Monate

Januar	janawārī
Februar	farwārī
März	mārc
April	aprail
Mai	māī
Juni	jūn
Juli	julāī
August	Āgast
September	sitambar
Oktober	aktūbar
November	navambar
Dezember	disambar

Farben

schwarz	kālā
weiß	safēd
grau	slē ī
rot	lāl
blau	nīlā
gelb	pīlā
grün	harā
orange	nāra gī
braun	bhūrā
rosa	gulābī
golden	sunaharā
violett	bai ganī
beige	ma amailā
türkis	firōzā
silbern	cāndī
bronze	tāmbā
hell	halkā
dunkel	gahrā
leuchtend	camkīlā
vielfarbig	bahura gī
einfarbig	Ēkra gī

Literatur

Hinweis: Fast alle hier aufgeführten Bücher kann man (auch antiquarisch) im Internet bestellen.

Geschichte, Romane

Adiga, Aravind, Der weiße Tiger, dtv 2010. Zustandsbeschreibung des modernen Indien mit all seinen Schattenseiten.

Behr, Hans-Georg, Die Moguln. Macht und Pracht der indischen Kaiser 1369–1857, Econ, München 1982. Das Standardwerk zur Geschichte des Herrschergeschlechts.

Collins, Larry und Lapierre, Dominique, Gandhi – Um Mitternacht die Freiheit, Bertelsmann 1983. Ergebnis vieler Interviews mit dem letzten britischen Vizekönig Mountbatten.

Crewe, Quentin, The Last Maharajah, A Biography of Sawai Man Singh II., Michael Joseph, London 1985.

Dalrymple, William, The Last Mughal, The Fall of Dynasty, Bloomsbury/Knopf, London, New Delhi 2006. Bedeutung der Moguln am Beispiel von Delhi.

Davenport, Hugh, Trials and Triumphs of the Mewar Kingdom, Maharana of Mewar Charitable Foundation, Udaipur 1975.

Devi, Maharani, Gayatri und Rama Raij, Santha, A Princess Remembers, The Memoirs of the Maharani of Jaipur, Wiedenfield & Nicholson, London 1976. Autobiographie.

Eraly, Abraham, The Mughal Throne, The Saga of India's Great Emperors, Phoenix, 2004. Die Herrscher von Babur bis Aurangzeb.

Gascoigne, Bamber, The Great Mughuls, Jonathan Cape Publications, London 1987. Babur, Humayun, Akbar, Jahangir, Shah Jahan und Aurangzeb mit Einblicken in die Geschichte Persiens und Indiens.

Kaye, M. M., Palast der Winde, Fischer Sonderausgabe, 1966. Ein kleiner britischer Junge überlebt den Sepoy-Aufstand. Indien unter den Briten.

Mistry, Rohinton, Das Gleichgewicht der Welt, Fischer-Taschenbuch 1999. Roman über den Versuch einer Flucht vom Land in die Großstadt.

Nagarkar, Kiran, Krishnas Schatten, List 2004. Machtkämpfe und Intrigen im Mewar des 16. Jahrhunderts.

Patnaik, Naveen, Desert Kingdom, Rajputs of Bikaner, George Wiedenfield & Nichalson, London 1990.

Riemenschneider, Dieter, Shiva tanzt, Unionsverlag, Zürich 1999. Aspekte des indischen Alltags.

Robinsosn, Francis, The Mughal Emperors and the Islamic Dynasties of India, Iran and Central Asia 1206–1925, Thames & Hudson. Mit guten Karten und Farbabbildungen.

Roy, Arundhati, Der Gott der kleinen Dinge, btb-Verlag, 1999. Geschichte einer begüterten Familie aus Kerala.

Rushdie, Salman, Mitternachtskinder, Rowohlt-Taschenbuch, 2005. Geschichte eines Mannes, geboren im Moment der Unabhängigkeit.

Seth, Vikram, Eine gute Partie, Fischer-Taschenbuch, 2006. Liebesgeschichte im nachkolonialen Indien.

Tharoor, Shashi, Aufruhr: Eine Liebesgeschichte, Suhrkamp 2006. Roman, der die Konflikte zwischen Hindus und Moslems und die Stellung der Frauen in Indien zum Thema hat.

Staat und Gesellschaft

Gandhi, Mahatma, Eine Autobiographie oder Die Geschichte meiner Experimente mit der Wahrheit, Hinder & Deelmann, 2001. Die Biographie endet mit Gandhis Eintritt in den indischen Nationalkongress 1921.

Mies, Maria, Indische Frauen zwischen Unterdrückung und Befreiung, Europäische Verlagsanstalt, 1986. Umfassendes Werk einer Soziologin.

Winterberg, Anna (Hrsg.), Frauen in Indien. Erzählungen, DTV-Taschenbuch, München 1994. 19 Erzählungen indischer Autorinnen.

Am Jaleb Chowk von Amber

Religion und Philosophie

Abt, Otto, Von Liebe und Macht. Das Mahabharata, Horlemann-Verlag, 2001. Die Nacherzählung basiert auf der indischen Version. Das Weltepos soll das Mahabharata denen zugänglich machen, die nicht die Gelegenheit haben, die Gesamtausgabe zu studieren.

Glasenhapp, Helmut von, Der Jainismus, Olms, Hildesheim 1984.

Michael, Axel, Der Hinduismus in Geschichte und Gegenwart, Beck-Verlag, München 1998.

Schimmel, Annemerie, Der Islam im indischen Subkontinent, Wissenschaftliche Buchgesellschaft, Darmstadt 1983.

Schleberger, Eckhard, Die indische Götterwelt. Gestalt, Ausdruck und Sinnbild, Köln 1986.

Zimmer, Heinrich, Philosophie und Religion Indiens, Suhrkamp-Verlag, 2001. Das Standardwerk behandelt nicht nur die indische Philosophie, sondern auch die Beziehung zur abendländischen Philosophie.

Architektur

Clermont, Lothar, Jainism And The Temples Of Mount Abu And Ranakpur, Thomson Press, New Delhi 2006. Aufnahmen von Mount Abu und Ranakpur sowie zur Lebensweise der Jainas.

Fass, Virginia, The Forts of India, Collins, Harper Collins Publishers Ltd, London 1986.

Hürlimann, Martin, Indien. Baukunst, Landschaft und Volksleben, Ernst-Wasmuth-Verlag, Berlin 1928.

Martinelli, Antonio und George Michell, Palaces of Rajasthan, Mumbai 2004. Großartige Fotos der prachtvollen Paläste Rajasthans.

Michell, George, Der Hindu-Tempel. Baukunst einer Weltreligion, DuMont, Köln 1991.

Kunst und Musik

Beach, Milo Cleveland, Mughal and Rajput Painting, The New Cambridge History of India, Cambridge 1992.

Delahoutre, Michael, Indische Kunst, Ursprung und Entwicklung, München 1996.

Sethi, Sunil und Deidi von Schaewen, Indien Interieurs, Taschen-Verlag 2003. Bildband über 44 verschiedene Wohnstätten.

Bildbände

Dix, Thomas/Clermont, **Lothar**, Rajasthan, Stürtz, Würzburg 2002. Hervorragender Bildband.

Okada, Amina und Suzanne Held, Rajasthan, Hirmer, München 2000. Großartiger Bildband.

Sprache

Krack, Rainer, Hindi. Wort für Wort, Reise-Know-how-Verlag, Reihe Kauderwelsch, Bielefeld 2010.

Rajasthan im Internet

Allgemeine Informationen

www.suedasien.info/Indien
Aktuelle Nachrichten und allgemeine Informationen.

www.suedasien-online.de/Laender/indien/indien.htm
Basisdaten zu Land, Bevölkerung, Staat und Politik (dt.).

www.cia.gov/library/publications/the-world-factbook/geos/in.html
World Factbook der CIA (engl.).

www.derreisefuehrer.com/indien
Reiseportal mit Reisetipps (dt.).

www.india.gov.in
National Portal of India, Informationen über Land und Einreise (engl.).

www.incredibleindia.org
Offizielle Website des Tourist Office (engl.).

www.rajasthantourism.gov.in
Offizielle Tourismus-Website zu Rajasthan mit vielen Infos (engl.).

Frau mit einer Handpumpe auf dem Land

www.rajasthan.gov.in
Regierungswebsite zu Bodenschätzen, Politik- und Wirtschaftsstrukturen Rajasthans (engl.).

www.rajforest.nic.in
Informationen zu Wald- und Baumarten, Walderhaltung (engl.).

www.mapsofindia.com
Landkarten von Rajasthan sowie Stadtpläne (engl.).

Seiten von Reiseveranstaltern

www.rajasthan-indien-reise.de
Reiseveranstalter; mit Länderinformationen (dt.).

www.rajasthanonline.com
Landeskundliche Informationen zu Rajasthan (engl.).

www.rajasthan-reise.org
Reiseveranstalter in Jaipur, auch Reisetipps (dt.).

www.indien-reise.com
Reiseveranstalter; Wissenswertes über Indien (dt.).

Unterwegs

www.newdelhiairport.in
Seite des Indira Gandhi International Airport in Delhi.

www.csia.in
Chhatrapati Shivaji International Airport in Mumbai.

www.indianrail.gov.in
Homepage der indischen Eisenbahn mit den wichtigsten innerindischen Zugverbindungen (engl.).

Unterkünfte

www.heritagehotels.com
Hotelbuchungen für ganz Indien (engl.).

www.hotels-in-rajasthan.com
Hotelbuchungen in Rajasthan (engl.).

www.hotelsrajasthan.net
Hotelführer mit ausführlichen Beschreibungen der Unterkünfte (engl.).

Anhang

Glossar

-abad Stadt

Ahimsa Gebot der Gewaltlosigkeit

Alkoven Bettnische, Schlafgelegenheit.

Amalaka Flache, runde, gerillte Krönung eines Tempelturms.

Apsara Nymphenähnliches Himmelsmädchen.

Ardamandapa Portikus.

Architrav Ein den Oberbau tragender Hauptbalken, der die Last des zur Dachkonstruktion gehörenden Gebälkes auf Pfeiler und Säulen verteilt.

Ashram Ort klösterlicher Zurückgezogenheit; Zentrum für Yoga und Meditation.

Ayurveda ›Wissen vom Leben‹, eine der traditionellen medizinischen Lehren.

Bagh Garten, Park.

Bakschisch Trinkgeld, Almosen.

Banyan Feigenbaum, sendet Luftwurzeln zur Erde.

Baoli (Baori) Stufenbrunnen.

Baradhari Pavillon.

Barat Hochzeitsumzug.

Beedi Einheimische dünne Zigarette.

Betel Nuss, die mit anderen Zutaten gekaut wird.

Bhavan (Bhawan) Haus, Gartenpavillon.

Bowry Brunnen.

Brahma Welterschaffende Gottheit.

Brahmane Angehöriger der Priesterkaste.

Jain-Tempel in Ranakpur

Burj Turm (-Palast).

Cella Schmale Kammer, Platz für ein Bildnis einer Gottheit.

Chaitya Frühbuddhistischer Grabhügel.

Chakra ›Rad‹, Symbol der Wiedergeburt.

Chamunda Schreckensaspekt der Göttin Devi.

Charbagh Durch Wegkreuz viergeteilter Garten.

Chattri (Chhatri) ›Schirm‹, Totengedenkstätte.

Chaturmukhalinga Lingam mit vier Gesichtern.

Chaupar (auch Pachisi) Brettspiel.

Chowk Hausblock mit Markt, offener Hof.

Dacoit Räuber, Bandit.

Darbar (Durbar) Audienz am Hof.

Dargah (auch Durgah) Schrein eines Muslimheiligen.

Darwaza Tor.

Daulat Khana Schatzkammer.

Devakulika Nebenschrein.

Dharamshala Unterkunft für Pilger neben den Tempeln.

Dharma Wörtlich ›tragen, halten‹; religiöse Pflicht und soziale Verantwortung.

Diwali Lichterfest der Hindus.

Diwan Minister.

Diwan-i-Am Öffentliche Audienzhalle.

Diwan-i-Khas Private Audienzhalle.

Drawiden Einwohner Indiens vor Ankunft der Arier.

Durbar Königlicher Hof, auch Regierung.

Durga weibliche Gottheit, Schwester von Vishnu.

Durgah Grabbezirk.

Dvarapala Torwächter am Eingan zum Sanktuarium.

Emporium Kaufhaus, zumeist für Kunstgewerbe, einheimische Industrien.

Fakir Bettelmönch.

Ganesha Hinduistische Gottheit mit Elefantenkopf.

-garh Fort, Festung.

Garbhagriha, Sanktuarium, Allerheiligstes des Hindutempels.

Malerein im Fort Bala Qila, Nawalgarh

Garuda Sonnenvogel, mythischer Vogel, trägt den Gott Vishnu.

Ghat Treppenanlage, meist zu einem Badeplatz; Stufen zu einem Fluss, Teich, See, in dem gebadet wird. Auch Gebirge (Nilghats).

Ghee Butterschmalz.

Gopis Hirtenmädchen, Gespielinnen Krishnas.

Gopuram Mit Götterfiguren versehener Tempelturm.

Guru Meister, religiöser Sikh-Lehrer.

Haijra Eunuch, intersexuelle Person.

Hammam Türkisches Dampfbad.

Hanuman Affengott aus dem Ramayana, leitete das Affenheer, das Rama bei der Befreiung Sitas half.

Harihara Darstellung von Shiva und Vishnu als eine Person.

Harijan ›Kinder Gottes‹, Gandhis Bezeichnung für Unberührbare.

Haveli Kaufmannshaus, um einen Hof gebautes Handels- und Wohnhaus.

Howdah Sitz auf dem Elefanten.

Inana Erlösung durch Erkenntnis.

Indra Vedischer Gott des Donners und des Regens.

Iwan (auch Liwan) Dreiseitig geschlossene Haupthalle einer Moschee, die an ihrer Vorderseite völlig offen gelassen wurde.

Jala durg Wassergeschützte Burg.

Jali Marmor- oder Steinwand, in durchbrochenem Muster gemeißelt.

Jama Masjid Große (Freitags-)Moschee.

Jataka Alte Buddhistische Legenden.

Jauhar Kollektiver Selbstmordritus der Rajputen-Frauen.

Jharokha Balkon.

-ji Dem Namen zugefügt als Zeichen des Respekts (zum Beispiel Singhji).

Jootis Traditionelle Lederschuhe von Rajasthan.

Kalasha Vasenförmige Spitze eines Shikhara.

Kali Furchterregender Aspekt der Parvati.

Kama Liebesgott.

Karma Gute und böse Taten des Menschen, die seine Wiedergeburt bestimmen.

Khana Haus.

Kinnara Vogelmensch.

Krishna Hirtengott, Kriegerheld, zugleich 8. Inkarnation Vishnus.

Kragbauweise Vorform des ›echten‹ Gewölbes, bei dem Steinblock kragt nach oben immer etwas weiter vor als der vorige, wodurch sich der Bau nach oben verjüngt.

Kund (auch Tank) Künstliches Wasserbecken.

Lakh Zahlwort (100 000).

Lakshmi Göttin des Glücks und des Reichtums, Gemahlin Vishnus.

Lal Kot Rotes Fort.

Lingam Phallusdarstellung als Symbol der Shiva-Verehrung.

Liwan Eine dreiseitig geschlossene Halle, die an ihrer Vorderseite offen gelassen ist.

Baradhari in der Zenana, Festung Amber

Anhang

Madrasa (auch Medrese) Wörtlich ›Ort des Lernens‹, islamisches College.

Maha Vorsilbe ›groß‹.

Mahal Großes Haus, Palast.

Mahabharata Größtes indisches Epos (400 vor Christus–400 nach Christus), beschreibt den Kampf zwischen zwei Stämmen.

Mahadeva ›Großer Gott‹, Namen für Shiva.

Mahamandapa Säulengestützte Haupthalle eines Tempels.

Mahavira 24. und letzter Furtbereiter des Jainismus.

Maheshvara Name Shivas.

Mahal Palast.

Maharaja (Maharadscha) ›Großer König‹, Herrscher eines Fürstentums.

Maharani ›Große Königin‹, Herrscherin oder Gemahlin des Maharajas.

Mahavira 24. und letzter Furtbereiter des Jainismus.

Maheshvara Name Shivas.

Mahout Elefantenführer.

Mandapa Offene oder geschlossene Säulenhalle vor dem inneren Sanktum.

Mandir Tempel.

Mangalas Hinduistische Glückszeichen.

Marg Hauptstraße.

Masjid Moschee.

Medrese Koranschule.

Meenakari Emailtechnik.

Mehndi Mit Henna auf die Handfläche gedrucktes Muster.

Mela Fest.

Meru Mythischer Weltenberg.

Mihrab Gebetsnische in einer Moschee.

Minar Schmaler Turm einer Moschee.

Minbar Kanzel in der Moschee, meistens neben der Gebetsnische.

Mogul, Moghul ›Mongole‹; aus Zentralasien stammende Herrscherdynastie.

Moksha Erlösung vom Kreislauf der Wiedergeburten, höchstes Ziel eines gläubigen Hindu.

Mughal Muslim Dynastie.

Mukhashala Versammlungshalle eines Tempels.

Naga Schlange.

Nagara Nordindischer Tempeltyp.

Nandi Stier, Shivas Reittier.

Narasimha Mann-Löwe-Inkarnation Vishnus.

Nawab Muslimischer Herrscher, Fürst.

Nirwana Wörtlich ›erlöschen, verwehen‹; überwiegend im Buddhismus benutzter Begriff für die Erlösung vom Kreislauf der Wiedergeburten, Moksha.

Niwas Kleiner Palast, Gebäude.

Pagri Turban Rajasthans, wurde von Mogulen eingeführt.

Palankin Sänfte der Fürsten.

Pali Alte nordindische Sprache.

Paria Unberührbarer.

Parvati Gemahlin Shivas.

Parshavanatha 13. Furtbereiter der Jains.

Pietra dura (italienisch ›harter Stein‹) Die Kunst der Verlegung von Bildern und Ornamenten aus Plättchen harter Steinsorten.

Pol Befestigtes Tor.

Portikus Säulengang oder Säulenhalle mit geradem Gebälk.

Prakrit Volkssprache.

-pur Stadt.

Purana Götterepen (400 vor Christus–1000 nach Christus). Kulturhistorisch gesehen war es ihre Volkstümlichkeit, die die Puranas so beliebt machten.

Pushkar Lotos.

Qila Fort, Festung (Purana Qila=Altes Fort).

Radha Geliebte Krishnas.

Raga Tonfolge, die Stimmungen ausdrückt.

Raja Fürst, König.

Rajasthani Sprache und Bewohner Rajasthans.

Rajput ›Königssohn‹; Volksgruppe in Rajasthan.

Rama Held des Ramayana und zugleich siebte Inkarnation Vishnus.

Ramayana Heldenepos um die 7. Inkarnation Vishnus und seiner Gemahlin Sita.

Rana Fürstentitel Mewars.

Rangmandapa Nach allen Seiten offene religiöse Tanzhalle.

Rani Frau des Fürsten.

Rao Fürstentitel Marwars.

Rawal Fürstentitel Jaisalmers.

Sadhu (Saddhu) Heiliger, der asketisch lebt.

Sagar Künstlich angelegter See.

Sahib Respektvoller Titel wie ›Sir‹.

Samsara Wörtlich ›Wanderung‹; Kreislauf von Geburt, Tod und Wiedergeburt.

Sanktuarium Altarraum, Zutritt für Besucher verboten.

Sanskrit Von Panini um 500 v. Chr. mit Grammatik versehene Gelehrtensprache, Sprache der Brahmanen.

Sarasvati Göttin der Wissenschaft, Gemahlin Brahmas.

Sati Selbstverbrennung von Frauen zusammen mit der Leiche des Ehemannes.

Scooter Dreirädriger Motorroller zur Personenbeförderung.

Sewan Schnell wachsendes Steppengras.

Shakti Steht im Hinduismus für die weibliche Urkraft des Universums.

Shevetambara Wörtlich ›die Weißgekleideten‹; Sektenvariante der Jains.

Shikhara Tempelturm.

Shiva Zugleich schöpferischer und zerstörerischer Gott.

Shivalinga Phallisches Symbol für Shiva.

Sikh Angehörige der von Guru Nanak im 15. Jh. gestifteten Religionsgemeinschaft.

Singh ›Löwe‹; häufiger Familienname der Kshatriyas, der Rajas sowie aller Sikh.

Sitar Saiteninstrument.

Shiva-Statue an der Straße zwischen Delhi und Agra

Skanda Kriegsgott, der als ein Bruder von Ganesh verehrt wird. Sein Reittier ist der Pfau.

Stambha Turm als Symbol der Weltachse.

Stupa Halbkugelförmiger Bau, mit Reliquie.

Sufi Islamischer Heiliger.

Thakur Großgrundbesitzer von niederem Adel.

Theravada-Buddhismus Befolgt die unveränderte Übernahme der ursprünglichen Lehren und Regeln von Buddha.

Tirthankara Wörtlich ›Furtbereiter‹; 24 religiöse Lehrmeister der Jains.

Tonga Zweirädriger Pferdekarren zur Personenbeförderung.

Torana Skulptiertes Tor vor einem Tempel.

Trimurti Dreiheit der Hindu-Götter: Brahma (Schöpfung), Vishnu (Erhaltung) und Shiva (Zerstörung).

Upanishaden Philosophische Schriften (seit 800 v. Chr.).

Urs Todestag eines muslimischen Heiligen, Anlass zu besonderen Wallfahrten.

Vahana Reittier einer hinduistischen Gottheit.

Vaishya Angehörige der dritten Kaste, Bauern und Händler.

Varaha Inkarnation Vishnus als Eber.

Veda Wissen; die Veden sind die ältesten Schriften Indiens.

Vihara Buddhistisches Kloster.

Vilas Haus, Palast.

Vishnu ›Der Welterhalter‹: Zweiter der hinduistischen Götter-Dreiheit.

Yaksha Baumgottheiten (weibliche Entsprechung: Yakshmi).

Yama Totengott.

Yamuna Hinduistische Flussgöttin, dargestellt als Schildkröte.

Yoni Scheide, Symbol Parvatis, der Gattin Shivas.

Yonilingam Darstellung von Yoni und Lingam als Symbol der Schöpfung.

Yuga Das letzte der vier Weltzeitalter vor der Neuschöpfung durch Vishnu.

Zenana Den Frauen vorbehaltener Bereich eines Palastes (Harem).

Zoroastrismus Im 6. Jahrhundert vor Christus in Persien gegründete Religion.

Anhang

Über den Autor

Rainer Waterkamp studierte Politologie und Publizistik in Berlin und bereist seit vielen Jahren das außereuropäische Ausland. Er war stellvertretender Chefredakteur des Wiener ›Reise-Journal‹ sowie Autor und Fotograf zahlreicher Reportagen für in- und ausländische Magazine und Reisezeitschriften. Er schrieb zahlreiche Reiseführer und publizierte Bildbände über Äthiopien, Australien, Bolivien, Kenia, Mali, Ostafrika, Peru und Südafrika, die teilweise auch in englischen, französischen, tschechischen und italienischen Ausgaben erschienen. Rajasthan hat er seit 1988 regelmäßig besucht. Er lebt in Bonn. Homepage: http://rainer-waterkamp.de.

Danksagung

Danke an General Manager D.D. Pandey vom Desert Hotel bei Mandawa, Vice-Chairman Jitendra S. Rathore und General Manager Aji Alex von Fort Rajwada in Jaisalmer, Front Office Manager Ishita Bhattacharya vom Trident Hotel in Udaipur, General Manager Manish Seth vom Umed Bhawan Palace in Kota, Manager Kirti Kumar Mathur vom Lallgarh Palace in Bikaner, an den Guide Mahesh Chaudhary vom Ranthambhore-Nationalpark, an die Fahrer Krishana Bharti und Sorender Yadav aus Alwar. Mein besonderer Dank gilt auch Ravi S. Karla, dem Inhaber von Travel Inn in Srinagar, mit dem ich mein erstes Kameltrekking unternehmen konnte, sowie dem Reiseveranstalter Marco-Polo-Reisen, dem ich eine VIP-Reise mit Unterstützung des indischen Touristikverbandes verdanke.

Markt in Jaipur

Ortsregister

Anhang

Anhang

Pesonen- und Sachregister

Anhang

Anhang

Anhang

Anhang

Bildnachweis

erleben.
begegnen.
verstehen.

Ganz nah dran an Menschen, Landschaften und Kulturen: Unsere Reiseleiter sorgen auf unseren Gruppenreisen für spannende Begegnungen auf der ganzen Welt. *Zum Beispiel auf unserer Reise: „Indien – Erlebnis Rajasthan", 12 Tage ab € 1.295*

Gebeco

LÄNDER ERLEBEN

Weitere Informationen unter **Telefon 0431/54460**, in Ihrem **Reisebüro** und unter **www.Gebeco.de**